新技术环境下信息服务理论与实践创新

主编　王吉芳　赵世华

北京邮电大学出版社
·北京·

内容简介

本论文集是在北京科学技术情报学会北京高校科技信息服务研究会(以下简称研究会)2015年学术年会征文中挑选出来的,会议征集的论文内容丰富,涉及情报信息、图书馆服务创新与实践、信息管理技术与平台、信息素养等方面的内容,既有理论探讨,又有实践创新,是新技术环境下,信息服务工作的从业人员与信息需求者不同视角下的交流与探讨。

图书在版编目(CIP)数据

新技术环境下信息服务理论与实践创新 / 王吉芳,赵世华主编. --北京:北京邮电大学出版社,2015.6
ISBN 978-7-5635-4380-9

Ⅰ.①新… Ⅱ.①王…②赵… Ⅲ.①信息服务业—文集 Ⅳ.①F719-53

中国版本图书馆 CIP 数据核字(2015)第110114号

书　　名:新技术环境下信息服务理论与实践创新
著作责任者:王吉芳　赵世华　主编
责任编辑:陈岚岚
出版发行:北京邮电大学出版社
社　　址:北京市海淀区西土城路10号(邮编:100876)
发 行 部:电话:010-62282185　传真:010-62283578
E-mail:publish@bupt.edu.cn
经　　销:各地新华书店
印　　刷:北京厚诚则铭印刷科技有限公司
开　　本:787 mm×1 092 mm　1/16
印　　张:17.75
字　　数:458千字
版　　次:2015年6月第1版　2015年6月第1次印刷

ISBN 978-7-5635-4380-9　　定　价:49.00元

· 如有印装质量问题,请与北京邮电大学出版社发行部联系 ·

寻梦之旅

北京高校科技信息服务研究会学术年会论文集

主　　编：王吉芳　赵世华

执行主编：钟新春　代根兴　马　路

副 主 编：贾黎明　温俊宝　刘俊国

编　　委：王梦丽　潘　薇　吴　旭　刘清水
魏育辉　严潮斌　季淑娟　熊　丽
张春红　王国庄　杨　梅　郑　兰
李培进　唐　兵　李　莉　唐　瑜

主办单位：北京信息科技大学图书馆
北京高校科技信息服务研究会
北京科学技术情报学会高等院校科技情报专业委员会

前言

美国图书馆史家阿尔墨·詹森(Elmer. D. Johnson)指出:“如果我们给‘历史’所下的定义是‘自人类开始保存记录以后的生活时期’,那么,图书馆差不多和‘历史’同样悠久。”伴随着人类文明的脚步,图书馆不断地发展演变,正如印度著名的图书馆学家阮冈纳赞所说,“图书馆是一个生长着的有机体”,从其诞生到现在不断成长壮大。进入20世纪中叶以后世界经济伴随着科技进步而增长,信息产业和信息传播事业开始动摇传统的以农业和工业决定整个经济的态势,社会进入信息时代。随着计算机技术、网络通信技术和多媒体技术的发展,计算机和通信技术使图书馆的影响可以延伸到任何地方。新技术的应用,改变了图书馆的组织结构、存在形式和服务方式,也影响到传统图书馆学的学科体系和研究内容。作为图书馆学的研究者和图书馆工作者,只有不断学习,掌握和运用新技术,积极研究探索图书馆服务的新模式,才能适应新的技术环境和社会需求的变化。

北京科学技术情报学会北京高校科技信息服务研究会(以下简称研究会),致力于推动信息服务理论与实践的研究,通过研究会与其他学会(研究会)之间、研究会与图书馆之间、研究会与会员之间的相互联系与互动,为图书馆事业的发展发挥作用。

为了增进交流,研究会每两年举办一次学术年会,2015年举办的是第十四届学术年会,为了开好这次年会,我们将征集的会议论文编辑出版。本次会议征集的论文内容丰富,涉及情报信息、图书馆服务创新与实践、技术与平台、信息素养等方面的内容,在论文的编辑时,我们进行了分类,以便利用。

本论文集的编辑出版得到北京信息科技大学的支持以及研究会委员及编委的支持与帮助,在此表示感谢!本论文集重在交流,书中不妥之处,敬请批评。

王吉芳
于北京信息科技大学图书馆

目录

contents

第一部分 情报信息类

第二部分 图书馆类

【服务创新】

【技术平台】

【信息素养】

【阅读推广】

第一部分

情报信息类

信息服务——专委会坚持和谐求发展

赵世华

（北京林业大学图书馆）

摘 要： 在北京科协和北京科技情报学会领导下的高等院校科技情报专业委员会（简称专委会），专委会坚持和谐求发展，通过工作、研究与服务，开展学术交流与活动，追求专委会与图书馆之间、专委会与会员之间、专委会与读者之间的相互联系、相互作用，力求坚持和谐求发展。

关键词： 专委会 和谐 发展

在北京科协和北京科技情报学会领导下的高等院校科技情报专业委员会（简称专委会），成立于2005年，成为北京高校图书情报学术团体。在国家和谐发展的大形势下，专委会通过工作、研究与服务，开展学术交流与活动，追求专委会与图书馆之间、专委会与会员之间、专委会与读者之间的相互联系、相互作用，力求创建专委会和谐求发展氛围；促进专委会和谐求发展。

1 坚持和谐

孔子《论语·学而》中指出“和”，既是哲学范畴，又是伦理道德标准和社会治理标准。和谐是宇宙和万物生存的基础和发展规律。“和谐”是儒家最高的价值标准，“和谐”包括专委会与图书馆事业和谐、专委会与专委会和谐、专委会与理事和谐、专委会与广大会员与读者和谐；体现专委会文化精神与图书馆事业的完美结合。“和谐”是以建设为前提，发展为建设目的的和谐；“和谐”是互为因果的良性循环。专委会坚持和谐就是依靠理事、专家、教授为图书馆事业发展服务，将专委会工作、研究与活动向深度与广度推进。“和谐”是专委会开展工作、研究与活动的原则、追求的目标和文化核心精神。这种精神直接影响专委会工作的思维方式和行为方式。“和谐”要求专委会紧密联系理事、专家、教授、会员与读者共同参与、共同努力、共同创造图书馆事业发展氛围，利用好北京市科协和北京科技情报学会平台，通过开展北京科技学术月重大、重点学术活动和立项课题研究，发挥专委会作用，展示专委会成果，引导图书情报技术专业人员关注与参与，在指导高校大学生与研究生参加学术活动的过程中，提高专委会工作、研究与活动的质量与水平；将专委会课题立项、研究与活动成果应用于读者教育实践，做好读者素质教育服务；增强专委会工作、研究与活动的实用性和社会认知度，实现专委会和谐求发展。并通过高质量学术活动，给理事、专家、教授和会员们，带来更多交流机会，获得更多科技信息，受到更多支持与欢迎。

专委会提供科技信息服务是一种无形的增值资产。它的载体是以其学术交流与活动，让参与者感到有特色；有收获。其社会效应是源自会员心智中增值的良好印象。它表现在专委会开展的北京科协"科技学术月"期间举办学术活动，团结凝聚北京首都图书情报科技信息工作者；北京高校图书馆业务骨干；由专委会积极组织各种学术交流。专委会坚持和谐就要坚持团结合作，拓宽视野，增进联系。专委会是民间学术团体，它是一个松散的社会组织。多年来，专委会依靠全体理事的努力和配合，积极组织学术活动。专委会坚持和谐迎接挑战，在挑战中寻求机遇与发展。专委会的这个机遇是利用北京科协平台，开展有特色的学术活动。例如，专委会曾举办"创新人才培养"等一系列学术交流，引导科技信息人才发挥个人创造力。专委会已连续主办5届科协学术活动，赢得首都北京学会学术活动的社会效应，也因此连续5年获得"北京科技情报学会优秀专业委员会"殊荣。

专委会为领导决策和北京市经济建设服务，先后提交"建议治理沙尘暴，让北京更美丽"；"建议科学处理城市垃圾为奥运作贡献"等10余项专家建议，得到北京科协和北京科技情报学会的首肯。其中，"建议北京市推广民用节能灯泡"，已得到北京市政府的肯定和称赞，成为市领导的决策依据。国家发改委、财政部下文，通过财政补贴，全国推广5000万支节能灯；北京市推广500万支节能灯。并且，北京市的推广重点是居民家庭；宾馆、饭店；周边道路和首都功能核心区。专委会还提交"建立赡养津贴播散利国利民德政阳光"。这项建议提议交至北京科协。专委会为北京首都建设与发展献计献策，促进了北京科技进步与创新。提升专委会的工作、服务与交流。专委会今年参加北京科协"北京市科协优秀建议特等奖申报"评选，希望通过实现为北京市政府献计献策的目的，利用北京科协"专家建议"平台，更好地为社会和国民经济建设与北京市发展服务。

专委会坚持与专家、教授的和谐，表现在专委会工作与学术活动使专委会服务对象有收获、有提高。多年来，专委会邀请国内图书情报界、高校图书馆一些知名的专家、教授，传播学术思想和成功经验。其中，清华大学薛芳渝教授作的"提升科技情报对科技创新的支撑能力"；中国科学院国家科学图书馆初景利教授作的"国家科学图书馆服务创新的理念与探索"；袁海波研究员作的"NSTL资源建设与服务"；颜务林教授作"城市数字图书馆的建立与服务推广"；丁立平教授作的"图书馆创建和谐环境的'人和'理念"等学术活动，获得参会领导和与会代表的一致好评，使得会员们受益匪浅。

2 和谐求发展

信息服务是信息管理活动的出发点和归宿，是信息管理学研究的重要内容和领域，是用不同的方式向用户提供所需信息的一项活动。信息服务通过研究用户、组织用户、组织服务，将有价值的信息传递给用户，最终帮助用户解决问题。信息服务实际上是传播信息、交流信息、实现信息增值的一项活动。专委会的信息服务是在中央倡导，构建和谐发展的大形势下，坚持和谐求发展。专委会信息服务主要负责联系、交流、协调、组织学术活动；完善组织机构、开展学术研讨和工作交流；组织学术专题活动、培训专业人员、设立研究基金等。专委会在经历不断发展后，关注开展新颖、高质量学术活动。专委会2006-2011年连续5年，联合北京科技情报学会，成功申报北京市科协重点学术课题立项，利用北京科协平台，开展"创新人才培养高层论坛"和"提高创造力，构建和谐北京高层论坛"等学术活动，坚持和谐求发展。希望通过研究与活动，增强学术气氛，紧密联系会员，组织和主持更多活动，获取更多知识，取得更好效益，提高专委会工作、研究水平和学术活动信息服务的质量。

专委会以新思维为特征，用灵活多样的信息服务方式坚持和谐求发展，以提高专委会信息服务质量。长期以来，专委会根据自身特点，充分利用自身优势，实现信息服务共享，以满足会员需求。专委会和谐求发展是通过凝聚全体理事、专家、教授、会员智慧，维护专委会整体团结、谦让、宽容精神，体现专委会文化精神与信息服务的完美结合。专委会依靠理事、专家、教授为信息服务努力工作，将专委会工作向深度与广度推进。专委会开展学术活动坚持科学发展观，用科学的思维方式和行为方式，紧密联系理事、专家、教授、会员与广大科技信息工作者，利用北京市科协和北京科技情报学会立项课题机会与平台，开展北京科技学术月活动，发挥专委会作用；展示专委会共同参与、共同努力、共同创造信息服务氛围，引导科技信息工作者关注、学习、交流与参与。如今，专委会举办的学术活动，已成为北京地区高校图书馆专家、教授、与参会代表，开展信息服务学术交流平台，这对增加首都信息科技工作者的交流与联系是很有裨益的。多年来，专委会结合社会、行业、专业发展的需求，开展学术活动，有力促进了社会、学科、专业和行业的交流和联系。

3 发展做实事

专委会落实科学发展观，以科学发展为主题，在不断变化中求发展，实现专委会与北京科协北京科技情报学会共赢；专委会与理事、专家、教授共赢；专委会与广大科技信息工作者与会员共赢。这些共赢是彼此之间，互惠、互利、互赢的结果。专委会求发展以争取共赢为契机；建立专委会文化基础与良好氛围。

专委会求发展是应对挑战的智慧之路。专委会求发展必须以和谐共济、内和外顺、协调发展为核心主办学术活动。专委会先后在北京科技活动中心举办"图书馆人才培养创新与图书馆干部队伍建设"，成为北京市科协第八届北京科技学术月活动的亮点。参会者有北京市科协、北京市科技情报学会领导、高等院校科技情报专业委员会全体委员、资深图书情报学专家、教授、国家各部委有关代表、北京科技情报学会理事、北京高校、军事院校图书馆馆长及有关业务技术骨干等。专委会由国防大学图书馆承办的"图书馆核心竞争力及其发展新思维"学术活动，非常有影响。这个活动为政府职能部门、高等院校、企事业单位、科研院所、咨询公司、图书情报部门等机构创新人才培养献计献策。是一次参加人员层次高、参会人数多、形式多样的首都北京大型学术活动。实现了专委会在新的信息环境下，促进专委会与图书馆事业和谐发展。专委会就高校图书馆与其它信息服务业间的人才问题展开激烈讨论，提出了要建设一支具有创新意识和创新能力的图书情报人才队伍。也认真探索了创新人才培养模式，促进了人才培养创新途径的研讨，增进学术交流。

专委会与北京科协北京科技情报学会共赢，指专委会开展图书情报学术研究，打造展示与交流平台，有目的、有计划地针对图书情报事业的发展和广大会员的需求，拓展共赢和发展空间，结合图书情报理论与实践，联合北京科协北京科技情报学会，探讨图书情报事业关注热点与重点，策划组织高层次、高质量的学术研究，发挥专委会畅通信息、相互交流、相互促进。

专委会求发展追求专委会与理事、专家、教授共赢，指专委员利用理事、专家和教授的科技信息资源、科技专业知识，为广大科技信息工作者开展学术交流与服务，实现学术互动，促进社会、专业、行业发展。其中中国航天工程咨询中心董碧丹研究员“提升科技情报对科技创新的支撑能力”等精彩专题学术报告和宝贵经验，给参会代表带来新的理念与新的思路。专委会在促进首都北京科技信息管理干部和广大信息科技工作者提高创造力，扩大科技信息量方面做了一定的工作。尤其，专委会主办的一系列学术活动得到北京邮电大学、北京航空航天大学、首都医科大学、北京科技大学、北京工业大学、国防大学、首都师范大学、中国农业大学、中国矿业大学等高校图书馆的大力协助与支持，先后主持与主办“北京高校信息服务学术年会”和北京科协“科技学术月”活动，在北京乃至全国图书情报界和高校有一定影响，并取得显著成果。

3.1 坚持科技发展观，引领学术研究，搭建展示与交流平台

专委会坚持科技发展观打破传统高校图书馆光靠馆藏论服务的做法，组织理事、专家、教授走上讲台搞学术研究，利用现代信息技术、专业知识、信息资源，为高校教学、科研服务；为实践培养创新人才和开展特色信息素质教育服务。科技发展观要求专委会学术研究、服务与活动，有更多人员参与，实现学术交流互动，促进社会、专业、行业发展。

专委会坚持科学发展观，实现专委会和谐求发展要以人为本，建立专委会求发展的文化基础和目标契机。专委会引领高校图书情报学术研究，打造展示与交流平台，有目的、有计划地针对图书馆事业发展需要，拓展生存发展空间，结合图书情报理论与实践需求，联合北京科技情报学会、首都女教授协会探讨图书馆事业关注热点与重点，策划组织高层次、高质量的学术研究，发挥专委会畅通信息、相互交流、相互促进的能力。近年来，专委会先后组织大学生和研究生，开展“学生职业生涯规划与设计”主题学术研究与活动；还举办“创新人才培养”特色专题学术报告，引导高校人才发挥个人创造力。

普列汉若夫曾说“一个人要想对社会有所共享，必须使他的才能比别人更适合时代的需要”。专委会要对图书馆事业有所作用和有所共享，必须具有指导性和前瞻性地适应图书馆事业和谐发展的需要，依托高校图书馆，契合学术研究方向，利用专委会这个专业学术团体，带动图书情报学术研究和学术交流活动。

具体做法：

(1) 确定主题

主题确定事关研究与开展学术活动之关键。主题代表学术活动方向。内容好坏事关学术活动质量与水平。专委会成立以来，由高校团体理事单位轮流举行。目前，专委会已成功举办和谐·发展与图书馆学术年会，围绕国内外图书情报界关注的重点和焦点，进行专题学术研讨。专委会适应图书馆事业和谐发展，使专委会的学术研究与活动，代表图书情报学术研究与活动的一个趋向，在和谐求发展中发挥作用。

(2) 确定内容

专委会对征文内容的定位很重要，它直接影响专委会的学术研究与交流活动规模与效果。年会征文内容就涉及与图书馆事业和谐发展的馆员权力与读者权力觉醒、学科馆员的培养与建设和情报服务与情报学科建设等内容。专委会确定的内容已成为图书情报界的热点和重点，因此得到广大图书情报界同仁的关注。

3.2 申报课题主办北京科技学术月活动，组织高质量学术交流

学术研究与交流是专委会的根本属性，也是专委会生存与发展的生命线。在市场经济环

境下，专委会坚持生存与发展特点，重视科技信息交流，针对图书馆作为社会知识信息中心的地位受到动摇和冲击，图书馆、图书馆员、图书馆职业的核心竞争力在哪里？面对新的信息环境和竞争态势，图书馆应如何迎接挑战，使自己立于不败之地？一直得到专委会的重视。近年来，专委会积极申报北京科协重点学术课题项目，组织美国图书馆考察、西欧国家图书馆考察和交流国内外图书馆发展趋势与动态等专题学术报告。两年来先后组织北京市科协“科技学术月”活动，参加者有北京高校图书馆馆长、业务骨干、军事院校图书馆代表和部分研究生。

专委会先后在北京科技活动中心举办“人才培养创新高层论坛——图书馆人才培养创新与图书馆干部队伍建设”等高层论坛，成为北京市科协第八届北京科技学术月活动的亮点。专委会安排领导讲话、院士报告、专家报告和专题学术交流等，使得专委会的学术活动内容新颖、形式多样、气氛和谐。专委会在新的信息环境下，促进专委会和谐求发展。专委会并在图书馆与其它信息服务业间的激烈竞争中，提出要建设一支具有创新意识和创新能力的图书情报人才队伍，确保专委会的竞争；探索创新人才培养模式，促进创新机制形成。充分认识创新人才队伍建设一靠引进，二靠培养。在深化机构人事分配制度改革的今天，以人才培养创新途径的学术活动有利增进学术交流。专委会还成功主持及主办“提高创造力构建和谐北京高层论坛”，给参会代表带来新理念与新思想，引导北京市信息管理干部和广大信息科技工作者提高创造力，扩大科技信息量方面做了一定的工作。

3.3 组织论文评审，出版“学术文集”，参与北京科协“青年演讲活动”

论文评审与评奖是专委会提高专业人员业务水平与研究质量的重要途径，也是开展专委会学术活动的重要保证。近年来，专委会组织“北京高校学术年会”，通过征集北京高校图书馆论文，聘请专家组织优秀论文评审和评选出优秀论文奖，将入选论文加工整理，遴选论文质量高并符合出版要求的论文，汇集成“文集”正式出版。曾出版《核心竞争力与图书馆》文集。专委会在 96 篇入选论文中，评出 25 个优秀论文一、二、三等奖。将文集围绕高校图书馆的核心竞争力、图书馆科学管理、网络数据库建设以及信息新技术应用等方面的热点问题和新进展出版和进行交流。还围绕“图书馆与和谐发展”，组织征文，特邀专家进行论文评审和评奖，评选出的优秀论文将在年会上进行表彰和发奖。

专委会组织图书馆科学管理、网络数据库建设以及信息新技术应用高层论坛，编辑印制“专家论坛”，报道研讨成果。还印制“专家学术报告专辑”，报道专家对新信息环境和竞争态势的认识与看法。

专委会重视青年工作，青年成为专委会开展研究与活动的重要组成部分，加强组织和发挥青年的作用。2006—2014 年间，为全面贯彻落实《北京市科协关于实施首都人才发展战略，进一步加强科技人才工作的意见》，进一步加强对青年科技工作者的服务，团结、教育和培训。提高青年科技工作者素质，使青年科技工作者在实践中成长，在科技发展中发挥生力军和突击队的作用。专委会根据《北京市科协促进青年科技人才成长计划》的文件精神，成立北京科学技术情报学会青年工作委员会。其宗旨：加强科技后备人才的发现和培养，促进图书馆事业发展。专委会按照北京市科协青年工作委员会精神，搭建青年科技工作者及青年会员提高、交流、互动、学习专业知识和技能的平台。两年间，专委会先后组织北京邮电大学等高校的青年信息工作者，参加北京市科协青年演讲活动。其中，青年教师关于“北邮数字资源加工系统”专题演讲获得北京市科协“青年演讲活动”鼓励奖。专委会选送清华大学、北京林业大学等单位图书情报青年工作者优秀论文 11 篇，参加北京市科技青年优秀论文评奖。其中，获得 2 等奖

4 项;3 等奖 8 项。专委会为进一步加强青年科技人才的科技素养、人文素养和道德素养,全面落实《促进青年科技人才成长计划》,促进图书馆事业发展;引导和激发青年科技人员的科技创新意识和能力,发挥年轻人在图书馆事业和谐发展中的生力军和突击队作用,再次选送 6 名优秀青年教师参加北京科协"青年演讲活动"。同时,选送 5 篇优秀青年教师论文,参加北京科协组织的青年优秀论文评审评选活动。总之,专委会在让广大会员、青年科技工作者和图书情报专业人员了解和参与专委会的学术研究与活动中发挥了一定的作用。

3.4 专委会创造机会为科技信息工作者与会员,提供发表论文与评奖的平台

专委会先后组织知识管理与图书馆、竞争情报与图书馆、信息时代与大学图书馆、知识经济与大学图书馆、数字化与图书馆、科技发展观与图书馆等论文集的征文和出版;并组织专家、教授进行论文的评审与评奖。多年来,专委会正式出版论文集 10 余种;征集北京高校图书馆论文 1000 余篇,聘请专家评审和评选优秀论文一、二、三等奖 100 余篇。这些获奖论文都会在专委会的学术年会上进行表彰和颁奖。专委会出版的论文集,紧紧围绕高校图书馆的核心竞争力、图书馆科学管理、网络数据库建设以及信息新技术应用等热点问题和新进展展开的。同时,为北京高校图书馆信息科技工作者晋升职称和业务学术水平提高发挥了积极作用。同时,专委会组织的论文评审与评奖,是提高信息服务创新理论与实践研究水平;也是信息科技工作者业务水平提升的重要途径,更是开展专委会学术活动的重要保证。

专委会坚持因势利导,组织选送清华大学、北京林业大学等单位图书情报青年工作者,参加北京科协"青年演讲活动"。多年来,专委会选送高校 10 余名优秀青年工作者参赛。其中,北京林业大学和北京邮电大学等高校的年轻科技工作者的专题演讲非常精彩,获得北京市科协"青年演讲活动"的多种奖励。同时,使得高校的青年科技信息工作者,在青年演讲平台上得到锻炼与提高;也大大提升了他们的学术水平。

多年来,专委会坚持和谐求发展,在北京科协与北京科技情报学会领导下,坚持开展学术活动,依托高等院校科技情报专业委员会平台,为会员及会员单位服务。

参考文献

[1] 赵世华,袁静.国内外硕博士论文库查新·查全·查准[J].农业图书情报,2006.18(08):123-126+173.

[2] 赵燕.新形势下图书馆专委会工作的发展趋势.专委会月刊,2004,(1):37-38.

[3] 重庆市沙坪坝区科协.用科学发展观指导专委会工作.专委会月刊,2004,(7):28-29.

[4] 宝应县工商专委会.找准专委会工作着力点 促进专委会工作上台阶[J].中国工商管理研究,2006,(3):70-72.

[5] 张家港市工商专委会.强化专委会职能 提高服务水平.中国工商管理研究,2006,(3):72-74.

[6] 江西省科协专委会部.提升专委会文化理念 拓宽学术交流平台.专委会月刊,2004,(8):54-55.

陕西自然资源与文化遗产保护现状文献情报学分析
——信息服务协同创新与区域文明保护

李周园[1] 田梁宇[2] 徐燕洁[3] 赵世华[4]

(1. 清华大学环境学院,北京,100084;2. 北京林业大学环境科学与工程学院,北京,100083;3. 清华大学地学中心,北京,100084;4. 北京林业大学图书馆,北京,100083,通讯作者)

摘 要: 区域文明涉及地方自然与人文环境,是地区发展的原动力和地区发达程度的标志。中国陕西省具有特殊的地理位置和悠久的历史发展积累,拥有大量宝贵的自然和文化资源。本文以陕西省自然和文化遗产的保护研究相关的文献情报调研、多元统计研究为依据,综合评述了陕西自然资源与文化遗产保护现状,提出信息服务协同合作在未来发展的重要作用。迁移和借鉴多元生物统计方法,结合文献数据、机构情报进行综合处理分析。引入多元分析对文献和情报进行计量的创新表达,有助于直观理解自然和文化领域不同机构科研生产力水平及其影响因素。对比研究结果可知,陕西自然资源保护和文化遗产保护领域目前的研究格局存在很大差异。文化遗产保护方面高校的参与程度不及自然资源保护的参与情况。对文化遗产保护领域成果产出和影响力的因素主要在于经费投入、研究时长、人员数量等,而自然资源保护领域多因子影响作用相当。研究对客观理性地看待当地及其他地方的自然和人文环境整体水平,指导建议未来发展有参考意义。

关键词: 区域文明 自然资源 文化遗产 保护 多元统计

1 引言

区域文明是地区发展的原动力,也是衡量地区发达程度的标志[1-2]。传承和保护富于特色的区域文明在全球化背景下更加必要。科学技术有力支持区域文明的保护和发扬,依赖于信息传播和积累的科学技术需要在信息服务协同创新下不断整合升级,才有利于区域文明适应社会生产力的进步,实现可持续的发展。自然与文化遗产是区域文明的重要内涵,自然与文化遗产的保护和研究可以作为综合评价区域文明发展的体现形式。本文以中国陕西省自然资源和文化遗产的保护研究相关的文献情报调研、统计研究为案例，综合评述陕西省区域文明的发展现状，联系信息服务协同创新理论对其未来发展提出策略建议。

中国陕西省以其显要的区位地理环境和悠久的历史发展积累，拥有大量宝贵的自然和文化资源。陕西省位于中国中部，物产丰富，幅员二十万平方公里纵跨华中南北分野，兼具温带和亚热带物候特征，地质地貌发育有风沙滩地、黄土高原、河谷平原和秦巴山区等多样化的地理景观。陕西秦岭是青藏高原东部最高山系，森林生态系统综合典型，被纳入联合国人与生物圈观测计划中世界生物多样性热点地区和中国重要的自然保护地[3-4]。陕西是中华文明发源地之一，中国历史几个最重要的朝代，如西周、汉、唐皆建都于此，区域文明集中丰富，对后世影响深远[5]。无论是森林及其生物多样性作为自然资源，还是历代出土文物作为历史文化奠基，都是对于区域乃至世界的经济、政治、社会、文化和生态文明建设有基础支持的重要资源，需要发挥今人的努力加以保护和利用的，信息服务的技术方法对于传承这些自然资源和文化遗产应该予以全面认识和重视。

早在周代，陕西的森林培植和管理，已设立了专人司事，当地的自然资源在《水经注》、《本草纲目》等中国古人论述中屡有记述[6]；回溯至汉代，陕西省境内对出土文物有文献就已在《汉书》上记载[5]。由此可见对于陕西自然和文化资源的信息化管理，在历史上早已有意识地主动开展过，只是限于封建时代社会生产力水平，没有全面系统地对自然和文化遗产进行持续长效的保护。20 世纪中叶，新中国成立以来，国民经济和技术得到巨大革新，文献情报和信息服务业也得到迅速起步，对陕西省内的自然资源和文化遗存进行系统整理、维护等保护管理工作迅速发展，学术传播和交流日益广泛，大力促进了陕西省社会经济、生态环境、人文特色等多方面的整体提升。

区域文明涉及的科学和社会众多方面领域，理解和管理区域文明是一项综合复杂的系统工程[7-8]。如何认识信息服务在区域文明传承中的作用现状，如何通过信息服务的协同创新，实现对区域文明传承过程的优化，是亟待梳理和探索问题。本文以对陕西自然和文化遗产保护在地方研究单位的发展总结为依托，阐述对上述问题的思考和展望。

2 文献情报的调研与计量方法

为了通过对文献出版物计量，综合评价陕西省自然和文化资源保护和研究现状，我们创新采取一种联合研究机构组织要素的立体化多元分析和可视化方法。对自然资源和文化遗产的保护和研究文献情况分别考察和评价。

我们通过中国知网(www.cnki.net)期刊数据库检索，有关陕西自然资源和文化遗产保护相关的出版物采集，统计期刊论文数量和被引用情况，选取高发文数量和被引量的保护研究单位、院校，对之进行机构情报方面的采集。机构情报选择可能影响成果产出的因素，包括机构历史、机构区位、资金状况和人力资源 4 方面，相关细化的指标体系如下表。

表 1　自然资源和文化遗产保护与研究机构情报考察指标体系

机构情报方面	细化指标及代号	指标内涵释义
机构历史	成立时间(his1)	机构成立距今时长
	起始研究时间(his2)	机构首次发表相关主题出版物距今时长
机构区位	地理位置(loc1)	分为省内机构、省外机构
	机构级别(loc2)	国家级、地方级

续表

机构情报方面	细化指标及代号	指标内涵释义
资金状况	财政来源(fin1)	分为政府管理性财政、政府科教性财政、市场、捐赠
	经费投入(fin2)	指用于保护和研究事业经费平均水平
人力资源	人员数量(hum1)	指该单位从事保护和研究事业的人员规模
	人员学历水平(hum2)	用于量化评价该单位人员受教育层次质量
	人员流动性(hum3)	指参与保护和研究工作人员在职时间周期的平均水平

我们根据上述采集整理的文献出版信息和机构情报信息两方面内容，对数据展开除趋典范对应分析(DCCA)，数据处理和统计制图使用 Excel 2010、SPSS 13 和 CANOCO 4.5 软件完成，数据在 DCCA 分析之前已完成了归一化处理。DCCA 是基于典范对应分析(DCA)进行修正的统计方法。DCA 一种分析多元数据，对研究对象通过数据降维归纳、按影响因素排序的综合统计和评价方法，最早应用于解决生态学系统生物单元和环境因子的分类和排序问题的统计学方法[9-10]。DCCA 分析直观高效反映多方面综合信息，利用这种不同学科间技术迁移与借鉴，实现对科技生产力的全面认知和评价，不失为一种新颖的情报分析与表达方式。

3 陕西自然资源的保护和研究现状

陕西省自然资源保护在文献调研过程中，相关的高频主题词包括秦岭、黄土高原、水土保持、生物多样性、物种保护、大熊猫、朱鹮、自然保护区等。结合机构情报的调研，DCCA 多元统计结果将入围高影响力研究机构按同异分类，将机构情报所列影响因子利用夹角显示亲疏相关程度，自然形成机构点依影响因子箭头族直线排列的顺序。

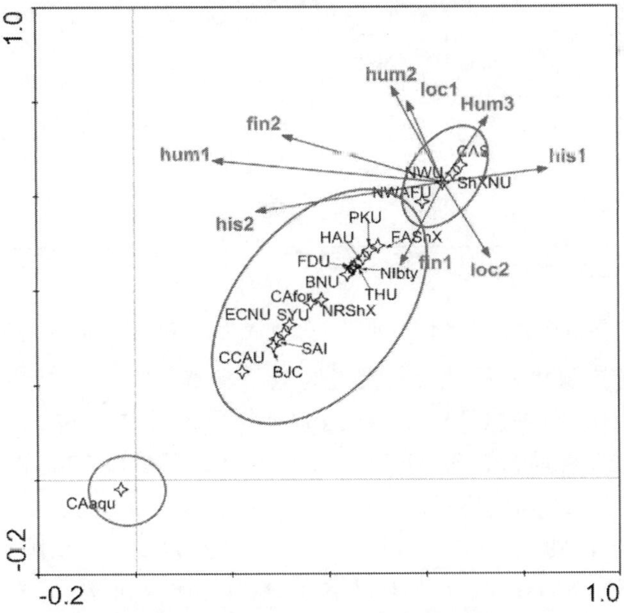

图 1 中国陕西自然资源保护期刊论文数量及引用与机构情报 DCCA 分析

首先，这些机构大致可以被聚类为三个类群，研究影响力较高的第一类群包括，中国科学院(CAS)、陕西师范大学(ShXNU)、西北大学(NWU)、西北农林科技大学(NWAFU)；影响力水平中等的第二类包括，北京大学(PKU)、陕西省林业厅(FAShX)、河南农业大学(HAU)、西北植物研究所(NIbty)、复旦大学(FDU)、清华大学(THU)、北京师范大学(BNU)、中国林业科学院(CAfor)、陕西省自然保护区(NRShX)、中山大学(SYU)、华东师范大学(ECNU)、宝鸡文理学院(BJC)、华中农业大学(CCAU)。中国水产科研院(CAaqu)被单独分为在高影响力研究机构中成果相对影响力偏低的一类。

第二，机构情报的因子箭头线段族显示，人员规模(hum1)、研究时长(his2)和经费投入(fin2)长度最长，表明这三项指标是影响研究成果产出量和被引用情况最重要的因素，这三个箭头方向夹角较小表示该三个因素之间具有较强的相关性。其余一些影响因子对机构成果产出的作用程度较小，且因子之间的相关性不强。DCCA 分析图谱中物种点(研究机构)在箭头族(影响因素)所在直线上矢量投影的方向和大小分别反映了影响因素作用研究机构科技生产力的正负和大小。在机构的区位因素中，省内外(loc1)和是否为国家级机构(loc2)这两项因子总体上看对机构成果产出的作用不大。

4　陕西文化遗产的保护和研究现状

陕西省文化遗产保护在文献调研中，相关的高频主题词包括文明起源、半坡遗址、商周文化、秦文化、汉朝、唐朝、革命根据地等。类似上述 DCCA 多元统计结果将人文领域入围高影响力机分类和排序，得到相应结论。

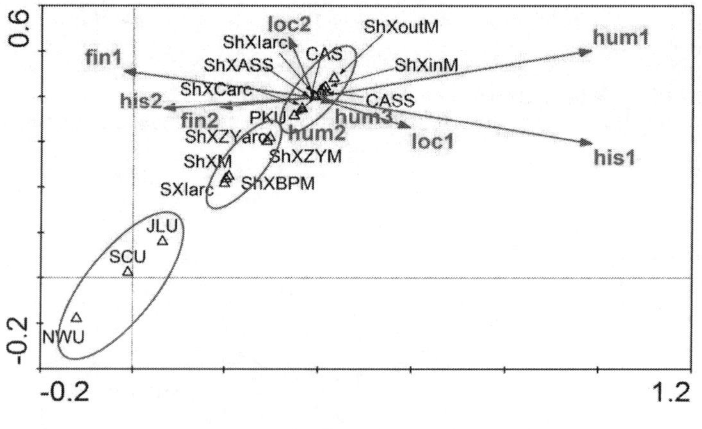

图 2　中国陕西文化遗产保护期刊论文数量及引用与机构情报 DCCA 分析

首先，这些文化遗产保护机构被大致聚类为三个类群，研究影响力较高的第一类群包括，中国科学院(CAS)、中国社科院(CASS)、陕西省外多家博物馆(ShXoutM)、陕西考古研究所(ShXIarc)、陕西省内多家博物馆(ShXinM)、陕西省社会科学院(ShXASS)、陕西省文物管理委员会(ShXCarc)和北京大学(PKU)。影响力水平中等的第二类群包括，陕西周原考古队(ShXZYarc)、陕西周原博物馆(ShXZYM)、陕西省博物馆(ShXM)、陕西半坡博物馆(ShXB-PM)和山西考古研究所(SXIarc)。在调研入围高影响力研究机构，但成果影响力相对偏低的第三类包括三所高校，吉林大学(JLU)、四川大学(SCU)和西北大学(NWU)。

第二，在各机构情报因子之间按箭头长度比较得知，经费来源(fin1)、经费投入(fin2)、研究时长(his2)、人员数量(hum1)和成立时间(his1)是作用比较大影响因素。但上述因子的箭头方向靠近水平轴方向,各研究机构点在箭头上投影长度需要另外考察分析。人员学历水平(hum2)和单位级别(loc2)两项因子箭头方向靠近垂直方向,各机构点在其所在直线投影长度较长,说明地方级别和人员学历水平是与陕西文化遗产保护研究成果密切联系的因子。

5 结论与讨论

在陕西省自然资源保护领域,从DCCA对研究机构分类结果了解到,在第一类群的单位中,除了中国科学院外,其他三家都是本地的重点高校,反映了区域自然环境保护方面研究的区位就近优势。被独立分为第三类较低影响力的中国水产科研院反映了陕西自然资源保护方面水环境生态资源的科学研究积累,与其他方向如物种保护、森林生物多样性、水土保持等方向相比,还存在较大差距,亟待加强发展。这与中国水生态环境保护与陆地其他生态系统研究积累差距的整体格局相一致[11-13]。

陕西省秦岭地区20世纪70～80年代曾经是中国重要的森林采伐森工制造重要基地,拥有秦岭南北广袤和多样化的森林资源[6, 14],自20世纪80年代末,经过国内外保护生物学家、自然保护组织等多方面的努力呼吁,秦岭地区众多森工部门转型成为自然保护区,对自然环境开展最大程度的封育保护工作,保护了以大熊猫、秦岭羚牛等世界珍稀物种资源野生种群和栖息地的自然资源[15-16]。在这个过程中,保护生物学、生态学专家利用学术和科技力量与保护区管理者合作开展的协同技术支持,广泛体现在大熊猫普查、自然保护区规划、监测和评价等许多领域[17-18],是信息协同合作在区域文明发展方面一套优秀的实践案例。

从对文化遗产保护方面的分析结果可知,陕西省内的文物保护和博物馆机构在陕西省文化遗产保护方面工作业绩突出,中国科学院和社会科学院与其水平相当,陕西省内的博物馆和考古队相对影响力稍低于国家级的科技单位,但也属于较高水平类群,高校在陕西文化遗产保护领域只限于一些具有重点人文社科、人类学等国家重点实验室和研究组的省内外高校入围其中,包括北京大学、吉林大学、四川大学和西北大学。

对比自然资源保护和文化遗产保护领域DCCA统计分析结果显示,自然资源和文化遗产两个领域的目前形成的保护研究格局完全不同。从入围学术高影响力的研究机构来看,文化遗产保护方面高校的参与程度远不及自然资源保护高校参与情况。中国科学院作为国家级的研究机构还是处于比较强劲的领导地位,但成果情况与地方的保护和研究机构差距并不大。从机构情报影响因子对比来看,自然资源保护领域各因子影响作用相当,比较复杂分散,不易归纳;对文化遗产保护领域成果产出和影响力的因素主要在于经费投入、研究时长、人员数量等,而直接与学术影响力类群划分密切相关的因子有人员学历水平和单位级别。为文化遗产保护注入更高学历层次人才,增强与高校的合作和科学研究相互促进是未来文化遗产保护协同创新的一个趋势,甚至考虑融合院校、档案部门、图书情报部门、文化单位、媒体机构、社会民间组织等多元力量,积极探索文化遗产的保护和精神发扬,也将更有力地促进区域文明的传承与进步。

参考文献

[1] 阎秀芝. 关于中国文化转型的探讨[D]. 苏州大学,2004.

[2] 谢清果. 科学文化及其社会功能研究[D]. 福建师范大学,2003.
[3] 张硕新. 森林生态系统卷(陕西秦岭站 2006—2008)/中国生态系统定位观测与研究数据集[M]. 北京:中国农业出版社, 2010.
[4] 李春宁. 陕西省牛背梁国家级自然保护区生物多样性及其保护研究[D]. 西北农林科技大学,2006.
[5] 陕西省考古学会. 陕西考古重大发现(1949—1984)[M]. 西安:陕西人民出版社, 1986.
[6] 陕西森林编辑委员会. 陕西森林[M]. 西安:陕西科学技术出版社, 1989.
[7] 吕晓斌. 基于产权视角的自然文化遗产保护机制研究[D]. 中国地质大学,2013.
[8] 黄永林,谈国新. 中国非物质文化遗产数字化保护与开发研究[J]. 华中师范大学学报(人文社会科学版),2012,02:49-55.
[9] 张金屯. 植被与环境关系的分析Ⅱ:CCA 和 DCCA 限定排序[J]. 山西大学学报(自然科学版),1992,03:292-298.
[10] DeHaanLR, WeisbergS, Tilman D *et al*. Agricultural and biofuel implications of a species diversity experiment with native perennial grassland plants [J]. Agriculture Ecosystems and Environment . 2009 10.
[11] 武建勇,薛达元,赵富伟,王艳杰. 中国生物多样性调查与保护研究进展[J]. 生态与农村环境学报,2013,02:146-151.
[12] 侯进慧,朱必才,童玉玮,李培青,刘焕民,王秀琴. 中国大鲵研究进展[J]. 四川动物,2004,03:262-266
[13] 赵亚辉,张春光. 洞穴鱼类:概念、多样性及研究进展[J]. 生物多样性,2006,05:451-460.
[14] 崔国柱,刘毅. 秦岭林区三十年森林采伐更新之回顾[J]. 陕西林业科技,1991,01:9-11.
[15] 潘文石,奚志农. 秦岭十年[J]. 陕西林业,2005,S1:48-51.
[16] 胡英姿. 生态保护与社区发展共赢[D]. 中央民族大学,2011.
[17] 方宏斌. 汉中绿色产业发展研究[D]. 西北农林科技大学,2011.
[18] Lindburg D, Bargona K. Giant Pandas: Biology and Conservation[M]. London: University of California Press, 2004.

军事认知医学SCI论文可视化分析①

何玮 薛晓芳 张萌 郑斐 齐凤青 杨志滨 王桂枝

（解放军医学图书馆，北京，100039）

摘 要：目的：了解军事认知医学SCI论文的现状，为相关人员及机构提供参考。方法：基于引文分析和信息可视化技术，检索SCI-E数据库中2003-2013年6月军事认知医学相关文献并进行分析。结果：10年间该领域SCI论文总产出总体上逐年增加；刊载10篇以上论文的期刊主要是军事医学、心理学、精神医学及神经科学类等15种期刊；研究及资助机构涉及政府、军方及高校；研究领域涉及精神病学、神经科学、心理学等多个学科。结论：军事认知医学受到各国尤其是各国军方机构的重视，研究范围不断拓宽，研究内容不断深入。

关键词：军事认知医学 SCI论文 可视化分析

1 研究背景

认知科学(Cognitive Science)是H. Christopher Longuet-Higgins在1973年评注一部当时人工智能最新研究的Lighthill报告时创造的。作为探究人脑或心智工作机制的前沿性高度交叉的综合性学科，认知科学引起了全世界科学家们的广泛关注。20世纪后半叶，它的创立标志着心智研究的发展进入到一个新阶段，涵盖了哲学、心理学、计算科学、神经科学、人类学等众多学科[1]。

1975年，纽约市私人科研资助机构"斯隆基金会"(Alfred P. Sloan Foundation)开始考虑支持认知科学的跨学科研究计划[2]。1979年，认知科学学会于美国加州成立[3]。2000年，美国国家科学基金会(NSF)和美国商务部(DOC)共同资助开展了一个新世纪带头学科的研究计划，研究结论只有4个字母—NBIC，分别代表纳米技术、生物技术、信息技术和认知科学。

目前，"脑科学与认知科学"作为我国8大科学前沿之一，得到了科技部、中科院、基金委的强力支持。我国从事认知科学研究与教学的单位达上百家，遍及20多个省市区。全军军事认知与心理研究中心于2010年10月19日在军事医学科学院正式挂牌成立。2011年11月30日，中国认知科学学会成立大会暨第一次全国会员代表大会在中国科技会堂举行，这标志着中国认知科学领域的首个全国性一级学会组织正式成立[4]。

① 解放军医学图书馆"十二五"课题：心理认知与心理健康保障平台(2011250006)。

认知科学的发展奠定了军事认知的科学基础。美军作为信息战的先行者，很早就认识到提高军事认知能力的重要性，来自军方的基金很多用于军事认知的研究。快速发展的脑与神经科学，是军事认知医学产生的基础和前提，而军事认知医学将从神经科学着手，探索目前最为复杂的大脑、神经活动的生理基础，通过心理训练、相关营养和药物措施及其他干预措施提高军人的认知能力[5]。本文仅针对军事认知医学/军事心理学（以下统称军事认知医学）文献进行可视化分析，希望从论文发表的角度为科研人员提供参考。

2 材料与方法

本文基于 SCI-E，采用主题途径检索 2003-2013.6 军事认知医学领域的相关文献，数据下载日期为 2013 年 6 月 24 日。检索策略为 TS=(military cognition OR (Military Personnel OR Military Medicine OR Military Science) AND (Cognitive Science OR Cognition OR Cognitive Neuroscience OR Neurosciences OR Brain OR Brain Research OR Psychology OR Military Stress OR Psychological Stress OR Stress OR Mental Health OR Mental Disorders OR Psychopharmacology) OR Military Psychology OR Military Psychiatry)。经去掉会议论文等类型文献，检索时间段内发表 SCI 论文共计 997 篇，包括学术论文 854 篇、综述 96 篇、信件 8 篇、编辑评论 30 篇及其他文献类型 9 篇（注：由于军事认知研究领域较广，涉及保护脑、增强脑、干扰脑、控制脑等，本文仅对保护脑中涉及军事认知医学论文进行分析，且军事医学机构发表的认知科学相关论文但未提及军事认知的则未统计在内）。

选择 EXCEL 及 TDA 等可视化情报分析工具对文献的全记录信息（包括摘要、参考文献等）进行统计和分析，绘制军事认知医学相关图谱，从 SCI 论文的角度探讨军事认知医学近 10 年的发展历程和变化趋势以及发文机构、基金资助、论文共引分析、学科主题及研究热点关键词等等。

3 结果与分析

3.1 SCI 论文总产出及被引趋势分析

文献量变化及被引频次是衡量某领域发展状况的重要标准之一。本文针对检索结果对该领域 SCI 论文产出情况及总被引频次的年度趋势进行了比较。图 1 是针对各年度发表 SCI 论文和总被引频次的数量绘制的年度趋势图。

从图 1 可以看出，截至 2013 年 6 月 24 日，其年度论文发表数量总体上逐年呈线性增长趋势，由于 2013 年仅有近 6 个月的文献且上半年有些论文未入库，故数量较 2012 年有所下降。经统计，该时间段论文总被引频次为 11644 次，篇均被引频次为 11.68 次，其中 2004 年、2006 年、2007 年和 2008 年的论文被引频次均超过 1400 次，分别为 1677 次、1660 次、2363 次和 1443 次，而被引频次 2007 年达到高峰后逐年下降。之所以 2004 年被引频次偏高，是因为该年度出现了一篇高被引文献（见后）。论文发表时间越近，总引用次数相对越少。按照一般规律，发表后 2—3 年基本呈现被引高峰。

3.2 各国研究论文发表及合作概况

有作者曾利用 CiteSpace 软件得到国际基因组流行病学各国论文发表及合作情况[6]。本

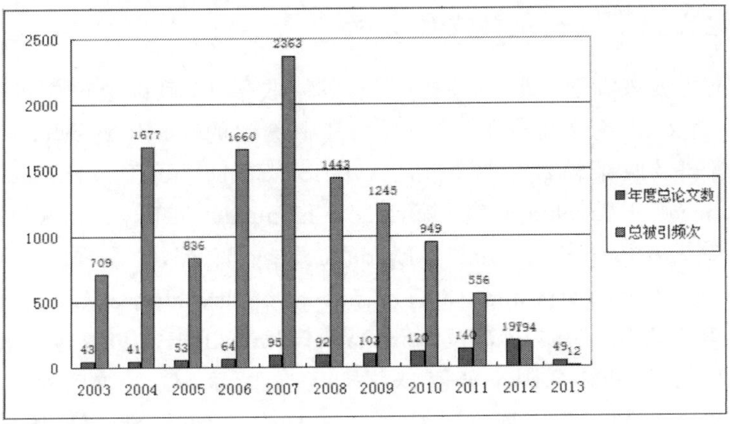

图 1　2003—2013.6 发表军事认知医学/军事心理学 SCI 论文数及引用情况

文则利用 TDA 工具得到相应数据和科学知识图(图 2),可以看出,发表 10 篇以上军事认知医学 SCI 论文作者的国别涉及 12 个,美国最多,达 606 篇,英国、加拿大、澳大利亚和德国作者均在 30 篇以上的论文中出现。为反映我国作者在军事认知医学领域 SCI 论文的科研产出情况,本文对国内作者的 SCI 发文情况进行了统计,15 篇论文含有国内作者,其中密切相关文献共计 10 篇(作者来自第四军医大学、第三军医大学、102 医院、第二军医大学、南京军区福州总医院和北京大学、天津大学),约占总发文量的 1%,总被引频次为 7 次,说明我国作者参与军事认知医学及军事心理学领域 SCI 论文发表的程度。

图 2 中节点的大小表示某个国家的发文量,节点之间的连线表示该领域各国之间合作的紧密程度,越粗表示合作越紧密。

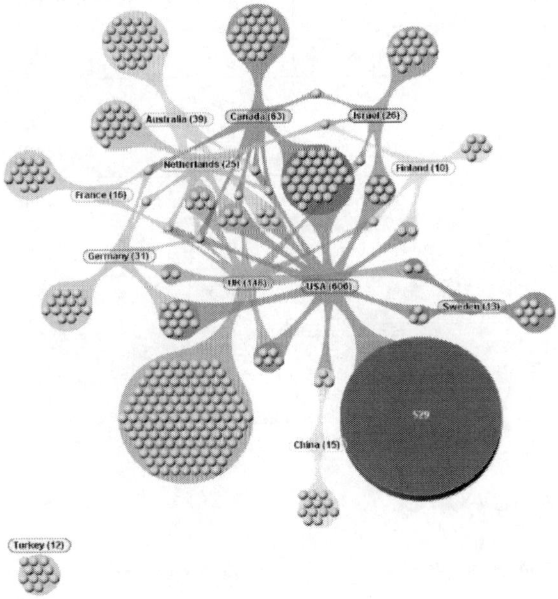

图 2　军事认知医学领域 SCI 论文作者国别、论文数及合作情况

3.3 SCI 论文来源期刊及载文量分析

该 997 篇论文主要来源于 398 种科技期刊，其中收录 10 篇以上论文的来源期刊共计 15 种，共收录 335 篇论文，占论文总数的 33.6%。其中美国的《Military Medicine》收录 131 篇，占 13.1%；其它期刊及收录篇数主要包括《Aviation Space and Environmental Medicine》30 篇，《American Journal of Psychiatry》18 篇，《British Journal of Psychiatry》17 篇，《Psychological Medicine》16 篇，《Americal Journal of Epidemiology》15 篇，《Occupational Medicine－Oxford》15 篇，《Journal of Neurotrauma》13 篇，《Journal of Psychiatric Research》12 篇，《Journal of Head Trauma Rehabilitation》12 篇及《Journal of Clinical Psychiatry》10 篇。

本文结合期刊的 IF 和特征因子分值，对军事认知医学 SCI 论文刊载期刊情况进行了统计，并按 IF 大小进行了排序，表 1 列出了 IF＞10 的期刊评价指标及军事认知医学 SCI 论文刊载情况。从表 1 中可以看出军事认知医学的重要刊载期刊，研究人员可以通过跟踪上述重要期刊，了解该领域的研究进展。

表 1　IF＞10 的期刊影响力和刊载军事认知医学论文情况

序号	载文期刊刊名缩写	影响因子	5 年影响因子	特征因子分值	论文影响分值	载文量
1	NEW ENGL J MED	53.298	50.075	0.66466	21.293	8
2	LANCET	38.278	33.797	0.36138	13.602	5
3	SCIENCE	31.201	32.452	1.41282	17.508	1
4	NAT REV NEUROSCI	30.445	34.187	0.10635	16.124	1
5	JAMA－J AM MED ASSOC	30.026	29.684	0.28624	13.114	7
6	PLOS MED	16.269	15.379	0.07634	6.296	2
7	PSYCHOL BULL	14.457	18.1	0.02973	8.091	1
8	BRIT MED J	14.093	13.511	0.14426	5.404	1
9	MOL PSYCHIATR	13.668	12.992	0.04068	4.651	2
10	ANNU REV MED	13.104	10.71	0.01346	4.336	2
11	AM J PSYCHIAT	12.539	12.679	0.06783	4.552	18
12	ARCH GEN PSYCHIAT	12.016	14.179	0.06271	5.444	7
13	AM J HUM GENET	10.603	11.716	0.10703	5.867	1

注：IF 参照 2011 年。

3.4 SCI 论文的机构分析

3.4.1 以第一/通讯作者发表 5 篇以上 SCI 论文机构及论文数

经 TDA 处理可以得出各机构以第一/通讯作者发表 5 篇以上的军事认知医学 SCI 论文数排名，18 类机构共发文 302 篇，其中英国伦敦国王学院发文最多，达 73 篇；美国海军、美国沃尔特里德陆军医疗中心、美国卫生科学军队服务大学、美国空军和美国国防部、Madigan 陆军医疗中心等美国军方机构共计发文 151 篇；加拿大曼尼托巴大学和加拿大西安大略大学共

19篇；美国德克萨斯大学、华盛顿大学、耶鲁大学、哈佛大学等高校共53篇；悉尼大学发文6篇。

3.4.2　第一/通讯机构军事认知医学SCI论文数及机构SCI论文总数

表2　以第一/通讯机构发表SCI论文数量排名及各机构论文总数

机构中文名称	SCI论文总数	第一/通讯机构论文数
美国海军	92	54
英国伦敦国王学院	82	73
美国卫生科学军队服务大学	65	26
美国沃尔特里德陆军医疗中心	62	52
加州大学圣地亚哥分校	31	6
美国空军	31	8
波士顿大学	27	4
华盛顿大学	22	10
耶鲁大学	20	7
哈佛大学	16	5
Madigan陆军医疗中心	16	5

注：美国海军和美国空军各机构统称为美国海军和美国空军。

表2显示的是军事认知医学发表15篇以上11类机构SCI论文总数和第一/通讯机构SCI论文数对比情况。从论文总数上来看，美军机构论文数最多，达到266篇；美国高校116篇；英国伦敦国王学院在同一机构第一/通讯作者发文率最高，达到89%。

3.4.3　作者机构与学科的关联

图3显示作者机构和学科的矩阵关联图，颜色越深，关联度越大。从图中可以看出，美国海军、英国伦敦国王学院、美国卫生科学军队服务大学和美国沃尔特里德陆军医疗中心关于军事认知医学SCI论文涉及学科类型较多，尤其是前面的热点学科，如综合内科学、精神病学、公共环境/职业卫生、临床神经病学、神经科学、心理学、临床心理学等等，其中英国伦敦国王学院侧重于综合内科学、心理学和职业卫生；美国海军侧重于综合内科学和职业卫生，美国卫生科学军队服务大学和美国沃尔特里德陆军医疗中心侧重于综合内科学、职业卫生和临床神经病学。

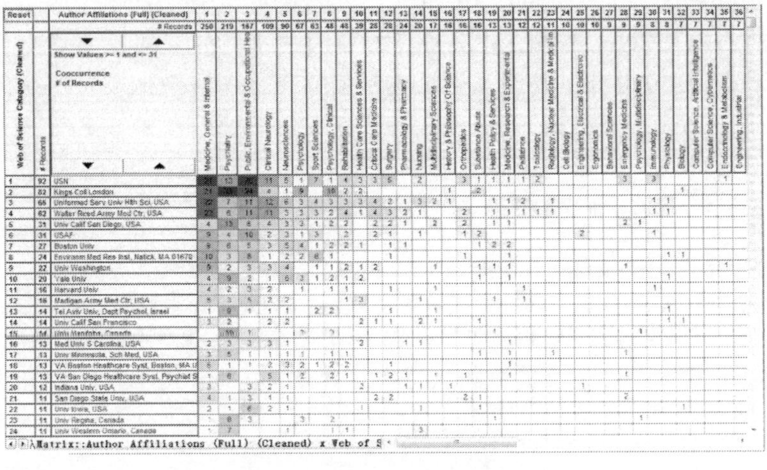

图3　作者机构与学科矩阵

3.5 SCI论文资助基金分析

本文借用衡量期刊学术价值的重要指标一基金论文比来统计军事认知医学SCI论文所获基金资助的比重，进而从基金的角度来衡量论文的学术质量。利用TDA工具经过对基金项目的清洗，得出部分资助机构名称和论文数，见表3。从表中可以看出997篇SCI论文中单一基金资助机构资助20篇以上论文数量排名。除表中所列资助机构外，各国尤其是西方发达国家的政府及军方机构如美国国家心理健康研究所、加拿大卫生研究院、荷兰国防部、英国伦敦国王学院、美国空军相关机构、澳大利亚国防学院、加拿大军队卫生服务机构、丹麦武装部队卫生服务机构、澳大利亚退伍军人事务部、韩国军事医学研究机构、新加坡国防部、芬兰国防军大学、挪威国防部等均资助了相应研究项目，可以看出，SCI论文所获基金主要来自于美、英等西方发达国家的各种基金会、政府部门和军方机构，其中军方机构占有较大比重，也客观说明了美英军方对提高军人认知能力的关注。

表3 军事认知医学2003-2013.6发表SCI论文的部分资助机构名称及论文数

资助机构英文名称	机构基金中文名称	SCI论文篇数
Department of Veterans Affairs	美国退伍军人事务部	70
US Army	美国陆军相关机构	55
US Department of Defense	美国国防部	49
NIH	美国国立卫生研究院	45
UK Ministry of Defence	英国国防部	43
South London and Maudsley NHS Foundation Trust/Institute of Psychiatry National Institute of Health Research Biomedical Research Centre	伦敦南部和莫兹利国民保健信托基金会/精神病学研究所	22
U. S. Navy	美国海军相关机构	21

3.6 SCI论文被引分析

997篇军事认知医学单篇SCI论文被引100次以上的主要有12篇，其中8篇刊载期刊的影响因子在30以上，被引频次最高(1154次)的论文“Combat duty in Iraq and Afghanistan, mental health problems, and barriers to care”刊自2004年IF为53.298的《NEW ENGL J MED》，这也是前面提及2004年被引频次较高的原因之一。前三篇论文均出自于美国沃尔特里德陆军研究所[7-9]，研究内容主要涉及伊拉克和阿富汗战争导致的精神卫生问题；此外，美国海军机构、美国退伍军人相关机构、英国伦敦国王学院、哈佛大学、斯坦福大学及加拿大某机构单篇论文均被引100次以上，研究内容主要涉及创伤后应激障碍、神经心理学等等，以上这些论文也可以说是该领域的经典文献。

3.7 SCI论文引用分析

通过TDA等工具，对军事认知医学997篇SCI论文引用论文的情况进行了统计，并对被引频次在50次以上的被引论文及被引频次进行了排名，可部分揭示军事认知医学知识基础的变化情况，详见表4。

表 4　共被引频次在 50 次以上的 SCI 论文及被引频次排名

序号	被引文献题名	被引文献作者	被引文献出处	共被引次数
1	Combat duty in Iraq and Afghanistan, mental health problems, and barriers to care.	Hoge CW	NEW ENGL J MED, 2004, V351, P13	204
2	Mental health problems, use of mental health services, and attrition from military service after returning from deployment to Iraq or Afghanistan.	Hoge CW	JAMA, 2006, V295, P1023	105
3	Mild traumatic brain injury in U. S. Soldiers returning from Iraq.	Hoge CW	NEW ENGL J MED, 2008, V358, P453	83
4	Longitudinal assessment of mental health problems among active and reserve component soldiers returning from the Iraq war.	Milliken CS	JAMA, 2007, V298, P2141	83
5	The health of UK military personnel who deployed to the 2003 Iraq war: a cohort study.	Hotopf M	LANCET, 2006, V367, P1731	79
6	Psychometric properties of the PTSD Checklist (PCL).	Blanchard EB	BEHAV RES THER, 1996, V34, P669	66
7	—	American Psychiatric Association	DIAGN STAT MAN MENT 1994	61
8	Mental disorders among U. S. military personnel in the 1990s: association with high levels of health care utilization and early military attrition.	Hoge CW	AM J PSYCHIAT, 2002, V159, P1576	54
9	Health of UK servicemen who served in Persian Gulf War.	Unwin C	LANCET, 1999, V353, P169	52
10	Posttraumatic stress disorder in the National Comorbidity Survey.	KESSLER RC	ARCH GEN PSYCHIAT, 1995, V52, P1048	51

从军事认知医学 997 篇 SCI 论文中共被引 50 次以上的文献分析，文献内容主要涉及士兵或退伍军人精神卫生问题、士兵脑损伤及认知问题、创伤后应激障碍问题等。其中美国沃尔特里德陆军医疗中心的 Hoge CW 发表的四篇论文共计被引用 446 次，从中可以看出该中心及作者军事认知医学研究论文的价值及其影响力。

3.8　SCI 论文学科主题分析

根据对 997 篇军事认知医学领域涉及学科主题的聚类分析，可以判别此类研究比较活跃的研究领域。从统计数据可以看出，997 篇论文涉及 106 个学科，其中 9 个相关学科发表论文 40 篇以上，4 个相关学科发表论文 100 篇以上，2 个学科 200 篇以上，详见表 5。

表 5　军事认知医学 45 篇以上 SCI 论文涉及学科分布

序号	学科主题英文名称	学科主题中文名称	论文数	占论文总数比例
1	Medicine, General & Internal	综合内科学	250	25.1%
2	Psychiatry	精神病学	219	22.0%

续表

序号	学科主题英文名称	学科主题中文名称	论文数	占论文总数比例
3	Public,Environmental & Occupational Health	公共/环境/职业卫生	167	16.8%
4	Clinical Neurology	临床神经病学	109	10.9%
5	Neurosciences	神经科学	90	0.9%
6	Psychology	心理学	67	0.7%
7	Sport Sciences	运动科学	63	0.6%
8	Psychology, Clinical	临床心理学	48	0.5%
9	Rehabilitation	康复	48	0.5%

从表5可以看出,45篇以上的前9个学科共发文768篇,占全部发文总量的77%左右,可见,前9个学科为2003—2013年度军事认知医学SCI发文相关重点学科,可以视为军事认知医学比较活跃的研究领域,主要涉及综合内科学、精神病学、公共/环境/职业卫生、临床神经病学、神经科学、心理学、运动科学、临床心理学及康复。

3.9 SCI论文研究热点关键词

应用TDA工具对997篇SCI论文作者提供的关键词进行了聚类和清洗,997篇SCI论文中出现10次以上的关键词主要有军事、创伤后应激障碍、战争、退伍军人、应激、认知、精神病学、脑、精神卫生、心理学、军事医学、抑郁症、酒精、自杀、危险因素、康复、睡眠、行为、冲击波伤、焦虑及神经心理学,从中也可以看出该领域SCI论文的研究热点。

4 结论

曾有作者利用CiteSpaceII,基于Web of Science数据对军事医学和认知神经科学知识图谱进行了绘制和分析[10-11]。本文以SCI-E数据库收录的论文为样本,利用TDA等工具从文献计量学和科学图谱的角度对军事认知医学2003-2013年6月科研产出进行了评价,发现近年来军事认知医学研究领域SCI论文总体上呈逐年上升趋势,同时还展示了该领域SCI论文被引趋势图、论文发表及合作图谱、来源期刊及载文量分析、发文机构、资助基金情况;此外,引证及共引分析、学科主题和研究热点领域分析结果表明,军事认知医学研究领域主要涉及军队精神卫生、认知科学、神经科学、神经心理学、应激障碍等。可以看出,军事认知医学是认知科学、神经科学与军事医学相结合的产物,源于心理学并与其他学科不同程度融合。美国和英国在该领域有很大的影响力。虽然目前统计分析仅限于科研论文,尚未涵盖全部科研成果,且本文在图谱解读方面尚显局限,但仍希望通过军事认知医学领域SCI发文情况为科研人员提供相应参考。

参考文献

[1] 周昊天,傅小兰.认知科学-新千年的前沿领域[J].心理科学进展,2005,13(4):388-397
[2] http://baike.baidu.com/view/121380.htm
[3] http://cognitivesciencesociety.org/about_description.html

[4] 中国认知科学学会在京成立[EB/OL]. http://www.cas.cn/hy/xshd/201112/t20111201_3404615.shtml(2011-12-01)

[5] 张明华,吴乐山.关于军事认知医学的预测及发展策略的思考[J].军事医学科学院院刊,2007,31(2):157-159

[6] 王俏,王伟.基于知识图谱的国际基因组流行病学可视化分析[J].中华医学图书情报杂志,2013,22(4):2-9

[7] Hoge, CW. et al. Combat duty in Iraq and Afghanistan, mental health problems, and barriers to care[J]. New Engl J Med. 2004;351(1):13-22

[8] Hoge, CW. et al. Mental health problems, use of mental health services, and attrition from military service after returning from deployment to Iraq or Afghanistan[J]. JAMA. 2006;295(9):1023-32

[9] Milliken, CS. et al. Longitudinal assessment of mental health problems among active and reserve component soldiers returning from the Iraq war[J]. JAMA. 2007;298(18):2141-48

[10] 雷二庆. Military Medicine 的知识图谱分析[J].军事医学科学院学报,2009,33(6):513-518

[11] 张明华,雷二庆.基于知识图谱的认知神经科学前沿与演化研究[J].军事医学科学院学报,2010,34(1):71-75

作者简介

何　玮,男,1970—,吉林省吉林市人,硕士,副研究馆员,发表论文 70 余篇。

王桂枝,女,1956—,湖北黄冈人,本科,编审,获军队科技进步二等奖 1 项,三等奖 5 项,主编专著 1 部,发表论文 20 余篇。

森林游憩研究的文献计量分析

刘彦民[1]　夏哲浩[2]

(1. 北京林业大学图书馆;2. 北京林业大学工学院)

摘　要: 运用文献计量学方法对中国知网中国学术期刊网络出版总库(2003-2013)收录的205篇森林游憩文献的学科分布、刊载期刊分布、年度分布、资助情况、作者分布、作者单位分布等方面进行统计分析,总结文献分布特点和研究现状,为后续森林游憩研究理清脉络和提供参考。

关键词: 森林游憩　文献计量　综述　CNKI

森林游憩本身是一种利用林区优美的风景资源来休养娱乐消遣的行为。大部分人会将森林游憩理解为森林生态旅游,但是如果开展相关研究的话,二者还是有些区别。自21世纪以来,生态旅游被称为旅游业发展的方向之一,森林生态旅游应运而生。森林生态旅游是一种旅游方式,是将森林生态效益和经济效益相结合,将环境保护和人类享受相结合而形成的一种旅游方式。而森林游憩这个概念多使用于学术研究中,在大多数情况下与森林资源保护同时使用,即森林资源保护与游憩等。我们将森林游憩定义为:人们利用休闲时间,自由选择的、在森林环境中进行的、以恢复体力和获得愉悦感受为主要目的的所有活动的总和[1]。同时森林游憩资源是森林资源的重要组成部分,森林本身能够改善生态环境,最明显和最普遍的作用是改善局部地区的气候效应,提供给自然界新鲜的氧气。因此,本文将对以森林游憩及其相关内容为研究对象的文献进行计量分析,以期为广大的科研工作者进行后续的研究提供思路与借鉴。

1　研究方法

本文先是整理已经在国内公开发表的有关森林游憩研究的文献,运用文献计量学方法,描述、分析这些研究的外部文献特征,得出相应的结论。然后,以相关文献的内容为研究对象,按照不同的主题类型,归纳说明众多文献的内部特征。

2　研究内容

基于研究专业性和权威性的考虑,结合森林游憩研究的特点和文献计量学方法的要求,本文用于检索相关论文的数据库为CNKI中的“中国学术期刊网络出版总库”，CNKI是中国知识基础工程(China National Knowledge Infrastructure)的简称，是目前中国大陆地区学者运用率最高的中文学术期刊收录数据库。“中国学术期刊网络出版总库”是CNKI的系列数据库产品之一，将其作为研究对象的来源具有较强的代表性。在“中国学术期刊网络出版总库”中，将检索时间设置为2003年至2013年，以“森林游憩”为主题词进行精确检索，得到205篇相关文章，检索时间为2014年5月10日。按照学科类别进行分组(见表1)。部分论文篇数涉及多个学科。

表1 文献所属的学科类别情况列表

学科类别	数量	学科类别	数量
林业	117	环境科学与资源利用	5
旅游	58	文化	2
农业	28	园艺	2
建筑科学与工程	18	企业经济	2
资源科学	13	金融	1
宏观经济管理和可持续发展	5	中国语言文字	1

其中林业学科的117篇文章中，涉及林业基础科学的有82篇(森林生物学56篇、林业经济及概述26篇)。基于文献学科所属的情况可以说明：森林游憩这个领域的研究中，林业基础科学研究是数量最多的；其次是旅游；再次是农业经济。在林业基础科学研究中，森林生物学这一分支研究数量最多，说明我国目前森林生物学的快速发展趋势在森林游憩方面体现的较明显。更重要的一种情况显示：林业经济方面的学者发表的文献数量(26篇)已经和农业经济方面的学者发表的数量(28篇)接近，说明经过多年的社会变革及形势的需要，林业经济在森林游憩这一学术领域的研究日渐发展和成熟。

目前国内刊登森林游憩文献的期刊数量较多，对森林游憩的研究已相当活跃，尤其是以《北京林业大学学报(社会科学版)》刊载论文数量最多(见表2)。同时应注意到，相当数量的论文发表于日报、年鉴、政策宣传性期刊中，其学术价值相对有限，难以在学术研究中利用。

表2 载文量排名前10位的期刊

期刊名称	篇数
北京林业大学学报(社会科学版)	9
世界林业研究	6
中南林业科技大学学报	6
安徽农业科学	5
北京林业大学学报	5
中南林业科技大学学报(社会科学版)	5
林业调查规划	5
绿色中国	4
林业科学	4
西北林学院学报	4

2.1 年度载文量统计分析

本文研究时段为 2003 至 2013 年，依据 205 篇论文的年度分布情况，自 2003 年以来，国内森林游憩研究的论文数量大致呈现稳步增加趋势且没有明显的增长或减少(见图 1)。

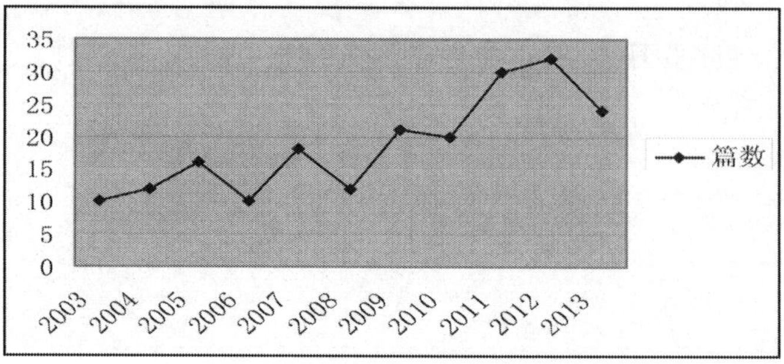

图 1　年度载文量分布情况

2.2 研究成果的资助情况

本次统计的 205 篇学术论文中，注明基金项目资助的论文为 59 篇，占总载文量的 28.8%，涉及 23 种不同的基金项目。从所标注基金资助项目的级别来看，国家级基金项目有 8 个，各省级基金项目有 15 个。从国家级基金项目所资助的论文数量来看，占总标注基金项目资助论文数量约 59%，计 35 篇；标注省级基金项目资助的论文数量 24 篇，占总标注资助项目论文数量的 41%(见表 3)。从资助论文数量来看，有基金项目资助的文献量还是比较可观的，说明这一学术研究内容的发展很有前景。

表 3　论文所标注基金项目统计情况

资助基金名称	篇数	比例/%
国家自然科学基金	14	23.7
国家社会科学基金	7	11.9
国家科技支撑计划	5	8.5
国家科技攻关计划	4	6.8
北京市科技计划项目	4	6.8
浙江省科技自然基金	3	5.1
江苏省教育厅人文社会科学研究基金	2	3.4
国家重点基础研究发展计划(973 计划)	2	3.4
辽宁省科学技术基金	2	3.4
湖南省社会科学基金	2	3.4
浙江省科技攻关计划	2	3.4
北京市自然科学基金	1	1.7
中国博士后科学基金	1	1.7
跨世纪优秀人才培养计划	1	1.7
湖南省软科学研究计划	1	1.7
山西省自然科学基金	1	1.7

续 表

资助基金名称	篇数	比例/%
福建省软科学研究计划	1	1.7
湖南省自然科学基金	1	1.7
陕西省自然科学基金	1	1.7
四川省教委重点科研基金	1	1.7
湖南省科技攻关计划	1	1.7
广东省科技攻关计划	1	1.7
基础研究重大项目前期研究专项	1	1.7

2.3 核心研究作者分析

2.3.1 普莱斯理论

文献计量学中的“洛卡特定律”，是由美国学者洛卡特于20世纪20年代率先提出的，描述科学生产率的经验规律，又称倒数平方定律。洛卡特特定律是描述科技期刊论文作者动态的最早的量化定律[2]，其含义为研究者人数与其所著论文之间的关系：写两篇论文的作者数量约为写一篇论文的作者数量的1/4，写三篇论文的作者数量约为写一篇论文作者数量的1/9，写n篇论文的作者数量约为写一篇论文作者数量的$1/n^2$，由此得出写一篇论文作者的数量约占所有作者数量的60%。

普莱斯理论是由洛卡特定律衍生而来的一条重要推论，指的是完成该领域论文高产研究者的人数在数量上应等于该领域研究者总数的平方根，经进一步推倒和计算，得到公式：

$$M=0.749\sqrt{N_{max}}$$

其中M为核心研究者发表的论文数量，N_{max}为该领域最高产研究者发表的论文数量。通过公式可以得出，衡量某个研究者是否为核心研究者的标准就是看该研究者所发表的论文数量是否超过该领域最高产研究者论文数量平方根的0.749倍。

2.3.2 核心研究作者的确定与分析

在205篇用于计量分析的论文中，发表论文数量最多的研究者为8篇，利用上述公式计算得到M值近似等于2.1。因此，用于计量分析的205篇论文中的核心研究作者即为发表论文数量在2篇以上的作者(见表4)。

表4 核心研究作者情况

作者	论文数量	作者所属单位	单位性质
贾黎明	8	北京林业大学	高校
张颖	6	北京林业大学	高校
王兵	5	中国林业科学院	政府下辖科研单位
鲁绍伟	4	北京林业大学	高校
薛兴华	4	长江大学	高校
汪平	4	北京林业大学	高校
张乐勤	3	安徽池州学院	高校
蔡碧凡	3	中南林学院	高校

续表

作者	论文数量	作者所属单位	单位性质
肖亮	3	湖北大学	高校
李江婧	3	北京林业大学	高校
王小燕	3	海南省林业科学研究所	政府下辖科研单位
林之盼	3	海南省林业科学研究所	政府下辖科研单位
许信旺	3	安徽池州学院	高校
薛杨	3	海南省林业科学研究所	政府下辖科研单位
张立明	3	湖北大学	高校
李梅	3	四川农业大学	高校

就作者所属单位而言，在16位核心研究作者中，来自高校的有12位，占总人数的75%；来自政府及下辖科研单位的有4人，占25%，这在一定程度上说明高校和政府下辖科研单位的研究人员在森林游憩研究中占了绝对多数。

在研究区域方面，16位核心研究者来自全国7个省、市，其中来自北京的研究者人数为6人，人数居首，且优势明显。北京作为全国政治、经济、文化的中心，不仅拥有国家林业局等相关政策的决策机构，且高校和科研机构众多。这在一定程度上说明，政策信息获得渠道等多种因素的便利有利于森林游憩研究的开展。

2.4 研究单位分析

205篇论文的研究单位主要涉及政府下辖科研单位、高校、企业3类，论文的产出在各类单位之间呈现出不平衡性。文献计量学中的普莱斯理论可以用于核心研究者的确定，同理也可以用于核心研究单位的确定，依据上文公式，本文确定森林游憩的核心研究单位应发表的论文数量为4.2篇以上，符合条件的研究单位共有6个(见表5)。

表5　核心研究单位情况

研究单位名称	论文数量	单位性质
北京林业大学	31	高校
中南林业科技大学(原名中南林学院)	22	高校
北京市西山试验林场	5	企业
南京林业大学	5	高校
四川农业大学	5	高校
中国林业科学院森林生态环境与保护研究所	5	政府及下辖科研单位

6个核心研究单位分布于全国4个省、市，仍以北京市为多。继上文研究得出北京市拥有核心作者人数最多后，此处可见，北京市拥有的核心单位数量亦为全国首位，再次说明了政策信息获得渠道的便利对森林游憩研究的推动作用。但是，我们发现企业、基层的研究人员和技术人员很少有成果的发表，说明森林游憩的实际应用和实践活动研究非常欠缺。

2.5　国内森林游憩相关文献的内容特征

1）以森林游憩的定义及基本理论为研究对象和关于森林游憩价值评价的期刊文献较多。基于中国学术文献网络出版总库的文献检索，发现属于林业、旅游、农业经济、资源科学、环境科学与资源利用等学科的文献最多。尤其是靳芳[3]等的《中国森林生态系统服务功能及其价值评价》、石强[4]等的《森林游憩区空气负离子评价研究》、张颖[5]的《森林社会效益价值评价研究综述》等文献的被引频次都很高，说明其影响力较大。关于森林游憩的价值评估，相关学者在各自的领域都取得了一定的研究成果，专家认为："对森林游憩经济价值的研究是对森林资源资产评估的深入研究，其有利于林业要素市场的建立和规范运行，对深化我国林权制度改革，加快林业产业体系建设和发展，实现森林资源可持续发展都将起到积极的作用。"[6]文献下载次数较多的有张红霞[7]等的《国外有关旅游资源游憩价值评估的研究综述》、刘敏[8]等的《旅游地游憩价值评估研究进展》、于洋[9]等的《国内外旅游资源游憩价值评估研究综述》。

值得一提的是，从当前的国家政策及人们关注的话题来看，生态文明建设已经成为我国的一项重大任务。在森林游憩价值的研究方面，应更多地提倡研究其社会效益、生态效益。通过检索发现，所有题名、主题词、关键词包含森林游憩词条的研究文献，在森林与环境保护领域的文章很少；在森林环境资源的利用领域的也只占总数的10%。

2）研究森林游憩的意义及发展方向的文献呈现逐渐增多的趋势。从近几年的文献看，国内就森林旅游的意义和发展方向进行的研究越来越多。这与我国的政策方针调整有关，尤其是从党的十六大、十七大以来，提出大力推进生态文明建设，这既是我国政府和人民的一项重大实践任务，又是知识分子进行理论研究的要求，尤其是对于林业领域进行研究的学者。杨瑞峰[10]在《森林旅游推动新农村建设》一文中以太行山国家森林公园为例，用许多调查来的第一手资料论述了森林旅游的作用，提出森林游憩既更新了农民的思想认识，又促进了区域经济的发展，同时也促进了农村产业结构的调整。同样，在《发展森林旅游 振兴林区经济》一文中，作者认为："发展森林旅游可以调整林业产业结构，加大第三产业比重，促进林区的发展。"[11]尤其是对于目前的东北林区来讲，开展森林游憩是改变现状，寻求新的经济增长点，带动就业，增加收入的良方。森林旅游是一项综合产业，可以带动更多的需求，也可以产出多种类型的相关产品。而且，从文化层面上来看，森林旅游可以使人们认识林业，热爱林业，增强生态意识。同时，森林旅游的可持续发展理论也是这几年的研究热点。

3）文献研究中，针对森林游憩景区的森林具有利于人们身体健康、具有保健功能及改善空气质量、降低雾霾等的研究已经初现，值得进一步鼓励和引导。有些学者通过对森林游憩区的空气负离子的研究发现，森林游憩区的空气负离子含量全部高于城市居民区及周边地区；且森林游憩区里不同植物类型的分布情况直接影响空气负离子的浓度大小，空气负离子可以抑制PM2.5的存在。如吴楚材认为：森林以其特有的小气候成为产生空气负离子的良好环境，森林中较高的负离子含量已经被许多研究证实[12]；石强提出了空气负离子系数概念，并建立相关的模型在张家界公园进行实际应用[4]；吴章文的文章《森林游憩区保健旅游资源的深度开发[13]》等都有相似的观点和结论。但以空气负离子为研究内容的论文不超过10篇，说明在这一领域的研究值得进一步推广和引导。

3　研究结论

首先，随着森林游憩在实践中的进一步发展，单纯对其自身的研究已经难以满足发展的需求，研究应涉及多学科领域之间的相互交叉、相互渗透，这也自然导致研究难度和研究规模的加大。为保证学术研究能够持续为森林游憩提供有价值的成果，我国还需要进一步加强学术研究合作方面的管理，鼓励多领域、多部门研究者之间开展合作研究，依靠群体力量来攻克关键课题。

其二，我国森林游憩研究呈现出向高校集中的明显趋势。在森林游憩研究方面，高校发挥了很大的作用，这一统计分析结果与核心作者情况相同。形成这一结果的原因有两方面，第一，科教兴国战略的实施使得我国高等教育事业不断发展壮大，高校由此得以在人才培养、科学研究、成果转化等方面占有绝对优势；第二，高校相对于政府下辖科研单位、企业而言，研究人员规模相对较大，因此团队合作研究的能力较强。这也进一步肯定了上文提出的鼓励多部门研究者之间开展合作研究的重要性

其三，森林游憩研究与区域自然条件、社会经济发展、在改革中的地位等方面存在一定关系。在自然条件较好、社会经济发展较好的区域，研究人员关注研究的较多。

其四，上述文献中，相较于中文引文数量，外文引文数量则少很多。由此看出，目前我国森林游憩研究主要以引用国内文献为主，鲜有引用国外文献的情况。引用国外文献有助于我国研究者拓展自身视野、借鉴国外相关领域先进经验，而绝大多数的国内文献引用容易局限住研究者的思路和视野，制约森林游憩研究的可持续发展。

最后，基金项目和合作研究对学术研究的推动作用应该得到充分发挥。

参考文献

[1] 陈鑫峰，沈国舫. 森林游憩的几个重要概念辨析[J]. 世界林业研究，2000，13(1)：69-76.

[2] 王崇得. 期刊作者的量化研究[J]. 情报科学，1998，16(5)：368-380.

[3] 靳芳，鲁绍伟，余新晓，等. 中国森林生态系统服务功能及其价值评价[J]. 应用生态学报，2005，16(8)：1531-1536.

[4] 石强，舒惠芳，钟林生. 森林游憩区空气负离子研究评价[J]. 林业科学，2004，40(1)：36-40.

[5] 张颖. 森林社会效益价值评价研究综述[J]. 世界林业研究，2004，17(3)：6-11.

[6] 张卫民. 森林资源资产价格及评估方法研究[D]. 北京：北京林业大学，2010.

[7] 张红霞，苏群，王勤. 国外有关旅游资源游憩价值评估的研究综述[J]. 旅游学刊，2006，21(1)：31-36.

[8] 刘敏，陈田，刘爱利. 旅游地游憩价值研究进展[J]. 人文地理，2008(1)：13-18.

[9] 于洋，王尔大，刘爱琴. 国内外旅游资源游憩价值评估研究综述[J]. 华东经济管理，2009，23(9)：140-146.

[10] 杨瑞峰. 森林旅游推动新农村建设[J]. 陕西林业，2006(1)：2.

[11] 沈雪林. 发展森林旅游 振兴林区经济[J]. 中国林业企业，1995(1)：13-15.

[12] 吴楚材，郑群明，钟林生. 森林游憩区空气负离子水平的研究[J]. 林业科学，2001，37(5)：75-81.

[13] 石强. 森林游憩区空气负离子评价研究[J]. 林业科学，2004，40(1)：36-40.

[14] 吴章文. 森林游憩区保健旅游资源的深度开发[J]. 北京林业大学学报，2003，25(2)：63-67.

国内关于林下经济研究的期刊论文外部特征计量分析

刘彦民

（北京林业大学图书馆）

摘　要：国内林下经济的研究较多，关于合作研究情况、研究方法的多样性、研究主题的差异性、引用的规范性等方面均有所提高。但是缺乏对现有研究进行总结、分析；尤其是运用文献计量学方法，公开发表林下经济研究的综述性文献很少。基于CNKI数据库的检索，以包含林下经济内容的期刊论文为数据源，对林下经济研究的文献数量、研究作者、研究单位、学术合作、基金资助等方面进行深入的分析，得出该领域研究的特征和趋势，并提出建议。

关键词：林下经济　文献计量　CNKI　核心研究作者　核心研究单位

林下经济，又称林下产业，国外广泛称为农林复合经营。林下经济自21世纪初在我国开始兴起，并得到我国政府的高度重视。国家总理温家宝在东北农村考察时说过："能够保护好生态环境，要搞好林下经济很重要"。原国家林业局局长贾治邦在讲话时提到："要在发展林下经济上取得突破"。《国务院办公厅关于加快林下经济发展的意见》（国办发〔2012〕42号，以下简称《意见》）于2012年8月印发。充分体现了党和国家对我国林业建设的高度重视，必将对建设生态文明、促进科学发展、实现绿色增长和推动社会主义新农村建设产生深远影响。

1　研究方法

文献计量分析是文献研究法的一部分。该方法主要以文献体系和文献计量特征为研究对象，采用数学、统计学等计量方法，研究文献情报的分布结构、数量关系、变化规律和定量管理，并进而探讨科学技术的某些结构、特征和规律。文献计量在学科评价中的应用，不仅有助于推动科学评价理论研究的发展，而且能够为学科评价提供有意义的方法和支持[1]。

2 研究内容

2.1 期刊论文的甄选

基于研究专业性和权威性的考虑，结合林下经济研究的特点和文献计量研究方法的要求，确定遴选原则为：(1)以公开发表的学术期刊为论文来源。(2)书讯、讲话、访谈、书评、简报、目录、会议通知等非学术研究论文，不属于本文研究的对象。

2.2 甄选结果

本文用于检索期刊论文的数据库为CNKI中的“中国学术期刊网络出版总库”，CNKI是中国知识基础工程的简称，是目前中国大陆地区学者运用率最高的中文学术期刊收录数据库，“中国学术期刊网络出版总库”是CNKI的系列数据库产品之一，将其作为研究对象的来源具有较强的代表性。该文献数据库涵盖国内90%的显性知识资源，文献总数超过1亿篇(条)，文献下载超过30亿条，是全球备受推崇的知识信心服务品牌[2]。在“中国学术期刊网络出版总库”中，将检索时间设置为2003年至2013年，以“林下经济”为主题词、关键词、题名进行精确检索，共得到278篇相关文章，检索时间为2014年5月10日。刊载林下经济研究文献较多的来源期刊部分分布情况，见表2.1。

表2.1 278篇学术论文部分来源期刊刊载数量(Table of sources of 278 research papers)

期刊名称	刊载篇数
绿色中国	35
现代农业科技	22
现代园艺	13
吉林林业	10
中国林业经济	9
北京农业	8
安徽农业通报	8
四川林业科技	6
湖北林业科技	6
农业技术	6
湖南林业科技	6

目前国内林下经济研究的期刊文献数量较多，一定程度说明林下经济研究已相当活跃。同时应注意到，林业经济研究和学者发表的文献数量(250篇)已经和农业经济研究和学者发表的数量(264篇)接近，又说明经过许多年的社会变革及形势的需要，林业经济越来越在这一学术领域日渐成熟和发展。

3　林下经济研究的期刊文献外部特征

3.1　年际载文量统计分析

本文研究时段为2003至2013年，共检索并筛选获得278篇林下经济研究的期刊文献。从278篇文献的年度分布情况来看，自2006年以来，国内林下经济研究成果的论文数量大致呈现出起步探索、快速发展两个阶段（图3.1）。2006至2009年为起步探索阶段，学术界对于林下经济的研究处于起步探索阶段，相关学术论文数量较少；2010至2013年为快速增长阶段，这一阶段共载文269篇，占总载文量的96.76%，年均载文量67.3篇，论文产出量成持续快速上升趋势，可见，随着林下经济社会实践的不断推进和深入，越来越多的研究者开始关注并研究林下经济；2013年度载文量达到峰值，为153篇，可见随着2007年林下经济在全国范围内的开展，林下经济研究已日趋稳定，伴随而来的是对于林下经济研究的科研队伍的成熟与稳定，同时随着国家有关部门对林下经济研究领域支持力度、项目资助数量和经费额度的不断增加，林下经济研究在接下来一段时间里将会保持稳定发展。

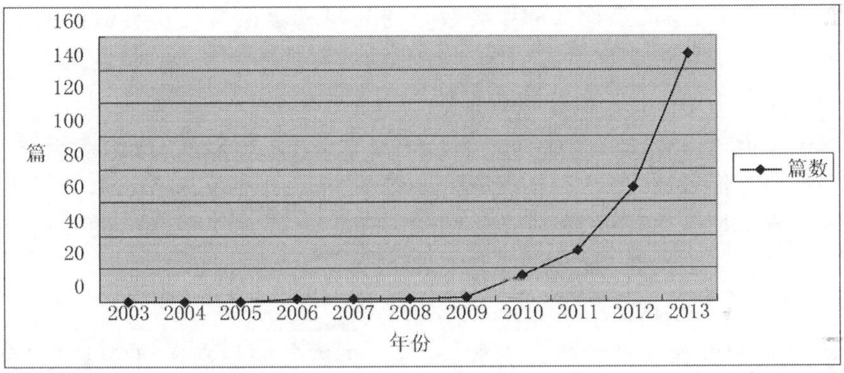

图3.1　2003-2013年载文量走势(Trend of annual number of published papers)

3.2　研究获得的资助情况

278篇期刊文献中，注明基金项目资助的论文11篇，占总载文量的4%，涉及10种不同的基金项目。从所标注基金资助项目的性质来看，标注国际、国家级基金项目资助的论文有4篇，占总标注基金项目资助论文数量36.36%，标注省级基金项目资助的论文数量7篇，占总标注资助项目论文数量的63.63%（见表3.1）。从资助文献数量来看，获得基金项目文献不是很多，与文献发表总数相比不足5%。

表 3.1　论文所标注获得基金项目资助情况(Statistical overview of funding projects indicated in papers)

资助基金名称	篇数	论文数量所占总基金资助比例
世界自然基金	2	18.2%
国家科技支撑计划	1	9.1%
黑龙江省博士后科研启动基金	1	9.1%
黑龙江省科技攻关计划	1	9.1%
重庆市软科学研究计划	1	9.1%
重庆市教委科研基金	1	9.1%
山西省软科学研究计划	1	9.1%
重庆市科技攻关计划	1	9.1%
湖北省科委基金	1	9.1%
国家自然科学基金	1	9.1%

3.3　核心研究作者分析

普莱斯理论(Price Law):文献计量学中的“洛卡特定律”是由美国学者洛卡特于20世纪20年代率先提出的,描述科学生产率的经验规律,又称倒数平方定律,其含义为研究者人数与其所著论文之间的关系:写两篇论文的作者数量约为写一篇论文的作者数量的1/4,写三篇论文的作者数量约为写一篇论文作者数量的1/9,写n篇论文的作者数量约为写一篇论文作者数量的$1/n^2$,由此而写一篇论文作者的数量约占所有作者数量的60%。

普莱斯理论是由洛卡特定律衍生而来的一条重要推论,指的是:在同一主题中,半数的论文为一群高生产能力作者所撰,这一作者集合的数量约等于全部作者总数的平方根。普莱斯揭示的科学发展逻辑型规律,不论在科学学的学科建设上还是在科学学的应用上都有其广泛的指导意义[3]。经进一步推倒和计算,得到公式:

$$M=0.749\sqrt{N_{max}} \qquad \text{(公式 3-1)}$$

其中M为核心研究作者发表的论文数量,N_{max}为该领域最高产研究者发表的论文数量。通过公式,可以得出,衡量某个研究作者是否为核心研究者的标准就是要看该研究者所发表的论文数量是否超过该领域最高产研究者论文数量平方根的0.749倍。

3.3.1　核心研究作者的确定与分析

在278篇用于计量分析的论文中,发表论文数量最多的研究者为3篇,利用上述公式计算得到M值近似等于1.3。因此,用于计量分析的278篇论文中的核心研究作者即为发表论文数量在1篇以上的作者(表3.2)。

表 3.2　核心研究作者情况(Basic information of core researchers)

研究作者姓名	论文数量	研究者所在单位	机构性质
夏自谦	3	北京林业大学	高校
陈波	3	西南林业大学	高校
杜德鱼	2	西北农林科技大学	高校

续表

研究作者姓名	论文数量	研究者所在单位	机构性质
陈建成	2	北京林业大学	高校
李娅	2	西南林业大学	高校
张东升	2	国家林业局林产工业规划设计院	政府及下辖事业单位
胡俊	2	北京市园林局	政府
于小飞	2	国家林业局林产工业规划设计院	政府及下辖事业单位
马俊春	2	吉林省梅河口市林业局	政府
付浩	2	河南省沁阳县国营板桥林场	企业
李金海	2	北京市园林局	政府
金鑫	2	辽宁省森林经营研究所	政府及下辖事业单位
王虎	2	北京林业大学	高校
秦国伟	2	安徽省林业厅	政府

就作者来自的单位而言，在 14 位核心研究者中，来自高校的有 6 人，占总人数的 42.9 %；来自政府和其下辖事业单位的人数有 7 人，占 50%；来自研究机构或企业的人数为 1 人，占 7.1%(图3.2)，这一定程度上说明高校、政府及政府属的研究单位是林下经济研究人员的主要来源。

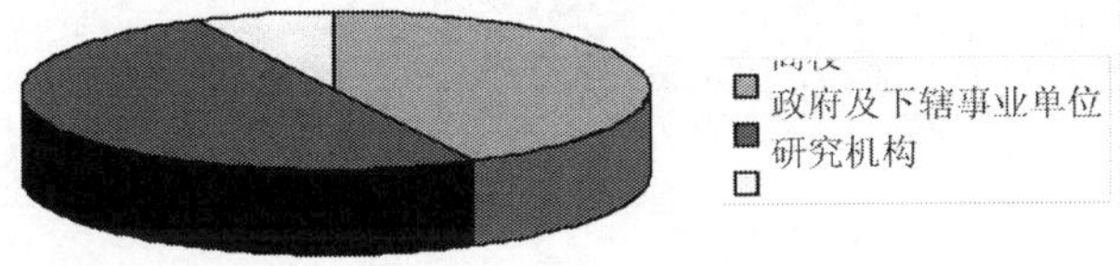

图 3.2　核心研究作者所在单位分布情况(The distribution of core researchers' affiliation)

研究区域方面，14 位核心研究作者来自全国 7 个省、市，其中来自北京的研究作者人数为 7 人，人数居首，且优势明显。北京作为全国政治、经济、文化的中心，不仅拥有国家林业局等相关政策的决策机构，且高校和科研机构众多，一定程度上说明，政策信息、资源渠道等多种因素的获取便利性有利于林下经济研究的开展。除北京以外，其余 7 位核心研究作者中有 2 名来自于云南省、1 名来自陕西省、1 名来自吉林省、1 名来自辽宁省、1 名来自河南省、1 名来自安徽省，(图 3.3)。

3.3.2　研究合作情况分析

合作是指 2 名及以上研究者合作完成一篇论文的情况，论文合作既是现在科研活动的一种最基本、最常见、最主要的形式，也是科学技术发展的必然趋势。文献计量学通常使用合著率这一指标来表征某一领域研究的合作情况，合著率即合著论文数量占总载文量的比例。通常情况下，当某一领域论文的合著率越高、合作度越大，表明该领域研究的合作情况越普遍，其领域学术研究的发展水平就越高。因此，合著率可以作为衡量某一领域学术研究发展的重要指标，也可以作为衡量研究学科相互交叉、渗透以及论文研究深度、广度的重要指标。

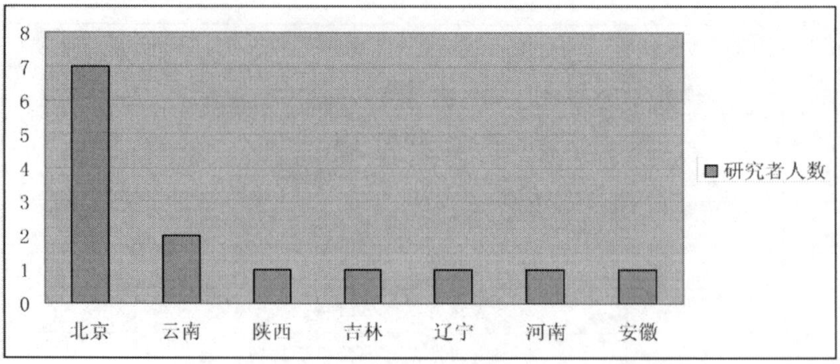

图 3.3　核心研究作者所在单位区域分布情况

Fig. 3.3　The regional distribution of core researchers' affiliation

278 篇论文中，由一名研究者独立完成的论文数量为 133 篇，所占比例为 47.8%；2 名研究者合作的论文数量为 50 篇，所占比例为 18.0%；3 名研究者合作的论文数量为 36 篇，所占比例为 13%；4 名研究者合作的论文数量为 35 篇，所占比例为 12.6%；5 名研究者合作的论文数量为 12 篇，所占比例为 4.3%；6 名研究者合作的论文数量为 6 篇，所占比例为 2.2%；7 名及以上研究者合作的论文数量为 6 篇，所占比例为 2.2%；合著论文共计 145 篇，合著率为 52.2%(表 3.3)。

表 3.3　论文作者人数统计表(The statistical table of the number of authors)

作者人数	论文数量(篇)											合计	比例
	2003	2004	2005	2006	2007	2008	2009	2010	2011	2012	2013		
1 人	0	0	0	0	1	1	0	5	13	35	79	133	47.8%
2 人	0	0	0	0	1	0	1	3	7	13	24	50	18.0%
3 人	0	0	0	2	0	1	1	1	4	11	16	36	13.0%
4 人	0	0	0	0	0	0	0	3	3	6	23	35	12.6%
5 人	0	0	0	0	0	0	0	2	1	1	8	12	4.3%
6 人	0	0	0	0	0	1	0	0	1	2	2	6	2.2%
7 人以上	0	0	0	0	0	0	0	2	2	1	1	6	2.2%
合计	0	0	0	2	2	3	2	16	31	69	153	278	100.00%

自 2006 年出现合著作者发表论文起，除当年合著率为 100%外(2003、2004、2005 年没有关于林下经济相关论文发表)，其余年份合著率多于 50%这一水平上下小幅波动，趋势较为稳定(图 3.4)。由此可见，我国林下经济研究方面的合作情况较为稳定，这为林下经济领域研究的发展提供了稳定的条件。但同时也应注意到，随着林下经济的推进，单纯对其自身的研究已经难以满足发展的需求，研究应涉及多学科领域之间的相互交叉、相互渗透。为保证学术研究能够持续为林下经济提供有价值的成果，我国还需要进一步加强学术研究合作方面的管理，鼓励多领域、多部门研究者之间开展合作研究，依靠群体力量来攻克关键课题。

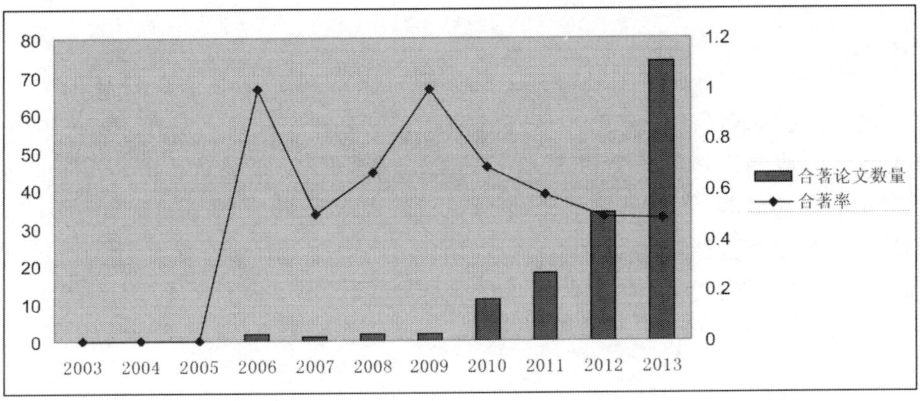

图 3.4　合著论文数量年度分布及合著率走势

The annual quantity distribution of co-author publications and co-author rate movements

3.4　研究单位分析

278 篇论文的研究单位主要涉及政府及下辖事业单位、高校和企业三类，论文的产出在各类单位之间呈现出不平衡性。文献计量学中的普莱斯理论可以用于核心研究者的确定，同理也可以应用于核心研究单位的确定，因此，核心研究单位应发表的论文数量为 2.25 篇。

由公式(3-1)计算结果可知，发表论文数量在 2 篇以上的研究单位为林下经济研究领域的核心研究单位，符合条件的研究单位共有 7 个(表 3.4)。

表 3.4　核心研究单位情况(The status of core research units)

研究单位名称	论文数量(篇)	单位性质
北京林业大学	9	高校
西南林业大学	4	高校
国家林业局农村林业改革发展司	4	政府
东北林业大学	3	高校
西南大学	3	高校
广西高峰林场	3	企业
国家林业局林产工业规划设计院	3	政府属的事业单位

7 个核心研究单位中，高校数量最多，为 4 所，占总数的 57.14%；政府和政府属下事业单位次之，有 2 个，占总数的 28.57%；继而是企业，有 1 个，占 14.29%；上述核心研究单位的统计结果一定程度上可以反映出，我国林下经济研究方面呈现出向高校集中的明显趋势，在林下经济研究方面，高校发挥了很大的作用。这一统计分析结果与核心作者情况相同。形成这一结果的原因有两方面，第一，“科教兴国”战略的实施使得我国高等教育事业不断发展壮大，高校由此得以在人才培养、科学研究、成果转化等方面占有绝对优势；第二，高校、科研部门相对于企业而言，研究人员规模相对较大，因此团队合作研究的能力较强。这也进一步肯定了上文提出鼓励多部门研究者之间开展合作研究的重要性。

4 结论

综上所述，我国林下经济研究已经历了起步探索、快速发展两个阶段，可见我国林下经济相关研究正在日益成熟。核心作者以高校人员数量最多；核心研究单位亦以高校数量较多；二者均在北京分布数量最多。可见，核心作者与核心研究单位的分布与地区区位因素存在一定关系。在研究合作方面，近年来我国林下经济研究论文的合著率基于50%这一水平，整体保持稳定，说明近年来林下经济研究的学术合作保持稳定。

5 建议

我国林下经济研究应该重视和引导前瞻性、基础理论的研究，逐渐转变过于跟踪政策导向，不能深入、持久地开展科学研究的风气。同时，善于运用相关图书与情报学的专业知识，通过运用文献研究法、文献计量方法做好科学研究的选题和综述工作。

参考文献

[1] 董琳，刘清. 国外学科评价及其文献计量评价指标研究[J]. 思考与探索，2008，31(1)：37-40.
[2] 钱进. 基于中国知网的我院读者使用情况分析[J]. 长江工程职业技术学院学报，2014，31(1)：60-62.
[3] 宋剑耕，孙章. 普赖斯《小科学，大科学》一书对我们的启示[J]. 科学学与科学技术管理，1984，(9)：13-14.

军队医药卫生科技查新工作存在问题及对策

李鹏[1]　田哲新[1]　李培进[1]　杜鹏[2]

(1. 军事医学科学院卫生勤务与医学情报研究所；2. 解放军总医院，北京，100850)

摘　要：介绍了我国科技查新工作的现状，探讨了军队医药卫生科技查新工作的特殊性，重点论述了军队医药卫生科技查新工作存在的几个主要问题，并提出几点建议。

关键词：军队　医药卫生　查新　现状

科技查新是文献检索、情报搜集、信息分析等诸多手段和方法相结合运用的情报研究工作，其最终目的是为科研课题的立项、科研成果的评判、技术成果的投入等提供科学严谨的客观依据。军队医药卫生科技查新多年来为军队医学的发展做出了突出的贡献，但由于自身的特殊性，在发展中面临很多问题亟待解决。

1　我国科技查新工作的现状

1984 年《中华人民共和国专利法》颁布，并于 1985 年 4 月 1 日正式实施，《专利法》的颁布实施对查新工作的推动起到了积极的推动作用[1]。1992 年，原国家科委拟订了国家《科技查新咨询工作管理办法》，规定了查新工作的服务范围、查新单位的审批手续以及一、二级查新单位的划分原则、查新工作质量等，之后又发布了《科技查新机构管理办法》和《科技查新规范》等[2]，可以说我国的科技查新工作是伴随着专利法的实施而推进的。全国的科技查新机构从一开始第一批的 11 家发展到现在的 300 多家，不论从查新机构的规模数量还是查新机构的质量等方面都有了很大的进步，查新机构的诞生为科技立项提供了参考依据，为科技成果验收、鉴定、评估、报奖提供了评价依据，为新产品、技术转让提供了合同依据，为科技人员项目研发提供可靠、丰富的信息依据。

进入到新时期，科技查新工作遇到了难得发展机遇期，特别是在国家“十二五”规划纲要中，对科技事业发展提出许多硬性指标要求，如到“十二五”末，全社会研究与试验发展经费支出占 GDP 的比重将从 2010 年的 1.8%提高到 2.2%[3]。国家对科研领域事业经费 GDP 比重的提高意味着国家将在科研事业领域投入更大的财力。党的十八大三中全会提出，要加强知识产权运用和保护，健全技术创新激励机制，建立主要由市场决定技术创新项目和评价成果的机制，要促进科技成果产业化[4]。可以预见，在即将到来的“十三五”，国家将在科技创新和成果转化领域投入更多的政策资金，全社会研究与试验发展经费支出占 GDP 的比重将会更高。因此，科技查新工作将面临一系列挑战，同时又会有很多机遇，如果能抓住机会，适应挑战，科技查新工作将会迎来崭新局面。

2 军队医药卫生科技查新的特点

军队医药卫生科技查新工作在军队卫生事业建设和发展中起到了积极的作用，既具备一般科技查新的特性，更有自己的独特性。

2.1 查新内容大多数涉及军队保密研究课题和项目

军队医药卫生查新机构的主要业务对象是军队科研单位，在很大程度上，军队科研单位扮演着军队现代化建设中流砥柱的角色，对我军武器装备现代化发展、后勤建设现代化发展具有极强的引导作用。由于军队科研事业具有特殊性和保密性，涉及武器规划、装备定型、装备生产、技术改进等。出于保密的原则，因此这些研究成果或者研究课题是不能交予地方查新机构进行受理。而地方查新机构一方面不具备这样的查新资格，另一方面也缺少相应的查询数据库和对比数据库，因此，必须委托军队查新机构进行查新，这样就形成了军队查新机构的特色业务。

2.2 委托人或委托单位以军队科研院校和医院为主

军队医药卫生科技查新机构一般都设在军队相关研究所、院校、医院、图书馆等单位，由于军队的特殊性，因此地方科研单位或者公司企业很少能了解和军队医药卫生科技查新机构，所以委托军队医药卫生科技查新机构进行查新的比例非常低。事实上这样的比例结构也符合军队医药卫生科技查新机构的建设初衷和实际工作现状，因为军队医药卫生查新机构首先是为军队科研发展建设服务的，因此能保证军队相关科研单位科技查新工作的需求，从而服务于国防和军队建设，如果单纯以业务量来衡量查新机构的发展，则有悖于军队医药卫生查新机构成立的初衷，对军队卫生事业发展不利。与之相比的是地方查新机构，查新任务量是衡量其发展的重要指标之一。

2.3 军队医药卫生查新机构不是以盈利为目的的机构

不同于地方科技查新机构，军队医药卫生查新机构不是以盈利性为目的的机构，其最初的设立目的是为军队医药卫生科技发展进行有限的有偿服务，而除了划拨经费外，军队医药卫生查新机构几乎没有任何其他发展经费。由于得不到充足的经费支持，在软硬件升级、数据库增加、数据库更新等方面军队医药卫生查新机构都不能很好地拓展，因此，这种非盈利特殊性限制了军队医药卫生查新机构的建设，不利于军队医药卫生查新机构的发展，而地方查新机构则由于其广泛的查新资源而获得大量的经费支持。

3 当前军队医药卫生科技查新工作存在的主要问题

3.1 查新员业务能力参差不齐

在进行科技查新过程中，查新员的业务能力是最主要的影响因素，查新员的业务能力主要包括业务水平、业务素质、知识水平、文献检索能力、信息分析阅读能力、文字表达功力、责任心、沟通能力和职业道德等[5]。医药卫生领域本身就是一个非常复杂的领域,包括基础医学、临床医学、预防医学、药剂学、药理学、药物化学和药物分析等,而每一个查新员的知识面都有限,不可能面面俱到的掌握所有领域的知识,也没有一个科技查新机构能配齐既掌握检索技能、又掌握专业知识的各门专业人才,因此,查新员的业务能力直接影响查新结果。军队医药卫生科技查新机构一般都是挂靠某个单位,基本上没有编制,查新员都是挂靠单位人员,一方面挂靠单位受人员转业、调动、复员等因素的影响,人员流动性比较大,不利于查新业务能力的积累,另一方面当遇到大批量查新任务时,挂靠单位人员数量不够用,此时会让无查新资质的人员或者在读研究生完成查新任务,这样很难保证查新质量。

3.2 查新机构普遍实力不强

目前我军只有1家一级查新机构,其他21家都是二、三级查新机构,而查新机构是查新任务完成的载体机构,其本质作用是为查新任务的完成提供资质保障、硬件保障和软件保障。首先,完成某项查新要求,有对应的最低要求,例如,要完成某项国家科技进步一等奖的查新任务,则二、三类查新机构是没有资格进行受理的,这就是资质。其次,查新机构要有最基础的办公硬件,比如电脑、打印机、传真机、复印机、扫描仪以及办公场所等,这是完成查新任务的硬件环境,受制于经费限制,军内许多查新机构的办公硬件还是满足不了查新任务的需求。第三完成查新任务要有数据库。由于数据库购买和更新费用非常高昂,特别是一些著名数据库,因此军队一些查新机构没有购买全部国内外的数据库,这就造成了某些查新项目的密切相关文献由于数据库权限的限制,而不能及时调取原文,以至于无法进行文献的对比分析,从而影响查新报告的质量。

3.3 查新业务受理范围有限

军队医药卫生查新机构以受理军队卫生科技查新为主要工作任务,非军队单位委托军队医药卫生科技查新机构进行查新业务受理的情况有但不是很多,因此,军队医药卫生查新机构的业务范围受限。主要原因一是由于军队医药卫生科技查新机构一般都设在军队相关单位,致使地位单位委托军队医药卫生查新机构进行业务受理变得非常不方便,办理手续麻烦,进出军队营区处处受限;二是由于军队医药卫生查新机构的非盈利性,因此军队医药卫生查新机构不能加强公开宣传,致使军外单位对军队单位认识不够、了解不够,与外单位科研人员交流也不够,种种原因都限制了军队医药卫生查新机构的业务受理范围和业务量,某种程度上也限制了其发展。

4 改进军队医药卫生科技查新工作的建议

4.1 重视查新人员的业务能力培训

鉴于查新审核工作对于提高查新质量起着重要的保证作用,培养合格的审核人员是保证查新工作健康、有序、规范发展的重要一环[7]。因此,军队各级查新机构一定要定期举行各类查新人员培训班,如查新初级班、查新中级班、查新高级班等,并定期对查新员的资格进行审核,建立筛查制度,要加强查新员自身学习能力的培养,通过培训达到提高查新员业务能力的目的。

4.2 加强查新机构规模和质量建设

提升查新机构规模和质量[8]，一是要建立查新机构信息交流共享机制是查新机构自身发展过程中最难突破的，也是最不容易实现，究其本质原因还是利益关系。因为任何一家查新机构都不可能也不愿意让其他查新机构知道自己的真实客户群和真实业务量。但是，为了军队医药卫生事业的发展，为了军队科研事业的发展，我们必须摒弃这种利益束缚，通过建立信息交流共享机制达到提高查新质量的目的[9]，最终目的是为国防和军队现代化建设服务。同时，军队医药卫生查新机构还要积极与地方查新机构加强业务沟通和合作，学习其特色和经验，然后为我所用。二是要加强信息资源建设，提升查新工作的软件环境。影响科技查新工作质量的关键因素之一是查新数据库是否是最新的和最全的。由于经费等众多原因，绝大多数查新机构的数据库资源存在着学科体系不齐全、综合性电子资源较少等问题。因此，必须在查新机构信息资源建设上加大投入，只有以充足的数据做支撑，才能保证查新工作的质量和效益。

4.3 主动作为，积极拓展查新业务范围[10]

虽然军队医药卫生科技查新机构的建机构目的是非盈利性活动，但是其本质目的是为国家和军队科研事业服务，因此，在不影响军队查新任务的前提下，军队医药卫生科技查新机构可以在条件允许的情况下适当受理地方查新业务，当然，如果其条件充沛则应当主动出击，积极拓展查新业务范围，这样做的目的一方面是为查新机构赢得额外的经费支持，另一方面还能通过承担地方科技查新达到锻炼查新业务能力的目的。

参考文献

[1] 专利法[EB/OL].[2013-09-22]. http://baike. baidu. com/link? url＝ciIvYzIzzx_ErWbIOMNy-FAZSlzKD3ZlG-ZhKFSczhfGLgLcormyVrQErFUh6pqxd

[2] 马景娣，缪家鼎. 对科技查新工作的再审视[J]. 现代情报，2006(5)：138-140.

[3] 武文，刘蕾. 科技查新工作发展的新思路[J]. 内蒙古科技与经济，2013，288(14)：14-15.

[4] 《中共中央关于全面深化改革若干重大问题的决定》. 北京：人民出版社，2013. 12.

[5] 彭奕. 科技查新工作及查新过程中应引起重视的几个问题[J]. 现代情报，2007(6)：123-125

[6] 浮肖肖，程趁娜，高校医药卫生科技查新工作简析[J]. 内蒙古科技与经济，2013，290(16)：144-146

[7] 章梅，毛锦堂. 论提高科技查新工作质量[J]. 天津科技，2004(2)：27-29.

[8] 孙清玉. 科技查新的质量控制[J]. 图书馆学研究，2004(8)：78-79

[9] 罗书练，郑萍，陈志强. 加强查新审核提高查新质量[J]. 西北国医学杂志，2002，23(5)：395-396t

[10] 吴华珠. 科技查新机构良性可持续发展的思考[J]. 现代情报，2010，30（6）：139-41，147.

作者简介

李鹏，男，1983—，陕西渭南人，博士，助理研究员，E-mail：58301561@qq. com。

大数据时代下的图书馆信息服务

李 思

（国防大学图书馆）

摘 要：本文阐述了大数据的概念及对它的理解，并结合图书馆信息服务的特点，分析大数据时代的到来是如何影响图书馆信息服务水平，探讨了图书馆在大数据时代背景下开拓信息服务的方法，以提高图书馆信息服务的智能化水平。

关键词：图书馆 大数据 信息服务

图书馆作为一个汇集人类所有编码记录的大数据集，即承担数据有序化的历史使命，又承担着满足众多具有个性化差异的个体和组织机构不同需求的现实职责。图书馆不但要收集、存储、管理和应用人类以文字符号为载体的海量数据，还要承担对这些海量数据有序化、结构化、精细化的工作，更要对不同用户个性化需求进行准确判断和把握，进而利用信息技术实现计算机自动化、智能化、实时化处理，最终实现图书馆服务的个性化和高效化。

1 大数据概念与理解

“大数据”是继互联网、云计算、物联网之后IT行业又一次翻天覆地的技术变革。“大数据”是一个涵盖多种技术的概念，简单地说，是指无法在一定时间内用常规软件工具对其内容进行抓取、管理和处理的数据集合。2011年5月，全球著名的咨询机构麦肯锡以敏锐的视角，发布了《Mckinsey－Big data The frontier for innovation，competition，and productivity》报告，认为大数据将成为未来创造商业价值的源泉之一。自此大数据(Big data)这个概念取代以往常被提及的海量数据、大数据量等概念，从创新、竞争和生产力等经济角度开始跃入人们的视野。大数据在概念上与以往重大的区别在于，大数据不仅指数据量巨大的结构化数据集，还包括超出通常数据库工具软件获取能力的半结构化和非结构化数据集。

以IDC为代表的业界将其归纳为具有“4V”特征，包括海量、多样性、高速和易变性。第一，体量巨大。一般包含10TB以上的数据容量。第二，数据类型多样化，包括各类网络日志、微博、视频、图片、邮件等大量的半结构化与非结构化数据。第三，价值密度低，大数据中只有一些有用的信息隐含其中。第四，处理速度快，大数据里面很多是实时数据，如微博、社会网络、SNS等。大数据技术涵盖了从数据的海量存储、处理到应用多方面的技术，包括海量分布式文件系统、NoSQL数据库、并行计算框架、实时流数据处理及智能分析技术如自然语言理解、应用知识库、模式识别等等。

2 大数据时代给图书馆信息服务的影响

在大数据集中之后很多人都要面对“数据海量、信息缺乏”的尴尬问题。虽然全球新数据持续增长，但仍有有87.5%的数据没有真正的利用。大量的数据资源仅仅是简单汇聚在一起，并没有成为真正的知识源以供人们有效的使用。一方面人类不断呐喊资源非常匮乏，想要找到有效的信息十分困难；另一方面，人们需要从含量的电子化信息资源中快速精准地获取现代信息的检索方式。

随着信息化建设的发展，尤其是大数据时代的来临，为图书馆服务提出了挑战。如何利用大数据相关技术挖掘组织、识别和分析隐含在用户行为中的结构化、半结构化数据信息，成为图书馆面临的新课题。图书馆虽然包含丰富的电子数据资源，但对云计算、语义网、RHD、社交网络等新技术的发展提供的广泛的半结构化、非结构化数据则比较薄弱，在形式复杂的数据类型和数据分析技术面前，图书馆信息服务面临的挑战可想而知[1]。有挑战就有机遇，图书馆信息服务在过去的几年里，在信息化、数据库资源建设方面得到了长足的发展，大数据时代数据类型及产生方式的多样性、信息服务要求的多样性，无疑是图书馆信息实现变革性创新发展的重要途径。图书馆信息服务如果能够有效的抓住大数据的发展契机，充分利用大数据中各种类型的数据及相关的数据分析技术，实现图书馆信息服务的根本性变革，从这一角度看，大数据时代对于图书馆信息服务飞跃发展无疑是一次更大的机遇。

2.1 大数据为提升图书馆服务质量方面提供有力支持

图书馆之间的竞争模式已经发生了重要变化，对大数据挖掘与分析将成为大数据时代图书馆竞争的重要指标。图书馆的发展方向的策略制定与实施也势必依赖于对大量数据的分析和推测，需要大数据的分析、挖掘、处理，需要大数据的综合性支持。

2.2 大数据为图书馆的数据存储结构和分析方式带来了重大变革

大数据包含各种各样的非结构性和半结构性的数据，而这些数据正是图书馆文献资源中所缺乏的，将大数据引入图书馆的信息服务中，可以充分利用大量的半结构化数据、非结构化数据，分析预测正要发生什么及将来将发生什么，是图书馆的数据存贮与分析发展根本性的变革。

2.3 未来图书馆的核心资产将是对大数据的综合掌握

随着大数据分析技术的不断完善，大数据变得将会更有价值，能为图书馆未来发展、服务模式进行趋势分析、发展预测提供支持，成为图书馆的核心资产。

3 图书馆信息服务在大数据时代下的发展方向

大数据时代，图书馆需要在其传统信息服务的基础上进一步优化和改进，充分借助并利用大数据技术，完善图书馆信息中数据存储、数据分析技术、丰富图书馆数据类型，逐步完善信息服务体系。

3.1 关注并充分利用图书馆用户的数据信息

大数据时代，多类数据的拥有、挖掘、融合、分析和利用水平是图书馆行业竞争的关键因素。用户信息行为这类数据将会有极高的利用价值，对大量用户的“行为轨迹”数据进行挖掘分析的基础上，朴拙总结用户的共性行为习惯，并针对性地利用每一次浏览机会给出较优推荐。图书馆服务只有对大量的用户数据挖掘、分析并加工利用，以此更有针对性地为用户服务，才能更好的拓展图书馆海量资源的利用效率。

3.2 积极分析探索大数据及其延伸服务

在图书馆数据量海量增长的同时，移动阅读、物联网、社交网络的迅速突起，再次使图书馆数据量爆炸性增长。这个阶段海量的实体图书和实体用户也成为信息源，以数据形式进入图书馆；数以亿计的实体图书，其收藏、借阅、位置信息及其与用户的交互记录，都成为图书馆一大数据源；读者的知识获取与分享行为、读者的空间位置信息和社会活动记录都成为了了解用户知识需求的重要数据，图书馆开展大数据分析必不可少。

3.3 充分利用复杂数据挖掘技术

数据挖掘的方法实际上可以看作是在前辈工作的基础之上产生的计算机“思维模式”。奥尔森将数据挖掘的方法按照类别、估计、聚类和概要分为四个类型。类别和估计是事情产生前预测性质的，而聚类和概要是事情产生后描述性质的。这些数据挖掘的方法为处理数据作出了最基本的分类和运算。未来图书馆的技术应用水平应该有更高的水平，如网络分析、可视化分析、数据融合等也都是图书馆研究和发展的重要方向。

3.4 拓展交流渠道搭建交互式共享平台

图书馆可以依据大量成功网站的经验，不断加强自身网络互动平台的建设。依据记录用户的行为进行分析挖掘，为网站设计人员提供改进的依据，进一步优化网站结构来提升数字图书馆的使用频率。如建立交互式共享平台并开设用户互动吧、论坛、社区等栏目，为馆员和用户、用户与用户之间开辟实时交流通道，使图书馆能够更直观地了解和掌握用户的需求，更好的为用户开展有针对性的服务[2]。

3.5 加强大数据分析相关专业人才的培养

大数据时代，图书馆作为对新技术敏感度极高的机构，图书馆员应更加重视这一事业发展，积极尝试思考解决创新和资源开发中的大数据问题。图书馆需要对各种非结构性和半结构性的数据进行挖掘、收集并利用相关技术进行分析，进而发现大数据中隐含的信息，但现阶段相关的专业人才还比较匮乏，大数据相关技术专业人才的培养可以为图书馆信息服务的创新发展提供人才保障。

4 结语

图书馆服务是其价值体现的核心，也是存在的价值与意义所在。技术的发展与社会的进步都为图书馆服务的发展注入了新的活力。大数据时代的到来，信息社会将逐步转变为知识社会。未来图书馆服务将具有“无处不在、无时不在、无所不在”的特点。图书馆作为社会信息服务的中心，其发展面临着极高的大数据跨入门槛，竞争中面临着管理风险，基础设施、发展战略等都是图书馆迈向大数据时代的关键因素，图书馆行业必须“依靠文献、超越文献”，提供个性化的深度信息服务，以满足用户“超越文献”阅读深入获取信息的需求[3]。因此，图书馆在新时代想要有所作为，需要充分利用大数据创新图书馆服务，提升图书馆的核心及竞争能力，实现图书馆信息服务的创新性发展。

参考文献

[1] 孙林.大数据时代图书馆服务体系创新与发展[J].图书馆，2013，(1).

[2] 王捷.大数据时代下图书馆开展信息服务的对策[J].现代情报，2013，33(3)：81-83.

[3] 石微芬.大数据时代的图书馆信息服务[J].社科纵横.2013，(6)：269-270.

大数据时代图书馆信息服务模式研究

王丽敏

（中国矿业大学（北京）图书馆，北京，100083）

摘　要： 大数据不是对数据量大小的描述，而是在种类繁多、数量庞大的多样数据中进行的快速信息获取，从某种程度上来说大数据是一种数据分析技术。大数据具有大量化、多样化、快速化和价值密度低4大特点。大数据是IT业颠覆性的技术变革，通过表面的数据揭示其背后隐藏的有价值的信息是大数据的核心。大数据在政治、经济、科技等领域都有应用。本文首先阐述了大数据的概念、特征和技术，介绍了现阶段大数据的应用现状，探讨了大数据时代图书馆信息服务的模式和方向，最后指出了图书馆在应用大数据时需要注意的问题。

关键词： 大数据　图书馆　学科信息门户服务　个性化信息推送服务

早在1990年，数据仓库之父 Bill Inmon 就开始关注大数据，但最早提出"大数据"概念并被广泛传播则始于2008年9月《自然》推出大数据专刊，对大数据的起源、特征、组织形式、长久保存和利用进行了介绍，认为需要进行海量数据处理的天文学和基因学创造出了"大数据"概念。2011年《科学》推出数据处理专刊，认为对科学学科而言，大数据既是挑战也是机遇。谷歌利用用户的海量检索关键词近乎实时地估测出世界上不同国家和地区的流感传播情况，并与官方数据相关度高达97%[1]。科学数据处理的需要，数据的指数增长，学术界的研究及大数据应用，说明大数据时代已经到来。

1　大数据概述

1.1　大数据的涵义

目前关于大数据的概念还没有标准的定义，Information 中国区首席顾问但彬认为：大数据包含了海量数据的含义，而且在内容上超越了海量数据，可以简单地描述为"海量数据＋复杂类型的数据"。NetApp 认为大数据包括 A、B、C 三个要素：大分析、高带宽和大内容。大分析帮助用户获得更高的资源价值，高带宽使数据处理更快速，大内容是指信息不丢失并实现高扩展性。Gartner 公司提出：大数据是高速度、大容量和多样化的信息集合，需要新的处理方式以提高决策能力、洞察力，实现流程优化。综合众家之言，大数据描述的是随着数据量和数据类型激增而出现的一种大规模、多样化的数据集,及其对数据集高速采集、分析、处理以提取知识价值的技术架构与过程[2]。

1.2 大数据特征

大数据如下四个特征。(1)大量化(volume):数据量巨大,一般指在10TB规模以上的数据。遍布世界各个角落的电脑、传感器、移动设备、在线交易和社交网络每时每刻都在产生大量数据。大数据遍及各行各业,企业、机构甚至个人的活动都在产生和积累大量数据。(2)多样化(variety):数据类型繁多,包括结构化数据和非结构化数据。大数据囊括了网络日志、视频、声频、图片、地理位置信息、交易信息、科学数据集等。目前非结构化数据已占数据总量的80%以上[3]。(3)快速化(velocity):对大数据快速处理,才能了解迅速变化的环境并做出反应,才能快速制定出合理准确的应对策略。(4)密度低(veracity):价值是大数据的终极意义所在,大数据的价值密度很低,比如用户观看2小时的视频资源,其中有价值的往往只有几十秒。

1.3 大数据技术

依据大数据生命周期阶段可以将大数据技术分为大数据抽取与集成、大数据存储、大数据挖掘与分析、大数据解释与展示四个方面。大数据挖掘与分析是整个大数据处理流程的核心,这一部分能够发现数据的相关关系,产生大数据价值。大数据分析(Big Data Analytics)就是将先进分析技术应用于大数据。TDWI最佳实践报告认为,根据忠诚度和技术发展可能性,高级分析技术(预测分析、数据挖掘、统计分析、复杂SQL、人工智能、自然语言处理)和可视化发现技术在现在和未来3年都将是大数据分析领域的关键技术;Hadoop分布式文件系统(HDFS)、Mapreduce、复杂事件处理(CEP)、云技术虽然出现晚,但发展前景很好[4]。大数据解释与展示是面向用户的大数据技术,帮助用户理解大数据的分析结果。由于大数据分析结果是海量的,结果之间关联复杂,常采用可视化技术和人机交互技术。

2 大数据研究现状

目前,大数据研究与应用已经成为计算机与信息科技领域中的热点问题。大数据理论与应用提出后受到社会的广泛响应,世界各国都高度重视大数据的研究、探索与应用,西方不少国家推出了国家战略层面的研究规划。2012年3月,美国政府拨款2亿美元启动了“大数据研究和发展计划”,致力于提高从大型复杂数据集中提取知识和洞见的能力。2012年4月,美国、英国、德国、澳大利亚和芬兰研究者联合开展“世界大数据周”活动,极力推动政府制定大数据发展战略措施。2012年7月,日本推出重点关注“大数据应用”的“新ICT战略研究计划”。我国对大数据研究同样重视,科技部发布的“十二五”国家科技计划信息技术领域2013年度备选项目征集指南中,关于大数据的研究(存储设备)排在第一位[5]。

随着IT业巨头如IBM、Microsoft、Google、Oracle等跨国公司相继投入资金,推动大数据处理技术的快速发展,大数据的分析和研究在许多领域取得了巨大成功。与此同时,大数据也已引起图书馆、信息与情报界的广泛兴趣,与大数据关联紧密的网络计量学和文献计量学因此得到了快速发展。图书馆学研究者也广泛参与到诸多的大数据研究项目中。美国亚利桑那州立大学、伊利诺伊州立大学、密歇根州立大学都已经开设了大数据相关的课程和研究方向。例如，亚利桑那州立大学围绕数据迁移、数字格式和元数据主题开设了数字馆藏课，内容包括与数字馆藏管理有关的资源采购、政策发展和组织结构、内容存储等。在应用实践领域，2012 年 4 月，哈佛大学图书馆准备把由 73 家分馆数据组成的图书馆大数据公之于众，具体涵盖 1200 多万种资料[6]。清华大学利用元数据仓储进行数据挖掘，建立可检索多种数据源的检索平台，并利用关键词分析作者与合作者的关系，建立知识关联网络[7]；2013 年 10 月 25 日，北京大学图书馆承办了“大数据时代数字图书馆的变革与创新”学术研讨会。

3 大数据时代图书馆的信息服务模式

大数据正在成为当前图书情报领域研究的热点之一，作为当今社会知识信息服务中心的应以积极的姿态迎接大数据时代的到来，积极调整信息服务的模式和方向应从以下四个方面着手。

3.1 建立学科信息门户服务模式

大数据时代的文献资源建设要求图书馆的信息服务必然向着学科化服务方向发展，建立学科门户服务模式十分必要。即针对某个学科领域，根据特定的资源选择标准对其进行规范性描述与组织，收集具有一定学术价值的网络资源，进行组织整理后再面向用户提供检索及导航等增值服务。学科信息门户的形式包括以下几种：(1)以网络学科信息导航为主的主题信息门户，其主要作用是提供网络信息资源选择、描述及检索服务，并且要保证资源的权威性、可靠性、可持续性等特点。(2)专业信息门户，该形式就是按照图书馆信息服务的具体要求，以图书馆服务系统为基础，面向用户提供一种组合各类资源的信息服务。(3)跨学科信息门户，顾名思义即可以提供多个学科信息门户之间的互相检索、选择及描述。(4)分布信息门户，以信息门户体系为基础，整合若干分布门户，便于读者通过统一的信息门户体系进行信息资源的检索及调用。(5)开放信息门户，这种学科门户服务形式实现了学科信息门户资源与服务的集合，并且可以根据用户的个性化需求提供信息门户定制服务，按照不同的逻辑业务流程对多个信息服务环节进行整体规划。

3.2 建立智能化的信息服务模式

图书馆智能化信息服务不仅仅指的是解决对海量数据进行智能收集及处理问题，还指对图书馆服务对象进行智能化的信息服务，包括信息服务应用、工具、平台的智能化推荐，让用户智能轻松获取所需结构化数据以及非结构化数据，如：文本、音频、视频、网络社交信息、现实生活资料等数据。最为重要的是，智能化的信息服务还包括知识信息的流通过程中对于隐性知识信息转变为显性知识信息的智能转化，促进知识信息由个体向多个主体进行传播和交流，利于知识的重新发现与组织。

3.3 准确高效的个性化信息推送服务模式

信息推送服务是指图书馆根据读者的需求，主动将读者所需要的信息内容推送到读者端。目前，图书馆的推送服务往往没有考虑到读者需求，而是根据图书馆所提供的服务进行推送，或者只在某些领域考虑了读者需求，在相关方面做了一些推送，并不能满足读者的全部要求，同时也没有预测性，当大数据环境下，对于读者的各类行为，例如查阅资料或者浏览网页等，可以细化到某一篇文章，甚至某一个词，将读者各类微行为都汇集到数据库中，然后根据不同层次人群的兴趣爱好进行详细分析，分层次进行准确的推送服务，另外，根据读者的行为热点分析，大数据能够告诉图书馆读者的兴趣变化曲线，以预测读者需求，从而为图书馆的资源采集、资源更新提供依据，最终达到超前读者需求、引导读者需求行为的效果，大大提高图书馆的社会效益。大数据时代下，数据资源迅速膨胀，人们能够获取的真正有用的信息却越来越少，而这个性化信息服务推送模式恰恰可以最大程度上满足用户的信息需求，且过程更加主动，为图书馆实现细粒度个性化服务提供了可能，真正体现出"以用户为中心"的服务理念。

3.4 深度的参考咨询服务模式

传统的参考咨询服务主要是利用图书馆现有的参考工具书、检索工具书、外购数据库和自建数据库，由有一定专业知识和熟悉检索工具的专职参考馆员来开展此工作，在大数据时代，咨询馆员可以将符合大数据特征的咨询课题融入大数据系统，系统将根据咨询主题，利用数据分析技术，可视化技术，瞬时以图形展示查询结果，从而缩短了咨询馆员获取资源的时间，扩大了咨询馆员对资源的获取面，从而最大限度的满足读者(特别是企业方面的读者)需求，提高了参考咨询的效率，并使图书馆深度参考咨询服务成为可能。

4 应用大数据应注意的问题

4.1 大数据格式的统一问题

高校图书馆大数据中不同格式的数据越来越多，价值密度低，只有通过统一格式，进行整合才能发挥出最大价值。这就需要通过对来自不同结构资源的海量数据进行抽取、映射、收割、导入等手段进行预收集，归并映射到一个标准表达式，进行预聚合及融合，形成格式统一、内容丰富、结构清晰的数据，灵活构建各种分类和界面，按照知识本体进行组织和揭示，进而保障强大高效的检索能力和良好的结果相关度排序。

4.2 大数据的高效率、安全存储问题

大数据的高效率存储是高校图书馆面临的一个关键问题。随着数据库技术以及云计算技术的迅猛发展，大规模数据存储要借助非关系型的数据库分析技术——NoSQL 、MapReduce 和 Hadoop。这些技术简单易用，能够并行处理大规模数据，非常适合非结构数据的处理，也成为大数据分析领域的主流技术。大数据存储也可采用基于云计算的分布式存储技术，利用分布式的数据云存储技术和与之相关的虚拟技术能够使高校图书馆的数据更加统一有序，使通过网络进行的访问与存储更加方便快捷。数据存储的安全性可以从两个方面采取措施：一是个人数据保存多久，被用于什么用途将被设置权限；二是高校图书馆要树立良好的职业形象，完善保障机制。读者对自己的检索历史等数据有知情权，可以决定自己的数据是否被图书馆利用，以及被用于什么用途，以及久之内删除这些数据。解除读者对个人隐私的顾虑，让高校图书馆能够合法合理地采集到更多的读者数据。

4.3 非结构化数据的处理问题

大数据中的数据信息复杂多样，传统的数据分析和挖掘对关系型数据，非结构化的、半结构化的数据力不从心。高校图书馆中待处理的非结构化数据与读者兴趣密切相关，通过分析为读者提供个性化服务非常重要。当前使用的方法是基于内容的推荐方法和协同过滤的推荐方法[8]。协同过滤法是目前最为成功的算法，但也存在着读者兴趣变化、数据稀疏性、读者评分的真实性及差异性等问题，根据读者信息数据构建个性化读者行为模型，结合基于读者行为的协同过滤算法，挖掘模型中存在的规则，从而产生个性化服务值得研究。

5 结语

“大数据”这一概念已经成为时代的关键词之一，从大数据中去捕捉、分析并向读者推送有潜在价值的数据，将成为大数据时代图书馆的一大主要业务，并且这些业务开展的水平也将决定着大数据时代的图书馆发展水平及方向。因此图书馆要把握住这次机遇，找准切入点，坚定图书馆为社会和高校科研服务的宗旨，扩大服务面，提高服务质量，开创新的服务方式，以更开放的服务模式进一步提升图书馆的社会价值，使其真正成为社会的知识中心、学习中心和文化中心。

参考文献

[1] GINSBERG Jet al. Detecting influenza epidemics using searchengine query data[J]. Science，2009 (457) ：1-5.

[2] 刘高勇，汪会玲，吴金红. 大数据时代的竞争情报发展动向探析[J]. 图书情报知识，2013(2)：105-111.

[3] 姜山，王刚. 大数据对图书馆的启示[J]. 图书馆工作与研究，2013，(4)：52-54.

[4] RUSSOM P. Big data analytics [J]. TDWI Best Practices Report，2011 (Fourth Quarter).

[5] “十二五”国家科技计划信息技术领域 2013 年度备选项目征集指南[EB/OL]. [2014-03-06]. http：//www. most. gov. cn/tztg/201203/t20120329_93437. htm.

[6] Andrey Watters. Strata Week：Harvard Library releases big data forits books[EB/OL]. [2013-05-11]. http：//strata. oreilly. com/2012/04/ harvard-book-data-clouder-hadoop-splunk-ipo. html

[7] 邓景康. 大数据环境下清华大学图书馆的实践[N]. 中国新闻出版报，2013，8(29)：5.

[8] 朱静薇，李红艳. 大数据时代下图书馆的挑战及其应对策略[J]. 现代情报，2013，(5)：9-13.

作者简介

王丽敏，女，副研究馆员，中国矿业大学(北京)图书馆采编部，E-mail：wlmwzmm@163. com。

国内知识服务的研究现状及热点分析

孟　微

（北京信息科技大学）

摘　要：文章以CSSCI收录的1999—2013年间的588篇知识服务研究领域文献作为研究对象，利用信息可视化软件CiteSpaceIII，通过对发文作者及机构做分析，总结出该领域的代表作者及核心研究机构，并应用关键词聚类和突现词探测功能分析研究热点，从而展示该领域的研究现状和发展趋势。

关键词：知识服务　CiteSpaceIII　研究热点

1　引言

知识服务是指从各种显性和隐性知识资源中，针对人们的需要将知识提炼出来、传输出去，并采取多种途径与方法，从大量信息资源中加工出可用的知识资源，来解决用户问题的高级阶段的信息服务过程[1]。它是以资源建设为基础的较高形式的信息服务，是一种面向知识内容、提供解决方案，贯穿整个服务过程的一种增值服务[2]。

为了更好地了解知识服务的研究现状和研究热点，本文尝试将传统的文献计量方法与目前广泛使用的可视化分析工具CiteSpace结合使用，以CSSCI所收录的知识服务研究文献作为研究对象，对数据进行深度挖掘，以可视化的形式来展现我国知识服务研究的现状和热点。以期对国内近十年来图书馆学研究有一个系统、全面的认识，为图书馆适应时代要求，充分借助知识管理的理论和方法，对文献进行有效整合，为图书馆提供高层次的知识服务提供参考。

1　数据来源与研究方法

文章以CSSCI为数据源，以“关键词”为检索字段，以“知识服务”为检索词，共检索出有效文献588篇，发文时间为1999-2013年。

选择美国Drexel大学信息科学与技术学院教授陈超美博士用Java语言开发的软件CiteSpace 3.8.R1作为分析工具，结合大连理工大学刘盛博开发的CSSCI转换程序，将下载的CSSCI数据转换为可识别格式，并导入CiteSpace，通过对所采集文献的作者和研究进行聚类视图分析，展示目前国内知识服务的研究现状，再通过关键词聚类和突现词探测，来说明该领域的研究热点和发展趋势，并且将网络结构以图形的方式呈献给读者[3][4]。

2 知识服务的研究现状

2.1 文献发表时间和学科分布

发文量的多少代表了在一定时期内该领域的研究的冷热程度，可以粗略地看出这一学科的发展趋势，这也是传统的文献计量分析方法。图 1 和表 1 是知识服务研究的历年发文统计和各学科发文统计。

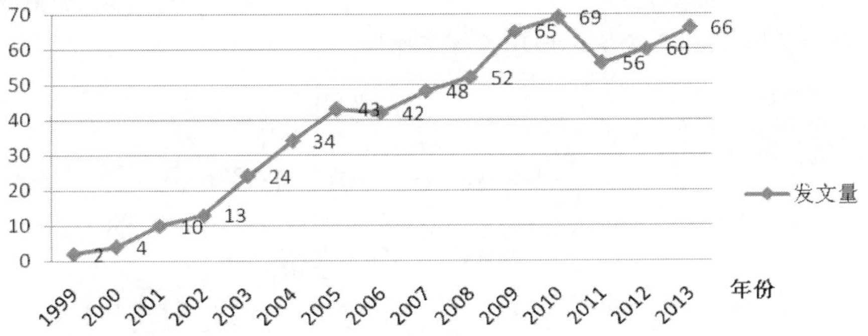

图 1 CSSCI 中 1999—2013 年以知识服务为关键词的各年发文量统计

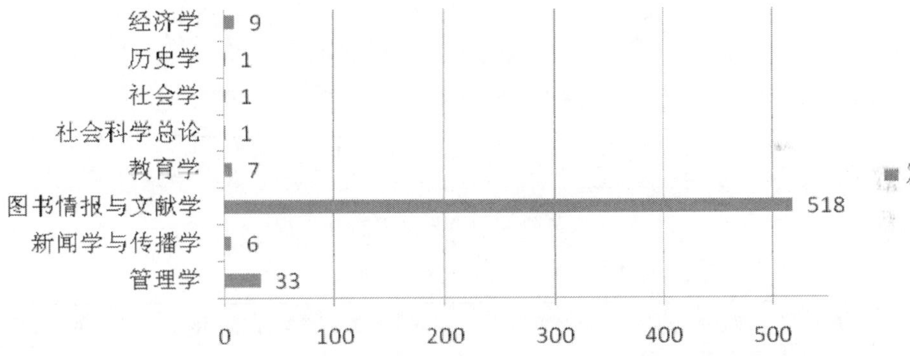

图 2 CSSCI 中 1999—2013 年以知识服务为关键词的各学科发文量统计

从图 1 和图 2 中可以看出，第一篇关于知识服务的文献是在 1999 年任俊为发表的《知识经济与图书馆的知识服务》一文，总发文量在 1999—2010 年呈逐步增长的趋势，在 2011 年经历了一个小小的回落之后，重新回到蓬勃发展的轨迹上来。并且在各学科中，图书情报与文献学的发文量明显多于其他各学科，是知识服务的重点研究领域。

2.2 知识服务的作者分布

利用 CiteSpaceIII 软件，时间选择 1999—2013 年，以 1 年为时间分段单位，阈值设置为 Top30，选择寻径网络算法，网络节点选择 Author，然后运行软件，得到发表论文数排名前 10

的作者，如图 3 和表 1 所示，图中用姓名代表作者，姓名字体越大代表该作者发文量越多，作者之间的连线代表他们之间的合作关系。

从作者的发文量可以得出该领域的高产作者，并以此确立该领域的代表人物。本文统计出了发文量居前 10 位的作者，其中北京科技大学的王道平以 9 篇论文位居第一，中国科学院文献情报中心的张晓林排名第二。从统计情况来看，知识服务研究领域没有明显的“高产作者”，缺少学科领军人物，并且作者之间的合著关系不紧密，这样会影响知识服务相关研究的发展。

从突现值来看，其他作者表现平平，只有北京科技大学的王道平表现突出，短短 4 年时间，知识服务的文章已经跃居首位，特别是在 2009—2010 年期间，发表了《敏捷供应链知识服务体系构成要素及其互动机理研究》、《一种基于 Web Service 的敏捷供应链知识服务系统框架模型》等多篇文章。这一现象也说明经过多年的发展，知识服务的概念已经被大家学习和吸收，并引入到各自的学科领域，在研究和应用发挥了作用。

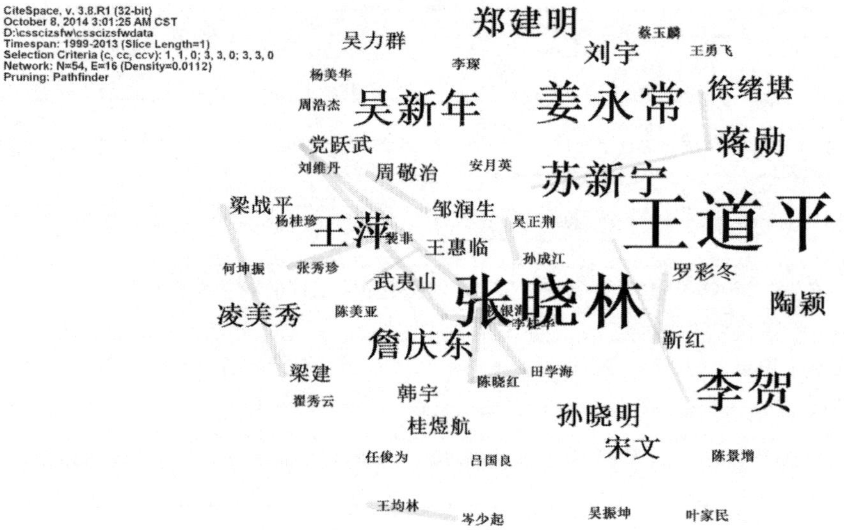

图 3　知识服务研究作者发文及合作情况

表 1　知识服务研究发文量居前 10 位的作者

排名	发文量	作者	首发年代	所在机构	排名	发文量	作者	首发年代	所在机构
1	9	王道平	2009	北京科技大学	6	5	王萍	2009	吉林大学
2	8	张晓林	2000	中国科学院文献情报中心	7	5	苏新宁	2013	南京大学
3	6	姜永常	2001	哈尔滨商业大学	8	4	詹庆东	2009	福州大学
4	6	李贺	2009	北京科技大学	9	4	郑建明	2011	南京大学
5	5	吴新年	2009	中国科学院国家科学图书馆兰州分馆	10	4	蒋勋	2013	南京大学

2.2　知识服务的研究机构分布

利用 CiteSpaceIII 软件统计各机构的发文及合作情况，如图 4 所示，圆形节点代表机构，节点和字体越大代表该机构发文量越多，圆点之间的连线代表各机构之间的合作关系。根据统计情况列出发文量前十位的机构，如表 2 所示，知识服务主要研究机构是各大图书情报研究所以及高校的管理学院和信息管理学院。其中发文量最多的是中国科学院国家科学图书馆，发表论文 18 篇，其次是吉林大学管理学院和中国科技信息研究所，发表 17 篇。从突现值来看，中国科学院国家科学图书馆和吉林大学管理学院也位居前两位。因此，从统计情况来看，中国科学院国家科学图书馆、吉林大学管理学院、中国科技信息研究所和中国科学院文献情报中心这四个机构可以看作是知识服务研究的主要阵地，相比其他机构有明显优势。

然而，从图 4 可以看出，各研究机构之间的合作连线非常稀疏，只是在很小的范围内有合作，合作关系也不密切，这也同样制约了知识服务这一研究领域的发展。

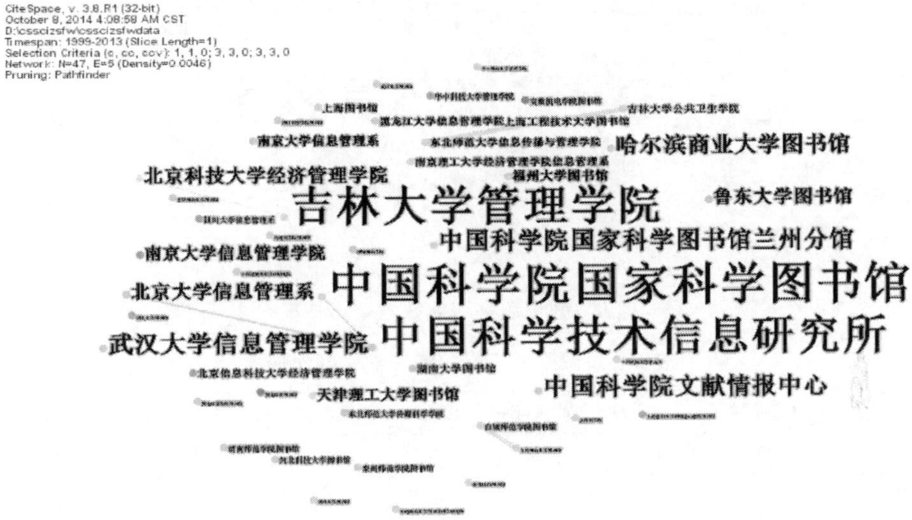

图 4　知识服务研究机构发文及合作情况

表 2　知识服务发文量居前 10 位的研究机构

排名	发文量	首发年代	所在机构	排名	发文量	首发年代	所在机构
1	27	2009	中国科学院国家科学图书馆（中国科学院文献情报中心）	6	8	2002	哈尔滨商业大学图书馆
2	17	2010	吉林大学管理学院	7	7	2006	鲁东大学图书馆
3	17	2005	中国科学技术信息研究所	8	7	2010	北京科技大学经济管理学院
4	9	2009	中国科学院国家科学图书馆兰州分馆	9	7	2006	北京大学信息管理系
5	9	2006	武汉大学信息管理学院	10	6	2013	南京大学信息管理学院

2.2　知识服务研究领域的研究热点分析

学术论文的关键词是论文内容的提示符，是作者学术思想及学术观点的凝练，是文献计量研究的重要指标，它的高频率出现以及较高的中心性，表征着该主题在该领域的活跃程度高，是该领域的研究热点。对关键词进行共现分析的思想来源于文献计量学中的齐普夫定律，并以此为基础抽取高频关键词对进行聚类分析，从而反映出这些词之间的亲疏关系，进而揭示该学科领域内在的知识结构演变状况及研究热点[5]。

利用CiteSpaceIII软件统计知识服务研究领域的高频关键词聚类情况，如图5所示，圆形节点代表关键词，节点和字体越大该关键词出现频率越高，圆点之间的连线代表各关键词同时出现。根据统计情况列出发文量前十位的机构，如表3所示，根据实际情况，本文对“知识服务”、“图书馆”、“高校图书馆”等对热点分析无意义的关键词进行了删除。

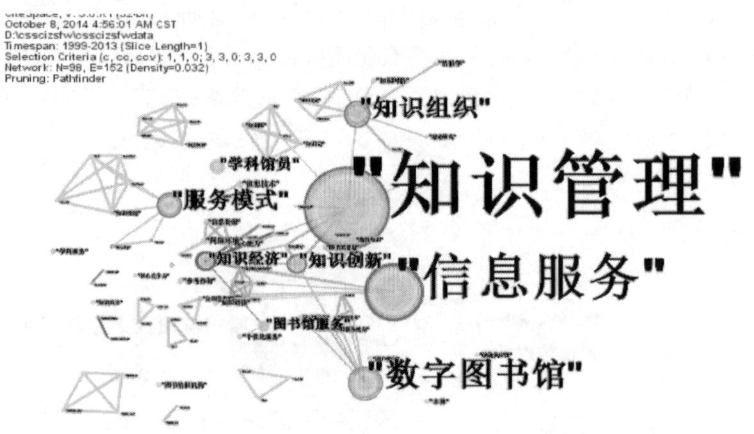

图5　知识服务研究热点聚类情况

表3　知识服务研究关键词被引频次情况

排名	频次	关键词	中心性	首现年份	排名	频次	关键词	中心性	首现年份
1	88	知识管理	0.56	2001	6	20	知识创新	0.21	2001
2	59	信息服务	0.65	2001	7	17	知识经济	0.72	1999
3	39	数字图书馆	0.19	2002	8	14	图书馆服务	0.03	2000
4	28	知识组织	0.22	2001	9	8	网络环境	0.04	2001
5	26	服务模式	0.28	2002	10	8	信息技术	0.01	2002

被删掉的“图书馆”、“高校图书馆”这两个关键词的频次分别为102和49，它虽然对于分析研究热点具有一定的干扰性，但是这一情况充分说明知识服务对提高图书馆管理和服务水平具有重要价值，因而知识服务成为当前我国图书馆、高校图书馆的重要研究课题。讨论知识服务的研究情况，也必须把重点放在图书馆和文献情报这一领域。

从关键词出现的频次(表2)可以看出知识管理、信息服务、数字图书馆、知识组织、服务模式、知识创新、知识经济、图书馆服务、网络环境、信息技术等具有较高的出现频次，同时也都具有较高的中心性，是知识服务这一研究领域的研究热点。

由此可以看出，在知识经济时代，人们更关心如何跟高效地组织知识、合理配置知识资源，并在此基础上进行知识创新，知识管理是对知识资源的组织、协调和控制，是实现知识服务的手段。因此，知识管理、知识组织、知识创新等适应时代要求的研究方向也成为大家竞相研究的课题。

而知识服务是以信息资源建设为主的信息服务的高级阶段，是信息服务的继承和发展，而这一切也都依赖于网络环境的不断改善和信息技术的飞速发展，在这个信息科技高度发达的社会，网络环境已经成为了我们每个人生活学习当中不可缺少的一部分。

知识是新时期图书馆的管理对象，图书馆的管理就是知识管理，它的根本目的就是要借助知识管理的理论和方法，利用信息技术来识别、挖掘和组织知识，实现知识的创新、扩散和增值的目的。从前面的学科分布可以看出，图书馆、情报与文献学是进行知识服务研究的重点学科，数字图书馆、图书馆服务等高频关键词的出现也说明，在新的环境下，读者获得信息的渠道不断增多，信息需求也越来越个性化、知识化。传统的图书馆服务已经不能满足读者的需求。而在这种复杂的信息环境下，图书馆对于信息的组织就必须充分利用自身的专业知识和现代信息技术，调整服务模式，加强对潜在知识的挖掘和利用，努力为读者提供知识服务，来满足读者在知识的选择和获取方面的需求。

3 结语

文章以 CSSCI 为数据源，采集关键词为“知识服务”的 588 篇文献作为研究对象，在一定程度上能够反映出国内知识服务的研究现状和热点。通过此次研究，可以得出以下结论：

(1) 知识服务的研究起始于 1999 年，总发文量在 1999－2010 年呈逐步增长的趋势，在 2011 年小有回落，之后又重新稳步增长。

(2) 通过对知识服务的研究机构和研究作者的分布情况进行分析，得出了知识服务整体空间的分布呈现小团体合作，整体研究是孤立分散的特点。也有现象表明经过多年的发展，知识服务的概念已经被广泛接受，并引入其他学科领域，在研究和应用中发挥了作用。

(3) 通过对知识服务的研究热点分析，找到了知识服务的一些热点研究方向，其中最重要的是图书馆和高校图书馆的知识服务和知识管理。图书馆服务模式和图书馆人的专业技能是图书馆潜在的资本，是形成图书馆核心竞争力的源泉。图书馆要构建以人为本的服务理念，充分借助知识管理的理论和方法，在充分利用自身资源的基础上，加强对知识资源的挖掘、开发和利用，实现知识的创新、交流与共享，努力为读者提供知识服务。

参考文献

[1] 初景利，邵正荣. 图书馆知识服务战略研究[M]. 北京：北京图书馆出版社，2004. 25-28.

[2] 张晓林. 走向知识服务：寻找新世纪图书情报工作的生长点[J]. 中国图书馆学报，2000，(5)：32-37.

[3] Chen C. Searching for intel lectual turning point s：Progressive know ledgedomain visualization [J] PNAS，2004，101 (1)：5303-5310.

[4] Chen C. CiteSpace Ⅱ：Detecting and visualizing emerging trends andtransient patterns in scientific literature [J]. Journal of the AmericanSociety for Information Science and Technology，2006，57 (3)：359-377.

[5] 赵健，崔海兰，李峰. 科学知识图谱视野中的《图书馆工作与研究》[J]. 图书馆工作与研究，2012，(12)：84-88.

第二部分

图书馆类

针对高校教师的图书馆创新服务吸引力调查
——以首都医科大学为例

丁思瑀　杨霏　陈进　马路

（北京首都医科大学图书馆，北京，100069）

摘　要：研究对象为我校各院系的教师，采用已中等规模的问卷调查法，并结合特定人群的访谈，对受访对象在上一个自然月期间使用图书馆的情况进行调查，以了解高校教师使用图书馆现状以及对未来图书馆提供服务的需求方向。调查结果显示，目前，更多的教师选择利用图书馆的网络资源，网络资源也很大程度上地满足了高校教师的科研教学需求，而走进图书馆的教师越来越少，图书馆提供“面对面”服务的方式依旧是传统的借阅服务。同时，调查结果还显示，不同职称层次的教师对图书馆的利用方式存在差异，同时，不同职称层次的教师由于所处职业生涯阶段不同，对图书馆服务需求也存在差异。

关键词：图书馆　创新服务　高校教师

1　引　言

近年来，随着数字信息技术的日益发展，电子信息资源和网络信息资源的利用率不断提高，各高校图书馆在越来越多的精力投入到了馆藏数字化和数字馆藏建设中，目前美国大学图书馆的经费预算中电子资源所占比重较大。随着网络技术的发展与普及，无纸化图书馆渐行渐近，实体图书馆正在逐步地让位于数字图书馆。表现在去图书馆的人越来越少，但访问图书馆网络资源的人在逐年增加。

目前，我国高校图书馆开展的知识服务层次还较低，缺乏创新型知识服务，深层次知识与信息服务能力还不适应科技自主创新要求，开展深层次、学科化、个性化知识服务的能力和水平还有待进一步提高。

用户服务是图书馆发展战略的核心，是重中之重。因此，我们以我校教师为目标群体，针对他们的信息行为习惯和需求开展调查访谈，探索出适应我校教师的图书馆创新服务模式。

2　调查方法

本次调查主要使用的是实证研究的方法完成。具体方法分为两部分，问卷调查法和访谈法。通过设计问卷,采用网络和学科馆员定向发放的两种方式发放问卷,从而获得第一手数据,并对数据进行统计与分析获得结论。根据项目需要,针对此次调查的重点,进行特定人群的访谈,获得更多有用信息。

在问卷设计中,我们将本次调查的目的具体划分为四个方面的问题:

1) 受访教师的基本特征信息,包括个人特征和职务特征两部分;

2) 对实体图书馆和数字图书馆使用情况,包含的使用频率及使用方式;

3) 对描述出的创新方式的认可情况,包含五个不同的程度描述;

4) 开放性问题。

数据收集工作首先通过网络进行收集,总结经验后由各学科馆员定向发送到各个学科。这种方法有利于问卷的受访对象较为平均的来自于各个学科。

访谈是对问卷调查的补充,访谈法可以让受访教师自由发言,充分表达自己的观点,有利于访谈者更清晰和深入的了解受访者的想法

3 调查结果和统计分析

本次问卷调查的结果采用 EpiData 进行问卷的信息录入,利用 SPSS17.0 进行统计分析。

3.1 样本的基本情况

调查共回收问卷 92 份,其中有效问卷 90 份。由于缺项等原因造成无效的问卷,在后面的统计分析中,将排除在外。

3.1.1 受访教师性别构成与年龄分布

由于我校男女教师比例存在差异,呈男性少女性多的现象,故造成抽样结果也同样呈现男女比例不平衡的状况。在本次调查中,男性占 32.58%,女性占 67.42%。如表 1 所示。

表 1 受访教师性别构成

性别	男	女	合计
人数	30	60	90
百分比	33.33%	66.67%	100.00%

通过统计分析可见,受访教师中,以 30-49 岁的青年教师为主,故我们在调查问卷统计分析之后,针对 50 岁以上的教师进行了面对面的访谈,以补充调查人群的缺陷,了解 50 岁以上教师的需求。

表 2 受访教师的年龄分布

年龄	20-29	30-39	40-49	50 岁以上	合计
人数	10	38	30	12	90
百分比	11.11%	42.22%	33.33%	13.33%	100.00%

3.1.2 受访教师职称构成

通过样本分析可见,受访教师的职称构成主要集中在中级职称(如表 3 所示)。由于我校教职员工入职的学历要求,决定了初级职称人数占比相对较少,高级职称(含副高)的总人数与

中级职称总人数差别不大，但正高职称占比过少，故在后期面对面访谈中，我们将访谈主要对象锁定在50岁以上的正高职称人群。

表3 受访教师职称构成

职称	无	初级	中级	副高	高级	合计
人数	7	13	39	25	6	90
百分比	7.78%	14.44%	43.33%	27.78%	6.67%	100.00%

3.2 受访教师使用图书馆的总体情况

问卷的第二部分，我们对受访教师利用实体和虚拟（网络）图书馆的情况进行了调查。调查内容包括使用频率和利用途径以及放弃使用的原因。

我们利用卡方检验对调查问卷进行分析，根据社会调研的一般经验，在95%置信度条件下，允许抽样误差不大于5%的情况下，受访教师的性别、年龄对于其利用图书馆的行为间的差异不存在统计学意义，因此后文不再赘述。我们仅针对教师的职称与其利用图书馆的行为进行讨论。

3.2.1 受访教师到馆情况

问卷针对受访教师受访前一自然月到馆频率进行调查，结果显示，超过半数（56.18%）的受访教师在填写统计问卷前一个月从未到过图书馆，超过三成（37.08%）的受访教师仅到馆五次以下，而到馆超过五次的受访教师占不到一成，如表4所示。

表4 受访教师到馆频率分布

到馆频率	从没去过	5次以下	5-10次	10次以上	合计
人数	51	33	5	1	90
百分比	56,67%	36.67%	5.56%	1.11%	100%

针对受访前一自然月曾到馆的教师，我们对其到馆去向进行了调查，结果显示，借还图书、检索数据库和查新查引已经成为到馆教师最主要的三个去向（到馆检索数据库指到图书馆利用图书馆无线网络或图书馆电子阅览室电脑检索我馆数据资源）。

我们还对所有受访教师不到图书馆的原因进行了调查，结果显示，网络检索到的电子资源可以满足需求成为了受访教师不到实体图书馆的最主要原因，有将近一半的教师选择了这个选项。其次，没时间、图书馆太远和新书太少也是受访教师不走进图书馆的主要原因。

教学与科研任务给高校教师带来的压力使得教师们没有时间走进图书馆，而是选择更为便捷的网络访问方式。学校内建筑的布局使得图书馆距离一些教师的办公地点远，也是部分教师不能走进图书馆的原因，这个因素在后面的访谈中也得到了证实。新书太少的原因主要是由于图书从采购、编目到上架需要经过多道工序一段时间才能被读者借阅。同时，由于医学发展迅速，图书与文献资料的半衰期很短，因此电子资源能够更快的满足受访教师的需求。

各类受访教师到实体图书馆的去向基本相同，他们之间的差异不存在统计学意义。

我们针对不同职称的教师未到图书馆的原因进行了分析，发现不同职称的教师未到馆原因存在差异。

为了满足统计分析对数据的要求，又因为副高职称与正高职称都属于高级职称，因此我们

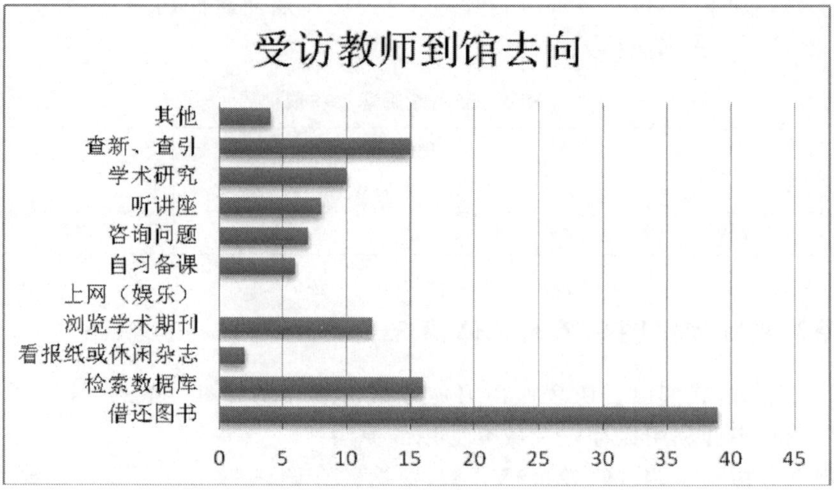

图1　受访教师到馆去向统计

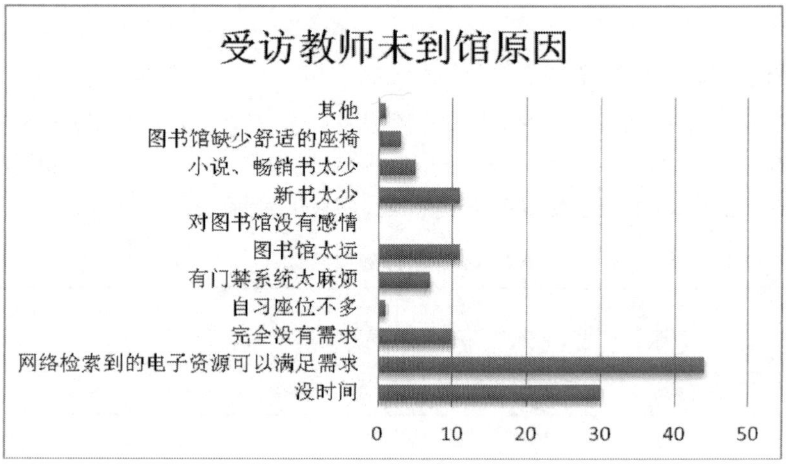

图2　受访教师未到馆原因统计

将两类职称的教师划分为一类讨论。由于刚入职的教师还没有评定职称，因此我们将无职称与初级职称的受访教师划分为一类讨论。

表5　选择“网络检索的电子资源可以满足需求”的各类职称教师分析

	初级职称及以下	中级职称	高级职称
总人数(个)	20	39	31
选择“网络资源满足”人数(个)	6	17	21
选择该选项所占比例	30%	43.6%	67.7%

针对“未到馆原因为网络检索的电子资源可以满足需求”这一选项，我们进行了统计分析。结果显示，在所有选择了这个选项的受访教师中，随着职称的由低到高，选择该选项的教师所占比例越高。由此我们可以推断，随着职称的升高，教师更加依赖图书馆的网络资源。

3.2.2　受访教师使用图书馆主页情况

调查问卷针对受访教师上一个月访问图书馆主页的情况进行调查，结果显示，有16.67％的受访教师从未访问过图书馆的主页，而大多数的受访教师在过去的一个月使用过图书馆主页。

表6　受访教师图书馆主页访问频率统计

访问频率	从未用过	10次以下	10-30次	30次以上	合计
人数	15	29	31	15	90
百分比	16.67％	32.22％	34.44％	16.67％	100％

我们对上个月访问图书馆主页的教师进行了访问目的的调查。此次调查中，有75位受访教师在上一个月中曾访问过图书馆主页。检索馆藏图书、检索数据库、查询核心期刊成为了受访教师访问图书馆主页的三大目的。而其中检索数据库是受访教师访问图书馆主页的最主要目的。

其结果与受访教师不走进实体图书馆的原因相符。

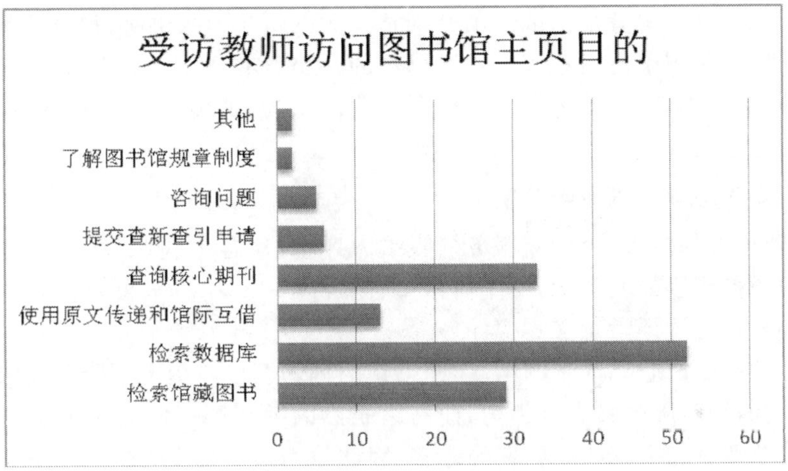

图3　受访教师访问图书馆主页目的

我们针对不同职称的教师访问图书馆主页的目的进行了分析，发现不同职称的教师在访问图书馆主页的目的方面的差异，不存在统计学意义。我们认为各职称类型的受访教师在访问图书馆主页目的方面的差异，不具有统计学意义。

3.3　受访教师对创新服务的期待

3.3.1　受访教师对创新服务期待的基本情况

我们为受访教师设置了11个创新服务方式，由受访教师根据自身需求选择各创新服务的吸引程度。按照5分制量表计算，并利用秩和检验对所得结果进行分析。各创新服务对于受访教师的吸引力程度如表7所示。

表 7　各创新服务对于受访教师吸引力程度

	非常有吸引力	有吸引力	无所谓	没有吸引力	非常没有吸引力	评分
研讨室	18.89%	36.67%	35.56%	5.56%	3.33%	3.62
免费 Wi-Fi	31.11%	37.78%	20.00%	10.00%	1.11%	3.88
免费平板电脑	16.67%	37.50%	31.25%	10.00%	2.50%	3.76
苹果产品体验区	0.11%	24.44%	40.00%	11.11%	5.56%	3.40
试听体验区	22.22%	43.33%	26.67%	5.56%	2.22%	3.78
小型电影院	22.22%	43.33%	22.22%	10.00%	2.22%	3.73
人文讲座	23.33%	54.44%	15.56%	5.56%	1.11%	3.93
学术讲座	18.89%	62.22%	13.33%	4.44%	1.11%	3.93
文化展览	15.56%	60.00%	18.89%	4.44%	1.11%	3.84
高速上网专区	24.44%	38.89%	31.11%	3.33%	2.22%	3.80
咖啡厅	25.56%	38.89%	24.44%	6.67%	4.44%	3.74

从表中我们可以看出，所有创新服务的得分均大于 3 而小于 4，其吸引力程度介于有吸引力和无所谓之间。其中，得分最高的两项分别是人文讲座和学术讲座，得分均为 3.93 分，因此我们认为各类讲座，是吸引高校教师走进图书馆的一个具有吸引力的活动。而得分最低的创新服务是苹果产品体验区，得分为 3.40 分，因此我们认为，纯硬件环境的投入，并不能吸引教师走进图书馆。

3.3.2　不同职称教师的分类分析

我们针对受访教师对 11 个创新服务的吸引力评价，对各不同职称的教师进行了分析，结果显示，在不同职称等级的教师中，关于研讨室、免费 Wi-Fi、免费平板电脑和学术讲座这几个问题存在的差异，具有统计学意义。

结果显示，随着受访职称水平的增高，图书馆的创新服务吸引力下降。初级职称及以下的教师认为图书馆的创新服务具有吸引力，而高级职称的教师则更倾向于无所谓。由于随着教师职称的升高，教师所能掌控的科研资源越多，因此他们并不是十分依赖图书馆的物理空间所提供的诸多设施。相反，初级职称及以下的教师所能拥有的资源有限，更加依赖于图书馆的物理空间，研讨间、一些免费的设施和学术讲座对他们更有吸引力。

苹果产品体验区、试听体验区、小型电影院、人文讲座、文化展览、高速上网区和咖啡厅这些创新服务吸引力在各类职称范围的教师中不存在差别。

3.4　开放性问题的分类分析

本次调查设置有一个开放问题，针对问卷中不全面的地方征求受访教师意见。针对“怎样的服务举措和环境能够吸引高校教师到实体图书馆”这一问题设问。

本次回收的 90 份有效问卷中，共有 42 分问卷回答了开放性问题。我们将所有的开放性问题的答案进行了分类统计，将结果分为“资源”、“环境”、“活动”、“服务”和“其他”五类进行统计。

表 8　开放性问题答案汇总

类别	资源	环境	活动	服务	其他
反馈数	20	15	6	10	5

统计发现，设计资源和环境类的反馈最多。

资源类反馈：教师们的主要需求是更全更多的网络资源，更及时多样的新书，特别是社科类的图书，教师们提到的比较多。以及有教师要求开放古籍阅览室等我馆特藏资源。还有教师希望图书馆开放一些权限，使得他们在家也可以获取到图书馆的网络资源。

环境类反馈：教师们的普遍需求是舒适、安静的阅读环境和适于学习和科研的环境。可见教师对图书馆的环境有双重标准的要求，既要有舒适安静的可以放松的环境，又要有适于学习和科研的环境。同时，还有教师表示，图书馆的物理空间不足以满足学生和教师的总体需求。

活动类反馈：教师在开放性问题的回答中提到了读书会、学术讲座、人文讲座、学术前言信息传播等活动。

服务类反馈：教师对图书馆服务方面的要求，希望图书馆可以提供周到快捷的服务，并且使这种服务在办公室实验室得到无缝的对接。而事实上我们的学科馆员服务就是这一类服务，并且持续开展。

其他类反馈：在其他类反馈的收集中，我们收到了几条比较负面的反馈，如“从不用图书馆”、“没有必要去实体图书馆，除非有讲座”和“主要是教师时间有限”。还有教师表明“新书上架及时、品种齐全和方便实用足矣，上网、咖啡之类的噱头都不适用，图书馆就是借书和看书的地方”。

4 教师访谈

4.1 访谈对象

由于问卷覆盖的受访教师中，中青年教师偏多，中级职称教师偏多，因此我们进行了一对一访谈，访谈对象侧重与年龄在 50 岁以上的高级职称教师。

根据课题初期计划，以及问卷访谈过程中存在的问题，我们最终的访谈对象包括 3 位青年教师和 10 位高级职称的教授。受访教师基本情况如表 9 所示。

表 9 访谈对象基本情况

序号	性别	部门	职称
1	女	护理学院 成人护理学系	副教授
2	男	化学生物学与药学院	讲师
3	女	基础医学院 生物化学与分子生物学系	讲师
4	男	基础医学院 生物化学与分子生物学系	二级教授
5	男	基础医学院 医学遗传学系	三级教授
6	男	基础医学院 生物化学与分子生物学系	三级教授
7	男	基础医学院 生物化学与分子生物学系	四级教授
8	女	基础医学院 神经生物学系	三级教授
9	女	基础医学院 生理学与病理生理学系	三级教授
10	男	基础医学院 医学影像学系	四级教授
11	女	卫生管理与教育学院	四级教授
12	男	中医药学院 药理学系	三级教授
13	男	中医药学院 中医临床基础学	四级教授

4.2 访谈内容

根据事先的设定的访谈大纲，针对教师使用图书馆服务的体验，教师对图书馆的使用体验期望两方面进行了访谈。访谈过程中，教师的配合度高，而且对图书馆资源和服务的渴求度也很高。

但是由于时间和精力有限，学科领域的不同，教师对图书馆的了解程度存在不同程度的差异，利用图书馆的途径、程度存在较大的差别。因此了解他们的体验和需求是创新服务的重要一环。

4.2.1 受访教师对图书馆的使用情况

"网络资源足以满足"和"没有时间"成为教师不走进图书馆的两大因素；"借阅"依旧是教师走进图书馆的最主要动因。

受访的13名教师中，大多数教师基本不使用实体图书馆，也就是说基本不到馆。原因大多数是因为图书馆所提供的网络资源足以满足需求，不需要走进图书馆；但是也有教师因为没有时间而不去图书馆；而由于学校的地理环境，图书馆距离科研楼距离远，使得在大部分时间在科研楼作实验的秦琼老师由于图书馆太远而不去图书馆。

实体图书馆对于受访教师的主要用途依旧是传统的"借阅"功能。其中有的老师还会到图书馆的自习室备课，其原因为图书馆自习室环境好，相对于办公室更安静，不会受到打扰；有的老师会到图书馆阅读，其原因是对纸质图书有亲切感，并喜欢经常来图书馆翻阅一些学术期刊、图书或者是人文社科类的期刊和图书；由于图书馆的会议室可外借，故有些学院会选择在图书馆进行一些学术活动，如研究生的开题会、中期答辩等。

除此之外，一部分受访教师表示，图书馆硬件环境进一步改善，功能进一步的多样化，或许会吸引他们更经常地走进图书馆；更多的受访教师表示，图书馆的电子资源足以满足他们的需求，不需要走进图书馆便可以获取他们所需要的一切资源。

表11 受访教师到馆去向与未到馆原因

序号	到馆频率	到馆去向	未到馆原因
1	每周1次	借还书、备课	——
2	每月1-2次	借还书、阅读	——
3	从未去过	——	没有时间、图书馆太远
4	基本不	——	网络资源满足
5	基本不	——	网络资源满足
6	基本不	——	网络资源满足
7	基本不	——	网络资源满足
8	记不清	课题开题会	网络资源满足
9	基本不	其他事情	网络资源满足、没有时间
10	每周1次	借还书、阅读、课题开题会	——
11	每月1次	借还书	网络资源满足
12	基本不	——	网络资源满足
13	基本不	——	网络资源满足

4.2.2　受访教师如何应对本校资源不满足的情况

受访教师表示图书馆的资源能够满足他们大部分的需求，当资源不能满足时“求助同行”和“利用国外资源”是教师最主要的两个获取资源的途径。

除此之外，还有教师通过直接联系论文作者、图书馆学科馆员、利用我馆的“原文传递”功能、利用国家图书馆、联系文献相关部门等方式获取文献，以及直接从出版商处购买文献。

表 12　受访教师在资源不能满足是的应对方法

序号	资源不能满足时的应对
1	求助同行
2	求助同行、联系作者
3	求助同行
4	学科馆员协助、利用国外资源
5	利用国外资源
6	利用国外资源
7	利用国外资源
8	利用原文传递
9	求助同行、利用国外资源
10	国家图书馆
11	从会议相关部门查找
12	数据库网站购买
13	网络资源满足

4.2.3　受访教师谈图书馆的作用和地位

受访教师普遍认为图书馆的作用大，地位重要。“信息服务和指导”、“学术交流和发展平台”和“科研教学支撑服务”是受访教师认为的图书馆在学校中的作用和地位。

表 13　受访教师谈图书馆的作用和地位

序号	图书馆的作用和地位
1	科研支撑
2	提升学生和教师精神视野的场所
3	为科研教学服务
4	信息服务和指导
5	人文中心
6	传授知识创造知识
7	——
8	推动学校各种信息的存储和交流
9	学术交流平台
10	学术发展平台
11	作用一般
12	作用大，地位重要
13	作用大

4.2.4 受访教师谈图书馆创新服务

针对“怎样的图书馆是您愿意走进来的?”这个问题,受访教师都谈了自己的想法。总结这些“需求”,我们不难看出,教师们的需求还是围绕着硬件设施环境和资源两方面的。

“开辟团队研讨空间”是几乎所有老师的需求,除此之外,受访教师们提出的硬件方面的需求还有更长的开馆时间、更多可流通的教材和经典书籍、更多的数据库资源以及自动贩卖机等。

5 结论

通过此次调查,我们发现,高校教师更加愿意并且擅于利用图书馆的数字资源,而走进图书馆的教师越来越少。并且这种趋势并不会轻易随着图书馆硬件设施的升级而有所改变,教师的需求是更加深入的订制型的服务。但是我们同时也发现,传统的借还书服务,仍旧有着很大的需求,研讨小间将会成为高校教师走进图书馆的一个具有吸引力的项目。不同职称的教师在利用图书馆的各项服务的水平上,存在差异。随着职称层次的升高,教师对图书馆的电子资源的依赖程度越高。而相反的是,许多非资源类的创新服务更加受到青年教师的青睐。

针对调查结果,我们发现,高校教师对图书馆实体建筑的依赖程度在降低,并且不会得到轻易的逆转。在数字化时代的当下,虽然教师们不能走进图书馆,但是图书馆的服务是无处不在的。因此我们针对本次调查的结果,因地制宜地提出以下几点发展策略。在硬件设施方面,我们将“研讨室”列入图书馆改造计划,并上报学校;在服务软实力方面,我们对流通阅览部的员工进行规范化培训,将传统的借还书服务做得更加精细;针对青年教师,加大力度开展学科馆员服务,从而吸引他们关注图书馆资讯,利用图书馆资源;针对年资高的教师,我们提供更为深入的嵌入式服务,嵌入科研过程。

参考文献

[1] 郭星华,谭国清.问卷调查技术与实例[M].北京:中国人民大学出版社,1997.

[2] 孙振球.医学统计学[M].北京:人民卫生出版社,2002.

[3] 郭秀花.医学统计学与 SPSS 软件实现方法[M].北京:科学出版社, 2012.

[4] 卢巧云,赵莉莉.美国图书馆核心价值研究的启示[J].新世纪图书馆,2007,(5):11-13.

[5] 宋志红.关于高校图书馆读者调查问卷设计的思考[J].农业图书情报学刊,2010,22(3):125-128.

[6] 季汉珍,周建伟,章幼奕等.基于多层面调查的医院图书馆创新服务实践[J].医学信息学杂志,2011,32(10):76-80.

[7] 王旭,李文兰,王玲等.学科服务视角下的图书馆知识组织模式探析[J].图书馆工作与研究,2013,(6):67-69.

[8] 李彭元.医学院校教师、医师和科研人员利用图书馆比较研究[J].中华医学图书情报杂志,2008,17(5):18-22.

[9] 刘笑一.医学图书馆读者需求调查[J].医学信息,2012,25(1):26-27.

[10] 董芳芳.就调查问卷分析图书馆到馆率低下的原因及对策[J].计算机光盘软件与应用,2011,(21):81-81.

作者简介

丁思瑀(1989-)首都医科大学图书馆,助理馆员。

杨 霏(1987-)首都医科大学图书馆,馆员。

陈 进(1959-)首都医科大学图书馆,研究馆员。

马 路(1969-)首都医科大学图书馆,馆长,研究馆员,硕士研究生导师。

高校图书馆面向计算机相关专业学科服务研究

王培凤

（北京信息科技大学图书馆）

摘　要：本文从学科服务理论入手，论述了学科服务的特点，指出了目前学科服务研究存在的问题，分析了面向科研的学科服务的主要模式，重点探讨了面向计算机相关专业学科服务研究方法和策略，以期对计算机相关专业学科服务今后的发展起到一定的启示和参考作用。

关键词：学科服务　高校图书馆　计算机专业

随着信息社会的高速发展，高校图书馆的信息服务也进一步向专业化、学科化发展。学科服务要深入了解学科用户的需求，帮助某个领域专业性更强的群体。理论上，我国学科服务已取得一定成果，但学科服务实践还是有待进一步的发展。无论在国内还是国外，系统建立学科服务仍然是值得我们深入探讨的话题。

学科服务首先由欧美等发达国家提出，1981 年，美国卡内基？梅隆大学图书馆率先提出跟踪服务。国内学科服务理论研究是从 20 世纪 90 年代开始，清华大学图书馆 1998 年引入学科服务，随后国内一些重点院校图书馆也开始引入。国内高校图书馆先后设立"学科馆员制度"、通过学科服务博客、专业网站等实施学科服务，得到了用户的广泛关注。大数据科研环境下，科学研究的内容越来越细，过程越来越复杂，知识的获取的途径主要通过网络数字资源，科研方式的变化使科研人员对知识发现的质量和效率要求也在逐步提高。开展学科服务现已成为高校用户深层次和专业化信息需求的必然选择的发展方向。本文以计算机相关专业具体学科为例，探讨面向该专业学科服务的研究方法实践策略。

1　高校图书馆学科服务的特点及存在的问题

1.1　学科服务的构成与特点

学科服务[1]是一项开拓性的主动参与式的创新服务，要求学科馆员深入到用户的科研和教学活动中，帮助他们发现和提供更多的专业信息资源，为用户的研究工作提供针对性更强、内容更全面的帮助。近几年，随着国内图书馆学科馆员制度的进一步发展，学科服务已经成为高校图书馆用户服务的一项重要内容。学科服务包括学科服务主体、用户、学科服务平台资源三个方面内容，构成了完整的学科服务系统，为实际建立学科服务提供了理论基础。学科服务有机地融入到科研活动中，对各专业学科进行针对性、深层次的学科化服务，已成为高校图书馆面向用户的必然选择和重要的发展方向，这不仅是高校图书馆价值、地位和作用的重要体现，也是学科馆员自身业务能力提升和获得认可的最好选择。

学科服务有以下三方面特点：面向科研项目工作、面向用户需求驱动、实现知识增值服务。面向科研工作就是根据科研院所或学术梯队近期的科研工作、主要开展的科研项目以及未来科研发展的方向等内容，完成相关学科知识、行业热点整理并最终形成用户所需要的服务产品。面向用户需求驱动就是根据用户实际工作需求，从具体的工作要求出发，完成学科体系的搭建，而不是简单地从学科理论体系出发决定和设计学科的内容和层次。深入的学科服务是一种知识增值的服务，在这项服务中提供三个层次的工作：引导用户找到其所需的解决方法、帮助用户解决问题、直接为用户问题提供解决方案。

1.2 学科服务存在的问题

通过进行大量文献调研，可以看出学科服务已经成为图情界的研究热点，并受到高校图书馆的广泛重视。但这并不能说明我国的学科服务研究已趋于成熟、完善，而相反国内的学科服务研究实施过程中还存在诸多问题[2]。例如：(1)高校管理层缺乏足够的重视、宣传不到位、资金投入问题等等。学科服务局限在图书馆内部，无法整合全面完整的各学科信息资源，学科服务开展程度低，有些高校没有开展该服务，或者是起步较晚。(2)缺乏学科服务工作规划标准细则，具体实施无指导。(3)大部分高校以图书馆为中心，而不是以用户和信息需求为中心。图书馆采取被动服务模式，主动服务起步较晚。多数面向院系的学科馆员，均采取一对多的服务模式，在院系庞大的情况下，学科服务显得力不从心。(4)学科馆员的角色仍然是信息中介，没有融入科研教学过程，服务的深度不够。(5)缺少一定数量有专业背景的学科馆员。没有专业背景的学科馆员对专业性较强的科研课题理解会稍差，不能很好地提供专业服务，影响服务效果。

2 面向专业学科服务的主要模式

在目前网络技术迅速发展的科研环境下，部分高校图书馆服务呈现出知识缺乏、服务滞后的状况，已经满足不了教师学生们深层次的学科信息需求，高校图书馆员应快速掌握某一学科主题的关键知识、核心文献、研究热点、学术趋势等，以便于用户对新研究方向进行宏观把控，为后续科研工作的开展奠定基础；根据科学研究主题，及时跟踪这一研究领域的核心著作、期刊、科研课题等资源。面向专业学科服务有以下几种模式[3]：

(1) 面向不同院系各专业的学科服务模式

这种服务模式以院系不同专业为服务对象，学科馆员需要从整体性、系统性上把握服务对象的需求。在实际服务过程中不仅需要构建适合该所学科或专业发展的特色资源体系，而且需要提出针对不同专业层面的服务规划，如各种学科资源的集成、信息服务的集成等。这些专业学科用户通常更加关心与其专业领域相关的科技发展动态、技术热点进展等，因此收集并梳理他们的专业体系，建立各专业学科服务平台并不断提供服务。本文主要讲面向计算机相关专业学科服务。

(2) 面向课题组的学科服务模式

这种服务的对象是某个课题组或某个科研梯队,用户一般具有较强的专业技术水平,他们对某个问题都有较为深入的研究,对深层次的文献信息的需求最为迫切,但对面向重大项目数据库的选择和利用存在一定的片面性和局限性。高校图书馆可以以此为突破点,开展基于文献服务平台或检索技巧的用户培训服务;提供有关某类专题的文献查找服务;提供基于一些文献分析工具的趋势分析和热点分析服务以及形式多样的文献检索和分析利用服务。这些工作的开展能够很好地引导学科团队融入到课题组或科研梯队中,成为他们不可或缺的一部分。

(3) 面向重大项目的学科服务模式

开展面向重大项目的学科服务这类用户服务时,学科服务团队应根据项目的需要制定较为科学、合理的学科服务方案。根据现有的一些经验,开展这类服务的重点是对重大项目关心的国内外进展进行追踪,及时提供调研报告和动态简报;随时关注项目的技术进展和问题,把握用户的研究方向,以便提供更有针对性的文献;对用户关心的期刊、报告、会议等文献进行全面搜集并及时整理,以合适的平台展示给用户。

3 面向计算机相关专业学科服务建设方法探讨

3.1 制定合理有效的学科服务方案

高校图书馆针对计算机相关专业应该制定合理有效的学科服务方案:(1)完成计算机相关专业学科资源的分类、整理。(2)在合理的学科分类基础上完成各相关文献的整理和收集。(3)对学科门户各功能模块进行开发和调试,保证各类信息的有效呈现。(4)完成指定的情报分析研究报告。(5)完成各类专定题服务及信息资源的更新。(6)选择性信息推送服务[4],目前,学科服务中信息推送的方式主要包括:电话、E-mail、面对面,以及近年来兴起的博客、微博、微信、网络社区和学科服务平台等。

3.2 学科馆员的组织与分工

学科馆员[5]最早起源于美国的大学图书馆,其含义和职责并不是一成不变的,而是随着高校图书馆服务模式的演化而有所变化。学科馆员的出现加强了图书馆与院系师生之间联系,促进了图书馆与科研学术人员的交流,改变了图书馆在各院系用户心中的印象。传统学科馆员主要职能是作为图书馆和院系的联络人;学科信息资源服务;学科信息素养教育;学科馆藏资源建设;参考咨询服务等。随着现代信息技术迅猛发展导致高校图书馆服务模式也在改变,学科馆员传统的角色定位、服务能力、工作职能以及工作方法必须适应社会环境和用户需求的变化进行创新和发展。学科馆员有必要以学科用户的视角和服务需求作为出发点,对图书馆馆内和馆外的各方面资源进行协调,融入学科用户课题研究一线,嵌入院系专业科研学术全过程,提供适应用户需求的专业化、个性化、知识化、泛在化的知识服务,全面对用户的学习和研究能力进行提升,为院系各专业教学与科研提供全方位立体式知识保障环境。

学科馆员面向特定学科领域或研究机构,作为教师、科研人员的合作伙伴,主动了解学科需求,并负责组织协调基于需求驱动的学科资源采集整合、知识组织以及情报研究等活动,提供个性化学科研究指导服务以及专业参考咨询服务。通过学科馆员密切和深入地联系用户,及时与充分地跟踪需求,有机地结合用户科研活动,动态了解、分析、评价、选择、集成、定制各类信息系统和信息服务，从用户角度全面支持用户深入科学研究。

3.3 计算机相关专业学科服务平台搭建

学科服务平台有多种，LibGuides 系统[6]是其中一种，该系统是美国 SpringShare 公司于 2007 年推出的一款开源软件，是专门为图书馆设计的一款知识内容管理和知识分享系统。LibGuides 融合了社交网络、维基、书签及博客等技术，可实现浏览、E-mail 提醒、学科标签和分类(Tag)、RSS 定制、播客、视频嵌入、服务咨询、信息评价、用户评论、社区聊天等多项功能的集成。利用该系统，图书馆员可以建立各种导引，将图书馆现有的不同学科、专业甚至某一课程的资源和服务组织起来，为用户提供指南和帮助，用户可以利用多种方式进行浏览。

利用 LibGuides 系统搭建计算机学科服务平台，关键是对计算机相关专业资源和服务的组织和整合，建立适合用户的导引。导引的内容决定了这个平台的使用价值。针对计算机相关专业学科服务就要选择针对性较强的资源推荐。计算机相关专业文献资源推荐：

推荐国际国内知名学会，如美国电气电子工程师学会(IEEE)、英国工程技术学会(IET)、美国计算机学会(ACM)、中国计算机学会(CCF)等；

权威机构推荐国际会议目录，如中国计算机学会推荐国际学术会议和期刊目录。国内中科院计算所认定的会议目录等；中文核心期刊推荐；常用专业数据库推荐，如美国计算机学会(ACM)全文数据库、Computing Reviews 数据库等；常用综合数据库推荐，如中国知网之中国期刊全文数据库、Web of Science、EiCompendex Web 工程索引网络版数据库等；ProQuest 博硕士论文全文数据库；超星电子图书、Ebrary 全文电子图书数据库、Springer LINK 电子图书等。

OA 机构库，如中国科学院国家图书馆机构知识库、中科院软件研究所机构知识库、中科院计算技术研究所机构知识库、清华大学机构知识库、剑桥大学机构收藏库、麻省理工存储库、加利福尼亚大学机构收藏库、香港城市大学机构存储库等。OA 资源、精品课程资源、专利数据库、科技报告、网络资源、E-learning EndNote 等科研工具推荐。

将分散的资源整合和集成到这一一体化的学科化服务平台上，给用户提供一站式的学科服务高校图书馆学科服务的目标，目前许多高校利用 LibGuides 平台已经建立起各专业学科服务平台，但是同一专业各个学校收集整合的资源还是有所不同，如果能够联合开展计算机相关专业学科服务，整合技术、资源、服务，不失为一种很好的选择，资源更全面，用户使用更方便，联合服务可能会成为学科服务未来的发展方向。

4 结语

我国高校图书馆的学科服务的实践，与国外相比起步较晚，实践过程中还存在很多问题，需要我们在学科服务的工作中掌握新技术，熟悉专业所需资源，不断探索实践。在学科服务过程中，要以用户为中心，以学科资源为保障，以学科馆员为主导，搭建学科服务平台，高校图书馆与院系、科研部门相互合作，满足不同学科用户群体的需求，提供个性化和有参考价值的信息资源推荐、过滤、导航、学科咨询及学科情报追踪与研究等。学科服务是目前高校图书馆发展的大趋势。为了满足服务对象的各种需求，作为学科服务的提供者，高校图书馆应该不断进行服务创新。

参考文献

[1] 杨俊丽.国内学科服务创新发展研究[J]. 图书馆工作与研究，2012，(4)：21-24.

[2] 彭亚飞.国内高校图书馆学科服务存在的问题及对策[J]. 现代情报，2012，(8)：78-80＋117.

[3] 刘媛筠.面向科研一线的学科化信息服务研究与实践[J]. 情报理论与实践，2014，(2)：50-52＋49.

[4] 许军林.高校图书馆学科服务选择性信息推送策略研究[J]. 情报理论与实践，2014，(4)：110-114.

[5] 张群.高校图书馆学科馆员服务模式研究[J]. 图书情报工作，2008，(6)：124-127.

[6] 袁晔，郭晶，余晓蔚.Libguides学科服务平台的应用实践和优化策略[J]. 图书情报工作，2013，(02)：19-23.

高校图书馆图书超期处罚的再思考

付　军

（北京林业大学图书馆）

摘　要：高校图书馆图书借阅超期是一个普遍存在的现象，而图书超期罚款也是近年来讨论的热点话题。本文通过网络调查方式，对我国39所“985”高校图书馆的图书超期处罚现状进行了调查和分析，调查结果显示我国高校图书馆对读者图书超期处罚已不仅仅局限于单一罚款的做法。

关键词：高校图书馆　超期罚款　超期处罚

高校图书馆读者借阅图书超期现象时有发生，对读者的超期处罚则是图书馆管理图书的一种手段，在一定程度上促进了图书的流通，提高了图书的利用率。笔者通过网络调查，对我国39所“985”高校图书馆的超期处罚现状进行了调查分析。

1　我国高校图书馆超期处罚现状

通过网络调查形式，对我国39所“985”高校图书馆的图书超期处罚现状进行了调查，其中90%的高校图书馆对超期读者采取罚款的方式，10%的高校图书馆则用其他处罚方式代替罚款。另外39所高校图书馆中有催还服务的占26%，没有催还服务的占74%（调查截止时间为2014年3月15日）。调查结果见表1。

表1　全国39所“985”高校图书馆图书超期处罚现状调查表

序号	高校名称	超期罚款规定(册)	催还服务
1	清华大学	按规定的图书借期，超期天数，罚金从0.1元—20元/天	有
2	北京大学	0.2元/天	无
3	中国人民大学	普通图书0.2元/天，新书1元/天	无
4	北京理工大学	超期1—5天免罚金，从第6天起0.3元/天。罚款日期累计超过30天时，对超出天数读者可选择缴纳罚金或选择以停借代替罚金	有
5	北京航空航天大学	超期1—6天免罚金，超过6天后自过期起始之日0.1元/天，超期30天后0.2元/天，新书15天内1元/天，15天后2元/天	无
6	中央民族大学	0.1元/天	无

续 表

序号	高校名称	超期罚款规定(册)	催还服务
7	中国农业大学	0.1 元 / 天	无
8	北京师范大学	图书到期后 7 天内归还，免于罚款	有
9	复旦大学	图书超期免罚金，停借，公布名单	有
10	华东师范大学	按新旧图书、超期天数不同，罚款金额 0.1 元—1 元/天不等	有
11	上海交通大学	0.1 元/天	有
12	同济大学	图书超期免罚金，按超期天数决定停借时间	无
13	南开大学	按新旧图书、超期天数不同，罚款金额 0.1 元—0.2 元/天不等	无
14	天津大学	0.1 元/天	有
15	重庆大学	0.1 元/天	无
16	大连理工大学	1-3 天免罚，超过 3 天后自过期起始之日 0.05 元/天，从 7 天起 0.1 元/天	无
17	东北大学	图书超期免罚金，按超期天数决定停借时间	无
18	吉林大学	0.1 元/天	无
19	哈尔滨工业大学	0.05 元/天	无
20	南京大学	0.02 元/天	无
21	东南大学	新书和外文书 0.2 元/天，自科、社科图书 0.05 元/天	无
22	浙江大学	0.05 元/天	有
23	中国科学技术大学	0.05 元/天	无
24	厦门大学	普通外借图书 0.2 元/天，短期外借图书 0.5 元/天	无
25	山东大学	1-3 天免罚，超过 3 天后自过期起始之日 0.1 元/天，短期借阅 1 元/天	有
26	中国海洋大学	1-5 天免罚，超过 5 天后自过期起始之日 0.1 元/天	无
27	武汉大学	普通外借图书 0.1 元/天，短期外借图书 1 元/天	无
28	华中科技大学	0.2 元/天 ，罚金上限 100 元	无
29	湖南大学	0.05 元/天	无
30	中南大学	0.1 元/天	无
31	中山大学	图书超期免罚金，按超期天数决定停借时间，温习图书馆文献资源合理利用规范	无
32	华南理工大学	0.1 元/天	无
33	四川大学	0.1 元/天	无
34	电子科技大学	0.1 元/天	无
35	西安交通大学	0.1 元/天	有
36	西北工业大学	普通外借图书 0.1 元/天，短期外借图书 1 元/天	无
37	西北农林科技大学	普通外借图书 0.1 元/天，短期外借图书 1 元/天	无
38	兰州大学	0.1 元/天	无
39	国防科学技术大学	1 天免罚，从第 2 天 0.1 元/天	无

1.1 图书超期罚款调查分析

从调查表可以看出，超期罚款仍然是我国高校图书馆作为图书超期处罚的主要手段，虽然它在一定程度上保证了读者享有图书资源的公平使用权，但是图书超期罚款也存在着一些不容忽视的问题。

1.1.1 超期罚款收费标准不同

通过表1可以看到39所高校图书馆中，有35所高校图书馆的图书超期罚款金额是按天数计算，但各馆罚款金额标准有所不同，罚金最少的为南京大学图书馆[1]0.02元/天/册，多数图书馆为0.05元/天/册、0.1元/天/册、0.2元/天/册，罚款金额最多的为清华大学图书馆[2]，罚款金额可以达到20元/天/册。其中16所高校图书馆超期罚款的罚金还采取按图书类型不同、超期天数不同、图书规定借期的不同，分级采用不同的罚金起点计算罚款金额。

1.1.2 超期罚款没有罚款上限

在35所有超期罚款的高校图书馆中，只有华中科技大学图书馆[3]规定了罚款上限，仅占总数的2.9%。图书超期罚款是我国高校图书馆长期沿用的做法，在一定程度上有利于读者对馆藏图书的公平使用，但是读者所借图书未按期归还，如果一旦超期时间过长，罚款金额过多，会给读者造成较重的经济负担。而且如果罚金过多，反而会导致超期读者因罚金过多而不还图书。

1.2 图书超期处罚的其它形式

在调查的39所高校图书馆中，有同济大学[4]、东北大学[5]、中山大学[6]、复旦大学[7] 4所高校图书馆，不采用图书超期罚款的做法，而是采用其它的方式对超期读者进行处罚。这4所高校图书馆均采用按超期天数来决定暂停读者的借阅权限。其中复旦大学图书馆还对图书超期读者公布名单的方式进行催还；中山大学图书馆则要求超期读者温习“图书馆文献资源合理利用规范”。此外，在执行超期罚款的35所高校图书馆中，有北京师范大学[8]等7所高校图书馆有图书超期免罚期，一般为1-7天；北京理工大学图书馆[9]，对罚款天数累计超过30天的读者，超出天数，读者可选择缴纳罚款或暂停借书。

可以看出，很多高校图书馆在图书超期罚款方面做了许多改进，超期罚款处罚方式更为人性化，更易被读者接受。

2 改进图书超期处罚的几点建议

图书借阅超期，不仅影响了馆藏图书的利用，也影响了其他读者对图书资源的公平使用。如何制定出合理的图书超期处罚管理办法，是我们亟待解决的问题。笔者结合高校图书馆图书超期处罚现状，提出以下几点建议

2.1 建立图书借阅催还制度

在网络日益发达的今天，图书馆应建立并完善图书借阅催还制度。通过E-mail、手机短信、微信、图书馆主页等方式，对读者手中即将到期或已经超期的图书发出“催还提醒”或“超期催还”的通知[10]。同时，还可以通过“校园一卡通”进行提醒。现在“校园一卡通”已在高校普

遍使用，图书借阅、食堂用餐、校内超市购物乃至宿舍门禁等联通性功能已经实现，对于所借图书即将到期或已经超期的读者，可以通过临时限制一卡通的部分功能或设定特别提示的方式，再次提醒读者及时归还图书，如此应该能够起到比较好的催还效果[11]。

2.2 图书馆超期罚款金额应尽量做到统一

比如：a.处在同一区域的高校图书馆罚款金额应尽量做到一致。b.可按高校类别（比如985高校、211高校等）来规定超期罚款金额标准。

2.3 图书超期罚款应该设定上限

图书馆超期罚款如果不设上限，有可能导致超期图书罚金累计不断上涨，过多的超期罚金，会给学生读者带来沉重的经济负担。因此，图书馆应设置适度的超期罚款上限，当罚款金额超过图书馆规定的上限时，则按图书馆超期罚款规定上限执行。

2.4 图书馆应对图书超期处罚提供多种方式

比如：可以让有图书超期的读者选择支付超期罚金、也可以采取答题或参加图书馆的义务劳动免罚金。选择答题的同学，可以登录图书馆相关系统进行答题，题目的数量则根据超期款数额的大小来定，试题内容可以涉及图书馆服务、资源、规章制度等方面。参加图书馆的义务劳动的同学，可根据所欠款项付出相应的劳动时间[12]，以此取代图书超期罚款。同时读者还可以选择超期停借的方式代替超期罚款，超期停借是对读者不遵守借阅制度的一种告诫方式，在不收取逾期费的前提下，让读者在一定时间内放弃文献外借，是对以往对策的一种完善和尝试[13]。

2.5 图书馆还可以放宽借阅期限

图书馆可以结合本馆的实际情况，根据一线、二线、三线馆藏图书设定不同的借阅期限。此外还可以考虑对使用率低的二、三线多复本的图书延长借阅期限，这样才能真正提高馆藏图书的利用率。

2.6 图书馆可以对超期图书设定免罚期和“超期图书免罚日”

图书馆可对图书超期的读者设定一定时间的免罚天数，还可以不定期的举办“超期图书免罚日”，在此期间归还超期图书的读者可以免收罚金，这样做既提高了超期读者的还书热情，还减少了超期读者的经济负担，同时又促进了图书的正常流通，提高了馆藏利用率。但是，对于连续超过两个“免罚日”仍不归还超期图书的读者，就要采取一定的处罚手段，如：按照图书实际超期天数收取罚款。

2.7 加强的借阅制度的宣传

尽管图书借阅期限和超期罚款等规定在各高校图书馆网站上、图书馆借阅室中都有很详细的说明，但在日常图书借还工作中，我们还是会经常遇到读者借阅超期的现象。笔者在工作中发现，当读者在自己的借阅信息里发现罚款时，总是会问工作人员：“怎么会有罚款，我的书没还吗?”。很多读者——特别是刚入校的新生并不了解图书馆的规章制度，他们只关心自己的需要，如：哪里能找到自己心仪的图书，最多能借多少本等等，有些同学虽然关心图书的借阅期限，却不知道超过借阅期限期要交罚款。因此，图书馆要加强图书借阅制度的宣传，开展形式多样的读者特别是新生的教育。工作人员也要在工作中及时与读者交流，在交流中使读者了解自己的借阅权限、图书馆的借阅制度、超期罚款及其他处罚规定。同时，在读者借阅图书时，工作人员也应主动提醒他们所借图书的归还日期，设身处地为读者着想，尽量避免读者在借阅过程中违反规定被处罚。

参考文献

[1] 南京大学图书馆图书借阅违规处理：http://lib.nju.edu.cn/html/article.htm? id=41&fid=37

[2] 清华大学图书馆规则制度：http://lib.tsinghua.edu.cn/about/policy.html

[3] 华中科技大学图书馆规则制度：http://202.114.9.3/dzzn2008.nsf/8914FF8FCAEE77CC482573FA0011BCB4/E186C7AC5BB65C7A482573FA002746E3? OpenDocument

[4] 同济大学图书馆规则制度：http://www.lib.tongji.edu.cn/site/tongji/a9b6d154-17f1-49b1-9847-44f6fb98931b/index.html

[5] 东北大学图书馆服务指南：http://www.lib.neu.edu.cn/page/gy/zd/

[6] 中山大学图书馆规章制度：http://library.sysu.edu.cn/web/guest/gzzd

[7] 复旦大学图书馆借阅规则：http://www.library.fudan.edu.cn/main/list/202-1-20.htm

[8] 北京师范大学图书馆借阅权限：http://www.lib.bnu.edu.cn/fuwu/jyfw_jyqx1.htm

[9][10] 北京理工大学图书馆借还服务：http://lib.bit.edu.cn/libraryService/borrowService.html? tabIndex=2&lsLeftIndex=4

[11] 刘成杰，马新蕾.论依法治校语境下高校图书馆“借阅超期罚款制度”的困境与出路[J].图书与情报，2013，(3)：212-124.

[12] 暨南大学图书馆借阅管理规定：http://libgp.jnu.edu.cn/libinfo/InfoOneSub.action? id=32&subjectid=2

[13] 吴雪映. 逾期停借——外借图书逾期管理的对策完善[J]. 图书馆杂志，2012(4)：39—40，43.

基于区域联盟的馆际互借在高校图书馆的实践与发展
——以北京信息科技大学为例

牛润桃

（北京信息科技大学图书馆）

摘　要： 推动文献资源共享是网络时代的需要和发展的必然，而开展馆际互借是资源共享的重要手段之一，地区的、区域的资源共享网络系统则更经济、更便利。本文对BALIS馆际互借近年来在我馆的实践进行了认真的思考与总结，并对目前存在的问题及对策进行了分析，同时对基于区域合作的馆际互借未来进行了展望。

关键词： 区域联盟　馆际互借　高校图书馆

北京地区高校图书馆文献资源保障系统（Beijing Academic Library&Information System，以下简称BALIS），是北京地区高校图书馆联合体资源共享的系统平台。依托于北京邮电大学图书馆的馆际互借中心是BALIS的四个中心之一，它的建成和投入使用，真正使首都高校的师生不出校门便可以共享到北京各高校图书馆的纸质图书文献，极大地便利了首都高校师生自主专业学习、科学研究和素质拓展。

1　馆际互借在我馆的实践

我校图书馆从2007年12月成为BALIS大家族中的一员，2008年初正式启动这项业务。几年的主要数据如下表：

表1　历年数据表

	读者注册人数(人)	利用人数(人)	发送请求总数(册)	满足总数(册)	满足率
2008年	42	16	15	4	27%
2009年	55	27	120	60	50%
2010年	200	58	237	155	65%
2011年	174	67	263	166	63%
2012年	301	113	558	308	55%
总计	1201	387	1665	981	59%

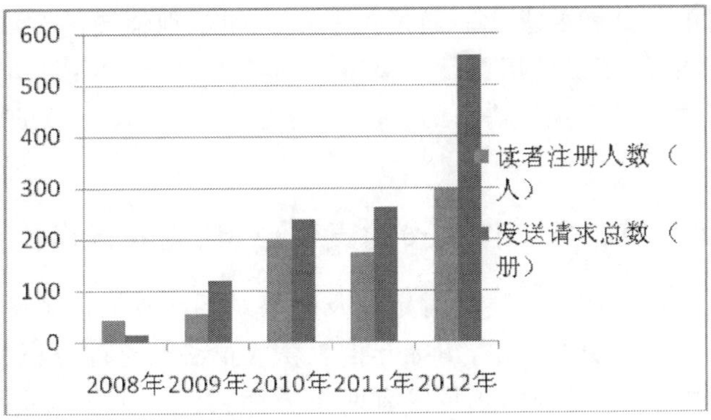

图 1　历年数据柱状图

从数据中可以发现我们起步很困难，2008 年处于初步认识阶段，不论是读者还是负责此项业务的工作人员都是抱着试试看的心态。2009 年 BALIS 馆际互借中心在年初启动了大规模的宣传月活动，我馆积极配合，在馆领导的亲自带动下采取了多种有效的方法，向读者宣传网络环境下图书馆开展馆际互借工作的重要性，取得了很好的效果。宣传的方式包括：1. 现场咨询、有奖注册等；2. 通过发放调查问卷和宣传材料，介绍 BALIS 馆际互借的服务特点和具体使用方法。3. 在相关部门的配合下全方位扩大宣传途径，通过校园电子屏幕、办公系统、图书馆主页等媒体宣传；4. 展板、横幅展示；5. 举办专题讲座等多种形式广泛进行宣传，争取更多读者的关注。6. 不断完善宣传策略，推出新颖的宣传方式，使活动更具吸引力，如我们精心设计了体现我馆馆藏特色的易拉宝，并在各高校的联合展示活动中获设计一等奖。7. 通过学科馆员也多方面对 BALIS 馆际互借服务进行宣传，因为学科馆员通常与各院系有着密切的联系，是服务深入院系最好途径。

欣慰的是在短短几年的时间里馆际互借在我馆从无到有、从小到大、由近及远、由低到高逐步被广大师生了解和认可，弥补了我馆馆藏不足，增加了获取文献资源的途径，使我馆借助现代化的网络服务体系，更好地提供文献信息服务。

尽可能地方便读者，不断地提高服务质量、服务效率、文献满足率和读者满意度，是馆际互借乃至图书馆全部工作始终追求的目标。网络环境下的馆际互借实现了数字化文献信息资源检索查询的高效率和互借信息传递的网络化，给读者带来了极大的便利和自主性。馆际互借服务效益是通过读者的实践来实现的，读者利用馆际互借的意识越强，利用的人数、次数越多，馆际互借效益就越显著。因此，在为读者服务的过程中我们本着"用心服务，悦人悦己"的宗旨，不断调整工作思路，优化工作流程，最大限度地帮助读者获取文献，力争使该项业务持续稳定开展。

2　目前存在的问题以及改善的措施

虽然取得了一定的成绩，但在具体的工作中也常常会遇到这样或那样的问题，我们应该根据目前存在的问题从以下几个方面改进：

2.1　主动提供个性化服务

馆际互借第一个步骤是由读者在线填写借书申请单，向借出馆发送馆际互借请求信息，借出馆收到信息后即启动馆际互借程序，但很多读者不会使用馆际互借系统来为自己服务或是不能正确地填写申请单。这就要求我们通过集中培训和个别辅导的方式，有针对性地开展培训工作，目的在于使读者能正确使用馆际互借系统的各项功能、途径和方法，能及时、准确和高效地利用各馆馆藏资源。对个别有需求的读者，工作人员可以及时援助，助其一臂之力，甚至代其填写申请单。

2.2 加强馆际互借服务工作人员的责任心，认真履行岗位职责

从事馆际互借服务的工作人员要定时定期及时登录系统查询读者发出的馆际互借服务申请，及时进行处理，一旦发现服务失误，馆际互借工作人员必须立即分析失误发生的原因，主动地解决问题。在此阶段中，常见的问题主要有两个方面，其一，工作人员没能及时搜寻并发现读者发出的馆际互借服务申请的信息，延误了读者馆际借阅图书的时间和效率，因而引起的读者不满势必挫伤读者使用馆际互借的积极性；其二，出借馆未能及时处理读者申请时，应主动联系，问清原因，及时给读者满意的答复。比如我馆纸本图书分布在三个校区，遇到外校读者的申请时，我们会根据馆藏方位在三个校区灵活调书，尽量满足读者的需求，提高外借满足率。

在这一个层面上要求我们工作人员要增强文献资源共享意识，树立既为本校服务，又为其他院校服务的思想，搞好馆际互借工作。要清楚地认识到馆际互借是弥补本馆馆藏资源不足的重要手段，任何图书馆收藏的文献资料，因各种因素，总有一些文献资料利用率低甚至没有被利用，而这些文献资料有可能是其他馆读者所需的，因此，开展馆际互借可以说是互惠互利的事情。

2.3 与物流建立良好的合作关系

尽量做到及时沟通，保证在第一时间将书送出，确保馆际互借服务渠道畅通无阻。目前与我们合作的物流公司经常更换，各个物流公司的员工素质也参差不齐，这就要求我们多问，多盯，保证图书安全准确到达。

2.4 馆际互借图书馆间的良好协作关系是推行馆际互借服务的基础

当借出馆收到“读者借书请求”时，要仔细地审校读者填写的内容是否符合规范、准确，确认无误后才能进行下一步骤的操作，正式发出“馆际互借满足”信息。与此同时，要迅速、准确地将相关图书从书库取回，以避免该书被本馆的其他读者借走，致使馆际互借服务落空，进而影响到整个馆际互借的大环境。当借入馆收到借出馆送来的图书时，确认无误后，必须进行“借入馆签收”操作，可以通过打电话或手机、发电子邮件及张贴书面通知等形式告知读者本人前来图书馆办理“读者获取图书”，将其所需图书借走；当读者将图书还回时，借入馆再进行“读者归还图书”操作，并将图书送还借出馆，借出馆接到图书后，再做“借出馆签收”，并将图书迅速归架，整个馆际互借程序基本上就完成了。此阶段馆与馆之间的配合协作尤其重要，无论是借出馆还是借入馆，必须制定和遵守馆际互借的规则，履行承诺，按既定的游戏规则进行，打造一个良好的馆际互借大环境。

2.5 加强对读者宣传、辅导工作

我馆馆际互借服务工作开展已好多年了，但许多读者不知道或从未使用过馆际互借服务，一方面说明读者利用馆际互借的意识不强，另一方面也说明馆际互借的宣传和推广工作有欠

缺、不到位。补救策略应是，作为开展馆际互借主体的各图书馆必须采取各种各样、行之有效的方式方法，大张旗鼓地宣传馆际互借的意义，让他们明白在当今的信息年代，由于图书馆购书经费不能与文献同步增长，任何一所图书馆都不可能收藏完全满足读者需要的文献，读者都有通过馆际互借获得自己所需文献资料的权利；同时向读者介绍区域联盟中各馆馆藏特色，使读者能够最大限度共享图书文献资源，实现馆际互借效益的最大化。宣传工作是保证各个阶段良性发展的基础，是贯穿各阶段服务始终的关键，是一项持续性的长期工作，应引起高度重视。

3　对馆际互借未来的展望

自 20 世纪 90 年代以来，基于区域联盟的馆际互借进入广泛应用阶段，我国馆际互借工作得到快速发展。以北京地区高校图书馆文献资源保障系统（BALIS）为例，目前已实现了市内 70 余所高校图书馆统一协议下馆际互借服务，国家图书馆和上海图书馆的加入更加拓展了合作的范围，标志着国内高校图书馆的馆际互借系统和资源共享工作又上新的台阶。推动文献资源共享是网络时代的需要和发展的必然，而开展馆际互借是资源共享的重要手段之一，地区的、区域的资源共享网络系统则更经济、更便利，因此利用过去已经形成的地区的、区域的合作传统和各种合作活动，开展网络环境下的地区的、区域的图书馆联盟内馆际互借活动和服务，以此为基础，带动和逐步形成全国范围内的馆际互借网络的发达和繁荣。

参考文献

［1］　王茜.基于系统的 BALIS 返还式馆际互借服务研究［J］.图书馆学研究 2009(6)：62-64
［2］　赖晓云.图书馆服务失误及服务补救策略［J］.图书馆工作与研究，2004(2)：75-77

首都医科大学图书馆基于“635 法”服务创新的探讨

崔勇 宋扬文 马路

（首都医科大学图书馆）

摘 要：针对目前高校图书馆的现状，就如何吸引读者到图书馆，采用“635法”调查了首都医科大学学生读者的建议，分析了读者对图书馆的需求，探讨了高校图书馆的服务创新。

关键词：高校图书馆 635 法 服务创新

自 20 世纪 90 年代以来，随着经济的快速发展，我国现代图书馆事业呈现出勃勃生机，图书馆引进与采用了现代科学技术，催生出新的图书馆读者服务形式和工作模式，使得图书馆的“四大”职能（保存文化遗产、开展社会教育、传递科学技术情报、开发智力资源）得到创新和落实。目前，图书馆的功能有很大变化，但是“为读者服务”仍然是图书馆安身立命的核心价值体系[1]。新时代下图书馆自动化及网络化的发展以及信息技术在图书馆的应用使图书馆的大门进一步的敞开，为更多的读者运用馆藏文献信息资源发挥了最大限度的作用。现代图书馆的功用价值因为服务而彰显，而图书馆更深层次的服务体现在服务创新上，如何更好地组织整合图书馆资源为读者提供更优秀的服务，是目前高校图书馆值得探讨的课题[2]。

1 研究方法

1.1 “635 法”简介

“635 法”又称默写式头脑风暴法或称默写式智力激励法，是德国人鲁尔巳赫在奥斯本智力激励法的基础上，并根据德意志民族善于思考的习惯和多人争相发言时容易使设想遗漏的缺陷提出来的。与头脑风暴法原则上相同，所不同的是把设想或点子写在卡片上。每次商讨由 6 人参与，围坐成一圈，要求每人在 5 分钟内提出 3 个设想并记录在各自的卡片上（故名“635”法），然后由左向右传递给相邻的人。每个人接到卡片后，在第二个 5 分钟再写 3 个设想，然后再传递出去。如此鱼贯进行，传递 6 次，花费半小时时间，可产生 108 个设想[3]。

1.2　“635法”在首医图书馆服务转型和创新中的应用

参加这次会议的人员主要有在校学生、主持人和记录员。十二名在校学生均是长期在图书馆学习和工作的图书馆学生管理委员会成员。

与会的12个人分成两组，每组6人，每人发放一张设计有6个大格18个小格(每1大格内有3个小格)的纸。主持人口头讲清该项测试——“怎样吸引同学们来图书馆”的目的和意义。每人在自己的纸上的第1个大格内的3小格写出3个设想，要求在5分钟内完成，每个设想的表述要简明扼要。每人把自己面前的纸传递给右侧的与会者，在第二个5分钟内每人在下1个大方格的3小格内写出自己的设想；要求新提出的3个设想不同于纸上的或自己已提出的观点；继续顺序传递旋转，直至完成表格填写。这样每张纸上填满了18个设想，两组12张纸共216个观点。

2　结果

表1　怎样吸引同学们来图书馆调查表统计

主要建议内容	建议次数
举办各种活动、讲座	22
开设留言板	5
做周期性问卷调查	4
通过各种途径加大图书馆的宣传力度	16
根据学生到馆学习时间、借书数量等换取一定奖励	13
采购对学生有吸引力的新书	8
改善图书馆内部环境	34
开设供师生学习交流、举办小型活动用的小隔间	16
改善和增加硬件设施	12
增设休息、休闲的场地	25
延长各阅览室的开放时间	7
提供免费高速上网服务	12
免费提供开水	4
其他	38

表1可以看到建议内容主要为活动和设施方面，其他设想是学生提出一到两次的建议，如：提高服务质量，增设雨伞、单反或DV的租借处，设置失物招领中心，增设卖文化纪念品或书籍的销售点；代收快递等没有收录在内。

3　讨论

3.1　高校图书馆的服务现状及存在问题

在当今知识经济社会，图书馆作为人类知识的社会载体，发挥着十分重要的作用。近年来，高校越来越重视图书馆的发展，很多高校加大了对图书馆的经费支持，积极引进新技术、新设施改进服务手段，不断开拓服务领域、增加服务内容、延长服务时间，大大提高了图书馆的服务能力与服务质量。以首都医科大学图书馆为例：该馆始建于1960年，馆藏以生物、医药卫生类书为主。2002年扩建了图书馆规模，馆舍总面积达13980平方米，每周开放时间为112小时。首都医科大学图书馆发展至今，馆藏总量已达到49万余册（件），阅览座位近2000个，为师生提供了良好的阅读和学习的环境，同时还扩大了服务领域与服务内容，开展了一系列新型服务项目，如网上自助续借服务、网上文献检索服务、馆际互借、图书荐购、学科导航、参考咨询、定题跟踪、科技查新等。不仅如此，该馆还不断地更新服务理念，主动指导用户利用馆藏文献和网络资源，开展各种形式的用户培训，组建了一支由学生组成的图书馆学生管理委员会，为同学们提供更全面更周到的服务。整体而言，图书馆工作正由文献单纯的收藏保管向信息资源管理、简单加工整理向知识导航服务转变。在这个转变过程中，图书馆服务也面临着一些亟待解决的问题[4]。

服务意识不足。作为人类知识的社会大脑，图书馆工作的根本宗旨是“一切为了读者，为了一切读者”。然而，由于图书馆员队伍专业素质参差不齐，部分工作人员把自己的角色定位为图书馆的管理者，而不是读者的服务人员，这种服务意识的不到位背离了图书馆工作的宗旨，从而降低了图书馆的服务质量。

服务方式被动。一直以来图书馆为读者提供被动式服务，这种服务方式既浪费了图书馆的宝贵资源，又不能满足当前信息时代下读者的需求。如在流通阅览部，馆员只是每天按规定时间开馆，然后等待读者的到来，这种“守株待兔”式的服务无疑会浪费馆藏资源，降低图书馆的服务质量；采访编目部采访的图书种类多为采访馆员自行判断和决定，而没有让读者参与其中，这就造成了“图书馆买什么，你就读什么的”尴尬局面。在当前信息时代，图书馆应该由被动的服务提供者向主动的服务提供者转变，这样才能充分发挥图书馆的职能，更好地为读者服务。

服务功能重藏轻用。随着我国经济的发展以及国家对图书馆文化事业的高度重视，很多高校加大了对图书馆的经费投入，无论是纸本资源还是电子资源都在不断丰富，然而图书馆被动式的服务使得图书馆工作处于“重藏轻用”状态，馆藏资源利用与开发工作的不到位限制了馆藏资源的利用。

个性化服务缺乏。大学图书馆不仅要为老师的教学、学生的学习服务，还要为师生的科研服务，可以说大学图书馆的角色应该是一个综合性的专业文献信息中心，应该为学校的科研和教学提供优质的文献情报服务。而现今由于服务意识薄弱和馆员队伍专业素质的参差不齐，缺乏对文献信息更深层次的开发、加工和利用的能力，从而无法为读者提供具有个性化的文献增值服务。

由上可见，图书馆进行服务模式创新才能更好地为学校的教学与科研提供服务。

3.2 高校图书馆读者服务创新的建议

3.2.1 加大对图书馆职能的宣传力度，提高图书馆在读者中的影响力

图书馆服务要真正做到为了一切读者、一切为了读者，首先要以多种方式开展图书馆职能宣传活动，是使学生了解什么是图书馆、图书馆能为他们做什么、如何利用图书馆资源为他们的学习科研助一臂之力等。图书馆工作者要以读者感兴趣的方式扩大图书馆在学生中的影响力，在潜移默化中增强他们对图书馆的好感和依恋，如在人人或校内更新信息；为图书馆拍

摄视频放在主页上;讲新书书单贴在教学楼、宿舍和食堂等。图书馆也要努力转变服务方式,在保留传统的被动服务模式的基础上进一步建立主动服务方式,增强学生对图书馆资源的利用率。

3.2.2 转变观念,树立以人为本的服务理念

随着图书馆经费投入的增加,图书馆的馆舍规模不断增大,自动化技术和设备不断更新,给读者提供了非常舒适的空间,以首都医科大学图书馆为例,馆内有充足的干净桌椅及更多的绿色植物、装有书香气息的门帘、提供免费开水、洗手间每个隔间内设有手纸、设置休息休闲的场所、更新电脑配置、增配摄像头、提供更多的电源、增设存书柜、更准确方便的自助借还机等措施(见表1)。不仅如此,工作人员还积极调查、了解和研究读者信息需求、利用图书馆现状及未来趋势,把如何吸引读者,更好地服务读者作为一项重要的工作内容。图书馆作为读者的"第二课堂",要主动为读者提供个性化化服务,切实将以人为本的理念渗透到图书馆工作的每个细节之处。

3.2.3 加强对读者利用图书馆资源的培训

图书馆不仅要将图书馆简介、服务项目、电子资源使用方法和文献检索课件或网上讲座等一些图书馆利用知识放到网页上,还需要根据不同读者的具体需求,通过网络、讲座等针对性地开展用户教育,提高读者使用水平。这样有利于读者快速利用图书馆资源,增强自我服务能力,提高读者信息素养。如首都医科大学图书馆每周三下午都开展"时间都去哪了快来图书馆听讲座"的系列讲座,内容涉及如何有效地获取全文、如何利用 BALIS/CALIS 进行全文传递和馆际互借、如何查找核心期刊及投稿、如何全面检索国外医学文献、如何利用 NoteExpress 轻松完成论文等,这使得在校师生及附院医护人员快速了解和利用图书馆的各种数据资源,从而更好地服务于医学科研与教学工作。

3.2.4 完善自身功能定位

随着图书馆职能与角色的不断变革与更新,图书馆已不再是单纯的图书借还场所,而是大学校园内主要的学生学习交流和业余文化生活的中心。图书馆通过举办丰富多彩的文化活动,比如举行摄影展、书画展、平面设计展、诗词展等能够提升图书馆的文化氛围,使得图书馆不仅是读者学习交流的中心,还是读者娱乐的中心,这样也有助于带动相关类别文献资源利用率的提升,达到事半功倍的效果。首都医科大学图书馆至今已举办八届读书月活动,每年都有特色活动,如2013年的未来信箱,2014年三行情书活动等,都获得了在校师生的一致好评。

3.2.5 注重与读者的互动交流

图书馆只有全面了解读者需求,才能主动地为读者服务。因此,面对学校师生的多样化需求,图书馆的工作人员应主动与全校师生联系,应经常进行读者沟通交流,让学校师生真正参与到图书采购、报刊征订,数字资源建设,优秀读物推荐等工作环节中。图书馆还应组织各种活动,采取多种方式征求读者对服务工作意见,只有全面收集读者意见和建议,才能更针对性的改进服务不足,提高服务质量。此外,图书馆还应该制定相应的服务规范和监督、评价机制,更好地开展服务工作,以提高用户对服务的满意度。

总之,为了吸引读者来实体图书馆,图书馆必须开展创新服务模式,从读者的实际需求出发,切实提高服务质量,使其成为师生工作学习的有力支持的场所。

参 考 文 献

[1] 王丽君,陈晓虹,王从奎. 图书馆绿色文化建设与服务创新研究[J]. 农业图书情报学刊,2010,22(11):288-290,302

[2] 卢连梅.浅谈如何构建现代图书馆服务文化[J]. 科技情报开发与经济,2011,21(19):81-82

[3] 檀润华,丁辉编著. 创新技法与实践[M].北京市:机械工业出版社,2010,89-129

[4] 赵素娟.浅谈高校图书馆读者服务创新[J].黑龙江史志,2010,3:67-68

全面开放管理下的图书馆服务定位

成惠萍

（北京林业大学，北京，100083）

摘　要： 通过分析图书馆四个服务领域发展的可行性，论述了图书馆服务只有在文化交流的空间展开才能立足与生存。

关键词： 开放管理　图书馆服务　文化交流

1　图书馆开放服务的必然性

图书馆开放不仅是文献资源的开放，更不是单一的借阅一体化。它包括：开放的图书馆经营理念；开放的图书馆物理空间；开放的文献信息资源；服务对象全开放；服务功能全开放；服务方式全开放；服务手段全开放；社会关系和社会环境全开放。[1]

图书馆走过了从古代藏书楼的文献收藏，近代图书馆文献分类编目的文化中心，到现代图书馆文献检索的信息中心，随着互联网的发展图书馆信息中心的职能已被互联网取代。那么图书馆应如何立足，图书馆的发展方向将是图书馆界关注的热点。图书馆是为广大读者服务的机构，一方面互联网削弱了图书馆作为信息中心职能的作用，同时，另一方面互联网又带动了图书馆新的服务领域。图书馆的服务可从知识、信息、教育、文化四个领域开展，下面将从这四个领域分析探索现阶段图书馆服务的可行性。[2]

1.1　知识服务

知识服务即知识的组织与交流，是基于文献的组织与传递到基于数字文献、知识单元的组织与传递，这对馆员的业务能力和素质要求过高，服务的难度大不易实现。

1.2　信息服务

在信息化的时代获得信息有两种渠道，一是依靠图书馆的资源和服务能力，并依靠参与图书馆联盟的协同服务，可以获取基本的信息需求。二是选择互联网、智能手机、百度百科等技术实现个性化的信息需求。网络的快捷、便利是读者获得信息首先选择的途径，而图书馆不再是唯一的选择，图书馆信息职能已经没有了发展空间。唯有转变职能，从信息职能向教育职能转变，寻求新的发展空间。

1.3 教育服务

一方面社会背景对图书馆提出了新要求。随着时代的发展终身学习极端重要。知识老化不断加剧,学校教育的局限性不断加大,社会对知识的需求更趋多样,学校教育显得越来越不适应。另一方面学校教育转型对图书馆带来的新挑战。面对网络时代,传统的课堂教学已滞后,教学模式发生变革,学校教育呈现数字化、网络化、多元化和开放性等特点。数字化校园、智能教室和智慧教育快速发展。教学直接应用网络数字化教学,融课堂教学与课外学习于一体。对此,作为辅助学校课堂教学的图书馆,应凭借自身的独特优势,包括文献资源、服务传统、建筑空间和图书馆制度,充分利用互联网技术,让图书馆成为学习中心,凸显图书馆的教育职能。

1.4 文化服务

面对公众文化需求的多样化和高水准,当代图书馆应注重休闲阅读,提供讲座、展览、艺术鉴赏、“第三空间”和文化交流等,这样图书馆的服务层面将越来越宽,出现了新的服务亮点。

由此可见,图书馆的服务只有立足成为学习的中心,同时结合图书馆的空间多层面地拓展新的服务领域,图书馆才能求得生存和发展。

2 开放式图书馆的服务定位

2.1 以“交流说”[3]为理论指导

促进社会交流是图书馆工作的核心,社会交流是图书馆的发展方向,也是图书馆读者服务工作的本质所在。近几年来,图书馆交流职能发展得很快,很多讲座、沙龙、展览以及各种各样丰富多彩的读者互动交流活动越来越多地出现在各个图书馆。

2.2 以人性化、大众化、一体化、数字化为发展目标

图书馆的宗旨是“以人为本,读者第一”,但在具体实际工作中,就读者带书包入馆这个问题,从读者书包只能放阅览室门口,到阅览室门外设柜子专门用来存包,图书馆为方便读者也做了很多尝试,但从本质上看似乎更多的是图书馆为方便自己管理所采取的对策,对读者而言,反而造成麻烦与不便,无疑限制了他们利用图书馆。图书馆全面开放“允许读者带包入馆”才真正体现了为读者着想,站在读者的角度考虑问题,以读者为本的服务理念在细微处得到体现。开放式图书馆将图书馆职能从教育职能、信息职能延伸到文化休闲职能。文化休闲功能内设有多媒体培训教室、多功能报告厅、多人讨论室和自由阅览区等多种场所。服务区设有咖啡厅,读者可以在这里三五一桌地交谈,营造出一种休闲、轻松的气氛。大厅和共享空间有颜色清新、样式各异的桌椅、沙发,给读者以家的感觉。在学习、休闲、生活方面处处体现出对读者的关爱。[4]

开放式图书馆向所有居民提供均等化服务,本地居民或常住人口凭有效身份证注册后成为正式读者,外地人口可凭暂住证注册临时读者证,所有的读者均获得同等服务。无门槛的管理、优雅的环境、丰富的资源和先进的设备设施,能吸引很多新读者,所以降低门槛是图书馆提升效益的又一条途径。

开放式图书馆是将提供文献外借的书库、提供文献内阅的阅览室、提供参考服务的参考阅览室三者合并，各区均设有自助借还书机器，文献按照分类法单一体系排架，使用自助借还书服务。是将以往的藏阅参合一，读者可以随处阅览随处借阅，不再有外借和内阅之分。实现借阅参一条龙的图书馆，一种书不管有多少复本只存在一处，而不是将一种书的不同复本分散在不同书库、阅览室。借阅参一条龙的优势主要是为了读者方便，利于读者找书、借书，其次是简化了图书馆典藏、藏书等管理工作。开放式的图书馆没有了传统上的电子阅览室，而是将电脑分置于各个阅览区，表面上看起来似乎是一种混合图书馆，是将传统图书馆与数字图书馆融为一体，文献借阅区都配置电脑、打印机，方便读者使用。

开放式图书馆将图书馆购置的各种电子图书、电子期刊、电子数据库向所有读者开放，读者无论是在学校还是在家中都可以通过互联网查阅图书馆的各种电子文献。利用网络数据库使用范围不受空间限制的优势，扩大图书馆的服务空间。

2.3 以图书馆服务模式的变革为发展契机

现代图书馆在“交流学”说的理论指导下，图书馆的交流平台得到了充分体现，交流平台价值具体体现在五个方面：扩大伙伴关系、汇聚社会资源、激发社会需求、拓展服务对象、拓宽服务领域，现代图书馆服务进入了一个全新的境界。

现代图书馆在文献服务的基础上，提供展览、讲座、沙龙和真人书等多类型多层面的服务、展示与交流空间。可以采取分层分面的形式开展服务，分层是指在服务层面上划分出大众服务、分众服务和交流服务，大众层面按开放、平等、公益及便利的思路强化服务，界定出大众所需资源；分众层面按对象化与主题化进一步细分，界定出最重要的服务群体，划分出潜在服务对象，把握最受欢迎的专题领域。分面是指在设置的多个主题馆，比如，多元文化馆、休闲生活馆、人文馆和创意设计馆、多媒体鉴赏区等，主要是服务公众的专题文献信息需求以及与社会组织、机构交流的需要，以主题馆、对象馆为载体进行分面服务建构。

多元文化馆里可以开展多元文化推广项目，在搭建多元文化交流平台的同时还增加了一批合作伙伴，活动的成功效应又激发了合作伙伴进一步的交流需求。人文馆可以设立名人专藏，举办名人交流活动，吸引藏主新的资源投入，同时也吸引其他专藏的引入。专藏的设立能够服务本土文化建设，同时可使图书馆服务深入本土文化生活。这些活动的开展充分体现出了图书馆对外交流活动的价值；开发了借助图书馆与公众交流的途径；展示了图书馆在学术传播与普及中的作用；公众通过参与“真人书”活动萌发了与他人交流的新需求。

交流平台的建设与实践，推动着图书馆服务进入到一个全新的层面。从传统图书馆基于文献资源的常规型公众服务，提升为汇聚社会资源，构建交流平台展开的广泛社会服务；从传统的单一读者服务，拓展为向特定人群、组织、机构等多形态公众服务；图书馆建立的交流平台，在城市文化生活中逐步成为一种独特的公共空间。在这一过程中，图书馆服务领域得到了有效拓展，社会服务能力也得到了锻炼与提升。

我馆通过对开放图书馆的多方调研，学习它馆的先进经验，今年已将全馆所有图书全部开放借阅，读者可以带书包进入图书馆各个区域，随时取书随处阅览，馆内馆外设有多台还书机方便读者自行还书；利用图书馆的空间资源提供各种大小不同、环境优雅的个性化活动区域，园林学院学生制作设计图也有了专门的大阅览桌区域；图书馆大厅设有电子阅览器，读者扫二维码就可以下载图书到手机。我馆实行大开放的几个月来读者较以前有了明显的增多，借阅量也成倍的增长，不论是查阅文献还是利用图书馆，走进图书馆的读者越来越多，图书馆的工作也从以前对文献的单纯管理慢慢地转型到个性化需求服务，目前我馆在稳定原有纸质文献不变，补充订购电子资源的基础上，结合各学院学生读者各种活动需求广泛开展图书馆的工作。

3 开放式服务的目的

开放式服务是图书馆事业的原动力。图书馆事业的发展从封闭走向开放是历史的必然，整个图书馆发展的历史就是不断开放的历史。从藏书楼到图书馆的转变，其本质就是开放服务。图书馆服务形式的逐步转换过程是图书馆发展的一种标志。作为向社会提供知识、信息的图书馆来说，服务工作的最高形式应该是开放型、全方位、多层次、多元化的服务。也正是社会环境变化，必然引起社会和读者需求、阅读趋向转向的结果，是服务主体的转变，其服务形式、手段、重心也应作相应转变的结果。[1]

图书馆开放式服务的目标就是充分服务。充分服务就是全面开发利用图书馆资源，最大限度地满足读者的文献需求，具体落实"图书是为了使用的"这一原则的重要途径之一，图书馆是文献群与读者群的中介，它的最终目的就是将文献最大限度地提供给读者，这种提供不是盲目的，必须接近读者的需求。另一方面尽量为使用图书馆的读者创造方便条件，并努力创造宽松和谐的学术性氛围，从而使图书资料以及图书馆的空间得到最大限度的开发和利用。

图书馆经营理念的开放是图书馆开放式服务的核心和关键，以文化为灵魂，人气为中心，坚持教育职能、信息职能和文化休闲职能三者并举。摆正管理与服务的关系，图书馆管理的根本目的是为了服务，离开服务就无所谓管理。一直以来，许多图书馆的管理都是针对读者，是限制读者的管理。图书馆发展的历史就是在不断放松管理，强化服务的过程，强化服务就必须实现图书馆全面开放服务。

参考文献

[1] 颜务林，李业芬. 城市图书馆开放式服务的践与思考—以宁波大学园区图书馆为例[J]. 图书馆论坛，2007(1) 110-112

[2] 方家忠. 广州图书馆新馆开放服务后的若干启示[J]. 图书馆杂志，2014(2)：4-9

[3] 刘嘉等译. 国外图书馆学重要著作选译[M]. 北京：华艺出版社. 2002(40-50)

[4] 彭玲玲. 全开放式图书馆的建设——谈华中科技大学图书馆"允许读者带包入馆"新举措[J]. 科技情报开发与经济，2009(18)：27-28

对完善军队院校图书馆品牌化服务的几点思考

杨琛琛

(国防大学图书馆,北京市海淀区红山口甲3号 100091)

摘 要: 现代社会的市场竞争是品牌形象的竞争,图书馆服务也不例外。品牌化服务突出的是服务的特性与特色,强调的是一种服务的形象与口碑。本文论述了什么是图书馆的品牌化服务,以及图书馆要生存和发展,就必须转变服务理念,如何做好服务,树立品牌,形成独具特色的形象与规模。

关键词: 军队院校 图书馆 品牌化服务

美国图书馆学大师谢拉曾说过:"服务是图书馆的基本宗旨"。服务是贯穿图书馆发展的主线,是图书馆的核心价值观。图书馆现代化发展的最终目的是提供更好的服务并实现教育作用。程亚男最先提出关于图书馆品牌的定义:"如果图书馆能够通过自己的某种独特性:或一定规模和馆藏或某一信息产品或某一特色服务,在同一行业中形成差别优势,那么,这种优势就是品牌"后面的研究者大多引用这一定义或者在此基础上进行了补充。笔者认为,品牌化的根本是创造差别使自己与众不同,而图书馆品牌化服务就是:被某一图书馆所拥有的、并且为某群受众(主要是读者)所认可并接受的信息服务或者信息产品,以及这种信息服务或产品区别于其他服务的特定形象(包括名称,logo 等等)的统称。

随着社会的发展进步,品牌化服务已深入人心。从耐克公司为普通消费者提供个性化运动鞋定制服务,再到汽车 4S 店为了提高销售业绩推出的免息贷款购车,赠送车辆保养等人性化服务。无不展露出品牌化服务在行业中的重要性。更加完善的品牌化服务是社会这所大学对图书馆发展的要求,也是图书馆走出现阶段发展瓶颈的途径之一。在众多军队院校图书馆的规模、馆藏和信息产品种类日趋接近的情况下,品牌化服务的战略地位就尤为凸显,如何创出品牌以及如何完善品牌化服务将成为重中之重,它也是今后一个时期值得研究的课题。

1 创新方式,优化品牌服务

品牌化服务是具有"生机的"服务模式。只有不断注入创新的内容,才能使其充满活力。图书馆在信息化社会的浪潮中,面对人们接受信息渠道的多样化和当下普遍的"阅读缺失"的现状,必须改革服务方式,才能在竞争中保持优势地位。军队院校图书馆同样如此。在军队院校改革的背景下，图书馆服务方式的创新无疑是推动图书馆适应改革发展的不竭动力，它可以引导和促进图书馆服务向更深层次发展，不断提高服务品质，转变服务模式，创建服务型图书馆。

1.1 独立型服务转向复合型服务

过去图书馆受空间和距离的限制，读者基本集中在本校师生，因此服务模式比较固定，服务内容比较单一化，读者获取的信息量和渠道都比较单一。当前，随着地方与军队之间学术交流的不断密切和频繁，图书馆也面临着来自各种机构单位的读者群，因此，军队院校图书馆要突破过去的服务理念，跟上时代的脚步，配合读者提供最有效的复合型服务。例如我们平时开展的读者座谈，读书征文活动，虽然这些活动都取得了良好的效果，收到了大家的一致好评。但因为这些活动始终是由图书馆一家单位来承办，独立向用户提供服务，结果活动所受关注度较为一般，往往没有连续性，只能在短暂的时间内使一部分用户受益。这就促使我们要由独立型服务向复合型服务转变。复合型服务，也可以简单地理解为团队合作式服务。团队合作理念早在多年前便在国内外的大型公司企业流行，笔者认为同样可以应用在军队院校图书馆的服务理念中去，简单地说就是充分利用机关和教研部门现有的资源，结合图书馆自身优势，将举办的活动形式多样化，例如与研究生院共同举办选修课的论文征文活动，既让学员得到了学分，也使得征文的质量上升了一个层次。将举办活动的影响扩大化，例如与防务学院合作，邀请外训学员就国内外热点问题进行论坛式自由发言等。

1.2 从制度化服务转向常态化服务

传统图书馆的“国营型”服务模式主观能动作用较差，坐等读者上门，主要业务模式就是借阅和还书服务模式，图书馆工作人员普遍存在消极怠工、缺乏主动为读者服务的态度，也不能发挥图书馆的最大效益。当前，我们要转变工作作风，丰富服务内容，强化服务特色，树立主动出击的服务意识，做到人无我有，人有我精，提高服务质量和水平。以读者为中心，主动与读者联系，了解多样的信息需求，充分利用现代化技术手段，通过各种平台，做好信息推送服务，目前的信息推送服务就是定期按需求将图书馆相关的信息（新书目录及介绍、相关活动信息、技术咨询等）推送到网络上的客户端。虽然有效地利用了网络化的便捷，节省了纸质资源、加快了推送速度，但因为军网的局限性和更新的时效性，限制了用户的多元化，很难满足更多用户的需求。这就要求我们要由制度化服务向常态化服务转变。在移动通讯技术飞速发展的当下，手机已经成为人们随身必备电子设备。利用手机扫描图书馆推送服务二维码，便可随时随地定制各种信息推送服务，这不但扩展了用户群，方便了更多层次的使用者，更将信息服务推向常态化。

1.3 从无差别服务转向个性化服务

随着军队信息化建设的不断完善和军校任务的不断调整，军校图书馆不再仅仅是用户查找、检索和阅读文献的平台，而更应该是信息资源的集成、挖掘和推送平台，还可以作为文化娱乐和陶冶情操的场所。在信息获取手段越来越多的情况下，图书馆只有提供多元化的信息服务，才能从向普通读者开展图书借阅等“无差别服务”，转变到满足不同用户需求的“个性化服务”。将无序的交叉的信息资源进行重组，形成针对读者特殊需要和特殊应用需求的虚拟信息资源库，从而达到服务的个性化。但因为是被动地提供服务，由于人员、时间和资源有限，往往需要较长一段时间准备，很难高效及时，往往错过了最佳结点。这就迫使我们要由被动式服务向主动式服务转变。不能坐等用户上门提需求，而是要在把握好当前军队中的热点难点问题的同时，主动联系相关教研部门以及机关单位，了解研究动向和教学计划，利用自身信息渠道多，来源广，整合能力强的特点，开展本单位的课题科研攻关，做好资源库的信息储备，这样才能在以后个性化服务中更好地做到有的放矢。

2　面面俱到，打造公益品牌

品牌化服务应当是与时俱进的，无论何时品牌化服务都应适应大环境和改革的要求，不断调整服务内容、服务方式、服务手段甚至是服务理念。在全社会都将更加关注公益事件的同时，我们更应该打造图书馆的公益品牌。

2.1　将公共卫生安全纳入到品牌化服务

军队院校图书馆是学校的知识基地和文献信息中心，是学校信息化和社会信息化的重要基地，为教学和科研提供重要保障。近年来，图书馆在院校教学过程中发挥着越来越重要的作用，特别随着教学模式转变，图书馆承担了更重要的辅助教学的职责，由于图书馆面临着对图书、计算机等公共资源长期存放的特殊性，其建筑构成又是大面积封闭式，一些老馆建筑通风性差，读者在这里长时间停留，更容易使病菌通过空气传播进而造成交叉感染。一旦传染病暴发流行，就会严重影响广大学员正常的学习工作，影响校园的稳定和谐。因此，图书馆公共卫生安全隐患不可忽视，第一应当做好图书的消毒工作，定期对书库内流动性少的图书做除尘处理；对图书、期刊等借阅量大的纸质文献资料在回架之前进行统一的臭氧消毒；购入图书清洁设备安置于借阅台，读者在借阅之前就可以进行有针对性的清洁步骤，避免交叉感染；第二应当做好设备的消毒工作，目前图书馆内计算机等设备使用频繁，工作人员需每日对鼠标、键盘、查询机的屏幕等触摸率高的地方进行酒精消毒；第三，当前环境污染严重，空气质量差，图书馆的借阅区在人流量大又不方便进行开窗通风的情况下应安置空气净化器，保证到馆学员和教员的健康。避免馆员和读者均是口罩遮面，不仅影响服务形象也影响了服务质量和图书馆的整体形象。

2.2　将无偿公益服务纳入到品牌化服务

图书馆不只承担着保存文化遗产的藏书任务，更肩负了辅助教学科研，进行学术研究和开展文化教育等多样化职能。举办公益性文化讲座是图书馆向读者提供知识服务，开展社会教育的具体途径和方式，也是读者乐于参加、易于接受的学习方式之一，从而成为打造图书馆公益性服务品牌的重要举措。公益性讲座是一种以读者为中心的直接而主动地知识传递服务。特别是在军队院校教学模式转变的新形势下，利用开办读书讲座，创建思想交流平台，读者将积累的纷繁复杂的疑问释放出来，通过直观的双向交流，达到信息传播，提升学习效果的目的，真正实现“以人为本”的知识服务理念，也塑造了图书馆的公益形象。

2.3　将勤俭节约纳入到品牌化服务

在能源危机、环境危机和资源危机日益紧迫的形势下，要以习近平总书记提出的勤俭节约，反对浪费的重要批示精神开展工作，创建节约型图书馆势在必行。众所周知，图书馆由于馆员专业性不够强常常会购入一些与本校教学重点不匹配的图书以及为了解决学员争借排行榜首位的图书而购入大量的副本，浪潮一过，多余的副本又在书库积压造成不必要的浪费。首先，可以实行读者决策参考，将书单以电子邮件的形式发送到院系教员的手上，由专家来辅助挑选适合本校教学研究的书籍从而避免资金的浪费；其次，可将热门书籍制作成带阅读权限的电子图书，并设置成二维码标识，未借阅到纸质文献的读者也可以用时下热门的手机阅读先睹为快，同时也避免了纸张和出版物的消耗，对保护环境也起到了重要意义。

3 拓展空间，升级品牌渗透力

21 世纪是多元化的时代，个性的张扬和特色的发挥被空前释放出来。图书馆要敢于追求人性化发展，积极拓展服务空间，在服务中思维更开阔一些，理念更创新一些，步伐更大一些，充分利用现有的馆藏资源，面向领导机关，基层部队和社会公众开展多元化服务。这样才更具有长久竞争力。

3.1 以服务教学为平台，向服务机关拓展

现在在机关首长眼中的图书馆仍然是定时开放的多种类阅览室，是纸质资料和电子信息储存的仓库，还是信息整合编制的工厂。这一切都是围绕教学为中心，真正为机关单位、为机关领导提供的服务却很少。怎样才能拓展服务空间，将图书馆的服务能力提高到一个新的层次，笔者认为觉得应由常规服务扩展到决策参考咨询服务为切入点。利用不断更新的核心期刊，时效性较强的互联网资讯，国外权威机构发布的科研报告和专著。配上图书馆馆员的整合能力，将成为图书馆提供决策参考咨询服务的有力基石。站在这块基石上，通过前瞻性、全程性、动态性的情报调研活动，开展深层次信息评估服务，以学校热点和重大问题为中心，撰写科技报告，就可以为学校制定科技政策、学科建设方案、人才选拔机制等提供决策咨询服务。

3.2 以服务学院为平台，向服务部队拓展

军队院校图书馆不能仅仅满足于服务校内的读者用户，为了部队的建设发展需求，更应该逐步向服务部队拓展。逐步建立学科馆员制度。学科馆员主动深入对口院系甚至一线作战部队进行调研，及时掌握信息需求动态，开展培训和定题服务。学科化服务由虚向实转变，切实发挥学科馆员制度作用，重点项目服务由点向线拓展，根据馆员的特长进行统筹规划围绕学校国家级和省级重点专业，包括重点项目、重点学科、学科带头人、重点实验室，开展个性化信息服务。

3.3 以服务军队为平台，向服务地方拓展

深化信息服务。开设多种咨询途径，通过在线咨询、口头咨询、电话咨询、总咨询台等各种方式，提供各种咨询服务。从开设电话咨询到 Email 表单咨询；BBS 论坛咨询到引进实时参考系统。在新的业务工作、新的服务项目不断地出现和发展情况下，搭建基于数字化、网络化的信息服务平台，为读者提供问询便利，提高现代咨询服务效率。

4 结束语

图书馆服务品牌的塑造是漫长的，是图书馆自身不断努力和完美的过程，积极打造图书馆的服务品牌，更快，更好，更方便地为读者服务，是图书馆快速发展的根本保证，要使服务品牌顺利实施，必须深化服务理念。创新是图书馆服务品牌发展的必要条件，图书馆只有适应时代的要求，树立起图书馆的服务品牌，展示图书馆特有的魅力，不断充实信息资源体系的内容，不断改进服务工作质量，不断满足读者对图书馆的要求。只有这样，图书馆才能适应不断发展变化的信息环境，才能在激烈的市场竞争中立于不败之地。

参考文献

[1] 葛敏.军队院校图书馆服务创新散论.信息管理，2011，(4)：1-5.
[2] 章春野.任职教育中军队院校图书馆服务模式的转型[J].军队政工理论研究，2011，(4)：107-109.
[3] 胡昌风.可持续发展与图书馆创新问题浅谈[J].后勤学院学报，2012，(1)：98-100.
[4] 李菊人.以优质的信息服务打造武警高校名牌图书馆[J].武警工程学院学报，2011，(3)：81-83.
[5] 万歆睿.庞红.推进军校图书馆的服务转型建设[J].空军指挥学院学报，2012，(2)：48-50.

图书馆实行“开放”服务模式的实践思考

肖　莉

（国防大学图书馆）

摘　要：网络技术的发展，使各种图书信息资源触手可及，越来越多的读者通过移动终端和互联网获取图书信息，传统的图书馆服务模式受到巨大挑战。面对挑战，图书馆只有更新服务观念，创新服务工作，以更便捷和人性化的服务来吸引读者，为读者提供的适应网络时代的需求。本文阐述了图书馆实行“开放”服务的创新服务模式的必要性，从空间、时间、网络、内容几方面入手，简要分析现阶段可试行的“开放”服务的新方式、在新方式的实践过程中，所面对的问题及解决的办法。

关键词：图书馆　开放服务　创新服务

随着网络技术的发展，传统的图书馆服务模式受到巨大挑战。越来越多的读者通过移动终端和互联网获取图书期刊、书目信息等，更多的电子书和数据库平台，让读者获取所需信息资源非常便利，在线学习环境也日趋成熟，各类名校的课程资源在网络时代都已触手可及，图书馆所提供的传统借书服务模式正逐渐失去竞争力。面对严峻的形势，图书馆只有结合未来的发展趋势，不断进行服务创新，实行全面“开放”的服务模式，以更便捷和人性化的服务来吸引读者，才能缓解网络技术发展带来的生存压力。

1　“开放”服务模式

上世纪末以来的十多年，新建图书馆普遍实行“开放”的管理服务模式，即图书馆的馆藏文献全部开架阅览，读者进入书库自行选择想要的图书，这是一种以人为本的服务模式，读者可以在图书馆内享受最大的自由度。但随着网络技术的更新，对图书馆的“开放”服务也提出了新的要求，读者不仅仅满足于在图书馆内享受全开放服务，还要求取消时间与空间的限制，随时随地充分享受图书馆的各项信息资源。

1.1　空间上的“开放”

空间上的“开放”，指的是图书馆大流通服务的开放，馆藏文献全部开架阅览，读者进入图书馆之后，不用刷卡，不用存包，自由出入各阅览室及书库，读者阅览之后不必上架，馆内各种标识醒目清晰，各类宣传馆藏位置、指导阅读的宣传资料随意取用。空间上的“开放”服务，读者可以充分了解各种图书杂志，自由选择各种文献资料，极大地提高了馆藏文献的利用率。

由于各馆的建造年代不一，建筑结构不一，有的馆因为出入口较多，缺乏宽敞的大厅集中办理借阅手续，不具备开放的条件，在管理上很难真正意义实现空间上的“开放”服务。为解决这项难题，我馆尝试在各出入口设置了新的门禁系统，新引进了 RFID 自助借还书系统，即 RFID 无线射频识别技术。当读者借阅图书时，仅需要将所借阅图书放在自助借还机的感应区，则系统自动识别所借图书的馆藏书目信息，并在操作结束后自动生成小票提示读者还书日期。我馆在大厅、阅览室、各层书库都设置了自助借还书机，该机占地空间小，不需要宽敞的大厅集中办理借还书业务。读者可以选择在任何一台机器上进行自助借阅与归还。全开放的服务，不仅消除了读者与馆员交流沟通过程中的各种误会，也让读者感觉轻松自如，觉得图书馆是一处跟家里一样舒适、放松的学习场所。

1.2　时间上的“开放”

传统图书馆由于工作人员上班时间的限制，开放时间不能做到全天开放。时间上的“开放”服务，指的是相对于人工服务，自助借还书机和网络上的图书馆服务都能够一周七天，全天 24 小时开放。例如，我馆新引进的 24 小时自助图书馆，分布院内办公楼及学员宿舍楼，将读者自助借还书、自助办证、自助查询、图书续借、预约借书等多种功能集于一身，实现全天候无人值守。读者可以在任意时间选择借阅自己喜欢的书籍，也不必忧虑即将超期图书无法按时归还。网上图书馆的丰富资源，也能够让读者在远离图书馆的家中或者办公室等场所 24 小时随意使用图书馆的各类信息资源。

1.3　网络上的“开放”

网络图书馆指的是数字图书馆，它不是图书馆实体，是一种拥有多种媒体内容的数字化信息资源，将纸质图书转化成电子版的数字图书，能够为用户提供方便、快捷、高水平的服务。读者只要通过联网，就能在任何时间、任何地点方便快捷地享用图书馆的数字化信息资源。数字图书馆的运用，进一步开放了图书馆服务功能。图书馆可为读者提供个性化服务，如建立专题资源导航库，为相关专业学科提供导航，帮助课题组或个人建立专门的系统界面，提供动态的新书通报、定题服务、信息追踪，甚至参与用户的课题研究等。我馆不仅引进新华社专供信息、国务院发展研究中心数据库、中国宏观经济数据库、同方期刊、维普期刊，在线读报、人大报刊资料等等，还根据各时期的热点问题，组织人员，精挑细选精品文章，陆续推出十八大专题数据库、陆、海、空、天及各重大方向研究数据库。在帮助课题组及个人查找资料方面，我馆也是利用各类资源优势，全面系统地为用户搜集课题资料，参与用户的课题研究。

1.4　内容上的“开放”

内容上的“开放”服务，指的是图书馆不再局限于传统的图书借阅服务，而在服务内容上延伸出多项特色服务。图书馆引用新技术，借还图书，节约了人力资源，使工作人员从繁重的查找书籍、借还服务中解脱出来。读者自助服务，相对减少了馆员的工作量，节约了人力劳动成本。从大量简单、重复的工作中解脱出来的馆员，可以专心于书库管理、咨询服务、各种特色数据库的维护和深层次的各种信息服务。图书馆可以充分利用人力资源,学习国外图书馆的先进经验,在图书馆原有的图书借还服务的基础上,导入博物馆、音乐厅、美术馆、科技馆、档案馆、文化馆等特色服务,融合这些馆的服务功能,使图书馆成为一个巨大的开放型教室。举办各类知识讲座、主题论坛、读书会、专题展览、精品图书推荐会、科普教育、专题影视观摩、学术研讨、专业技能培训教育等等文化活动,充分开发出图书馆的新的服务功能。我馆尝试举办了“周六讲坛”,利用周六,邀请各大名师,推出一系列热点问题的讲座,场场爆满,深受学员、教员的好评。“周六讲坛”活动也越来越深入人心,“周六讲坛”已经成为图书馆服务的一个新“品牌”。

2 “开放”服务存在的问题

图书馆的“开放”服务,利用先进技术,学习国外的先进经验,实行大流通、大阅览的形式,无论哪种形式的开放,都方便了读者对图书馆的使用,但是在实践过程中,由于现实的种种原因,还存在着种种矛盾与需要解决的问题。

2.1 采编人员任务加重,图书成本增加

“开放”服务需要在图书馆门口设置新的门禁系统,该系统引用的是目前全国领先的一项全新技术,通过磁条识别模式来自动识别图书,需要在每一本书上加贴磁条,这套系统的运行,加大了处理图书的采编人员的工作量。磁条的使用也增加了书籍的成本。

2.2 图书错架乱架,书库管理任务加重

在“开放”服务下,读者可以随意将选好的图书带到其他库室阅览,阅后又不熟悉架位归还,就随手置于任意书架上,不按规定归还原处,乱拿乱放的现象造成了书库里错架、乱架很严重,加大了书库的管理难度,增加了书库人员的工作量,也妨碍了其他读者的再次借阅。

2.3 图书安全问题得不到保证

在“开放”服务下,读者自助借还图书,由于机器的局限性,有些读者也不太熟悉借书流程,容易发生错借、漏借等各种情况。工作人员也无法守住各台机器,一一翻看读者归还的图书,导致有破损的归还图书得不到及时处理。有些图书,磁条坏了,或者漏贴,更有少数素质低的读者,把磁条撕掉,这些图书,读者可以轻易地带出图书馆,门禁系统检查不到,工作人员无法发现,造成了一定的损失。

2.4 阅览环境和秩序较难维护

各类知识讲座、主题论坛、读书会、专题展览、精品图书推荐会、科普教育、专题影视观摩、学术研讨、专业技能培训教育等等文化活动的举行,到馆人员也相对复杂。图书馆虽然努力为读者营造舒适的阅览环境,但是因为到馆人员日趋复杂,不文明的现象时有发生,譬如随意接听电话、大声讲话,争抢座位,垃圾随意乱丢等等现象屡有发生。整理清洁的工作量加大,秩序较难维护。

2.5　馆员综合素质需要提高

"开放"服务加大了馆员对图书管理的难度和工作量，对馆员在工作方式上提出了新的要求，不仅要熟悉各台新增机器如何使用，为保证各台机器的正常运行，还增大了馆员更多的工作量，譬如我馆配置的24小时自助图书馆，读者都觉得使用很方便，不用到图书馆，在自己办公休息的场所就能借阅到纸质图书，但这种便利的背后，是我馆工作人员每周为该机器定期调换新书的辛苦。馆员不仅是图书管理方面工作量的增加，还需要较大的耐心，面对一个个不熟悉自助设备的读者讲解如何使用自助借还设备。新增的各项文化活动的开展，也对馆员的素质提出了更高要求，不仅要熟悉各活动的流程，还要努力办好，办出精品。

3　搞好"开放"服务的应对措施

3.1　主题分区明确

充分利用各馆的建筑结构，结合自身特点，划分各功能区，既方便读者又有利于开放服务。大厅设置服务咨询台、期刊阅览室、读者休闲区、读者服务区、各类文化活动区、展览厅都一一细分。同一学科的图书集中摆放同一区域，读者可以在一个地点就查阅所需的图书资料，既节省了时间，也提高了相同文献的利用率。图书馆内的各功能区标识清晰明确，一目了然，方便读者查找各功能区，进行各项活动，实现真正意义上的"开放"。

3.2　加大设备投入

读者随时随地借阅图书，在图书馆很自主地进行各项活动，不需要存包，在馆内拿着书自由走动，人性化的"开放"服务是建立在图书馆安全系统和读者自助系统下的，需要一定的技术和设备投入，不仅要加强现有设备的维护工作，还要配备先进的监控设备。技术越先进，投入越大，服务就更人性化，对馆内的文献资源的安全提供的保障就越高。

3.3　举办专题讲座

举办各种专题讲座、各类文化活动与读者进行互动和交流，印发馆藏图书的宣传资料，引导读者正确利用自助借还系统，方便快捷地查找所需图书，减少读者入馆后的随意盲目，一进图书馆就能准确无误地查找所需图书。

3.4　加强馆员培训

"开放"的服务对馆员的素质提出了更高的要示，不仅要具备良好的职业道德和服务水平，还要有足够的耐心面对散乱的书架，熟练使用各种自助借还设备，并耐心为读者答疑解惑。馆里要创造各种条件，让馆员加强相关专业知识的技能学习，对馆员的知识、技能进行补充、更新、拓展和提升，鼓励馆员进行深层次的学习，提高馆员的业务能力和水平。

参考文献

[1] 王世伟. 国际大都市图书馆服务空间发展的功能融合趋势论略[J]. 国家图书馆学刊,2013(06),3-9.

[2] 杨冬梅. 高校图书馆开放服务的管理[J]. 图书馆学刊,2013(04),90-92.

[3] 李一平，徐迎,邓玉,刘细文. 图书馆作为开放智慧服务中心的模式研究[J],图书馆情报工作,2013(15),5-11.

以专业化信息服务增强高校图书馆用户信任

刘琰明

（国防大学图书馆，北京市海淀区红山口甲3号，100091）

摘　要：用户信任是高校图书馆信息服务工作得到认可的重要衡量标准。在信息机构竞争激烈的今天，高校图书馆打造全方位的专业化信息服务可以提升用户信任，专业化定位可为用户带来值得信赖的第一印象，开展专业化信息服务可让用户通过理性分析判断对图书馆产生信任感，优秀的信息服务团队能够巩固用户信任度。具体来讲，可从服务环境、服务团队、信息资源体系、服务内容、配套机制等五方面做出努力，以高校图书馆实际出发，打造全方位专业化信息服务，提升用户信任。

关键词：高校图书馆　专业化　信息服务　用户信任

“读者第一，用户至上”是高校图书馆永恒的服务信条。用户信任是图书馆与用户在服务与被服务的过程中用户对图书馆服务在理性分析基础上所建立起来的肯定、认同和依赖，使图书馆各项活动的开展更容易得到用户的积极响应。能否从用户角度出发改进信息服务工作，达成用户满意并进一步获取用户信任，可以说是衡量高校图书馆信息服务是否成功的重要标准。随着网络的发展，用户可以从多种途径获取到专业信息知识，图书馆作为信息资源中心的地位受到了动摇，并且许多信息机构在提供专业知识的同时会为用户提供更为良好的使用体验。用户面临诸多选择，自然会通过对比进行理性分析而决定对其信任程度。信任源于专业，院校图书馆面对的主要用户群是拥有较高专业知识需求的教学科研群体，为其全方位打造专业化信息服务可以说是维护高校图书馆用户信任的一种有力举措。

1　高校图书馆的专业化信息服务简述

专业化服务是由组织或个人应用某些专业知识或大量实践经验，按照客户的需求，为其提供某一领域的特殊服务。早在20世纪80年代，国外图书馆界就明确提出要发展专业化服务，认为其可以推动图书馆持续发展。对于高校图书馆为用户所提供的信息服务而言，其专业化包含以下三方面内容：一是服务主体的专业化。服务主体主要是指图书馆及图书馆员，其专业化首先应基于图书情报专业，培养具有学科专业知识的学科馆员队伍，设置专业化馆藏。二是服务客体的专业化。服务客体是指高校图书馆提供信息服务的对象，其专业化是指拥有学科专业信息需求的广大教学科研人员，而非针对非专业的低层次信息需求。三是服务主客体互动过程中的专业化。这是指高校图书馆针对教研人员研究专业、课题、项目过程中的信息需求，融入到其教学科研活动中，通过专业化的服务手段，遵循专业化的制度规范，营造专业化的环境氛围，为其提供专业化信息服务的过程。

综上，高校图书馆的专业化信息服务可以被定义为，学科馆员根据用户的学科专业信息需求，建设和利用专业化的馆藏，依据既定的规范准则，参与到用户的教学科研过程中，为其提供有针对性的深层次学科知识服务。它从教学科研需求出发，能够适应高校培养高层次知识人才的需要。目前，国内有大量相关研究文献，但往往忽略了一个问题，即，所谓专业化并不仅仅要在服务内容和资源建设方面专业化，同时应竭力营造一种全方位专业化的氛围，让用户无论是从感性认识还是从理性分析角度，都能产生值得信赖的专业印象。

2 高校图书馆专业化信息服务对提升用户信任度的作用机理

因为专业，所以信任。提高用户信任度追求的是图书馆与用户之间一种长期、可持续的用户主动保持的满意关系。全方位开展专业化信息服务的目的在于保证高校图书馆的持续发展，满足用户的高层次信息需求，其对于留住用户、获取用户信任有非常积极的意义。同时，用户信任也有利于图书馆开展专业化信息服务，两者之间具有相互促进的关系。

2.1 以专业化定位带给用户值得信赖的第一印象

高校图书馆打造专业化信息服务，首先会从理念上跟进，为所提供的信息服务进行专业化定位。具体来说，一是通过宣传服务团队和信息服务产品，以学科信息需求为中心，让用户对所开展的服务有所了解。二是通过信息服务环境的改造，包括学科导向的实体和虚拟资源陈列专业化，服务内容的针对性和前沿性，让用户感受到专业化氛围。三是信息服务人员行为规范、服饰统一，以良好的专业精神和规范化管理，为用户带来专业化的感官印象。用户对图书馆的信任也受其感性认知影响。在专业化信息服务过程中，为用户留下专业化的印象，让其产生值得信赖的好感，是用户信任构建的良好开端。

2.2 以专业化服务赢得用户理性认同

专业化信息服务以专业化服务手段开展高层次、高质量的信息服务。首先，此类服务建立在图书情报知识的基础上，图书馆是专业的资源导航者，能够利用其信息优势对用户使用信息资源进行恰当的引导。再者，专业化信息服务通过定题跟踪、课题查新、专题信息查询等为用户提供相关学科信息，对用户所给出的专题信息要求给出恰当的参考。高校图书馆的用户大多是到馆寻求学科专业方面的较高层次的信息需求，信息需求呈现出要求时效性、新颖性、价值性、针对性的特点。发展高层次、高质量的专业化信息服务可以满足高校用户这种信息需求，为其带来良好的使用体验，提升用户满意度，这种满意度的多次重复就会形成用户信任。在这一具有良好体验的服务过程中，用户会对图书馆产生依赖性，通过图书馆信息服务的能力、可靠性以及其他用户的口碑产生信任倾向，通过理性认知产生认同感，逐渐增强用户信任。

2.3　以专业化团队巩固用户信任

专业化信息服务依托高素质学科馆员团队实现。这一团队拥有良好的业务素质，能够利用对资源分布的熟练掌握为高校用户提供精准有效的学科信息服务。信息服务人员作为与用户进行直接沟通的图书馆的代言人，其专业化也包含拥有良好的沟通协调能力，在处理信息需求和不良反馈时能够做到遵循行为规范并从用户角度出发灵活掌握，让用户感受到善意、公平、效率，提出令用户满意的处理方案。这样，用户在使用图书馆专业化信息资源的同时，通过同专业化信息服务团队的直接接触，也会获得满意的使用体验，因此可以巩固图书馆信息服务值得信赖的印象。可以说，拥有专业化团队能够强化用户对图书馆的信任关系，有利于维护用户信任。

3　打造全方位专业化信息服务提升用户信任的具体举措

目前，国内一些高校图书馆都开展了专业化信息服务，主要是从学科馆员队伍建设和专业化信息资源配置入手。而打造全方位专业化信息服务，应从专业化环境、专业化馆藏、专业化团队、专业化服务和配套制度等多方面作出努力，营造专业化氛围，体现服务品质和效率，最终获得用户信任。

3.1　营造专业化服务环境

用户对图书馆的第一印象来自于整体环境，因此，在专业化打造上应先从改善服务环境入手。第一，高校图书馆应树立专业化服务的理念，使得图书馆工作围绕这一理念进行，引导图书馆工作逐步向专业化发展。同时，要通过宣传工作使用户了解并吸引其参与其中。需要指出的是，在宣传定位上应实事求是，根据自身情况逐步推广，因为信任意味着用户能够承担图书馆为他们带来的预期风险，一旦用户在使用时发现与宣传效果相差过大，将会造成负面影响，影响其信任度。第二，在借阅环境和网站设置上，应注重外观简洁大方、使用高效便捷，并通过学校重点学科权威专家或书籍的推荐宣传等营造浓郁的学术氛围。第三，通过统一职业化的工作服装、设置统一风格的公共设施，为用户带来正规化、专业化的感官印象。

3.2　培养专业化信息服务团队

图书馆信息服务依托信息服务团队实现，人的因素非常重要。打造专业化信息服务团队，一是要培养学科馆员队伍。学科馆员是具有学科知识背景，能够通过自身的图书情报学知识组织学科信息资源，为用户提供学科信息服务的图书馆馆员。他们是高校图书馆提供专业化信息服务的关键。应根据本馆人员情况统一规划，依据学校重点学科配置，有意识地培养相应的学科馆员，做到分工明确，并应根据自身条件尽量通过外包、简化日常工作流程等将他们从繁杂琐碎的重复性简单工作中解放出来，更好地利用其才识进行学科专业信息服务。二是要注重人员职业素质的培养。在强化信息服务人员业务能力的同时，也应注重其职业精神和素质要求，强化其敬业精神、沟通交流能力、危机处理能力，使得其各方面素质得到整体提高，奠定用户信任的基础，打造具有良好职业精神的专业化信息服务团队。

3.3 构建专业化信息资源体系

构建专业化信息资源体系是进行专业化信息服务的基础，是提高用户信任的举措之一。高校图书馆应结合自身优势，体现出学术性和研究性，针对院校学科设置，在原有馆藏的基础上，加强资源建设的针对性、时效性、连续性，严格信息资源标引的规范性，保证信息资源的价值，注意资源收藏的深度和广度，突出专业化、特色化，逐步依据学科设置整合信息资源。一是要与高校教研人员经常沟通，在资源建设上听取他们的意见建议，并可以邀请他们圈选一些学科必读经典书目，加强资源的权威性和价值性。二是可以结合学校原生资源建设工作，收纳教案、课题研究报告、会议论文、专著等本校人员学科专业研究成果。三是应注意实体馆藏的更新和剔旧，建设专业特色馆藏，以有限的经费争取最好的资源，并利用好三线典藏制，使用户利用馆藏时能第一时间找到更有价值的信息资源。四是在数字资源平台设置上应注重建立以学科分类为导向的资源体系。

3.4 提供专业化信息服务内容

服务内容是专业化信息服务的核心所在，是图书馆专业化的重点体现，是影响用户信任的直接因素。高校图书馆应在做好原有参考咨询服务的同时，开展针对本校学科设置的专题情报研究工作，突出本校专业特色，提供及时、高效、优质的专业化服务，注重服务内容的精、深、细化，满足高校图书馆用户的专业信息需求。一是设置专题阅览室。结合 IC 空间的构想，按照主要学科分类陈列相关期刊、经典书目和最新研究成果。二是开展融入式的决策参考服务。主动与教研人员取得联络，结合教学科研需求，有计划地开展专题检索、定题跟踪、科研查新等专题情报服务，为其教学、课题、项目等提供决策参考。配合教学科研人员科研情况和教学需求，定期为其提供最新资讯。应在开展此项服务的同时，注意针对每个学科建立相应服务档案，有利于形成完整的情报咨询体系。三是积极开发情报信息产品。充分利用馆员掌握的信息资源，对其进行深度加工，编写二次、三次文献，如学科信息资源简报、专题导航、学科书目索引、学科综述等。此外，还应围绕重点学科和科研课题等，开展国内核心期刊的信息资源加工和国外学术网站信息的摘译整理。四是利用好网络平台开展专题服务。应利用日益成熟的 web2.0 技术搭建学科专业知识互动平台，增强图书馆与用户的沟通，利用好用户的专业知识储备鼓励用户间互动交流。此外，可针对校内重点学科建立专题数据库，整合图书、期刊、学位论文等资源，注重搜集相关网络资讯、新闻报道，关注前沿信息，建立学科经典必读书目库等。

3.5 形成科学完整的配套机制

配套机制是全方位打造专业化信息服务的有力保障，也是稳固用户信任的有效举措。一是应制定完整科学的工作规章制度。对于图书馆自身而言应包括馆员行为规范、工作职责和标准、培训考评机制等，其中，应注意规定好服务标准和响应时限，根据情况拟定情报信息服务协议书，做到馆内分工明确、责任到人、奖罚分明；对于图书馆用户而言，应制定用户行为准则和奖惩制度等，使其了解服务流程，对图书馆开展的专业化信息服务合理预期，保证工作秩序。完整科学的规章制度能够让用户感觉到图书馆信息服务的各项工作有章可循、公平合理，使用户信任图书馆为其提供的信息服务。二是要畅通投诉建议渠道。通过规范化的流程，在进行专业化信息服务时进行阶段性成果的沟通，设置高效、简便、及时的危机处理方案对影响用户满意度的环节及时进行服务补救。三是制定资源评价和信息反馈制度。通过互动机制，开展用户问卷调查,制定信息资源及服务评分、意见反馈等机制,争取及时了解用户使用情况,提升其评价与口碑,扩大信任半径,使信任在用户群中延续。四是寻求联合共建机制。对于人力、经济成本有限的高校图书馆,可先根据本馆自身情况选定个别重点学科开展专业化信息服务,并通过地区、行业的协作关系争取其他信息机构的合作,利用其他科研院所或图书馆的专业化信息服务弥补自身不足,共享优势学科信息服务。这样也可以避免重复建设,取长补短,防止因贪大求全、急于求成或因能力有限而导致失去用户信任。

4 结语

专业化信息服务是目前高校图书馆的重点发展方向,是争取用户信任、提升高校图书馆地位的有效举措。这项建设涉及到图书馆工作的方方面面,需要依据各馆的实际情况制定适合本馆的具体方案,也许会经历一个长期摸索建设的过程。在建设过程中需反复同用户进行沟通,依据其需求共同完成,切忌揠苗助长,应以实事求是的态度稳健发展,让用户产生合理预期,为其带来可靠、高效、优质的服务,留住用户,提升用户满意度,谋求并巩固用户信任。

参考文献

[1] 吴秀环. 基于读者信任理论的图书馆服务探析. 黑龙江档案[J]. 2012(5),126.

[2] 李琪. 追求读者信任的图书馆工作. 科教文汇[J]. 2011(1)上旬,188-190.

[3] 周文根. 多学科视角下影响信任水平的因素分析.《商业时代》[J]. 2007(20),59-60.

[4] 刘路佳. 科研院所图书馆专业化知识服务的实践与认识. 科技情报开发与经济[J]. 2011(15),82-84.

[5] 蒋静波. 高校图书馆文献信息服务的专业化发展. 图书馆学与情报学集成创新与发展论文集[M]. 2007. 696-698.

[6] 余东风. 高校图书馆专业化服务与学科馆员. 图书馆论坛[J]. 2007(3),117-119.

[7] 麦淑萍、罗岚、曾少霞. 对高校图书馆专业化服务的思考. 中华医学图书情报杂志[J],2006(11),27-28.

[8] 李红. 论高校图书馆的专业化服务. 科技情报开发与经济[J],2005(15),36-38.

[9] 百度百科,专业化词条解释,http://baike.baidu.com/view/1321874.htm

图书馆员提升学科化服务能力的思考

陈　平

（国防大学图书馆，北京海淀区红山口甲3号，100091）

摘　要：本文首先论述了21世纪是知识创新的时代，随着科学研究的深入、信息技术的发展，图书馆学科化服务正扮演着越来越重要的角色，与传统服务形态相比更具针对性。因此，作为国防大学学科服务馆员的我们，在面对教学与科研的新需求时，应不断提升学科化服务的能力，将是我们今后必须面对的一个常新课题。其次，笔者针对图书馆学科化服务涵义与其价值取向进行分析叙述，提出确立新的价值取向。在此基础上，结合工作实际情况，就如何提升国防大学图书馆学科化建设进行阐述。最后，倡导“学习工作化，工作学习化”的理念，达到以学强本，以学促用的目标，着力打造优秀的学科化服务团队。

关键词：学科化服务的涵义　价值取向　加强学科馆员的综合素质

21世纪是知识创新的时代，随着科学研究的深入、信息技术的发展，图书馆学科化服务正扮演着越来越重要的角色，它既彰显了从传统的资源主导服务向以用户为中心的转变，又将图书馆的文献信息服务有机地融入教学与科研的第一线。学科化服务是图书馆以学科为对象而建立的一种对口服务模式。与传统服务形态相比更具针对性。因此，作为国防大学的学科服务馆员面对教学与科研的新需求，不断提升学科化服务的能力是我们必须面对的一个常新课题。本文就以下几个方面进行思考：

1　充分认识学科化服务的涵义 确立新的价值取向

学科化服务是图书馆从传统的资源主导服务向以用户为中心的服务转变模式和服务机制。图书馆学科化服务是以学科读者为中心，以学科馆员为主体，以提升读者信息获取与利用为目标，依靠图书馆网络平台构建的信息保障动态环境。其内容主要有：馆藏资源建设，尤其注重学科资源建设；注重图书馆与各学科单位的联系，关注各学科建设的进展与读者的信息需求；持续不断地完善相关学科专题资源库。

国防大学是以学科为基础建构起来的最高军事学府，为培养高级人才所设立的教学科目、学科是其细胞组织，在国防大学的发展中起着基础性的作用，学校的各种功能活动都是围绕所设学科展开的。学科的建设,不仅需要高水平的学科带头人和雄厚的资金,还需要信息资源的支持。因此,图书馆作为学校的文献信息资源中心负有义不容辞的责任,必须以学科化服务为主要方向,建立学科馆员制度,深化服务内容,以适应各学科建设的需要。与此相适应,图书馆员应该确立有新的价值取向。

价值取向指的是主体基于自己的价值观在面对或处理各种矛盾、冲突、关系时所持的基本价值立场、价值态度以及所表现出来的基本价值倾向。[1]随着图书馆从传统的资源主导服务向以用户为中心的服务转变以及网络信息技术的发展,图书馆在转变过程中,其工作业务流程也会相应重组,其信息服务方式会更加灵活多样,图书馆员的职能与价值要求会不断拓展。已有的价值取向,如信息的管理者、知识组织者等需要保持,但仅仅束缚于信息的开发和传播是不够的,还应该确立安全风险意识、团队协作意识等新的价值取向。

确立安全风险意识。意味着图书馆员在信息的组织开发、利用过程中,要胸怀国家的法律、法规,维护国家安全和国家利益。之所以如此要求,其一,国防大学的教学与科研在国家的科学研究体系中占有重要地位,有不少项目关乎军队建设和国家安全。图书馆的灵魂——图书馆员是负责将图书馆的虚拟职能实物化的主体,负责搜集与相关课题有关的、国内外最新资料,为决策、科研、教育服务,起着启迪、指导、参谋的作用。其二,在网络环境中,国外信息可以不受限制地穿越国界,对一国的政治、经济、军事、文化甚至国家安全产生重要的影响。[2]由于意识形态的对立,某些国外势力也在不断地刺探我国军事领域的最新情报。作为图书馆中专门从事信息开发的馆员,应当考虑到所处环境的变化,遵守信息生产、加工、储存和传播有关的规定,保护国家机密和排除危害国家利益的信息,维护国家信息主权。确立团队协作意识。这里说的团队协作意识,不仅指同馆馆员之间的协作、也指馆员与学科单位的协作。现代科学的发展趋势是学科间不断交叉和相互融合,需要多学科、跨学科的合作创新。从科技发展来看,科研活动呈现出由个体研究到集体研究、再向集群协作研究发展的趋势,与之相适应,图书馆的学科化服务活动也应该从学科馆员个体创新发展到团队创新发展。

所谓团队,是为了实现某一目标而由相互协作的个体所组成的群体。学科馆员团队应该是以学科专业用户为服务对象,由一定数量的、专业互补的、相互协作的图书员所组成的群体。随着信息环境和信息需求的变化,单个馆员独立式工作已很难满足用户系统的深层次的需求,有必要组建由多种类型人员组成的工作团队,分别负责学科联络、知识组织、情报研究、个性化服务等任务,在协同工作的基础上,提供系统化、深层次的学科服务,这便是团队式工作模式,图书馆单纯靠某一馆员来完成对口学科的服务是不太现实的。[3]因此,学科服务由学科团队来完成,是符合当前图书馆馆情的,也是知识管理环境下图书馆管理的必然要求。

2 围绕学科化服务的要求 提升素质与能力

学科服务对图书馆员的综合素质(包括观念、知识和技能)提出了新的要求。在学科服务的过程中,馆员的知识和能力必须不断更新提高,在知识方面,不仅要进一步巩固已经掌握的专业知识,还要了解电子出版物的生产、控制、传递和利用机制,掌握有关电子信息资源的组织管理和处理等方面的知识,熟悉计算机和网络通讯在图书馆的应用知识等等;在技能方面,要具备对电子信息采集、存储、组织、控制和提供利用的技能,对网络信息资源进行组织和筛选的技能,对各种形式和各种类型的电子信息资源进行技术适用性评估和价值判断的能力。[4]掌握对电子信息资源进行深层开发以便形成新的知识和新的服务内容的能力。

目前，图书馆在信息组织与传播利用方面具有两种特性：其一，信息激增造成信息庞大、杂乱、无序，信息的重组工作显得尤为重要。其二，读者的信息需求更加复杂化，涉及的范围不仅仅是教学、科研活动本身，而是包括社会生活的方方面面，这就要求图书馆员从本馆乃至更广泛的信息空间提取信息资源，通过鉴别、选择、加工，制作出读者需要的信息形式。[5]根据图书馆在信息组织与传播利用方面具有两种特性，作为一名图书馆员提升素质与能力就显得非常重要。

提升素质与能力是多方面的，本文认为，应根据馆员的具体知识基础各有侧重，但以下能力的提升是带共性的：

2.1 提升认知信息的能力

在当今信息爆炸的时代，用户不可能完全浏览和处理全部的信息，即便从某种程度上接收了大量的信息，也很难深入思考，并归纳整理出自己的判断和理解。这就要求图书馆学科馆员在以往职业技能和专业服务的基础之上，还需拥有对信息准确的认知能力，以便及时合理地向用户提供其所需的参考信息，帮助用户进行筛选。这种信息认知能力主要体现在对信息资源的分析、整合等方面，其重点在于对信息资源的二、三次加工与研究。因此，身为学科馆员不仅要学会建立和掌握信息，更要学会对信息进行精准的分析判断、去伪存真，去粗取精；掌握信息检索的技术、方法、途径；指导用户更加快捷方便地使用信息技术检索所需的各种信息源。

2.2 提升获取信息的能力

在信息时代，计算机显然已经成为了图书馆学科员所使用的必要工具，协助馆员从海量信息和网络资源中准确定位到用户所需要的特定信息。图书馆学科员不仅要会检索信息，还应该学习借助计算机来进一步开发利用文献信息资源，并在大量信息中进行筛检，组织、整理、加工信息。建立信息和数据的贮存库，游刃有余地管理网络系统，排除常见故障和问题，确保网络系统安全。切实结合用户所需对信息进行多方位选择，然后把符合用户需求的信息提供给对方。

2.3 提升利用信息的引导能力

荀子曾曰："口能言之，身能行之，国之宝也；口不能言，身能处之，国之器也；口善言，身行恶，国之妖也。"充分揭示了言与行的关系，图书馆要想吸引住读者，不能一味埋头做事，不懂得与外界沟通。由于国防大学的特殊性，很多学员进修周期短、对电脑基础知识掌握不全面，致使馆中的数字资源不仅不能被充分利用，有的甚至根本就不知道图书馆究竟有什么信息资源。因此，图书馆学科馆员们不仅要在建设、管理上讲究创新，更要成为连接图书馆与各院系、对口学科用户进行双向联系的纽带与桥梁。

作为国防大学图书馆的学科馆员在注重自身信息理论培养的同时，要配合教学与科研工作所需，将符合学科专业建设的相关数据库推荐给读者，并结合专业特点建立一些学科文献群，形成具有国防大学特点的特色数据库，来提高资源建设的针对性和有效性，从而引导读者正确使用国防大学图书馆馆藏资源。

除上述三点外，分析评价读者信息需求，分析评价读者信息利用结果，具备信息管理与学术研究的能力等也是图书馆员提升素质与能力不可或缺的重要内容。

3　以学强本,以学促用 打造优秀的学科化服务团队

歌德曾说过,“人不是生来就拥有一切,而是靠他从学习中得到的一切来造就自己。”首先,国防大学作为全军最高学府,教学、科研设施齐全,条件一流,有一批如金一南、徐焰、张少忠、李莉等军内外知名专家名流,也有如国防大讲堂、周五学术报告、周六讲坛等已然成为靓丽学术风景线的“知名品牌”。图书馆员应充分利用这种学术平台,努力学习,提高专业素质。其次,国防大学图书馆作为军队院校图书馆联席会的牵头单位,分别与国防科技信息学会、中国图书馆学会等学术机构建立了畅通的学术交流机制,经常组织并参与学术年会和各种形式的学术交流活动,为图书馆员熟悉了解和掌握图书情报专业领域的前沿,提供了良好的平台。此外,还可以积极创造机会,到国内外图书馆进行考察或交流学习,掌握先进的学科馆员工作模式。只有广泛学习,不断“充电”,进一步丰富学习内容,增强学习的针对性,提高学习能力、自身修养,营造重视学习、崇尚学习、坚持学习的浓厚氛围,着力打造学科化服务,达到以学强本,以学促用的目标,才能更好地胜任本职工作,打造更为优秀的学科化服务团队。[6]

4　结论

一流的大学应具备一流的图书馆,一流的图书馆更要有一个成熟的服务机制。学科化服务是军校图书馆服务创新的生长点,面对教学与科研工作的新特点、新需求,如何建立起真正面对读者需要的服务机制,不仅是信息时代对军校图书馆提出的新要求,更是当今图书馆学科化服务发展的方向。因此,作为图书馆员的我们应站在信息时代的前列,积极响应——开展学科化信息服务,以学科读者为中心,以学科馆员为主体,以提升读者信息获取与利用为目标,加强提升学科化服务能力。根据各校自身学科建设情况,按照学科专业组织人力和资源,不断调整服务策略和改进服务方式,只有这样图书馆的学科化服务才能得到不断的提升和进步。

参考文献

[1]　姜春燕.论广播电视编辑的价值取向[J].新闻窗,2012

[2]　郭庆光.传播学教程[M].中国人民大学出版社,1999.11:250-251.

[3]　王妍.项目式学科单元管理模式在高校图书馆的应用[G].图书馆界,2008,(2):32-37.

[4]　刘红泉.数字图书馆对图书馆馆员素质的要求[J].中国图书情报科学,2014

[5]　李春旺,张淑霞.数字化图书馆员的角色定位[J].中国新技术新产品,2009

[6]　杜福增.试析国防大学学科馆员的培养路径[G].适应院校调整改革 推进信息服务创新,国防大学出版社,2012.(下):1098-1104.

多分馆与单馆并存模式下图书馆读者服务研究

杨伟兵

（北京信息科技大学图书馆，北京，100101）

摘　要：介绍了北京信息科技大学图书馆目前多分馆与单馆并存的复杂运行模式，以及在该模式下读者服务工作的一些探索。其中详细介绍了异地预借服务的设计与实现。

关键词：读者服务　多分馆　单馆　预借

北京信息科技大学是由原北京机械工业学院和北京信息工程学院合并组建的全日制普通高等学校，合并成立后的大学拥有清河小营、健翔桥、清河、金台路、酒仙桥等五个校区。学校学生主要集中在清河小营、健翔桥、清河校区，在这三个校区中都分别设立有图书馆。

新大学成立前，两所学校图书馆使用的是两套不同的自动化业务系统：大连博菲特文献管理集成系统与北京创讯未来软件技术有限公司的“第二代现代电子化图书馆信息网络系统”（英文缩写 MELINETS II）。新大学成立后，图书馆对业务软件进行了统一，合并升级为 MELINETS II 系统。因为考虑到学校是多校区分散办学，所以在自动化系统中设置了——A，B，C 三个分馆，分别对应位于健翔桥校区、清河校区和清河小营校区的图书馆。每个分馆中都有独立的读者、馆藏、部门、工作人员等等。

随着学校着手进行新校区建设，准备将来在新校区集中办学；以及学校一卡通工程正式部署实施，因此在 2009 年，图书馆为了适应学校的发展变化，对于馆藏、读者、部门等进行了调整。主要内容是将当年以及日后新采购、入库的图书资料，集中保存在 A 馆，原先典藏在 B、C 分馆的图书，在系统里的 A 馆增设对应的藏书部门，典藏在 A 馆（实际的图书资料依然分别存放在 B、C 校区图书馆。为了能够较直观的区分典藏在 B、C 校区图书馆中的两种不同模式的藏书，我们将调整后属于 A 馆的图书排架号设置为从 3000 开始，这个排架号是原先所有分馆中最大排架号的下一个整数号）；并且设置将 2009 级以及日后新入学的新生、新入职的教职工的信息资料保存在 A 馆，不再分别保存与三个分馆中。做出这些调整，也是为了日后取消分校区，取消分馆，集中教学做准备。但是经过这样的调整，在现阶段，图书馆的运行模式就变得非常复杂，成为了多分馆与单馆并存的模式。

如果是单纯的多分馆模式，或者仅仅是单馆模式，那么我们完全可以使用现有的图书馆自动化系统来按照完全成熟的业务流程进行操作。可是我们目前的这种并存模式，使得许多日常业务流程发生了巨大变化，原有的自动化系统已无法满足日常工作的需要。图书馆技术支持部门多次协调图书馆其他各个业务部门，进行调研，听取意见建议；积极联系软件厂商，多次沟通测试，逐步对业务软件进行了改造升级，现已逐渐适应了我馆目前这种多模式运行的状况。

在整个调研沟通过程中，我们主要调整了流通读者服务方面的业务流程以及服务项目，增设或者修改了一些业务流程，主要涉及如下两个方面：异地预借服务、图书通借通还服务。

1　异地预借服务

我校目前拥有10个学院、2个系部，主要分布在三个校区，每个校区的院系不同，学生专业不同，因此图书馆在各个校区的藏书也不尽相同，有着不同的侧重点。现在大学生的阅读非常广泛，不仅需要专业课方面的图书资料，而且还需要一些专业相关或者其他的一些文献资料。如此一来，仅仅依靠各个校区图书馆自身的藏书已无法满足本校区读者的阅读需求，必须所有校区图书馆的文献资料整合在一起对读者提供服务，才能够更好地满足读者需求。

因为读者是分散的，而且也无法将所有的文献资料集中在某个校区图书馆，所以为了使读者能够方便的借阅到图书馆的全部藏书而不用跑遍所有校区的图书馆，我们增设了异地预借服务。这个服务的开展是在听取了读者的反馈意见、调研并设计图书馆借阅工作流程、密切沟通软件厂商后进行的。

1.1　异地预借流程的基本实现

为了实现异地预借服务，图书馆技术支持部与各个分校区图书馆的流通部门进行了多次、深入的沟通。经过反复商讨，确定了如图一所示的工作流程：

1.1.1　读者访问OPAC系统检索图书。

1.1.2　检索出感兴趣的图书后，开始异地预借申请登记：点击图书条码后面对应的“异地预借”按钮，在弹出的窗口中首先输入读者证件号、密码信息，然后再选择读者位置(即取书地点)，系统随后进行输入信息的判定，如果条件符合，则接受异地预借申请，异地预借流程转入下一步。

1.1.3　异地预借成功申请后，预借图书的属性会发生变化，在OPAC系统中可以看到图书属性从“在架可借”变为“预借在架”。同时，也可以在读者信息中查看当前借阅信息。预借成功的图书会显示在借阅信息中，属性同样是“预借在架”，也已无法被他人借阅。

1.1.4　成功申请了异地预借的图书，可以在流通系统中进行下一步的处理。工作人员可以查看读者的预借信息，进入书库寻找图书并且将图书下架，然后进行“预借出库”操作。

1.1.5　“预借出库”操作会将图书的属性变为“预借入库”(最初设计工作流程的时候，预借出库操作后图书的状态是“预借出库”，等将图书运送到读者登记的取书地点并加以操作，图书状态才会变为“预借入库”。因为每天通过学校的通勤班车，多次在校区图书馆之间运送图书，单独设置一个“预借出库”状态意义不大，因此取消了此状态。)

1.1.6　接下来工作人员打印出库图书清单，并且随同图书一起送往读者设定的取书地点所在馆，等待读者前往借阅。

1.1.7　读者前往取书地所在馆借阅图书，通过异地预借系统借出的图书，会专门标记为“预借借出”，用以区分普通方式借出的图书。到此整个异地预借系统流程已过半。

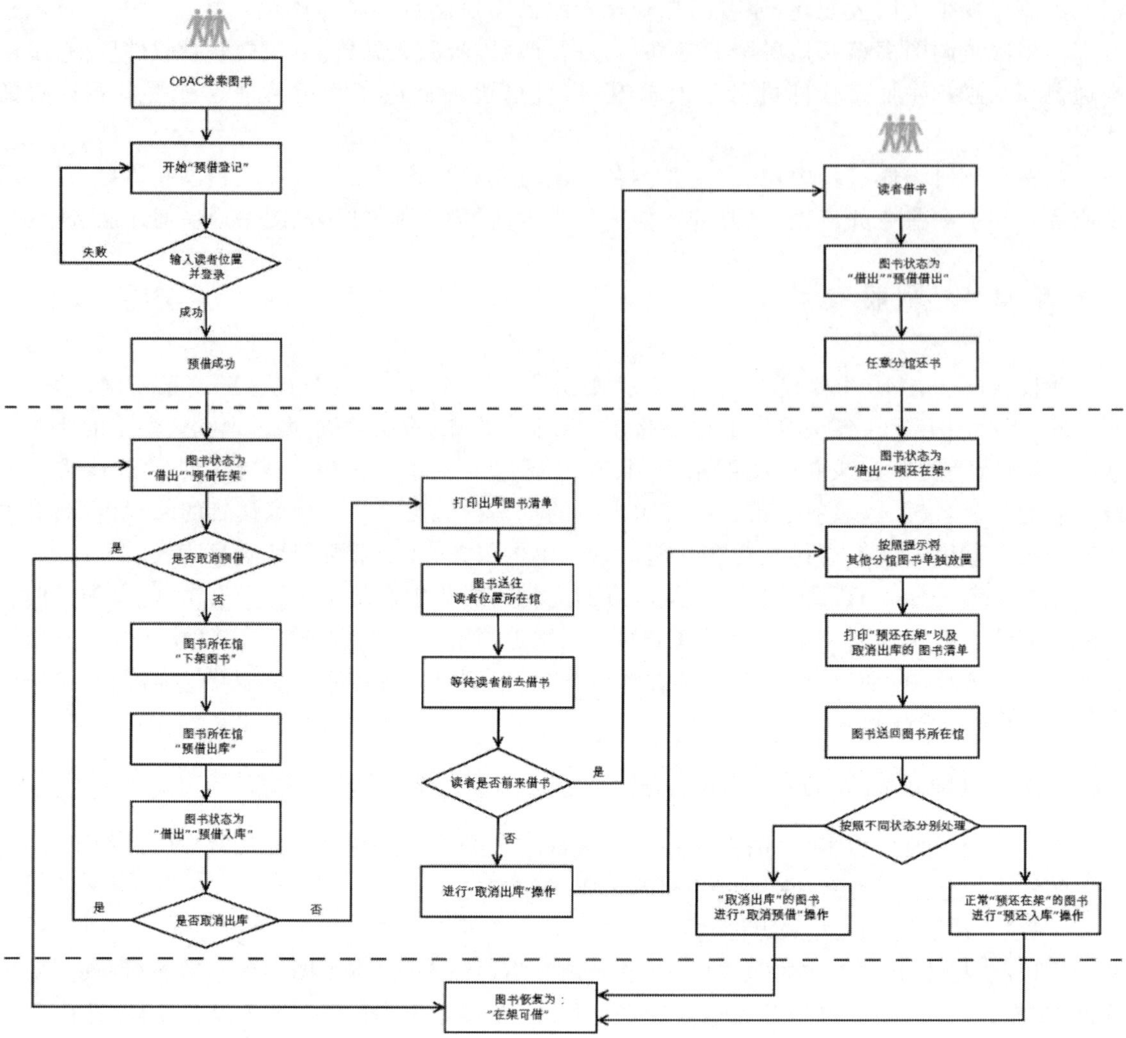

图 1

1.1.8　接下来的流程从读者还书开始，读者可以在任意一个校区图书馆归还图书，系统会自动将图书状态标注为"预还在架"，同时会提醒工作人员，来判断图书是否需要特别处理，是否需要打包运送回原本的典藏部门。

1.1.9　工作人员将需要送回到其他校区图书馆的图书打包，并且打印"预还在架"图书清单，将清单附在打包的图书中，一同送出。

1.1.10　工作人员接收到"预还在架"的图书后，进行最后一步操作：预还入库。图书属性变更为原始状态的"在架可借"。预借流程到此全部结束。

1.2　异地预借流程的一些变化

上面描述的是最基本、最顺利的流程操作。然而在实际运行中，会出现各种各样的意外、突发情况，因此在设计异地预借流程的时候，我们还增加了一些分支判断，允许工作人员根据具体情况选择不同的操作或者直接中止异地预借的流程：

1.2.1　系统接受读者预借申请，图书状态变为"预借在架"后，如果因为种种原因，例如图书未找到等，那么工作人员可以进行“取消预借”操作，直接中止预借流程。

1.2.2　读者异地预借的图书下架出库后，也可以进行“取消出库”操作，回到“预借在架”状态，“取消出库”操作可以在打印出库图书清单之前，也可以在送书取书地点之后进行。回到“预借在架”的图书，可以按照1.2.1描述进行取消预借申请操作，也可以重新开始预借流程，进行“预借出库”操作。

1.3　异地预借的OPAC设置

异地预借系统的入口是OPAC，面向读者的功能全部由OPAC来实现。读者可以在任何地点，通过网络使用OPAC进行图书异地预借。OPAC系统针对异地预借系统做了如下变动调整：

1.3.1　读者申请异地预借的时候，读者与图书必须属于异地，在系统里体现为申请预借时选择的取书地点与图书不能属于同一个校区图书馆，增加这一判断，会减少许多不符合规定的无效申请，减少工作人员的工作量。如果系统判断图书与取书地点不是异地，那么将出现提示“读者取书地点与图书所在馆相同，请直接到馆借阅图书！”，不允许进行异地预借。

1.3.2　因为图书馆目前除了I,K以外的其他类别图书，都保留了一本作为库本图书，存放在库本图书库不提供外借，只允许读者前往阅读。因此这些图书需要排除在异地预借系统之外，不允许进行异地预借申请。

1.3.3　读者申请异地预借的图书，如果由于种种原因想要放弃，在OPAC中可以允许读者自行取消，只需要登录OPAC系统，在“读者借阅信息”中找到需要取消异地预借的图书，直接进行取消预借即可。当然，不是任何时间都可以取消异地预借，只有当图书状态为“预借在架”时才能够取消异地预借。

2　图书通借通还服务

多校区办学的特点是读者分散，图书文献资料分布不均，读者利用图书文献资料不便。我馆统一自动化业务软件之后，遇到了许多问题，最早是不同分馆的读者无法借阅其他分馆的图书，经过一番努力解决了这个问题之后又产生了新的问题——图书只能是在哪里借的到哪里归还。例如读者在健翔桥校区图书馆（A馆）借阅了图书，那么他不能够把图书归还到清河小营校区图书馆（C馆），即便读者就居住在清河小营校区宿舍。

针对这种情况，我们与软件厂商多次深入沟通，细致的描述我馆目前多个分馆与单馆并存的状况。罗列出所有图书典藏部门，将其中开放流通借阅服务的部门筛选出来，区分出哪些属于分馆的典藏部门，哪些属于单馆但是物理位置在其他校区的典藏部门。在流通系统中进行设置，使得所有工作人员都能够借阅、归还这些典藏部门中的图书。最终实现了读者可以借阅任意一个校区图书馆的图书，并且能够在任意一个校区图书馆归还图书的“通借通还”服务。

3　“异地”图书的判断

多分馆与单馆并存，图书资源、读者信息都已经交织混杂在一起，系统中无法自动判断读者在哪个校区、图书典藏在哪个校区。在同一个校区住宿学习的读者，有可能一部分属于C分馆，而另外一部分属于A分馆；同样书库中同一个书架上，也有可能一些图书属于B馆，而另外一部分则属于A馆。

异地预借服务、通借通还服务都需要进行“异地”的判断：异地预借系统，在读者预借申请登记的时候，需要判断图书与取书地点是否异地；通借通还系统与异地预借系统在还书的时候还都需要进行图书与还书地点是否异地的判断。

如何在系统中自动判断是否“异地”，经过与软件厂商多次沟通、设计，最终在数据库中增加了一个“异地提示对照表”（表一），目前使用了“图书所在馆”、“图书典藏部门”、“用户所在馆”、“用户部门”等字段。

表1

异地提示对照表：circul. remind_department				
字段	类型	默认值	空值	说明
user_libid	varchar2(1)		not null	用户所在馆
user_departid	varchar2(10)		not null	用户部门
book_libid	varchar2(1)		not null	图书所在馆
book_departid	varchar2(10)		not null	图书典藏部门
remind_type	varchar2(2)	11	not null	提醒类型
remind_text	varchar2(100)	他馆图书	not null	提醒文字

在使用异地提示对照表之前，我们首先罗列出所有分馆的全部图书典藏部门以及用户部门，将每一组属于异地的图书典藏部门与用户部门都输入系统中，以便系统进行自动判断。

异地提示对照表目前在以下几个方面进行了应用：

3.1 在申请异地预借图书时，需要判断图书与读者选定的取书地点是否异地，其中取书地点对应 circul. remind_department 表格中的用户所在馆，图书对应表格中的图书典藏部门。如果在表格中能够检索出相应的记录，那么表示图书与取书地点属于“异地”，则允许异地预借。

3.2 流通系统在处理读者归还图书的时候都需要进行异地判断。每个图书馆工作人员都有自己的用户部门，用户所在馆，再加上图书的典藏部门，同时使用这两个条件在异地提示对照表中检索，如果能够检索到对应的记录，则表示图书属于“异地”，流通系统会弹出一个提示窗口，提醒工作人员注意，此图书需要特别处理。

4 结语

多分馆与单馆并存模式下图书馆读者服务研究，是针对我馆近期特殊状况进行的初步探索。研究虽然取得了一些成绩，但是还有许多地方值得改进。我们会广泛听取意见，与软件厂商紧密联系，为图书馆读者提供更好的服务。

发挥高校图书馆优势　推进校园文化建设
——北京信息科技大学图书馆校园文化推广活动回顾

马铭锦

（北京信息科技大学图书馆，北京，100101）

摘　要：文章探讨了高校图书馆在校园文化建设中的优势，回顾总结了两年来北京信息科技大学图书馆举办世界读书日系列活动的实践和经验，介绍了图书馆在引导大学生课外阅读，丰富学生课余生活，促进校园文化建设方面所做出的努力以及取得的初步成果，并分析了存在的问题，提出了解决方案。

关键词：高校图书馆　文化建设　读者活动　世界读书日

高校图书馆作为学校文化知识和信息的集散地，在服务教学和科研的过程中也肩负着传播人类优秀文化知识的使命，是校园文化建设的重要阵地。高校图书馆应以自身的文献资源、文化设施去支持和推进多种形式的校园文化活动，丰富大学生的课外阅读生活，在建设书香校园，促进校园文化建设中发挥出更大作用。

1　高校图书馆在校园文化建设中的优势

1.1　图书馆是大学生人文精神素养和文化素质教育的“第二课堂”

大学教育培养的是复合型人才，不仅要注重专业知识的传授和专业技能的训练，还要加强学生综合素质的教育和人文精神的陶冶，使其具有一定的文化底蕴和文化素养。高校图书馆作为学校的“第二课堂”能够很好地弥补授课式教育的不足，学生们在巩固专业知识的同时，可以通过图书馆丰富的书刊涉猎更广阔的知识领域，开拓视野，陶冶性情，净化心灵，在知识的汲取中获得人生意蕴的全面体验，使生命的内容得到充实和丰富。

1.2　图书馆积淀的文化是学校价值取向的直接体现

图书馆在提高文献信息资源学术品位的同时，注重入藏弘扬中华民族优良传统，歌颂共产主义道德风尚，有益于学生健康成长的书刊。经过长时间历史积淀、选择、凝练、发展而成的这些馆藏文献资源，是图书馆文化的直接体现，也反映出学校最重要的价值取向，对学生起着价值导向作用。图书馆通过开展阅读推广活动，可以充分发挥文化教育职能，引导学生爱读书、读好书，在浅层化、碎片化网络阅读流行的今天，使阅读回归经典，在潜移默化中帮助学生树立正确的人生观，培养良好品德。

1.3 馆藏数字资源为校园文化建设提供强大的信息资源

近年来，图书馆馆藏数字资源的种类、数量不断增加，所占比例越来越大，使图书馆的资源结构发生了重大变化。相比传统纸质资源，数字资源给读者带来了全新的阅读体验，特别是多媒体视听资料，其形象、生动、逼真的画面和悦耳动听的语言，所产生的文化亲和性使接受者更易受到文化的渲染[1]。数字资源促进了文化的开放性，拓宽了读者的文化视野，改善了读者的知识结构。在网络时代，它将在推动校园文化建设方面发挥越来越重要的作用。

2 我校图书馆推进校园文化建设的实践探索

为了充分发挥自身价值，更好的体现文化教育职能，图书馆必须改变以前坐等读者上门的被动状态，以丰富多彩的活动营造良好的文化氛围，把优秀的文化资源与服务展现给读者，吸引更多人走进图书馆，使图书馆的资源与服务在互动、交流中不断升华，切实提高图书馆文化服务的效率与效果，推动校园文化建设。两年来我校图书馆在这方面进行了有益的探索。

自 2013 年起，我馆每年结合“4.23”世界读书日组织、策划主题系列文化活动，以激发读者的阅读兴趣，营造积极向上、健康文明的阅读氛围，培养读者良好的阅读习惯。每届活动历时 1 个多月，吸引了众多读者参与，在校园中形成一道独特的风景，成为我校图书馆参与校园文化活动的固定节目。目前已经实践的活动如下：

2.1 举办书展，荐购新书

图书馆与书商联合举办中外文新书展，由师生现场推荐心仪的图书。师生对这项活动非常欢迎，先后共向图书馆推荐图书 1500 余种。采编部门及时对这些图书进行查重和订购，保证新书尽快上架流通。新书展活动提高了图书资源建设的有效性，更好地满足了读者的阅读需求。

2.2 主题征文，分享阅读

“我和书的故事”有奖征文活动给喜好读书的师生们提供了一个良好的交流平台。活动中读者踊跃投稿，共收到稿件 143 篇，师生们分享好书，以书会友，在深邃的思想对话中收获了知识和快乐。获奖征文还择优刊登在馆刊《图书馆通讯》上，为进一步营造校园浓厚的读书氛围起到了推动作用。

2.3 期刊寻宝，挖掘知识

为了向读者普及期刊基础知识，介绍馆藏期刊的类型和内容，图书馆期刊部组织了期刊寻宝竞赛活动。题目是从 1100 种期刊中依照读者的阅读习惯和期刊涉及的内容逐一挑选出来，并根据每一本期刊的特点设计的。要求参赛者在 20 分钟内到期刊架上找到 10 种期刊，并将相关答案抄写在答题纸上。比赛现场气氛热烈，参赛者奋勇争先。通过轻松活泼的比赛增强了读者对期刊服务的感性认识，提高了期刊的利用率。

2.4 诵读比赛，传递经典

在信息化环境下，阅读越来越呈现出快餐化、碎片化趋势。呼唤能滋养内心的深度阅读，培养学生的审美情怀，提升学生的阅读层次，是校园文化建设的核心内容。世界读书日系列活动的一个重要载体——诵读比赛恰恰是“好读书、读好书、善读书”理念的最好体现。通过诵读活动，师生们走近经典、走近大师、走近文化时空，从美文中得到提升精神文化品位的动力，从经典回味中完善了人格，丰富了文学修养。

2.5 知识竞赛，启迪智慧

在数据库商的支持下，图书馆连续两年开展了“图书馆--知识的宝库”网上图书馆利用知识竞赛。竞赛是以中科软股 VIPExam 考试学习资源数据库作为专用站点，师生在指定时间内注册数据库后参加在线无纸化考试，以答卷成绩作为评奖依据。活动加深了读者对图书馆的认识和了解，提升了图书馆资源与服务的利用率。

2.6 加强沟通，增进了解

图书馆举办读者座谈会，向学生们发放宣传资料和小纪念品，介绍多媒体资源及各项服务内容，听取学生们的想法和建议，增进了解和沟通。此外还通过问卷调查活动，对师生的阅读习惯、阅读内容、文献的获取途径、利用图书馆的情况等进行了细致调查，对进一步完善图书馆的资源与服务提供了有益参考。

2.7 传递文献，共享资源

积极宣传馆际互借和原文传递服务，为读者发放宣传页，现场演示服务内容，解答读者疑问，并进行现场注册。图书馆专门订制了手机链等小奖品发给注册读者，以鼓励更多的读者关注、利用馆际互借和原文传递服务服务，取得了较好效果。这些共享服务弥补了我馆馆藏资源的不足，最大限度地满足了读者的文献信息需求。

3 经验分析

我馆以世界读书日为契机，开展形式多样的系列文化活动，积极推广阅读，建设书香校园，在摸索和实践中取得了一些经验。

3.1 主题鲜明，目标明确

大型读者活动必须围绕一个鲜明的主题，才可能给读者留下深刻的印象[2]。我们举办的两届世界读书日系列活动，主题分别为“读书改变人生”、“知识改变命运，阅读点亮人生”，都是着眼于大学生阅读素养的培养和提升，目的是支持学校的人才培养，帮助学生获得全面发展。所有活动的组织与策划都紧紧围绕图书馆传播知识这一基本职能开展，定位和目标都很明确。

3.2 围绕读者需求策划活动

活动的参与主体是读者，了解不同类型的读者需求是图书馆策划各类活动的主要依据。因此活动开展前应本着“一切为了读者”的活动宗旨，充分考虑读者的阅读兴趣和实际需求，考虑活动选题与读者的适合性，处理好选题的专业性与普及性、欣赏性与应用性、知识性与趣味性的关系[3]。根据不同的活动需求，制定不同的实施方案，把每个活动做精做细，使活动在一个动态的过程中不断提升和完善。

3.3 组织周密，宣传推广到位

系列活动开始前一个多月，馆领导多次牵头召开由全馆各相关部门参加的专题会议，就活动的策划及落实进行讨论，制定详细的活动方案，责任到人，明确任务。各项工作安排井然有序，确保了活动的顺利进行。在宣传方面，除了通过横幅、宣传彩页、电子屏、学校办公系统、图书馆主页以及主题展板等方式进行全方位的推广外，还联合校学生会、图书馆星光志愿者团队等加强宣传，壮大声势，扩大活动规模，收到了很好的效果。

3.4 联合校团委，增强活动影响力

在开展校园文化活动中我们深切体会到，如果仅由图书馆唱独角戏，活动的组织效果和影响力都会大打折扣。校团委在校园文化建设中校扮演着主力军的重要角色，其工作之一是参与并在一定意义上主导校园文化建设。因此，图书馆积极与校团委联合，通过校团委调动各学院分团委的积极性，加强组织协调工作，扩大宣传覆盖面。同时校团委也承担一些具体工作，例如邀请学校的专业教师担任比赛活动的评委等。与校团委的密切合作为世界读书日系列活动的成功举办提供了坚实保障。

3.5 丰富活动形式和内容，激发师生参与热情

每年除了保留一些受读者欢迎、经验比较成熟、需要持续宣传的活动外（如：书展、知识竞赛、馆际互借/原文传递宣传等），我们还不断丰富活动形式和内容，以有创意、有深度的阅读推广活动吸引读者的关注，提高读者参与度。例如举办有奖征文、诵读比赛、期刊寻宝等，激发读者的阅读兴趣，提高阅读质量和素养。

3.6 通过赞助设立丰厚奖品，吸引师生关注

活动具有新颖性、知识性、趣味性是吸引师生参与的重要条件，与此同时奖品的设置也是必不可少而又引人注目的重点。如果能有大手笔投入，设立一、两个“巨奖”，则更能激发师生的参与热情。在图书馆经费不足的情况下，依靠数据库商赞助是一种两全齐美的办法。在举办知识竞赛时，我们与中科软股公司合作，利用其产品——VIPExam考试学习资源库进行在线答题。中科软股承担了系统的维护和调试工作，并赞助全部奖品，其中设立特等奖一名，奖品是一台 IPAD MINI，非常吸引眼球，极大地提升了师生的参与度。这种合作使图书馆、数据库商和读者三方受益，又增强了活动的吸引力，达到了预期效果。

4 存在问题及对策

4.1 充分挖掘教师资源，提升阅读文化品位

我馆文化活动的参与群体主要还是学生，有的活动虽有教师参加，但数量非常有限，绝大多数教师只是作为活动的旁观者，置身事外。教师是大学校园的重要群体，也是校园文化建设

的根基。在多年的教学过程中，教师传承了校园文化精神，并逐渐使其固化，形成学校的主流文化。校园文化活动只有在教师的参与下才能不断提升文化品位，对学生产生更加深远的影响。因此图书馆应充分挖掘教师资源，邀请专家教授推荐书目，举办名师讲座、读书沙龙等活动，请优秀教师和学生面对面交流经典名著、人生感悟，指导学生专业学习和职业规划等。通过教师丰富的人生阅历、广博的文化知识、深厚的专业功底引导、示范学生，在潜移默化中影响学生人生观、价值观和职业道德的形成。

4.2　利用网络传播工具创新活动形式，扩大活动的参与面和影响力

图书馆举办的有奖征文、期刊寻宝、诵读比赛、读者座谈会等活动，受场地、时间等因素的限制，参与的读者人数相对来说还是比较少，影响面也比较有限。如何扩大活动的参与面和影响力，达到良好的阅读推广效果是图书馆需要思考的问题。随着自媒体时代的到来，微博、微信、人人网等信息平台已成为大学生追捧的交流工具，也给图书馆开展校园文化活动提供了新载体，图书馆应紧随时代潮流，利用这些热门传播工具创新文化活动形式，推广阅读。例如向读者推荐新书、好书，开展征集书评、评选优秀摄影作品等活动。这样可以不受时间、地点、参与人数的限制，使那些忙于工作、学习或其他事务的师生都有机会参与其中、亲身体验。而且在活动中可以实现文字、图片、语音的多元化交流，既提高了沟通效率，增强了互动性，又体现了图书馆的亲和力，加强了与读者之间的黏度，使读者更加乐意接受和参与。

4.3　发挥图书馆学生社团的优势，为活动创新提供动力源泉

世界读书日系列活动的组织、策划工作主要是由馆员承担，尽管馆员们会从读者的角度出发，围绕读者需求开展活动，但真正最了解读者信息需求的还是读者本身[4]。而且每年活动都单纯地由馆员设计规划，也容易使馆员形成思维定式，造成活动内容和形式上的重复，缺少新意和创意，难以吸引读者。因此为了提高图书馆文化活动的吸引力和持久性，应该让读者参与到阅读推广的工作中。现在很多图书馆都有自己的学生社团，如我馆成立的“星光志愿者”学生管理员团队，成员都是学生，他们思维活跃，具有丰富的想象力和创造性，而且作为读者，他们又非常了解自身的阅读兴趣和需求。所以让学生社团协助策划、举办阅读活动非常具有优势。图书馆安排老师对学生进行指导，老师给学生提供自由的施展空间，充分发挥他们的特长，以及组织、宣传和协调能力，这样有利于激发学生的热情，协助设计出更具有感召力、创新性和亲切感的多姿多彩的阅读推广活动，从而吸引更多的读者参与。而且依托图书馆学生社团这支生力军，也可以经常性地开展一些生动活泼的文化活动，把阅读推广工作全方位地渗透到广大学生中，保证活动开展的有效性和持续性。

5　结语

高校图书馆以世界读书日为契机，举办一系列文化推广活动，可以营造出一种积极向上、和谐发展的校园文化氛围，通过“润物细无声”的方式发挥出大学校园文化的导向和陶冶作用。图书馆应联合外力，借助网络技术手段不断创新文化活动的形式和内容，努力增强活动的吸引力和实效性，打造符合时代发展要求的校园文化品牌，形成持久的影响力，更好地发挥图书馆在校园文化建设中的窗口作用。

参考文献

[1] 丁传奉.图书馆与校园文化[J].图书馆论坛,2001,(5):21-22,66.

[2] 蔡晓川.图书馆读者活动的策划——以南京图书馆为例[J].当代图书馆,2007,(4):45-47.

[3] 丘瑜.基于"4.23 世界读书日"的图书馆阅读推广活动调查分析——以"211 工程"师范大学图书馆为例[J].图书馆学研究,2013,(7):78-82.

[4] 蔡晨,韩博文,覃铭添.高校图书馆利用读者资源开展阅读推广工作研究[J].情报探索,2013,(3):113-115,119.

“经典阅读”网络平台读书报告管理功能的研究实现①

颉夏青[1] 吴旭[1] 郭文丽[1] 高学斌[2]

（1. 北京邮电大学图书馆，北京，100876；
2. 北京邮电大学可信分布式计算与服务教育部重点实验室，北京，100876）

摘　要： 为了充分调动学生阅读名著、感悟经典的积极性，全面提升本科生的人文素养，本文在分析研究读书报告提交现状和需求的基础上，基于 Drupal 开源框架实现了“经典阅读”网络平台读书报告管理功能，包括读书报告提交、评审授权、报告评审和查询统计 4 个子功能，对读书报告生命周期的各个环节进行了优化。实践证明，该功能一方面提高了评审效率、减轻了教师的工作量，同时读书报告的数量、质量都有了质的提升，切实改善了“经典阅读”教学质量。

关键词： 经典阅读　工作流　教学质量

1　引言

信息科技的飞速发展给人类的生活带来了天翻地覆的变化，而图书资源载体的数字化、阅读终端的多样化也使人们的阅读呈现出数字化、多元化、碎片化的趋势，快餐式的浅阅读带来了“经典阅读危机”。因此在网络时代推广经典阅读、传播经典知识、传承经典阅读文化、坚守经典阅读阵地也更具时代意义。北邮图书馆顺应时代要求，自主开发了“经典阅读”网络平台，通过在线向学生推荐“经典阅读”书目[1]、鼓励学生提交读书报告以获得相应的创新学分，引导学生阅读名著、感悟经典，以期培养学生深厚的人文素质底蕴和健全的人格。

传统的线下读书报告评审方式在便捷性、时效性、公开性、交互性等方面都存在严重不足，参与“经典阅读”教学活动的师生对于读书报告的网络评审和管理需求空前旺盛，因此本文基于网络平台开发读书报告管理功能，有助于缓解读书报告评审给教师带来的压力，同时通过平台的引导作用调动学生的积极性，双向发力来提高“经典阅读”教学质量。

---

① 北京邮电大学 2013 年“经典阅读”教改项目“ 立体互动式‘经典阅读’教学体系创新平台的构建”的研究成果之一。

2 需求分析

传统的读书报告基于纸质的读书报告进行线下管理和评审，其不足表现在以下几个方面：

(1) 便捷性差：成本高、管理难。纸质读书报告不仅浪费资源，其长期保存、维护成本较高，而且检索、查阅不便。

(2) 时效性：效率低、周期长。读书报告的提交、评审、成绩登记与查询流程需要经过多人甚至多部门，效率低下，处理周期长。

(3) 公开性：非公开、质量低。读书报告只提交不公开，缺乏相应的监督机制，导致抄袭、作弊等情况屡有发生。

(4) 交互性：单一体验无交互。读书报告的管理与评审几乎是学生与教师的一对一交流，学生与学生之间缺少应有的交互，不利于经典阅读氛围的形成。

上述问题都极大地制约着"经典阅读"教学工作的开展，教学过程呆板而流于形式、教学质量难以保证，因此，基于网络平台实现读书报告管理功能，能够从以下几个方面来提高读书报告评审效率、缩短管理周期，提高教学质量：

(1) 交、审、查网络化。读书报告的提交、评审、查询等各流程不再受时间、空间的限制，师生可以随时随地完成操作。

(2) 评审分配流程化。通过合理的权限划分、角色管理实现评审流程的线上流程化。

(3) 报告评审科学化。成绩、评语的模板化极大地提高了评审的客观、公开性，使报告的评审趋于科学化。

(4) 进度查询便捷化。学生可以通过线上查询读书报告的评审进度、评审结果，不再需要专人提供点对点的查询服务。

3 "经典阅读"网络平台读书报告管理功能的设计

"经典阅读"网络平台读书报告管理功能是基于"工作流"[2]的理念来设计的。如图 1 所示为读书报告管理功能的流程图：

第一步，学生登录网络平台即可提交读书报告。

第二步，判断读书报告是否符合字数和篇数要求。读书报告的字数要求限制为"不少于 2000 字"，且每人提交的合格的读书报告不超过 5 篇(创新学分上限为 1 学分，每篇 0.2 学分)。如果符合要求，则提交成功，读书报告进入评审环节；否则返回重新提交。

第三步，评审调度。调度管理员进行新提交读书报告进行批量分配和授权。

第四步，得到授权的教师可以评审并管理自己评审的读书报告，给出是否合格的结论以及相关的评语。在整个评审过程中学生都可以查询读书报告的评审进度。

第五步，评审完成，学生可以进行成绩查询；至此，读书报告管理流程结束。

从功能方面来看，读书报告管理功能主要包括提交、评审调度、报告评审、查询统计 4 个子模块，如图 2 所示。这些功能的实现需要基于平台系统层的支持，功能点设计如下：

(1) 提交模块。提交模块的权限仅对登录用户开发，未登录用户系统进行登录提示；登录后学生选择相应的图书提交读书报告，如果字数、篇数符合要求则可提交成功；否则提示学生提交失败的原因并返回重新提交。

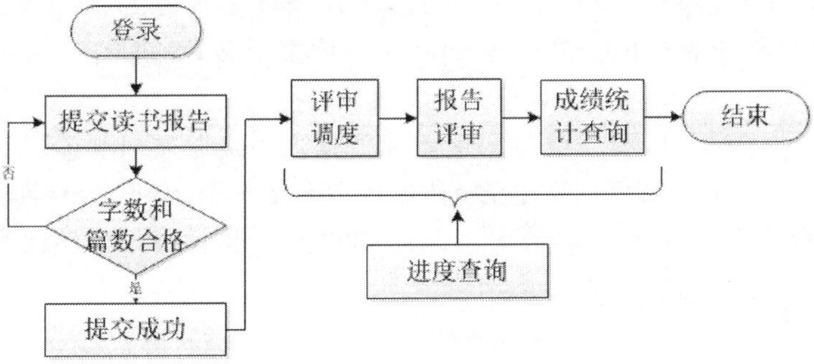

图1 读书报告管理模块流程图

(2) 评审调度。评审调度的权限独立于读书报告的评审，调度员能够看到所有读书报告，负责将所有未评阅的读书报告分配给具有评阅权限的老师并监督老师的评审进度。

(3) 报告评审。直接评审读书报告的老师只能看到授权给自己的读书报告，评审过程中，系统提供备选的评语模板和成绩模板，老师也可以根据实际情况自行撰写评语；结果提交后，读书报告评审结束。

(4) 查询统计。负责成绩管理的老师可以通过系统批量导出评审结果并进行成绩统计；在整个评审流程中，学生都可以查询评审进度；评审完成后，学生可以查询评审结果。

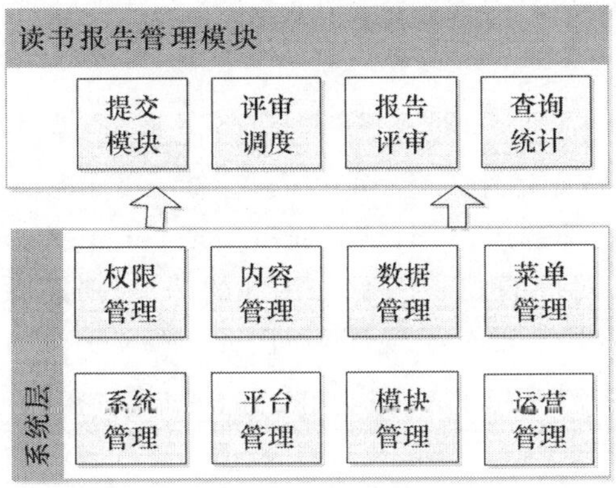

图2 读书报告管理模块功能架构图

4 “经典阅读”网络平台读书报告管理功能实现

基于上述功能设计，本文基于 Drupal 开源框架[3-5]实现了“经典阅读”网络平台读书报告管理功能，主要包括提交模块、评审调度、报告评审、查询统计 4 个子模块。Drupal 作为广泛使用的开源内容管理系统(CMS)[6]，其源码开放、功能强大、可扩展性强等优点使其在数以万计的 Web 站点得到了应用，也适合本文所设计的“经典阅读”网络平台读书报告管理模块的实现。

4.1 读书报告提交子模块的实现

读书报告提交主要基于 Drupal 的 user 模块和 comment 模块。comments 表的属性包括：

cid、uid、comment、status、puid，其中 cid 是主键，是每条读书报告的唯一标识；uid 是外键，是用户 id；comment 为读书报告的正文内容；status 为读书报告评审状态；puid 为当前读书报告的评审老师的用户 id。

用户点击“提交”按钮时，读书报告的字数和篇数限制是通过 cid、uid、comment 三个字段判断。如果同一个 uid 下已经审核通过的 cid 数量不大于 5，且 comment 字段长度不超过设定值，则保存成功；否则给出相应提示，同时不保存，避免同一篇读书报告多次写入数据库。

4.2 评审调度子模块的实现

通过评审调度子模块，评审调度管理员可能选中若干读书报告，选择被授权的教师名称（如 test3），点击右侧“授权”按钮实现授权，如图 3 所示。

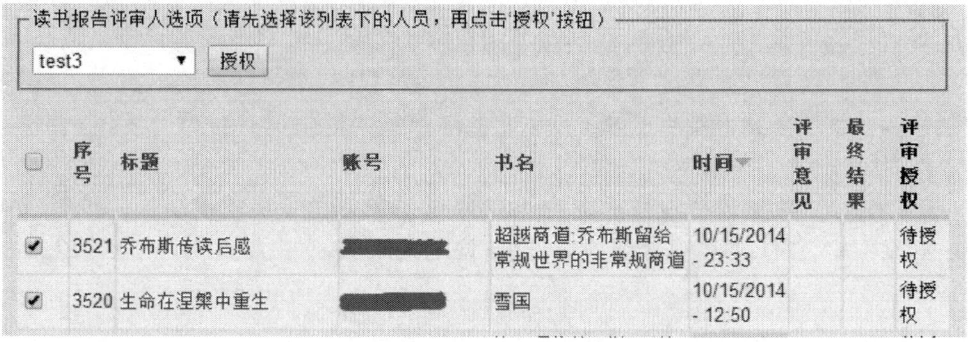

图 3　评审授权功能界面

实现这一功能时，先在数据库中新建 audit 表，存储 cid、uid、pid、aid 字段，其中 aid 为授权者的用户 id，pid 为被授权教师的用户 id；然后通过实现 comment_audi 函数，将被授权教师 id 批量或单独写入表中与 cid 对应的 pid 字段（如图 3 的例子，则是将 test3 的用户 id 写入 cid 为 3521 和 3520 对应的 pid 字段）。部分实现代码如下：

```
function comment_audit( $cid = NULL, $review_uname)
{
        $comment = db_fetch_object(db_query('SELECT c. * , u.name AS registered_name, u.uid FROM {comments} c INNER JOIN {users} u ON u.uid = c.uid WHERE c.cid = %d', $cid));
        $comment->name = $comment->uid ? $comment->registered_name : $comment->name;
    $output = '';
     if (is_object( $comment) && is_numeric( $comment->cid))
       { $output = drupal_get_form('comment_confirm_audit', $comment, $review_uname); }
      Else {      drupal_set_message(t('The comment does not exist.'));      }
       return $output;
}
```

4.3 报告评审子模块的实现

报告评审子模块中，评审老师只能看到授权给自己的读书报告，包括已评审和未评审状态的所有读书报告。针对待评审的读书报告，可以通过如图 4 所示的界面，选择成绩为“合格”或“不合格”，评语可以通过下拉菜单选择，也可以在空格中自行撰写；当空格中内容为空时，评语为下单菜单选中项；当空格中有自定义内容时，以自定义内容为准。点击更新，即可完成报告评审。实现这一功能需要向数据库中 comments 表中添加 finalresult 和 suggest 两个字段，分别表示成绩和评语；相应的评审函数则要判断最终写入的评语和成绩，写入数据库对应字段。

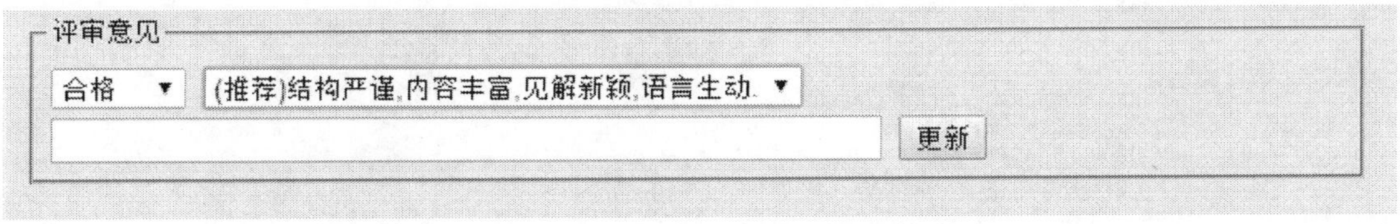

图 4 报告评审模块评审模板

4.4 查询统计子模块的实现

查询统计通过查询数据表 comments 中 status、finalresult 和 suggest 来读取相应读书报告的评审状态、成绩和评语，通过作者学号对应的 uid 来筛选出最终的结果，显示在用户的“我的账户”中，如图 5 所示是提交 5 篇全部评审后的结果截图。统计功能则是以时间或成绩为查询条件，将查询结果以 excel 格式从前端导出，方便成绩管理的老师统计学分。

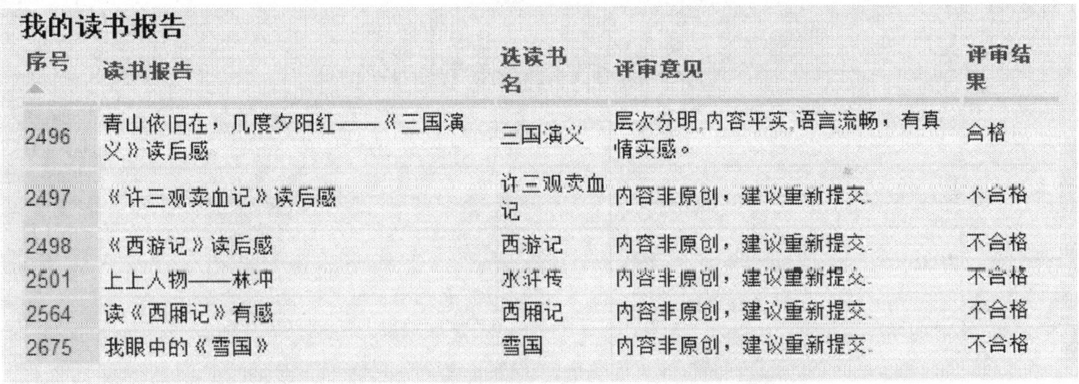

我的读书报告

序号	读书报告	选读书名	评审意见	评审结果
2496	青山依旧在，几度夕阳红——《三国演义》读后感	三国演义	层次分明,内容平实,语言流畅，有真情实感。	合格
2497	《许三观卖血记》读后感	许三观卖血记	内容非原创，建议重新提交.	不合格
2498	《西游记》读后感	西游记	内容非原创，建议重新提交.	不合格
2501	上上人物——林冲	水浒传	内容非原创，建议重新提交.	不合格
2564	读《西厢记》有感	西厢记	内容非原创，建议重新提交.	不合格
2675	我眼中的《雪国》	雪国	内容非原创，建议重新提交.	不合格

图 5 读书报告评审进度结果查询

5 应用效果

“经典阅读”网络平台读书报告管理功能于 2013 年 3 月上线。为评估其应用效果，本文对 2012 年 1 月至 2014 年 6 月的读书报告的提交、评审情况进行了分析。分析统计结果如下：

（1）教师评审效率显著提高。读书报告的授权、评审到成绩统计，都只需要点击按钮即可，减少了人工工作量，读书报告的篇均评审周期缩短了近 80%，大大减轻了评审老师的工作量。

(2) 读书报告数量增加一个数量级。如图 6 所示,2013 年上线以后,当年读书报告提交总数从 2012 年的 276 篇增长至 1388 篇,而 2014 年前半年的报告数量也已达 939 篇,总体较上线前增加一个数量级。

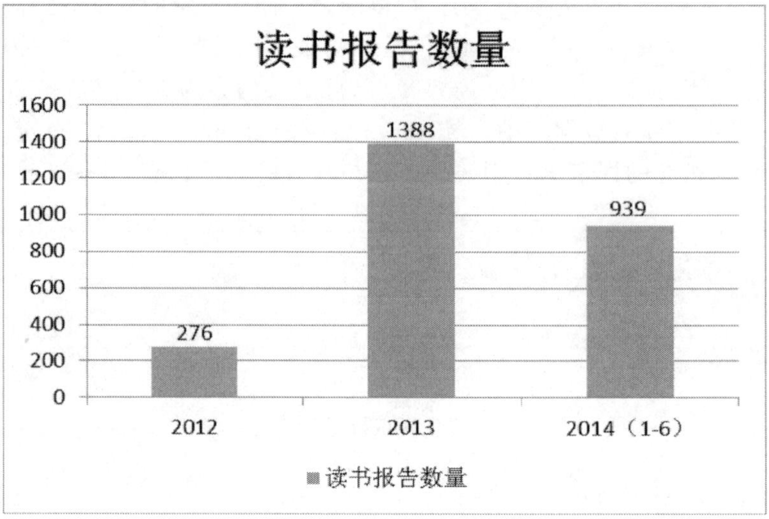

图 6 读书报告数量统计表

(3) 读书报告质量明显提升。2012 年读书报告通过率仅为 18.84%,其中抄袭网络内容是读书报告不合格的主要原因;2013 年以后,读书报告的通过率超过 60%并且呈现出上升态势。

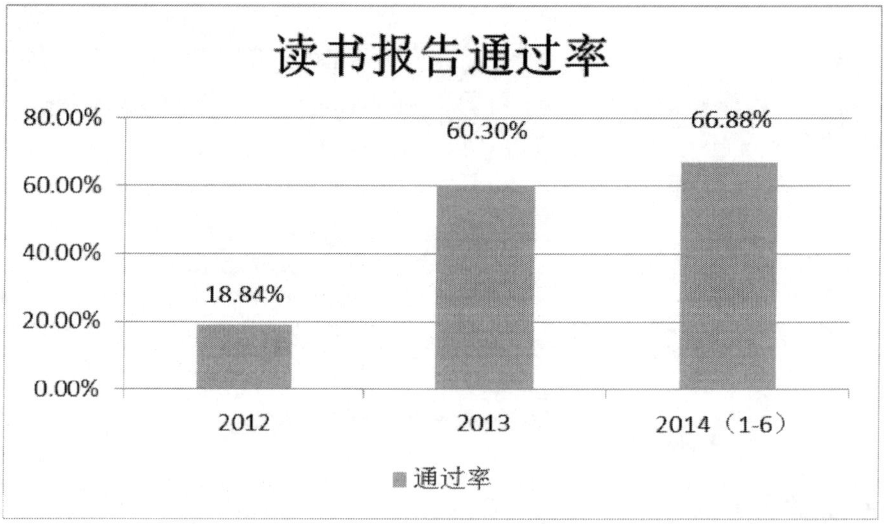

图 7 读书报告通过率统计表

(4) 学生阅读面有所拓宽。线上展示的"经典书目"约 300 种,学生阅读图书的种数在 2012 年不到三分之一,而 2013 年直线上升到 80.67%,增长了近 2 倍。

综上所述,读书报告管理功能上线后,2013 年较 2012 年读书报告的质和量都有明显改善,而且涉及的"经典阅读"书目也呈上升趋势。

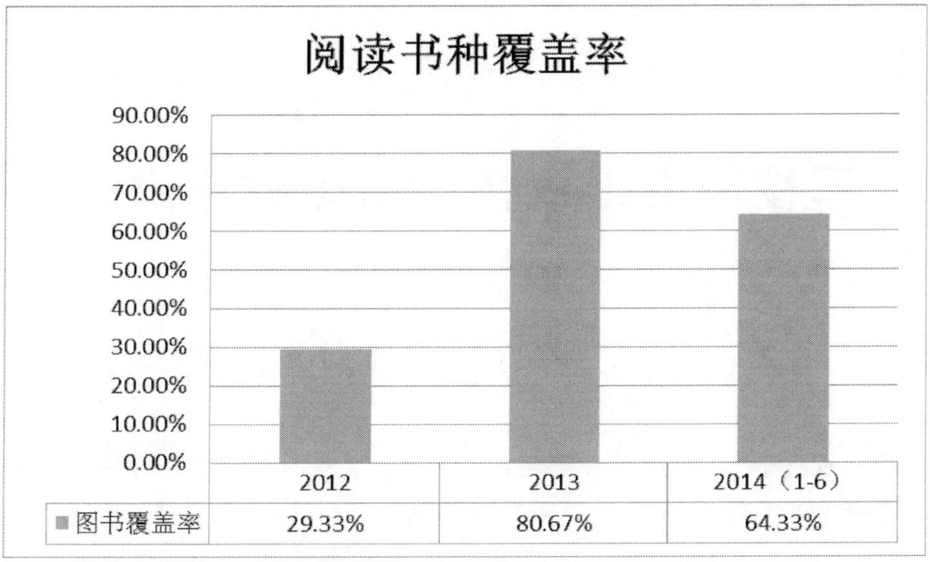

图 8 阅读书种覆盖率统计表

6 结论

“经典阅读”网络平台读书报告管理功能利用网络平台克服了传统读书报告管理中便捷性、时效性、公开性以及交互性等方面的问题，一方面通过提升评审效率减轻了教师的工作负担，同时间接地调动了学生阅读名著、感悟经典的积极性，使“经典阅读”教学工作的质和量都上了一个新台阶。

参考文献

[1] 北邮悦读书院[EB/OL].[2014-11-10]. http://211.68.68.196/HappyReading/Classic_Reading/.

[2] Wikipedia. org[EB/OL].[2014-11-10]. http://en.wikipedia.org/wiki/Workflow/.

[3] Drupal org[EB/OL].[2014-11-10]. https://www.drupal.org/.

[4] zhupou. cn[EB/OL].[2014-11-10]. http://zhupou.cn/.

[5] DrupalTaiwan[EB/OL].[2014-11-10]. http://drupaltaiwan.org/.

[6] Wikipedia[EB/OL].[2014-11-10]. http://t.cn/RzwH9Tp/.

军校图书馆机构知识库建设浅议

王 颖

（中国人民解放军国防大学图书馆，北京，100091）

摘 要： 机构知识库利用信息技术促进机构内的知识共享，使用户快捷有效的获取信息资源，实现对这些信息资源的长期保存和广泛传播，以便提高信息资源的利用率，及时准确地反应学科前沿动态及学者学术成就，达到知识再创造的学术交流目的。军队院校图书馆在资源建设中通常会遇到的资源持续性建设、特色资源的获取途径及时效性等问题在机构知识库建设的理念中能得到有效的解答。

关键词： 机构知识库　开放存取　信息共享

分类号： G250.7

Institutional repository construction of military academic libraries, shallow discussion

Wang Ying

（The Chinese PLA national defense university library, Beijing 100091, China ）

Abstract: Institutional repository using information technology to promote the knowledge sharing within the organization, the user quick and effective access to information resources, to achieve long-term preservation of these information resources and widely spread, in order to improve the utilization of information resources, timely and accurate response discipline frontier dynamic and scholars academic achievement, to achieve knowledge to create the academic exchanges. That commonly encountered in military academy library resources construction resources sustainable construction, resource access to features and timeliness in institutional repository construction problems such as concept can get effective solutions.

1 机构知识库的概念及其对军队院校图书馆资源建设的意义

不论是以借阅及藏书为主要工作的过去，还是借助飞速发展的信息技术来建设资源的今天，对于所有的图书馆来说，其核心内容及本质是服务读者。本着更好的服务用户，使信息资源的共享及使用更加便捷的目的，开放获取的理念被提出，继而以实现开放获取的机构知识库的概念便产生了。

1.1 机构知识库的概念

机构知识库又叫机构库、机构仓储，这一概念的提出，最初以开放存取为目的。开放存取的本质是让用户能快捷有效地交流及使用学术科研成果及前沿动态信息，实现信息资源的快速、广泛的交流与传播，提高信息资源的利用率，降低用户获取信息资源的成本，有利于保障信息资源的长期保存。其主要分支包括开放存取期刊库、学科知识库(Disciplinary Repository)、机构知识库(Institutional Repository，简称 IR)以及个人知识库。

机构知识库目前被普遍理解为某机构以网络为依托，利用信息技术对本机构成员在科研过程中所创造的一切智力产品，进行收集、描述、标识、组织、索引等工作，以实现对这些信息资源的长期保存和广泛传播，促进机构内的知识共享，及时准确的反应学科前沿动态及学者学术成就，以达到知识再创造的学术交流目标。就现有机构知识库建设的资源类型而言，不仅包括各种出版物、已经在学术期刊上出版的学术论文、会议文献，还包括大量未出版的预印本、学习资料、工作论文、视频、研究成果等不同类型的资源。图书馆建设机构知识库，相较于其他信息资源持有机构和知识服务机构来说，有着不可替代的优势。

1.2 军队院校图书馆建设机构知识库的意义

根据总部统一部署，全军院校自 2009 年普遍开展了原生文献资源建设工作。2010 年 5 月颁布修订的《中国人民解放军院校图书馆评估实施办法》规定，军校图书馆要建有本院(校)原生文献数据库，包括图书、教材教参、学位论文、期刊论文、研究报告等资源，要求 1999 年以来的原生文献收藏率和数字化率达到 90% 以上。机构知识库资源建设的职能不仅符合目前军队院校图书馆对原生文献资源数字化建设要坚持“面向应用、面向服务”的总体思路，并且在已有的资源建设的基础上进行机构知识库建设，有利于最具保存价值的特色信息资源的长期保存和积累，及信息资源的可持续发展，对于打破因网络限制造成的信息交流的局限性，促进今后院校间资源合作开发，促进军队院校图书馆发展及壮大，使实现“全军院校一个馆”的建设思想成为可能。

2 军队院校图书馆机构知识库建设的优势

2.1 促进工作模式的转变

一般来说，目前军校图书馆原生文献资源建设普遍沿袭的还是传统的图书馆工作模式，即文献信息资源的收集、加工、标引、发布，每一步都由图书馆工作人员完成。而通过借鉴高校图书馆、公共图书馆及科研机构的机构知识库建设可以看出，针对参与信息资源建设人员少、资源建设可持续长期发展的必然性等特点，机构知识库的优势在于：利用选择性使用软件平台，在严格遵守军队制度、政策的前提下，能有效化解个人之间、个人与单位（包括本单位及其他单位）沟通不利等障碍；由图书馆自己关起门来搞建设，发展为“图书馆为人人服务、人人建设图书馆”的局面，充分地调动起所有使用者的积极性和创造力，让用户担当起“服务对象”与“合作者”的双重角色，而将图书馆员的主要任务转变为信息资源的把关人、机构知识库平台管理人，由此大幅度提高资源的采全率及采准率，进而提高图书馆的服务质量。

以某高校图书馆的机构知识库为例，其自 2002 年开始建设，以自建资源为主，建成了教师文库、博硕士学位论文资源库、学科专题库（包括学科相关的论文库、著作库及课程信息库等分支），各知识库都允许进行元数据及全文信息的采集，并可以对元数据进行进一步揭示，并留有入口针对后续可扩展服务内容，可以选择性的对相关信息集成；资源采取部分开放或者允许用户自存档，提高了用户主动检索准确率，并且各个特色数据库间也可实现跨库访问。

其中教授文库的建设，采取了教授个人提交、其他用户——包括学生用户可以补充提交的方式，这样一来，对于这位教授研究方向感兴趣的学生或者教授指导的研究生们会在自身学习需要及信息交流需求的基础上，将其学术信息补充的更加完善，而且并不需要单位之间或个人之间的沟通，这无疑会在降低时间、人力成本的同时，大大地提高信息的查全率和查准率。这样的工作模式，将图书馆员从繁杂重复的搜集工作中解放出来，既避免了因为专业知识的缺失造成的元数据的错漏，也提高了图书馆员的工作效率；用户的参与更加深了用户与图书馆的联系，从而得到“忠实用户群”。

2.2 便于资源建设内容的扩展

目前军队院校图书馆的机构知识库建设，普遍在认识上都会将其与现有的原生文献资源建设联系起来，但除了对已有的显性知识的管理外，机构知识库建设的范围还可包括对隐性知识的挖掘，如学者对学术问题的随笔，对某些军事问题的看法；学员在学习过程中记录的针对性强或者思路广阔的资源来源；以专题形式展开的讨论模式得到的知识集（这往往能使学员教员在畅所欲言的学术交流的同时，得到更多的创新思路）。同时利用已有资源，通过二次开发可建成个性化服务的特色数据库：如军事人物库、武器装备库等。

2.3 推动图书馆及图书馆员职责的转变

军校图书馆以往信息资源建设的目的只是单纯的单向服务用户，缺乏与用户的交流及互动，因此不能充分顾及到提供知识的时效性。而科研人员及教员往往希望与所研究领域的发展保持同步，高效地利用研究时间和有限资源，及时地获取优质的信息，以保证研究方向和成果的最优化；学员也希望在课堂学习、在线课程等模式外有更多的学习交流方式，对前沿知识最大化的扩展。机构知识库所提供的开放平台，能够通过不断的探索新的工具和技术，为所有用户提供快速、可靠的信息服务。

如前所述，交互式的资源建设服务，将图书馆员从繁重的工作中解放出来，但这并不代表图书馆员的工作内容就会简单轻松。相反的，机构知识库建设推动了学科服务，使图书馆员的职能必将转变。在大数据时代来临之时，新的信息环境下为实现知识管理和知识服务模式的完善和创新，图书馆对资源建设及日常工作中产生的大规模复杂数据越来越有必要进行处理和分析，通过这些分析可以掌握用户的需求、预测用户的行为，为个性化服务提供基础。军队院校图书馆员为了适应资源建设及新的服务模式的需要，不仅需要巩固专业知识，还需要有创新的思维，通过不断的学习，保持新观念，掌握新技术，最主要的是强化自身的军事素养，不论是综合性院校还是专业性院校图书馆，是否已建立学科馆员制度，都应以学科馆员作为职业发展目标，为用户提供深入、主动、融入式的知识服务。

2.4　实现资源的灵活共享

为了改变以往只是简单通过IP限制达到信息资源使用控制的局面，参考现有的机构知识库的建设情况可知，通过开放平台可以设置具有知识产权保护机制的分级的用户授权方式，定制数字资源上传分级审核工作流程，从而实现灵活地共享信息资源的目的。针对军事院校的资源特点，可以在同一网络环境中，用户授权方式能够最大程度地避免因为少数敏感资源，而限制其他信息资源的共享和使用的情况。这种用户授权的方式可以参考我国通信实名制的做法，这样对图书馆员掌握使用者的使用偏好、访问情况、对资源建设的贡献等方面也提供了便利，为个性化的定制及情报服务提供了途径；同时，也大大降低了信息提供者对于知识产权及用户隐私问题的顾虑，从而提高信息采集率。

3　军队院校图书馆机构知识库建设的技术支持分析

机构知识库是一个开放的信息交流平台，具有Web2.0时代用户参与内容建设的特色，可以利用开源软件和wiki共建的理念，发挥群体力量的作用，减少作为信息资源管理者的馆员的基础建设工作，即文献信息资源的收集、加工、标引及发布等，把通过网络提交的，或者是收割来的信息资源进行必要的审核、元数据规范后就可以在机构知识库中发布了。

3.1　构建机构知识库软件分析

对于机构知识库建设的软件使用，大多数机构倾向选择的是开放源码软件，因为开放源码软件可以自由下载并可根据自身需求对代码进行修改，降低了建设成本，提高了个性化服务的程度。常用的软件平台包括Dspace、Eprints、Bpress、Opus、ETE-db。以Dspace为例，这是一个开放源码的软件平台，由麻省理工学院图书馆和惠普实验室联合开发。Dspace的代码均用Java语言编写，使用DC元数据标准，具有完备的元数据体系，包括管理元数据、结构元数据和描述元数据。Dspace提供三个界面，分别服务于系统管理员、资源提交者和查找信息的终端用户，具有很强的灵活性和可定制性。根据OpenDOAR的统计数据，目前有近三分之一的开放数字知识库是基于DSpace构建的。目前对于Dspace应用于机构知识库建设的研究已经比较成熟，从系统安装说明、按需求配置方法，到系统架构设计、系统功能描述、可优化措施等，能够为军校图书馆机构知识库建设提供很多参考。

3.2　资源可提交方式

机构知识库的信息资源提交可以分为三种方式：自提交，强制提交及他人提交，针对不同的内容提交方式或者信息资源建设，可以采取不同的技术支持。具有智能化用户交互功能的Wiki是支持多人协作式写作的超文本网络写作工具，在wiki的支持下，每个人都可以发表自己的意见，或者对共同的主题进行扩展或者探讨。其开放性和协作性为学术交流提供了一种全新的模式，实现了分享、交互、创造知识的目的，有利于提高用户参与建设信息资源的积极性及对隐性知识的挖掘，因此适用于自提交及他人提交的方式。

利用合理机制也可以提高信息资源的提交率。以"百望军事文库"为例，采取了自提交的激励机制，以用户上传自有资源方式，自主规定阅读或者下载此资源的虚拟价值，以获得的虚拟价值换取所需资源，促进内部知识共享，进而促进知识再创造，提高用户自觉自愿及主动参与的意识。

除此之外，构建自由讨论方式的信息平台、以迅速收到反馈信息为目的的个性化信息推送，都是可以考虑加入的平台搭建方式。

4 军队院校图书馆机构知识库建设的建议

4.1 军队院校图书馆机构知识库建设的重点

军事学科信息资源有其自身特点，这也就是相对于高校图书馆、公共图书馆及科研机构来说，军队院校图书馆真正实现开放获取更加困难的原因。

就目前军队院校图书馆信息资源建设情况来看，以原生文献资源建设为例，其主要资源类型是本院校产生的图书、连续出版物、会议论文、学术论文、学位论文、教材、正式讲义、教学成果等，这与普遍认识上的机构知识库建设的资源类型有相似之处。但是，军校的教员在长期授课及专题研究过程中积累的工作笔记、论文、未出版的预印本、研究成果，学员在学习过程中搜集整理的学习资料等灰色文献，往往才是具有很高利用及研究价值的原生文献，但因为其获取途径、内容敏感度、整理搜集方法等问题限制，并不能发挥重要的作用。

图书馆对这些文献以往采取的通常是定向搜集、被动提交的方式，无法充分调动信息提供者的积极性。而机构知识库不仅可以作为图书馆的，也可以建设成为信息提供者及作者的知识管理工具，为所有用户保留可定制知识服务的可能，从而充分调动所有参与者的积极性。

4.2 军队院校图书馆机构知识库建设的发展参考

军队院校图书馆建设机构知识库除了有利于资源建设、推动图书馆的进一步发展，更重要的是为实现全军院校信息资源的共建共享提供有效的平台及交流的途径。在此前提下，笔者以中国科学院机构知识库网络集成服务门户（CAS IR GRID）为例，思考军校图书馆机构知识库建设可以借鉴的思路和方法。

4.2.1 中国科学院机构知识库建设

中国科学院国家科学图书馆建设的中国科学院机构知识库网络集成服务门户 CAS IR GRID，是为了定期采集中科院各研究所 IR 数据建立的联合机构知识库服务网络。其对各研究所 IR 元数据自动采集收割，提供集中揭示与集成检索服务，并提供浏览下载统计服务。IR GRID 以发展机构知识能力和知识管理能力为目标，快速实现对本机构知识资产的收集、长期保存、合理传播利用，积极建设对知识内容进行捕获、转化、传播、利用和审计的能力，逐步建设包括知识内容分析、关系分析和能力审计在内的知识服务能力，作为本所的机构知识库系统，基本功能是存储和保存本所及其员工创造的各种形式的研究和工作成果。其内容提交责任人包括：(1)本所全体员工，包括本所全体职工、学生及直接合作者。提交的资源内容包括：内容提交责任人在本所工作、学习期间所创造的知识内容和知识产品。其中，直接合作者主要指在本所直接资助下或主要以本所名义参与有关工作的人员，包括项目聘用人员、委托研究人员、参加本所资助项目的合作研究人员等。(2)其他合作者。指由本所牵头的共同项目的参加者、本所受委托组织项目的参加者、本所主办承办的会议的参加者等创作的知识内容。可委托授权与其合作的本所成员将作品代为提交。

4.2.2 参考与借鉴

中科院国科图在机构知识库建设中主要关注三个方面，即政策研究、技术开发和服务支持，其建设重点并不是技术平台的搭建与数据的存储，而是服务建设。针对军事资源的特点，军队院校图书馆所需要建设的机构知识库，其核心不仅仅应该是信息服务的产品，即信息资源数据库，机构知识库更应该被理解为一种理念，包括一系列知识管理机制、知识能力建设机制、建设规范及进一步发展的知识服务；同时也应该是机构实施知识管理(即对知识的生产、获取、保存、传播、使用和创新的管理过程)，及有效管理机构知识资产的工具；建设内容不仅应该包括对机构内产生的学术资源等显性知识的管理，还应包括对已有资源以及隐性知识的开发、进行知识挖掘以及揭示后重新组织建设知识库；在统一的政策指导下，机构知识库联盟的建立将延续并扩展以往军队院校图书馆合作交流，进一步推动全军院校信息资源的共建共享。在借鉴已有的、成熟的机构知识库建设思路的同时，明确自身建设重点，理清思路，降低时间成本，尽早优化军队院校图书馆资源建设方式和服务方式。

4.3 结语

综上可以看出，资源丰富的机构知识库服务网络使知识资产的最大化共享和使用成为可能，通过有序、有效的资源整合，才能够为用户实现精确的知识服务。因此，对于军队院校图书馆来说，在总部指导下，各军校图书馆在目前合作内容的基础上，也可以采取选择性的信息共建共享，使得自身机构知识库能够最大化的接近开放获取，在服务用户的同时，依靠用户的力量共同建设图书馆，信息资源建设如果能从自家建设转变为大家建设、全军建设，减少技术及资金等问题的阻碍，将有更加长远的发展空间。

参考文献

[1] [ER/OL],[2013-03-01],http://www.irgrid.ac.cn/

[2] 张冬荣，祝忠明，李麟，王丽. 中国科学院机构知识库建设推广与服务[J]. 图书情报工作，2013.01，(1)

[3] [ER/OL],[2014-02],http://www.dspace.org

[4] Open DOAR-Directory of Open Access Repositories. http://WWW.opendoar.org [2008-08-06] (Accessed Jan. 20, 2009)

[5] 翟东航，张娜. 面向军校原生文献资源共享与利用的机构知识库服务研究[C]. 第十六届中国竞争情报年会，2010.

[6] 郎庆华. 学术机构库自存储资源的质量控制策略探析[J]. 情报杂志，2009，(02).

[7] 曾苏，马建霞，祝忠明. 机构知识库联盟发展现状及关键问题分析[J]. 图书情报工作，2009，(24).

[8] 翟东航，张继军. 军队院校原生文献资源数字化建设问题及对策研究[J]. 情报理论与实践，2010 (2).

[9] 周洪斌. 高校图书馆在机构知识库建设中的作用[J]. 山东图书馆学刊，2009，(06).

[10] 刘玉红，史艳芬. 机构知识库成功创建和可持续发展的要素研究[J]. 图书馆杂志，2010，(02).

[11] 程波. 机构库的现状与发展对策研究[J]. 科技情报开发与经济，2009，(16).

[12] 贺兰芳. 高校图书馆创建机构知识库的意义及其发展趋势[J]. 农业网络信息，2010，(02).

科学数据监护与云服务研究

崔　雁

（北京交通大学图书馆）

摘　要：科学数据监护工作涉及范围广泛，其中许多可能更适合在云环境中进行配置。其范围从资源密集型任务，到通过网络云服务促进每天的日常协作活动。处于科学数据监护生命周期中的各个参与者，了解云服务及相关成本、风险和收益问题，并将云服务方式与目前所采用的工作方法进行比较，可以识别云技术最有利的用途，促进科学数据监护工作的开展。

关键词：科学数据　数据监护　云

可靠的数据是从事科学研究的基础。科学正在向数据密集型和协作型发展[1]，由于数值模拟与建模，自动化数据采集和通信技术的发展，收集、分析、再分析和存储的数据量有大幅度的增长[2]。继先前的实验、理论和计算研究范式后，这个新的时代被称为第四范式数据密集型科学发现时代。科学数据不仅仅是科学研究的结果，而且向新的假说提供支持，促进新的科学见解和推动创新[3]。而科学数据监护一种管理，为科学数据和其他数字资产的可重复性和再利用提供管理。

科学数据监护工作涉及范围广泛，其中许多可能更适合在云环境中进行资源配置。云环境有利于迅速提高配置资源的能力，适合于资源密集型任务；而云服务的高度灵活性又可促进机构的日常管理工作。云环境下的数据监护，既有风险也有利益，本研究从几个相关案例探讨其适用情况。

1　研究背景

研究人员产生的数据比以往任何时代都更多。技术进步驱动科学研究，提高了收集数据的准确性，灵敏性和多样性[4]。同时研究人员跟踪、汇总、抽象、改造和普遍地重新利用现有数据，以推动数据驱动的研究。所有科学数据都是学术交流体系的基本组成部分。如果我们管理和维护数字数据的能力，不能与产生数据的能力保持同步，就可能对学术研究造成损失。

1.1　云

在讨论网络技术和服务时，“云”这个词几乎无处不在。云服务的范围从谷歌文档[5]提供的在线文字处理，到如亚马逊[6]提供的云存储和计算。美国国家标准与技术研究院[7]（NIST）2011年九月确定了其“云计算”的定义：(1)按需自助服务。用户在需要时可以自助获取资源；(2)广泛的网络获取。资源在网络上通过标准工具使用获取；(3)资源库。根据需求，资源在用户之间共享。用户通常对资源的位置没有或只有有限的认识；(4)灵活性。用户可以根据需要方便地提供或释放资源。可以显示给用户的可用的资源层级实际上是无限的；(5)可计量服务。资源的使用是可计量的，并在此基础上向用户收费。

1.1.1 服务模式

上述特点部分可以重叠并相互依存，不过从中可以很容易看出这些特点适应服务的方式，比如亚马逊弹性云计算（Amazon EC2），是由亚马逊公司提供的网络服务，是一个让用户可以租用云来运行所需系统。EC2借由提供网络服务的方式让用户可以弹性地运行自己的亚马逊机器镜像文件，用户将可以在这个虚拟机上运行任何自己想要的软件或应用程序。用户可以随时创建、运行、终止自己的虚拟服务器，按照使用时间来付费，也因此这个系统是“弹性”使用的[8]。但尽管EC2和谷歌文档在云计算定义涵盖的范围内，但他们显然是非常不同的服务。为此NIST定义描述三种服务模型：

(1) 基础设施即服务。基础设施即服务（IaaS），允许用户访问基础运算资源，部署与执行操作系统或应用程式等各种软件。但是，用户不能访问底层云基础设施。最突出的例子可能是亚马逊不断发展的网络服务。亚马逊EC2允许用户创建和管理虚拟服务器，而他们的简易存储服务（S3）提供数据存储基础设施。

(2) 平台即服务。平台即服务（PaaS），使用户能够在供应商提供的云服务基础设施上，使用供应商提供的支持工具来配置应用程序。但包括操作系统在内的基础设施，不在用户的控制中。谷歌应用程序[9]是一个很好的PaaS例子，用户可以以Python或Java来编写配置应用程序，充分利用一些内置到平台的应用程序编程接口。微软系统的Azure[10]同样允许用户，以一定范围内的语言编写应用程序进行配置。

(3) 软件即服务。软件即服务（SaaS），使用户能够在供应商提供的云服务基础设施上，运行应用程序。用户一般使用网络浏览器访问软件，而在一般情况下，这些应用程序传统上是通过用户自己的计算机上由专用软件提供的功能。上述的谷歌文档就是一个这样的例子，项目管理应用大本营[11]是另一个例子。这些应用程序通常包括协作和共享功能，而这些功能在桌面软件中更难以实现。

原则上，服务模式的类型与用户通过该模式处理什么内容无关。此外，云服务的用户，不关心或至少是没有必要关心该服务的基础设施。PaaS或SaaS服务可能必须建立在IaaS服务上，或在PaaS平台上建立SaaS应用程序。而前者可能更为可取，以实现用户创建服务可能需要的容量灵活性。

1.1.2 云配置模型和供应商的特点

NIST的报告还定义了四个配置模型：

(1) 公共云。公共云服务，使广大公众可以使用云基础设施，提供给用户快速可扩展性服务，以及较低的初始设置成本。谷歌应用程序是一种通过公共云提供的通用SaaS应用套件。百度发布云战略。全面开放站内数据API[12]。为开发者提供开发，运营，渠道，变现四个方面的服务。

(2) 社群云。社群云所提供的基础设施，为一个特定的社会组织共同关心的问题专用而进行配置。因为访问被限制到特定的用户，社群云可能比公共云的安全风险更少，然而，因为更多的经济规模限制，往往在适应用户需求上灵活性更弱，成本更高。

(3) 私有云。私有云，由一个组织或代表组织的第三方拥有和经营。出于这个原因，云服务的许多好处，例如，外包信息技术基础设施和规模经济不太明显，但安全风险和数据传输瓶颈问题得到缓解。

(4) 混合云。混合云是一个组合，由两个或两个以上不同的云服务基础（私有云，社区云或公共云）架构组成，虽然保持各自特点，但相互连接允许数据传输。一个公私混合云，内部可以用来存储敏感数据，而其他数据外包存储。

1.2 科学数据监护

科学数据监护有许多定义，本文采用一个宽泛定义，主要与数字策展中心的生命周期模型[13]一致，涵盖了数据管理包括从构思到最终结果出版的全过程。在与数字监护挑战相关联的背景中，考量一系列的参与者。从传统存储机构，以确保数字资源持续的易用性与可用性；到高等教育机构，以适应资金提供者日益严格的数据共享和管理需求。

2 科学数据监护云服务方式

2.1 科学数据监护几朵云

2.1.1 Eduserv 教育云

Eduserv[14]教育云作为社群云于 2012 年 1 月推出，服务于英国高等教育界。教育云是一个基础设施即服务(IaaS)模型，并满足参与机构在高峰期时，快速访问云存储和计算的需要。定价模型（按需付费或虚拟数据中心）的可选择模式，允许机构控制成本，这将有望实现显著提高效率节省资源的目标；同时向学生、研究人员和其他工作人员提供不断改进的 IT 服务。来自 JISC 云监护工作组[15]的 Eduserv 的安迪·鲍威尔，建议更多引入 PaaS 层面，进入服务组合。用户可以在写作的同时使用 Eduserv，但由于缺乏自我服务接口和计费机制，这意味着，目前提供的服务内容，在某种程度上落后于最希望从云中获取的内容。

当数据存储在公共云中，如谷歌应用程序或亚马逊 S3 时，是无法控制它的确切位置或存储方法的，服务水平协议可能会限制应承担的责任。例如，谷歌应用程序的服务条款声明[16]，如果谷歌应用程序遭到损坏、毁坏、遗失从而无法访问数据，不论破坏是如何造成的，用户没有权利要求补偿或补救。考虑到云中数据安全的问题，或与云的物理位置相关的司法管辖区的问题，在某些情况下，相关法律的制约可能不太适合这种模式。因此，敏感信息或与个人相关的数据，与知识产权相关的数据，或管理要求高的数据，就可能与一个或多个云服务或服务提供商不兼容。而与此相对应的是管理与遵守的问题，要求符合信息存储的规则，其中包括管辖权问题。就其性质而言，一些云服务隐性地不符合这样的要求。不过正如下文所述，监护社区依靠一些成功的第三方，托管和远程获取应用程序，来进行规划、描述与验证，采用类似于 SaaS 或与 SaaS 类似的服务模式。

Eduserv 云，为高等教育的长远利益而运行，直接在 JANET 主干网运行。不过，使价格下降到与亚马逊式的商业运作匹配一直是个难题。不过可以认为 Eduserv 教育云是商业云服务供应商很好的替代品。前期试验性地免费提供服务,然后采用按需付费方式,以按月和按年的成本模型来处理数据和存储。虽然它的成本高于其他供应商,但作为JANET网络的一部分,可能意味着数据传输的时间和成本的节约。

2.1.2 牛津大学共享数据中心

牛津大学的共享数据中心[17]成立于2011年,并提供大学内各个分校的一个私有云使用。通过IaaS服务模式,提供计算资源的共享池,使研究项目与各部门,按需直接购买和管理虚拟化计算和存储资源。虽然目前云服务只在内部使用,但数据中心有进一步的计划,扩大为混合模式,指定部分云为公共云,将非敏感数据转移到潜在的第三方托管,将这部分云向其他组织开放。

私有和社区云往往倾向于由少数数据中心操作,或者通常只由一个数据中心管理,所以数据中心遇到的任何问题,如发生停电或网络故障,都会显著影响服务的可用性。而公共云更有可能通过多个数据中心分发数据和服务,从而抵消或降低这种风险。云服务,适合异地冗余存储,以补充本地设立的系统架构的不足。

2.1.3 Kindura

Kindura[18],是一个混合云模式试点,由内部服务和各种云服务相结合实现,包括IaaS和SaaS,由Duracloud[19](见下文)提供中介服务。Duracloud服务管理这些不同服务的互操作性,不管资源在哪里以及是如何存储或处理的,确保向最终用户提供标准接口和资源的无缝访问。商用云和iRODS[20]服务相结合,提供一个框架来管理跨多个供应商的存储,并获取共同保存服务内容。在iRODS内根据一组相应规则来实施存储决策(本地方式或使用云存储方式)。只有二进制对象存储在云中,相关的元数据和Fedora对象都存储在本地。规则引擎基于用户的元数据提取,根据机构和供应商的政策,来确定数据应该存储在何处。规则可以改变,而无须重新生成代码,可以提示用户执行迁移,或自动执行迁移。混合云模型,使研究人员能够充分利用增加的云存储和云服务能力,同时将敏感数据保存在内部。Kindura已经成功地证明,采用这种模式,可以节约成本,这种类型的服务可以更有效地使用内部存储,从而有可能减少因保持内部的存储和处理能力而产生的开销。

2.1.4 蓝海在线

蓝海在线[21]是中科院计算机网络信息中心基于海量存储环境研发的自助式存储管理平台,提供在线存储和在线备份服务。"十一五"期间,中科院已建成了总容量超过6PB的海量存储环境。蓝海在线重点面向科研活动需求,为科研团队和科研工作者提供云服务模式的在线存储空间。中科院内符合要求的用户可以申请单位账号或个人账号,随时开通在线存储服务,享受专业运维的存储备份环境,远程管理和分享数据。

在国家"十二五"发展规划、国务院《关于加快培育和发展战略性新兴产业决定》中,明确重点培育和发展新一代信息技术等战略性新兴产业,促进云计算等新兴信息技术的研发和示范应用。国家在北京、上海等五个城市建立了云计算服务创新示范城市,国家有关部委积极的推进自主可控的云计算技术体系和产业链构建,全国各地也在积极推进本地云数据中心、云应用系统的建设,全国性的云计算产业布局正在形成,中国云计算已经从概念逐步走向深入实践阶段。据CCID报告,2012年中国云计算产业规模将达2750亿,其中以服务器、存储等云计算基础设施投入占全产业的近一半[22]。

2.1.5 使用云以补充现有的系统

利用云服务，不必要将之视为一个全有或全无的过程。Kindura 说明，不同的云服务，可以有效地结合起来，与之类似也有许多其它例子，云服务与离线本地存储内容有效地整合起来。在 JISC 监护和云服务研讨会上，克里斯卡彭特解释说[23]，互联网档案馆在自己的数据中心保存核心集合，但在云中定位元数据、索引和各种子集，使用云资源来进行不同的监护工作，包括自动化元数据与提取链接，格式迁移，聚合与获取等。尽管商业供应商有其各种好处，如用于存储和处理的编程接口，技术支持和运营故障排除，以及数据的可靠性和可用性等，但依赖于商业供应商一定有风险性。

当考虑由云服务提供商外包计算资源时，必须解决服务可能会变得不可用的风险。利益掠夺性侵占或"供应商锁定"可能是有风险的，在缺乏标准化的应用程序界面与服务时，就意味着改变供应商潜在的高昂的成本。欧洲联盟有一个云服务战略[24]，强调标准化和互操作性的必要性，以在整个欧盟提升云服务。IEEE 标准协会也在致力于推动云互操作性标准[25]。

更为通用类型的任务，当然由分布广泛的云服务基础设施提供服务更好。然而对于适合云服务配置的更细分的任务，则可能需要建立新的云服务。类似存储，数据迁移（也被称为格式转换），社区关注（客户关系管理），以及处理（删除）任务，远远超出了直接的数据保存适用范围，因此，在此基础上至少要有更直接的云发展可行性。与之相对，更明确的保存工作，如内容描述和信息定义的表示，目前任何明确的云服务都不提供。现有的拥有大量投资的注册类型的资源，提供了多种类似云的利益（如广泛的网络可用性），包括 GDFR[26]，PRONOM[27]，及 DCC 卡斯帕工具 RRORI[28]，这些可以用于对云服务进行有益的重塑，但是这也意味着进一步的投资。

2.2 科学数据监护中间服务

2.2.1 Duracloud

Duracloud[29]是一个软件平台和云中介服务，它通过多个云服务供应商确保存储内容，其特点包括备份与复制，云供应商重新谈判，完整性检查，同步与内容共享等组合功能。其定价计划，范围从基本归档（相当于备份和完整性检查和有限的共享），或基本获取方式（去除完整性检查，但增加了更丰富的内容获取与转换功能），到更完整的专业保护解决方案（结合了其他所有功能，并增加了冗余分布式备份和同步功能）。

Duracloud 背后的理念，似乎是将保存过程简化为一键式。Duracloud 存储与备份覆盖范围令人印象深刻，它利用图像变换、文件识别和共享等完整的工具来促进保护规划。不过，任何一键式方法在其本质上，落后于专业管理，专业管理能从真正的保存中区分出存储。Duracloud 是一个用于保存和监护工作潜在的非常有用的工具，但在何种程度上，它能完全发挥作用，将机构或个人从那些需要手工操作的、专业的或依赖于情境的任务中解放出来，比如制定保护规划和进行必要选择时，Duracloud 的作用可能会受到质疑。Duracloud 的主要优势是，保证提供数据的完整性，并在一定程度上减轻了硬件购置和维护的负担，降低与云供应商谈判的成本。

Duracloud 服务所有可行性的风险将最终影响其可信性。减轻最终用户的负担同时也意味着，与供应商建立关系的机会在降低，这种关系可能只是概念上的，而用户可能将不得不持续依赖 Duracloud。尽管 Duracloud 软件组件是开放源码的，但服务组件对长期保存显然是最关键的。愿意利用云服务进行外部托管的用户可能会心有芥蒂，感觉自己离自身的数据尚有距离。DuraCloud 声称，即使供应商锁定或发生特定事件，即使是 DuraCloud 停止服务的情况下，用户仍可继续访问他们的数据，对于用户没有什么风险，但目前尚不清楚，用户与中介服务之间的紧张关系如何有效解决。

2.2.2 JANET 中介服务

Janet 中介[30]服务，主要致力服务于英国高等教育与成人教育组织，该组织正打算将服务大规模迁移到 IaaS 云供应商上。该服务提供了采购框架，通过框架组织可以确定自己的要求，决定哪些云供应商最适合自己的需求。Janet 中介服务，与八个云供应商接洽，组织可以通过该框架获取相应服务，包括 Eduserv，戴尔和威瑞森通讯公司等。每个供应商通过该框架提供服务，每个供应商都经过严格的遴选程序，以确保他们坚持质量管理和安全标准，遵守数据保护法，有相应能源效率政策，服务器位于欧盟。中介服务免费提供给高等教育与成人教育组织，中介服务部分依靠组织所选择的云供应商征收的 2%的手续费维持。

Janet 所提供的中介服务与 Duracloud 提供服务显著不同，在最初选择云服务提供商时就提供帮助和建议，而不只是充当一个持续的单一接入点，通过这一点，一个或多个供应商的服务在很大程度上已抽象化。在云采购过程中，可用性的公正、专业意见，都将极大有利于机构，确保供应商遵守相应法律义务，其它性能测试也能证明这种方式更为有利。

云用户的一大考虑因素是信任。服务或服务供应商是否足以信赖，对用户而言非常重要。尤其是在处理关键任务时，信任尤其重要。保存团体有许多正式和事实上的标准可用来参考，以确保存档与知识库的安全。云服务提供商必须通过类似的审查，这一点很正常。毫无疑问，如果有明确的服务水平协议和合同安排，类似永久存储服务，就更具可行性；这些协议可以确定基础设施，相关的防灾规划，第三方托管服务，退出与继承安排等等。Janet 中介服务是否可持续还有待观察，它是否可向机构提供持续服务支持，超越其最初的采购框架，而进入长期的阶段，在对云服务提供商及其产品或服务的资质认可上发挥更大的作用，需要时间来证明。

3 科学数据云监护可持续发展模式

鉴于云服务提供商的经营规模，相比规模较小的组织他们可以利用规模经济，更有可能以较低的成本来采购设备，如带宽，进行存储和管理。节省下的成本可以转移给最终用户，使最终用户也以其它方式受益于资源池。数据云存储本身与本地存储相比是相当便宜的，除此之外，用户想要用来处理或分析数据的工具，可以充分利用云端多个虚拟服务器，以快得多的速度完成工作任务。

3.1 云服务成本分析

2012 年 JISC 顾问柯蒂斯和卡特赖特[31]的报告介绍了用于研究的云服务，指出用户普遍对许多与计算服务相关的隐藏成本一无所知。在外包到云时，企业日常管理费用，如电力、建筑、行政管理、维护、备份和软件许可也进行了转移，这时应考虑所有云和内部 IT 资源之间的比较。云是一种实用工具，云服务资源从不为用户“拥有”，这意味着必须持续付费。这可能就对长期获取目的构成风险；而对相对短期项目而言，项目预计机构可能提供某种程度的存储和资源，但事实上资源超出了项目的业务能力范围，这也是问题。大卫·罗森塔尔[32]提出，与云相关的成本节约,很可能是微不足道的,虽说本地成本远远超出了与采购存储介质和硬件相关的成本。当然云具有同样复杂的成本,如管理迁移过程就可能是昂贵与复杂的。

但不论在何种程度上利用云,对专门的技术支持人员的要求,都不大可能完全降低。技术人员支持研究和相关数据监护和保存活动的职能,可能会发生变化,但这种变化的程度和性质还需验证。对潜在的需专业支持的高要求的任务,如数据创建、解释、选择和评估,云服务模式远不能抵消这些最可观的成本。但专业支持在一般维护服务方面则相应不太重要,这种一般性的服务就可在云上大规模再造(例如存储),这时可能有资源的节约,不过更重要的是资源的调整。此外,不应该忽视数据在云中输入与输出的带宽成本。虽然许多云供应商,提供无限量的免费输入数据带宽,目前超出带宽使用按每 GB 收取费用,但这样的费用很容易上升。

3.2 云服务可持续发展

蓝丝带工作组 2010 年发表其最终报告,可持续发展的数字资源长期保存与获取[33],主张可持续发展需要采取的三个原则性行动;价值主张的衔接点,明确的保存鼓励措施,明确的角色和职责定位,以此确保持续和高效的资源流动,从而支持整个生命周期内的保存活动。云方式当然并不能保证这些行动的成功,但同样,也不会成为其成功的障碍。

除却核心目的,人们可能会说,并非所有的与数据保存与监护有关联的内在任务,都有可持续性要求。不过,无论问题是明确如存储(必须预计存储将持续)问题;还是暗指如数据转换(最起码要坚持记录所发生的事情)问题,很可能可持续要求都是相互关联的。明确角色和责任是非常重要的,否则可能会造成潜在的障碍,因为云服务管理与管理内部 IT 服务,所需要的技能差异极大,这就可能需要 IT 专业人士走向完全不同的角色,如引导或中介服务。而传统的系统管理人员的技能,能在何种程度上转移到云服务模式中,将会影响对可持续发展问题的评估。同样,服务迁移到云的机构,可能会留下冗余的硬件和软件,以及需要继续履行的合同。尽管云有数据处理和存储的好处,但在云和本地存储系统之间传输大型数据集可能是昂贵和并存在诸多问题的。另一个与可持续发展相关的直接问题,涉及人们试图保存的数据资源的持续可用性。云模型似乎更专注于获得资源,而如网络带宽的缺点,可以很容易地利用所谓的“联邦快递”模式加以克服,在这种模式下,物理数据可通过大多数网络中转而胜过一次性的带宽容量。在未来某个不确定的时间点,当一个项目或机构,有意将其数据集合从云提供商处移除或转让或与其他数据集合进行集成时,很可能没有类似模型可用。整个云服务提供商和应用程序接口间缺乏标准,会是云服务发展的另一个障碍。

4 结论与建议

4.1 云模式适合的数据监护任务类型

云模型有各种功能与特点,这使得它在很多情况下都具有吸引力。迅速获得和分发计算资源的能力,使其更适合稀少的数据密集型工作任务。然而,如果该任务涉及大容量的数据转移,那么云就又显得不太适合。在日常工作中使用云服务,可以方便远程工作,允许用户所使用的设备有更大灵活性,促进合作,促进共享与信息发布。

4.2 云服务模式的选择

在 Askhoj 等人映射 OAIS 到云中的工作中，指出 IaaS 在很大程度上与档案工作者无关。在存在软件解决方案以应对数据监护任务的程度上，这种说法是有道理的：底层基础设施与终端用户无关。不过，IaaS 似乎有令人注目的职能，使得机构或团体在其内部有可能向研究人员和其他从事数据监管的人员提供软件或服务。同样其创建、加工和存储数据的潜在作用也不能低估。最常提到的云服务模式的好处，如其计量支付模式，其几乎无限的计算资源的承诺，以及无须了解底层基础设施的观念，可能会因私有云使用而丧失或减弱。当然，这样的方式也可以减轻或消除因法律责任而增加的风险，或更关注服务层级或数据丢失问题。数据监护所涉及的完整工作内容，意味着不会有单一的解决方案。商业云解决方案，可能适用于数据存储在其他地方，批量操作数据的情况，但对个人敏感信息数据的存储并不合适。

4.3 云服务风险和收益

一般情况下，按需自助服务，网络接入与弹性是云服务明显的好处；同时法律责任和带宽的限制与瓶颈问题，也提出了实际的风险问题。在考虑服务范围、数据完整性、数据安全性、资源利用及责任转移等方面，使用云服务，既有好处也有风险。与使用公有云相比，使用私有云，可能会降低法律责任问题，但该组织为维持底层基础设施的维护成本，可能就无法像大型商业供应商那样能提供弹性服务。在云中来回移动大量的数据可能是困难的，如果该数据存储不在机构拥有的数据范围内，特别是如果它隶属不同的司法管辖区，就可能会面对重大的法律责任风险。

4.4 问题与建议

需要指出的是，在将任何工作流程移动到云时，要考虑可能引致的数据可用性和可理解性的附加风险。而在发展数据监护工作流程，要更加注意这种风险，并采取有效解决措施；但总体而言，在整个 IT 环境越来越多地采用云服务时，因众多商业和技术因素，可能会导致某些情况下数据丢失与无法获取情况的出现。

参考文献

[1] National Science Foundation. Press release 10-077 (2010) Scientists seeking NSFfunding will soon be required to submit data management plans. http://www.nsf.gov/news/news_summ.jsp? cntn_id=116928.[2014-7-10]

[2] National Academies of Science, Committee on Ensuring the Utility and Integrityof Research Data in a Digital Age (2009) Ensuring the integrity, accessibility, andstewardship of research data in the digital age. http://www.nap.edu/catalog.php? record_id=12615. [2014-7-10]

[3] National Science Foundation, Office of Cyberinfrastructure Directorate forComputer & Information Science & Engineering (2008) Sustainable digital datapreservation and access network partners (DataNet) program solicitation - NSF07-601. http://www.nsf.gov/funding/pgm_summ.jsp? pims_id=503141. [2014-7-12]

[4] Hanson B, Sugden A, Alberts B (2011). Making data maximally available. Science. 331(6018):649

[5] http://docs.google.com [2014-7-22]

[6] http://aws.amazon.com/ [2014-7-22]

[7] Mell, P., Grance, T., The NIST Definition of Cloud Computing, 2011, National Institute of StandardsandTechnology, Special Publication 800-145

http://csrc.nist.gov/publications/nistpubs/800-145/SP800-145.pdf [2014-7-30]

[8] Amazon EC2http://zh.wikipedia.org/wiki/Amazon_EC2 [2014-7-10]

[9] https://appengine.google.com/start [2014-7-10]

[10] http://www.windowsazure.com/en-us/ [2014-7-10]

[11] http://basecamphq.com/ [2014-7-10]

[12] http://www.nsdc.cn/pronsdchtml/1.news.news/pages/3337.html) [2014-7-10]

[13] http://www.dcc.ac.uk/resources/curation-lifecycle-model [2014-7-10]

[14] http://www.eduserv.org.uk/hosting/cloud-computing/education-cloud [2014-7-10]

[15] http://www.jisc.ac.uk/events/2012/03/curationinthecloud.aspx [2014-7-10]

[16] http://www.google.com/apps/intl/en-GB/terms/standard_terms.htm [2014-7-10]

[17] Curtis, S., Oxford University Builds VMWare Private Cloud, October 2011, TechWeek Europe

[18] Stewart, A., Kindura, 2011, JISC InfoNet Case Studies

[19] http://www.duracloud.org/ [2014-7-10]

[20] https://www.irods.org/index.php/What_is_iRODS%3F

[21] 蓝海在线存储自助平台. 科学数据通讯,2010.12. http://Onlinestore.csdb.cn/.

[22] 孙丕恕:构建自主可控"中国云"的建议 http://www.nsdc.cn/pronsdchtml/1.news.news/pages/3334.html [2014-7-10]

[23] Curation in the cloud workshop http://www.jisc.ac.uk/events/curation-in-the-cloud-workshop-07-mar-2012 [2014-7-10]

[24] http://ec.europa.eu/information_society/activities/cloudcomputing/index_en.htm [2014-7-10]

[25] http://standards.ieee.org/news/2011/cloud.html [2014-7-10]

[26] http://www.gdfr.info [2014-7-10]

[27] http://www.nationalarchives.gov.uk/PRONOM/Default.aspx[2014-7-10]

[28] http://registry.dcc.ac.uk:8080/RegistryWeb/Registry/ [2014-7-10]

[29] http://www.duracloud.org/ [2014-7-10]

[30] http://www.janetbrokerage.ac.uk/ [2014-7-10]

[31] Hammond, M., Hawtin, R., Gillam, L., Oppenheim, C., Cloud Computing for Research Final Report, 2010, Curtis and Cartwright Consultinghttp://www.jisc.ac.uk/media/documents/programmes/research_infrastructure/cc421d007-1.0%20cloud_computing_for_research_final_report.pdf [2014-7-30]

[32] http://blog.dshr.org/2012/02/talk-at-pda2012.html [2014-7-10]

[33] http://brtf.sdsc.edu/biblio/BRTF_Final_Report.pdf [2014-7-10]

新媒体环境下的多媒体资源平台建设实践

黄　涛

（北京大学图书馆）

摘　要：信息技术的飞速发展，使得图书馆随着社会彻底进入数字化时代。在新媒体环境下，多媒体资源如何更好揭示，更便捷的提供给有教学、科研需求的读者利用，成为衡量在泛在化、数字化环境下图书馆服务的重要因素之一。通过多媒体资源管理平台，视频、音频、图像、课件、文本及商业多媒体数据库等多种来源的多媒体资源将被有机地整合、管理，并统一来向全校提供一体化的多媒体服务。

关键词：多媒体资源　多媒体服务　资源管理平台　建设实践　系统设计

1　引言

进入二十一世纪，信息技术的飞速发展，使得图书馆随着社会彻底进入数字化时代。最近几年网络技术、移动技术的发展以及移动终端的普及也使得知识传播速度得以几何倍数的增长，随之而来的是信息量的暴增，读者不再拘泥于通过台式电脑＋有线网络＋固定网站的方式来获得知识、信息。社交化、移动化让读者获取信息的方式发生了重大改变，也使得阅读碎片化，信息的泛在化。读者使用图书馆也不再拘泥于到图书馆查找文本或者电子资源这种单一模式，也对图书馆提供服务的移动化、社交化提出了更高的要求。

多媒体从广义上讲是指文字、声音、图像、视频的集合生成的多种类型信息单元，其特有的表现形式使得对内容的描述更加生动、形象。具体到我馆的多媒体资源建设工作，内容不仅包含传统媒介和数字格式的音视频资源，还有随书附盘、教学课件、数字图像、软件、胶卷胶片等除传统书刊以外的所有资源。在新媒体环境下，这些资源如何更好揭示，更便捷的提供给有教学、科研需求的读者利用也成为衡量在泛在化、数字化环境下图书馆服务的重要因素之一。多媒体资源管理平台以其资源管理灵活性，访问方式多样性性，接口标准化，读者高参与度来有效提高图书馆多媒体资源的使用率。

2 多媒体资源管理平台的设计与实现

2.1 多媒体资源管理平台的现状

现有北大图书馆多媒体资源管理平台是基于B/S模式开发,在2006年投入使用,该系统具有初步的元数据自定义、个性化权限、自定义检索、独立视频控件、数据导入导出、中控信号点播等功能。随着近几年移动互联技术的迅猛发展,读者访问图书馆多媒体资源的方式呈多样化趋势,特别是移动终端的使用,浏览器的多样化,资源使用一站化交互化,这样对我们的资源揭示、访问提出了更高的要求,同时整个图书馆对自建资源、特色资源的统一整合也对各个特色库平台后台数据管理的接口、统计、管理的实时性提出了更高要求。现有平台的短板与读者需求的日益多元化形成了突出的矛盾,进而影响了资源的利用率,平台的更换就成了一个势在必行的事情。

2.2 新一代资源管理平台需求分析

新一代多媒体资源管理平台要符合现在特色资源管理平台的主流趋势,特别是兼顾移动设备访问的便捷性,平台应支持所有主流格式媒体(音频、视频、图像、媒体教学课件、文档资料、超文本)的在线点播功能。多媒体资源不但可以自定义发布权限,而且可实现外购商用多媒体资源库、自有多媒体资源、光盘多媒体资料的整合,并提供开放接口支持多系统的数据同步,为图书馆提供各种形式的多媒体资源的统一检索、揭示和高性能点播的服务。平台还要实现与现有图书馆现有门户、资源揭示系统、多媒体资源转码系统的良好衔接。平台要考虑性价比的前提下,采用商用产品为基础适当定制开发的模式实现。

2.2.1 注重资源访问的交互化以及移动终端的可访问性

移动技术的普及,使得图书馆的服务需要更加注重读者使用移动终端的访问,同时社交化的广泛应用使得新一代资源管理平台需要更加注重与读者的互动。新平台需要提前将资源(视音频、图像、文档、课件等)进行转码,使之成为可以嵌入页面直接播放,进而让用户访问更加便捷而不再拘泥于浏览器的限制;同时在每个资源增加评论以及通过分面提高检索的关联性,进一步提高读者利用资源,建设资源的参与度;

2.2.2 资源管理的模块化,可定制化

数据的组织、揭示、管理是使得整个资源得以被充分利用的基础,而后台管理端就是将原始数字化、非数字化资源进行有效揭示、管理的重要工具。管理端需要在元数据定义、编目流程、资源上传、使用统计、权限控制等方面进行有效的管控。多媒体资源的种类多样性使得元数据定义必须灵活多样的自定义,也使得编目流程的可视化模块化变得很迫切,同时为了分析用户行为和提高资源利用效率,统计方式、上传模式也都需要分布式实现,而多媒体资源里面有很多涉及本校珍贵资源、专有共享资源,加上版权保护等诸多因素也需要在权限上破除单纯线性管理而采用更优化的策略权限模块;

2.2.3 平台与其他系统数据接口的标准化

随着近两年学校统一认证系统的实施以及图书馆统一发现平台的部署,作为图书馆特色收藏资源建设的多媒体资源库也必须通过标准化的接口与学校、图书馆的平台进行同步对接,

以实现用户的一致性和数据的同步化,这样使用户的认证更加简单,而与图书馆发现平台的同步使得资源能够在更多层次被发现被利用。除此之外,平台还需要与各个商用多媒体库进行数据的同步都需要接口的标准化以及数据格式标准化;在此基础上,逐步完成一键式获取,提高读者获取有效资源的效率;

2.2.4 资源加工转码系统的自动化

多媒体主流资源(音频、视频、图像、媒体教学课件、文档资料、超文本)的格式不尽相同,为了读者避免安装播放器并可以不受浏览器版本、型号限制自由的播放多媒体资源,也为了支持移动终端的可访问性,就需要将各种资源的原始格式文件转化成可支持嵌入浏览器页面播放的格式。多媒体资源又因其固有的占有磁盘存储空间大,转换时间久的特性,仅仅靠人工处理是非常缓慢,这需要一个 24 小时不间断的转码系统自动根据资源原始格式来按照预设参数自动生成 mp4、swf 等可嵌入浏览器格式的文件。

2.3 平台规划实施中遇到的问题的对策思考

面对新媒体下的读者新需求,新的平台选型首要考虑支持移动终端访问这个重要因素,也要衡量商业化产品的性价比以及本地个性化实现复杂度等因素。整个平台不仅注重前端页面的贴近用户,更需要从后台管理遵从各种技术标准。

2.3.1 平台软硬件环境

平台的硬件环境主要包含资源发布和管理服务器,视频播放服务器、全文数据存储,转码服务器(配有高性能显卡)组成,服务器采用主流配置的 PC 服务器,操作系统和数据库分别采用稳定性较高的 linux 和 mysql。网络环境是基于千兆馆内网络并支持 IPV6 的扩展。

2.3.2 平台功能模块

多媒体资源管理平台采用模块化结构,分为资源发布管理子系统、资源转码子系统。资源发布管理子系统进一步分成资源展示、资源编目、使用统计、用户与权限等子模块,采用了 html5+flash 技术,支持多种浏览器无延迟播放,并支持用于移动终端的原生 app 程序。资源展示有多套风格、栏目可随意切换,编目子模块采用可自定义的多模型资源描述模板。用户与权限采用了组策略概念,可与资源搭配成多种权限组合。资源转码子系统支持所有主流视频格式转码,采用无人值守方式后台自动转码成 H264 编码,mp4 封装的格式,以支持移动终端播放。

2.3.3 平台其他特点

多媒体资源管理平台全面支持无插件无浏览器播放,并且支持手机、平板的移动访问的 app 应用;视频点播采用格式预分析技术,响应速度快;通过自动转码子系统,可以对视频、PDF、图片等资源自动生成海报,并且根据配置自动上传发布平台。多媒体资源管理平台采用以用户为中心的社区化资源模式,提高了用户参与度,增加了平台资源的分享性。

3 结语

多媒体资源管理平台涵盖了资源管理的整个生命周期,包括原始数据的采集、数模转换(即资源数字化),资源整合,再到资源上线,资源利用。

通过多媒体资源管理平台,视频、音频、图像、课件、文本及商业多媒体资源等不同来源的多媒体资源被有机地整合、管理，并统一来向全校提供一体化多媒体服务。同时与馆内、校内相关平台做到互联互通，真正做到了数据共享，一键搜索，移动访问。利用新的多媒体资源管理平台，读者可以很方便地访问到本馆多媒体资源，并且还可以进一步通过互动、讨论、上传自定义资源来组成自己的多媒体资源圈，达到科研用户聚合目的。

从平台规划到实施中，笔者也遇到一些问题需要再探讨，如：平台属于图书馆主页的二级特色资源库，多级访问是否导致读者的访问繁琐，这样是否应该考虑特色库平台更多关注资源管理方面、音视频播放方面而将全文检索、分面检索等功能交给上级系统来实现；某些娱乐性资源是否有必要揭示的很详细；资源分类如何与其他平台对接等等。这些都是需要以后在实践中根据各馆具体情况来实际探讨的。

利用媒资系统管理图书馆视频资源的构想

宋庆生

（北京大学图书馆）

摘　要：大数据时代的高校图书馆，拥有大量的视频资源，如何对这些资源进行有效的管理及应用，一直困扰着图书馆的工作人员，本文旨在探讨利用媒体资产管理系统，实现对高校图书馆视频资源的获取与存储、分类与编目、检索浏览与下载和版权管理。

关键词：媒资系统　视频资源　高校图书馆

进入二十一世纪，高校图书馆积累的资源越来越丰富，其中包括种类繁多的关于教学、科研、学术报告以及各类重要活动的视频资源，如何保存和利用好这些资源，更好地为图书馆资源建设服务，成为困扰图书馆的首要问题，本文通过介绍媒资管理系统的特点，旨在探讨高校图书馆应用媒资管理系统，实现视频资源的有效利用和高效管理。

1　媒体资产管理系统介绍

"媒体资产管理系统"简称"媒资管理"，是一个对音视频媒体及内容（如文字、数字、图形、视频、声音、影像等）进行数字化存储、管理与应用的总体解决方案。它建立在多媒体、网络、数据库和数据存储等技术基础上，满足多媒体资源拥有者收集、保存、查找、发布信息的需要，为多媒体资源使用者提供内容访问的简便方法，高效的保存和应用多媒体资源，从而实现媒体资源价值的最大化[1]。

媒资管理自2001年以来率先被国内的广播电视行业采用，为广电行业带来了一场数字化、网络化的技术革命，通过使用媒资管理系统，广电行业实现了节目的生产方式从磁带制播（线性）到（非线性）硬盘制播的巨大转变，也派生出了节目载体从模拟到多种数字化介质的变化[2]。正是由于媒资系统在音视频处理方面的明显技术优势，所以本馆分别于2006年和2008年购买两套中科大洋 D^3 MAM 媒资管理系统软件，最初用于崔永元《我的长征》节目素材带的采集及编目，后来又用于张曼菱《西南联大启示录》和《西南联大人物访谈录》纪录片素材带的采集及编目。下面简单介绍一下大洋媒资管理系统的工作流程：

- 上载：扫描或手动输入存储介质（磁带）条形码，浏览介质内视音频资料内容并确定上载区域，填写基本编目信息，执行上载任务，生成用于存储的高码流素材和用于编目检索的低码流素材。这个环节可以同步进行其他类别资料的收集整理工作。

- 编目：对经过上载整理后的文件进行编目处理，支持对资料内容分阶段进行片段层、场景层和镜头层分别编目，对不同资料之间的关联关系进行整理和添加。
- 检索：审核通过后便可由检索服务软件进行发布，检索客户端便可查询到该条节目的编目信息，提出下载请求或在线观看。
- 下载：下载请求通过后，存储迁移服务将近线存储体数据流磁带库内的相应资料文件迁移至在线盘阵中，检索客户在下载工作站上便可实现资料下载、导出和编辑应用。
- 系统管理：系统后台自动进行用户管理、存储调度、策略管理，为前台软件的功能实现提供透明支持[3]。

北京大学图书馆在采集过程中，前端针对两种节目资源的不同载体形式，其中崔永元《我的长征》主要是DV带为主，另一个张曼菱《西南联大启示录》和《西南联大人物访谈录》则包括BETACAM带、DVCAM、DV带等，而分别采用Sony M15C录像机和Sony J-30SDI录像机进行采集，媒资系统的运行应用过程中，将非线编或录像机输出的视音频信号，通过采集上载工作站数字化生成时间上精确同步的MPEG-2高码流文件和MPEG-4低码流文件(采集上载提供灵活的采集方式，可同时抽取生成节目的关键帧)，采集过程中完成一些原始编目信息的录入工作；上载的数字化节目资料经过质量等方面的审查后，文件经过FC网络存储到磁盘阵列中，同时节目相关信息包括一些原始编目信息将自动写入数据库。编目工作站即可自动产生一条待编目对象，可浏览上载节目的低码流视音频，通过人工编目工作完成对节目文字描述信息、节目详细编目标引信息的录入。编目过程中需要进行不同层次的审编，审编通过后，该节目即可被用户检索、下载使用。2006年在使用媒资系统的过程中，高码流文件储存在磁带机上，每盘数据磁带能存储250G—500G的高码流视频数据，但在实际使用过程中发现，磁带机在存储、读取视频数据的过程复杂，磁带存储的容量又非常有限，另外还要单独保存数据磁带，以及后期维护方面等原因，到2008年由于硬盘的价格不断下降，则放弃磁带机而购买了一套磁盘阵列的服务器，用于存储高码流视频数据。低码流格式和所有编目数据库则存储在另外一个专门的媒资服务器上，可通过网页和系统管理软件，对已编目的视频数据进行检索和下载调用。

2 高校图书馆视频资源管理的现状

目前高校图书馆收藏的视频资源，经过长期积累，以及自身不断地建设，数量越来越多，种类也很复杂，以北京大学图书馆为例，主要包括：1)购买及赠送的各种模拟、数字录像带，包括BetacamSP录像带、Umatic录像带、DVCAM录像带、DVCPRO录像带、VHS录像带、LD视频光盘、DVD光盘、VCD光盘等；2)本馆拍摄的各种活动和讲座录像带及视频数据，包括V8录像带、DV录像带、HDV录像带、MOV、AVI格式数据等。这么多的视频资源，随着时间的推移和数量的增加，在保存和检索利用过程中面临诸多问题。视频资源以胶片或磁带形式保存，这两种介质在长期保存和再利用过程中会出现不同程度的问题：胶片介质会出现霉斑、污点、收缩等问题；磁带介质会出现磁粉脱落、纵向或横向边沿拱起的变形、霉变脆裂等现象[5]。

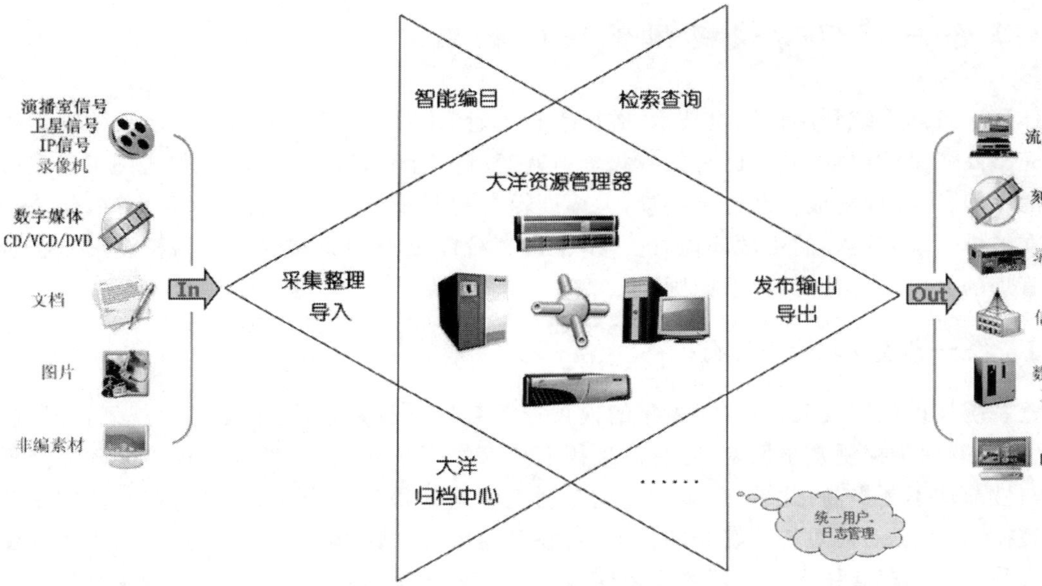

图 1 大洋媒资系统图[4]

2.1 保存及采集方式

这些资源的原始存储介质由于年代久远,受环境影响和自身老化导致影像质量下降,造成许多珍贵的视频资料得不到充分利用,大量资源等待抢救性的整理、复制和保存;此外,由于视频载体形式繁多,在采集过程中,需要各种相应的硬件播放设备读取,由于这些播放设备年代久远、厂家停产、自然损坏等因素,会使部分比较久远的视频资料面临无设备可正常读取的状况,不利于资源的整合。

2.2 检索困难

这些资源的原始存储介质多以磁带、光盘为主,也有部分其他格式的视频数据,检索时对于磁带、光盘等载体需要手工查找存储相关内容的盘(带),然后再通过播放设备观看来了解其中的信息;而其他格式的视频数据,也需要找到相应的文件,通过电脑观看来了解。检索时无法进行内容级的查找,资源利用效率极低。另一方面,磁带、光盘的频繁使用也可能造成资源的磨损或寿命缩短,不利于资源保护。

2.3 共享困难

这些多以磁带、光盘为主的资源载体,使用者在查看的过程中,会在一段时间内独占使用资源,不利于资源共享。此外,由于磁带的物理形态的格式多种多样,经常要进行采集、加工转换也会导致视频资源的质量下降。伴随着信息管理技术的发展,媒体资产管理系统的应用为这些问题的解决提供了有效的方法。媒资系统对馆藏视频资料进行高效地保存和管理,使之检索、传输、编辑和存储等应用变得十分便捷。

3 媒体资产管理高校视频资源的构想

媒体资产管理系统利用计算机技术、数据库技术、网络技术，可以将图书馆珍贵的视频资源进行完整高质量的保存，并将已有的视频资料转变成更有价值的媒体资产，促进图书馆多媒体教学的发展，更大程度地实现资源共享，大幅度提高视频媒体资产的价值和利用率，使高校图书馆在整体上享有更好的资源环境，进一步丰富高校图书馆的馆藏资源。高校图书馆在利用媒资管理的时候，应当遵循以下原则：

3.1 统一规划和分步实施

媒资系统建设投资较大，需要对采集的视频资源数量进行评估后，制定建设规划，分期建设、分批投资有助于控制系统风险；随着信息科学技术的不断发展，硬件设备价格会随之降低而质量与性能却不断提高；此外，分步实施也有利于经验的积累与应用。因此，在具体实施过程中应遵循：1)大力加强对传统媒介的保护，做好保存环境和保存设施方面的建设，因为即使引入先进的数字化存储技术也不可能在短期内完成数字化的采集和存储。2)在媒资建设中应当确立“先行考虑资料元数据信息化实践和发布平台建设，再进行节目内容数字化”的指导方针，实现新老系统的平滑过渡，保证信息能够方便利用。

3.2 知识产权的合理使用

图书馆媒资系统在使用过程中，必然涉及权利人的信息网络传播权。目前，我国相关视频知识产权保护的相关法规有《著作权法》、《信息网络传播权保护条例》和《信息网络传播权保护条例》。图书馆在本馆视频资源数字化前，应对照法规条款界定这些资源的著作权状况，在媒资系统建设中，加强对知识产权的保护，尊重著作权人的合法权利，完善相关的法律授权文件，避免侵权事件和侵权诉讼的产生[6]。

3.3 系统的开放性和可扩展性

媒资系统是一个内容不断增长的、数据量庞大的数据库，选择设备和方案时必须要有前瞻性、发展性、可持续性。既要充分满足当前的应用，也要考虑系统的扩展升级。媒资系统设计需采用规范的体系结构和接口设计，硬件设备应具有多种规格的标准接口和通信协议，可以兼容不同厂家的产品和设备，在媒体资料存储和交换上采用标准开放的协议。

3.4 人员培养和提高业务水平

媒资管理系统的操作过程对于图书馆的使用人员来说是一项全新的使用体验，它涉及面广、技术性强、操作复杂。因此图书馆在开展此项工作的过程中，必须要加强自身队伍建设，提高业务水平。

4 结语

近些年，随着网络技术、多媒体技术及信息技术的不断发展，引入媒体资产管理系统服务高校图书馆已是迫在眉睫。媒体资产管理系统在解决图书馆藏音视频资源存储分散、杂乱、利用难度大等方面，技术优势明显，可以大大拓展高校图书馆视频资源的利用范围和价值，但是也要看到媒体资产管理系统的系统过于庞大，价格居高不下，所以高校图书馆在采用媒资管理系统时，必须结合自身的实际应用特点进行开发，并解决好编目数据与图书馆检索平台的数据链接问题。积极稳妥地推进适合本馆长远需求、安全可靠的媒体资产管理系统的建设。

参考文献

[1] 甘振韬.媒体资产管理的存储体系[J].中国有线电视，2004(7)：82-84

[2] 李寿芳. 媒资视域下的多媒体学习资源管理研究_以传媒与艺术类学习资源为例 [J].《现代教育技术》，2014(1)：68-74

[3] http://www.dayang.com.cn/Technologycorridor/technology/2009-01-15/128.html

[4] http://www.dayang.com.cn/Technologycorridor/technology/2009-01-15/110.html

[5] 杨怡娜.浅析中央新影媒资项目的建设与开发[J]. 现代电视技术 ，2011(3)：84-88

[6] 钱静. 中小图书馆媒资管理系统设计与建设 [J].科技信息，2011(33)：47-48

SNS 网站在我国高校图书馆信息服务创新中的应用

王力朋　张铁雯

（北京大学图书馆）

摘　要： SNS(Social Network Site，社交网络）作为新型的社区网络，以其低成本、高效率的沟通方式，强大的服务功能和特点，正逐步影响甚至改变我们的思维和生活方式，同时给图书馆网络服务带来新模式。本文对高校图书馆用户需求、SNS平台在国内高校图书馆应用特点、应用SNS平台提供服务对高校图书馆提出的新要求等方面进行了分析研究，并结合笔者所在高校图书馆的SNS平台建设情况对SNS平台在国内高校图书馆服务创新中的应用和未来发展趋势进行了展望，结合国内现有高校图书馆服务特点和用户需求探索国内高校图书馆应用SNS提供信息服务的发展策略。

关键词： SNS　社交网络　高校图书馆　信息服务创新

社交网络（以下简称SNS）是一种基于Web2.0的社会网络关系系统思想的社交网站。SNS网站允许用户在他们的网络共享他们的想法、图片、文章、活动、事件。随着网络技术的不断发展，SNS网站也如雨后春笋般在世界范围内崛起，如国外的facebook、twiter，国内的人人网、开心网、新浪微博等。根据瑞典互联网市场研究机构Pingdom的调查数据，2013年新年前夜，新浪微博每分钟信息发送量为729,571条；Globalwebindex的最新调查显示，全球网络用户中只有略高于10%的用户每天一点时间都不花在社交网络上；根据美国KPCB风险投资公司著名互联网分析师MaryMeeker发布的《互联网趋势报告》，全球仅移动互联网用户就已达到15亿。由此可见，SNS网站拥有极为庞大的用户群体和高效的信息推送能力。

近几年来，国外一些高校图书馆也利用SNS网站提供的API接口实现了第三方应用程序的开发与扩展，也使得各大高校图书馆馆藏变成了“社会化”信息资源，[①]为用户提供泛在化信息服务。顺应SNS网站发展潮流，高校图书馆基于SNS网站为用户提供信息服务成为信

① 豆瓣.各大学图书馆馆藏查询.http://www.douban.com/group/topic/7520655/.2014.9.11.

息服务创新的重要方面，本文将对SNS网站在我国高校图书馆信息服务创新中的应用进行研究。

1 高校图书馆的信息服务现状

根据现有的职能定位，我国高校图书馆肩负着支撑教学和科研的重要职能。高校图书馆拥有大量的信息资源，信息服务工作具有一定的“垄断”性质。而随着近年来用户个性化信息服务需求的增加，信息资源优势带来的“垄断”效果逐渐被削弱，各高校图书馆在服务模式上也有了一定的变化。由传统的到馆服务方式，逐渐变为向用户主动提供各种信息的服务方式。

1.1 传统信息服务的特点

目前，我国高校图书馆的传统信息服务主要包括了参考咨询、资源导航和信息推送这三种方式。参考咨询主要通过面对面或在线虚拟咨询服务，为用户提供相关资源的咨询服务，但此类方式对于群体咨询并不适用，应用效率较低；信息资源导航主要为用户提供简明的资源分类，为用户使用信息资源节约时间，然而此类服务标准并不统一，同样缺乏反馈机制，导航设置自由度较低；信息推送主要是将馆内最新资源向用户进行及时推送，减少用户检索前沿文献的搜索时间，但总体而言属于信息单向传递，反馈机制不及时。

高校图书馆传统信息服务工作特点主要体现在资源的海量性、工作的专业性，但对于用户的需求反馈较为滞后，属于较为被动的信息服务工作方式。

1.2 网络环境下信息服务的用户需求

高校图书馆的主要用户群体是在校师生和科研人员，为他们提供优质高效的信息服务是高校图书馆工作的重点。针对他们对新事物的接受程度和接受能力都很强，信息获取渠道、咨询方式、阅读方式等发生了巨大变化，高校图书馆就需要从以传统的信息资源建设为导向的信息服务工作，向以用户信息服务需求特点为导向的信息服务工作进行转变。在网络环境下，高校用户的信息服务需求主要有以下几个方面的特点：

(1) 信息资源获取渠道方面

虽然百度、google等搜索引擎可以帮助他们解决平时学习生活中遇到的大多数问题，但SNS平台的经验分享、学习文章、教学视频等资源，却使他们获取的信息更加专业、准确，同时还可以不受时间空间的限制获取或存储所需要的信息。

(2) 信息资源类型方面

随着移动互联网的发展，用户对电子信息资源的需求量发生了巨大的增长，信息需求类型发生了巨大的改变，电子信息资源成为用户优先考虑使用的信息资源类型，其所占馆藏资源的比例将逐步扩大以成为趋势。

(3) 信息服务需求方面

众多SNS平台、在线即时聊天工具、在线问答平台都可以让用户足不出户满足大部分的信息服务需求，高效、便捷的在线信息服务，成为高校图书馆用户的主要需求。

2 基于SNS的高校图书馆服务

2.1 基于SNS的信息服务

高校图书馆借助其海量的信息资源，处于传统信息服务工作的中心位置。然而在SNS平台下，最典型的特点是“去中心化”。SNS平台作为网络社区，以每个用户为“中心”，所有用户可以分享自己的文档、图片、视频、音频，每个用户都是一个信息发布者，这使得SNS平台的信息更新速度快、时效性强。高校图书馆运用SNS平台，也可以融入用户这个“圈子”中，作为SNS平台中的“一份子”，深入与用户开展沟通，并发布需求量大、受众群广的大众信息，利用社交媒体平台的自身特点，深挖用户最感兴趣的信息资源，按需定制，有针对性地为用户提供个性化的信息资源推送服务。

2.2 高校图书馆SNS服务模式

鉴于SNS平台去中心化的特点，高校图书馆进行资源、人员、用户的有效整合，信息流的无缝传递，才能够实现更为高效的信息服务。然而对于高校图书馆而言，自建SNS平台成本高昂，且用户粘性不足，用户习惯很难养成，OCLC报告中称：近半数的用户和图书馆馆长不赞成图书馆自建SNS平台提供服务，而引入成熟的SNS平台是图书馆提高信息服务效率的有效途径。[①] 通过笔者调查，目前国内外高校图书馆现存的SNS服务模式主要有以下两种：

（1）引入式SNS模式

此类方式是高校图书馆开展SNS服务中最为简便的方式。该方式通过直接引入时下较为成熟的SNS网站，在其中进行注册，以官方认证账号的方式直接利用该SNS网站的功能进行该馆内信息服务工作的拓展，其操作比较简单且维护成本低。

（2）自主开发SNS模式

自主开发模式是指高校图书馆根据自身信息服务模式的特点，自行开发馆内SNS平台系统，进而进行相关服务的提供，是技术支持能力较高的高校图书馆开展SNS建设的方式。

以笔者所在的北京大学图书馆为例，是为数不多的同时开通企业微博、人人网公共主页和微信公众平台的高校图书馆之一。2013年6月6日三个SNS网站账号同步开通，并由多媒体部、咨询部、流通部、古籍部、特藏部、资源建设部、办公室等部门的同事共同组成日常值班和运维小组负责运行。至今，北京大学图书馆微博粉丝超过18000人、人人网公共主页关注超过8000人、微信公众平台关注超过20000人。北京大学图书馆利用SNS网站开展了一系列创新服务，除了常规的资讯发布、咨询回复之外，策划了一些固定的话题、栏目和功能来宣传和推广图书馆的资源与服务、营造图书馆的形象，包括好友添加、每日分享、音乐下午茶、光影图书馆、馆藏撷珍和好书推荐等。此外，通过与北京大学、未名BBS等官方账号的良好沟通与互动，有效地推进了北京大学与图书馆在社交媒体平台上的影响力。同时，通过图书馆线下活动与SNS平台线上宣传与活动的相互配合，既实现了通过社交媒体平台推广活动，而且也通过一些非常有影响力的活动来增加SNS账号的粉丝和影响力。

① OCLC. Sharing, privacy and trust in our, http://www. oclc. org/reports/sharing/default. htm. networked world. 2014.9.13.

此外，在北京大学图书馆门户中加入了人人网、新浪微博、微信的分享、关注链接，实现了门户与SNS平台的链接与拓展。与此同时，北京大学图书馆还在积极考察微信公共服务号的客户端开发，实现与图书馆管理系统接口的对接，实现在线阅读、客户端检索、馆内图书实时定位等功能，旨在进一步实现为用户提供自主化、自助化的服务体验。因此，引入式SNS模式是高校图书馆进行SNS拓展的初级阶段，随着用户数量的增加，将逐步向自主开发的SNS模式迈进，逐步利用SNS为用户提供更加高效的信息服务。

3　高校图书馆SNS平台应用现存问题

SNS平台在高校图书馆信息服务中的应用，对用户服务带来了新的服务体验，对图书馆信息服务推广工作起到了促进的作用，但也随之产生了一些新的问题，有待于高校图书馆不断地探索。

3.1　人员管理

在SNS平台去中心化的环境中，图书馆员作为与用户互动，了解用户需求，产生更多创新思想的个体，决定了图书馆SNS平台的运营效果。因此，在SNS平台环境下，熟悉原有图书馆服务体系、业务能力强，同时能够熟练运用SNS平台进行信息服务、服务推广工作的高素质图书馆员是图书馆高质量服务的保证。

另外，SNS颠覆了传统图书馆的信息服务模式，对现有绩效评估体系也提出了新的要求。多样化、复杂化、跨学科化的信息服务支持使图书馆员需要涉及到跨部门协作为用户解决各类问题，传统的绩效指标统计也不能充分反映图书馆员信息服务工作的绩效。因此，建立有效的绩效评估体系，是高校图书馆提高服务质量、服务水平和服务深度的重要保证，同时能够进一步激发图书馆员的主观能动性，为用户提供更多个性化的服务。

3.2　资源建设

随着网络技术的发展，传统图书馆提供单一“纸质文献”的时代已经不复存在，基于网络化传播的数字化文献、多媒体资源为高校图书馆信息资源建设工作提供了新的拓展方向。作为高校图书馆构成的根本要素和进行信息服务创新工作的资本，多元化、多形式的信息资源建设成为高校图书馆在信息服务创新的根本。在互联网时代的新形势下，高校图书馆除了做好纸质文献信息服务工作以外，还应结合自身信息组织方面的专业特点，利用专业手段对馆藏资源进行深度挖掘，通过揭示信息资源的组织结构，进行信息资源的“可视化”探索，将庞大、复杂、多元的信息资源进行筛选、分析、整合、加工、挖掘等工作，为用户提供附加的增值化信息服务。

3.3　新技术挑战

经历了几千年的发展，图书馆的资源建设工作已经有了非常成熟、规范的操作流程和标准，而随着互联网技术的飞速发展，以资源为导向的建设重心正逐步往以技术为导向的多元化服务手段拓展。以数字化技术、网络技术、通讯技术、数据压缩技术、多媒体技术及数据库技术等现代信息技术，正在对高校图书馆产生着巨大的影响，这其中主要包括以下几个方面：

1. 馆藏文献数字化

传统纸质文献借阅、检索不便，占用物理空间较大，时效性书籍如教材、畅销书等借阅量变化巨大，复本需求不好确定。在网络环境下，众多文献在SNS网站上传播，而高校图书馆通过对纸质文献、磁带等资源数字化，节约了馆藏空间，也方便信息资源的远程检索与使用。

2. 服务范围开放化

馆藏数字化可以通过SNS网站提供信息资源共享平台，图书馆的服务对象也扩展到互联网用户群体。高校图书馆并不再是一个个独立的信息服务中心，它可以链接、组织所有互联网内的信息资源，为用户提供更多的信息资源。另外，基于网络的各种自助服务，使高校图书馆可以为用户提供24小时的全天候服务，服务效率与范围都远远超过传统图书馆。

3. 信息服务泛在化

伴随通信与互联网技术的发展，越来越多的用户通过移动设备获取信息资源。高校图书馆大规模的信息资源需要通过开发移动APP或实现SNS平台与馆藏信息系统的对接，实现用户的移动数字阅读，进一步扩大数字信息资源的利用效率和使用范围，使用户能够快速检索使用所需要的信息。

4. 学科服务交叉化

高校图书馆的用户多为在校师生，学科化的信息服务要求较高，交叉学科的大量涌现，使文理交叉、理论与实践交叉、科学与技术交叉成为趋势。SNS平台拥有不同学科背景的用户，交叉学科的信息资源共享在SNS平台上得以体现。在这种情况下，运用SNS平台提供学科交叉化的信息资源成为图书馆学科服务的新责任。

4 高校图书馆SNS的发展机遇与展望

SNS平台已经成为当前网络环境下信息传递的重要方式，同时也给高校图书馆信息服务发展提供了机遇，使用户可以与“同好”互动交流，突破了传统图书馆单向发布的信息服务模式。近几年高校图书馆到馆人数下降，电子资源访问量的增加也充分说明用户已经通过新的渠道来获取信息资源。而SNS平台恰好建立了高校图书馆与用户之间的线上桥梁，让用户了解图书馆所能，让图书馆了解用户所需，保证图书馆的服务效率和服务质量。

通过SNS平台提供信息服务，将使高校图书馆的信息服务工作融合到用户的生活中，成为信息服务平台的拓展。基于人际关系的网络服务，将使高校图书馆成为用户人际网络中的一个节点，把高校图书馆和用户紧密联系起来，使高校图书馆的信息服务工作充分满足用户的个性化需求。

根据现有高校图书馆应用SNS平台提供信息服务的现状看，由于资金、技术等原因，应用SNS平台提供信息服务尚处于初级阶段，只有较少高校图书馆通过SNS平台全方位开展信息服务工作。但是，SNS平台解决现有高校图书馆信息服务工作瓶颈是显而易见的，有助于帮助高校图书馆最终实现“以用户为本”的信息服务工作创新。因此，高校图书馆应用SNS平台提供信息服务工作是大势所趋。随着注册认证机制的完善，学科馆员逐步开展线上服务工作，图书馆管理系统与SNS平台API实现对接，各高校图书馆将结合自身情况开展SNS平台信息服务工作的应用，拓展服务范围，为用户提供更加高效率、高质量的信息服务。

参考文献

[1] 刘磊，穆丽娜. 高校图书馆2.0服务模式研究[J]. 中国图书馆学报，2009，35(180)：98-100.

[2] 张文亮,宫平. Web2.0 环境下数字图书馆信息资源建设问题及对策[J]. 中国信息导报,2007(12):35-38.
[3] 于迎,仲超生. 网络环境下的个性化信息服务研究[J]. 图书馆工作与研究,2003(1): 37-39.
[4] 邵畅. 试论 Web2.0 思想对图书馆个性化服务的启示[J]. 情报资料工作,2006(6):81-83.
[5] 张世怡. 基于 SNS 的高校图书馆信息服务模式研究[D]. 天津:天津师范大学,2012.
[6] 曹博林. 社交媒体:概念、发展历程、特征与未来——兼谈当下对社交媒体认识的模糊之处[J]. 湖南广播电视大学学报,2011(3):65-68.
[7] 王伟军,孙晶. Web2.0 的研究与应用综述[J]. 情报科学,2007, 25(12) :1907-1913.
[8] 张琳. 高校数字图书馆引进的研究分析[J]. 图书馆界,2011(1):7-8.
[9] 王惠,王树乔. SNS 应用于图书馆 2. 0 服务初探[J]. 图书馆学研究,2010 (3):71-74.
[10] 郑陈律. 图书馆 SNS 服务的研究[J]. 图书馆工作与研究,2009 (10):7-10.
[11] 吴晓明. 社会性网络服务模式研究[D]. 辽宁:辽宁师范大学,2006.
[12] 张彩芹. 社交媒体掀动网络革命日[J]. 世界知识,2011(10).
[13] 沙鸿. 数字环境下高校图书馆服务创新研究[D]. 黑龙江:黑龙江大学,2007.
[14] 孟树奎. 基于校园 SNS 的高校图书馆信息服务研究[J]. 图书馆学刊,2010,(9):62-63.
[15] 寇小文,吴剑霞. 基于 SNS 的大学图书馆信息服务模式研究[J]. 高校图书馆工作,2010(3):60-62.
[16] 王方芳. SNS 虚拟社区的交往结构与信息传播研究[D]. 大连:大连理工大学,2010.
[17] 聂应高. SNS 在图书馆信息服务中的应用[J]. 图书馆工作与研究,2009(6):77-80.
[18] 张兴,蓝强,徐伟刚. 基于数字图书馆的 SNS 扩展[J]. 兰台世界,2011(7):78-79.
[19] 武琳,玛园媛. SNS 在图书馆的应用及发展策略[J]. 图书情报工作,2010,54(19)24-27.
[20] 黄慧薇. 我国高校图书馆网上服务现状综述[J]. 图书馆建设,2005(5):69-70.

探索我校图书馆 RFID 数据库建设的应用、影响以及对未来图书馆的展望

王皓迪

（国防大学图书馆，北京，100091）

摘　要： 近年来，随着图书馆的发展，尤其是现代图书馆的高速发展，图书管理方式日趋改变，嵌入的科技含量需求也越来越高，为了方便读者和图书馆的管理，RFID 技术受到了青睐，也得以迅速发展。如今，该技术在国内外图书馆界的应用已如火如荼，并引起了图书管理方式的变革。未来，智能图书馆将向读者展示其更加方便、快捷地魅力。智能书架的研发和普及将彻底改变图书馆的管理模式。

关键词： 图书馆　管理方式　RFID　智能图书馆　自动定位

随着信息技术的发展，图书馆作为学校重要的基础设施和文化场所，面临着信息量大、管理难度大的压力，图书馆工作越来越重。为了更好地运营、促进图书馆的管理，RFID 技术成为一枝独秀，受到了人们的青睐。1998 年，RFID 在北美图书馆被提议作为读者自助借还的一种方式。2002 年，新加坡国家图书馆成为世界上第一个采用 RFID 技术的图书馆。2006 年初，上海图书馆馆长吴建中博士表示，将在五年内实现上海“电子标签”借阅。由此可见，RFID 技术并不是一个全新的技术，但是在应用上，不得不承认，RFID 技术一直在更新、在发展、在慢慢地、逐渐地改变着人们的生活习惯和生活方式。譬如，门禁系统的普及应用、食品安全溯源、一卡通、物流管理等等，应用领域十分广泛。所以我们不得不再次以全新的面貌和价值观来了解和审视 RFID 技术。

1　什么是 RFID 及其功能运用、工作原理？

百度百科：RFID 是 Radio Frequency Identification 的英文缩写，即无线射频识别技术，又称电子标签，是一种通信技术，可通过无线电讯号识别特定目标并读写相关数据。RFID 应用系统由标签、读写器和天线 3 部分组成，在实际应用系统中还需要其他硬件和软件的支持。一套完整的 RFID 系统，是由阅读器（Reader）与电子标签（TAG）也就是所谓的应答器（Transporder)及应用软件系统三个部分所组成,其工作原理是 Reader 发射一特定频率的无线电波能量给 Transporder,用以驱动 Transporder 电路将内部的数据送出,此时 Reader 便依序接收解读数据,送给应用程序做相应的处理。而我馆运用的应用程序就是 Invengo 系统设备。

Invengo 即深圳市远望谷信息技术股份有限公司,是中国领先的 RFID 产品和解决方案供应商,自 1993 年起就致力于 RFID 技术和产品研发,开创了国内 RFID 技术和产品规模化应用的先河。公司在铁路、军事行业的产品具有技术领先和市场先入优势。当然图书馆管理方式也影响极大,使图书馆的管理方式得到全新的变革与进步。目前,北京地区有三家正在使用该套系统,国家图书馆也在此列,并走在前列。

2　与金盘图书馆集成管理系统(GDLIS NET)联网实现网上实名读者借阅信息

金盘图书馆集成管理系统(GDLIS NET),实际上是一套先进的支撑图书馆各个方面管理工作顺利运行的解决方案,由北京金盘鹏图软件技术有限公司开发。可对图书馆书刊采访、编目、典藏、流通、查询、统计等业务工作进行自动化管理。对于读者,可以在网上查询自己要借的书并可以看到所在的楼层和详细架位,还可以清晰地看到该库是否还有副本可供借阅,或者是哪个学员正在看,什么时间借的,应该什么时间归还,一目了然。如果一时没有书,读者还可以在宿舍利用网络实现预约借书。预约到了就可以到图书馆来办理借阅。如下图所示,可查阅图书在架情况。

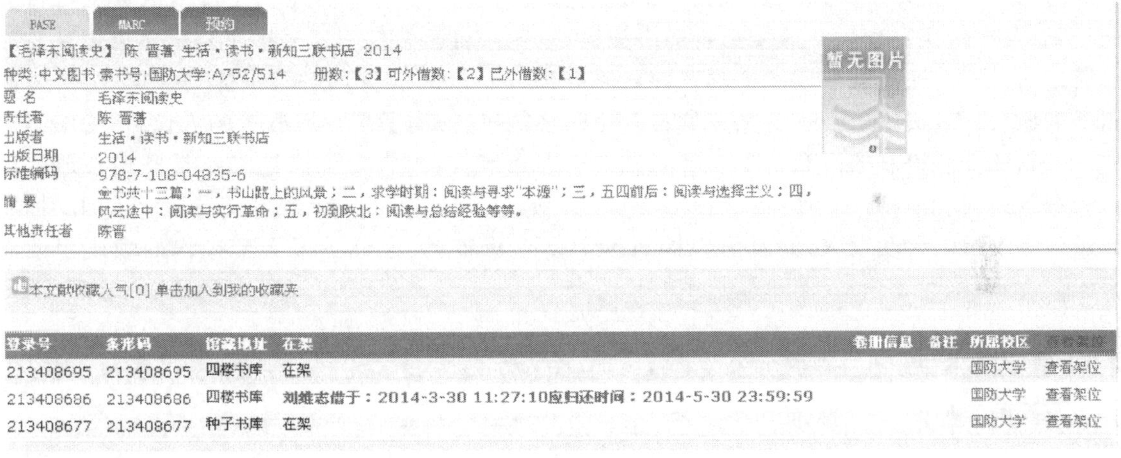

图 1　图书借阅在架情况

比如,我们想找一本书"中国地缘安全",经过查询,点击"查看架位",可以清晰地看到如下图 2 所示,在军事书库 4 架 A 面 5 列 6 层,这样即使对图书馆分类号不熟悉的读者也可以通过几架几列几层轻而易举地找到自己需要的书。

我们应该知道,系统是管理的骨架,只有投入更多的精力进行筛选,才能保证以后的工作节省人力物力成本。金盘系统使用性能稳定、可靠性高的 ORACLE 数据库,支持业务大的流量操作,能具体统计工作人员的工作量,可以落实到某本书具体是有哪位管理人员借给哪位读者的,以及借阅的时间和应归还的时间,非常清晰明了。改变了传统图书馆的管理方式,也改变了读者常规借阅的习惯。

图 2　查询图书位置

3　利用此标签还可进行自助借、还书籍，查询读者借阅信息等功能

有了 RFID 电子标签存储数据，再加上无线射频识别技术和 RFID 设备(自助借还书终端)的完美结合，借还书时无须再次扫描条码，直接有自助借还图书终端设备读取数据自行完成，完成图书借还自动化。即使忘带图书证(可以输入自己的借阅证号即可)，依然可以自动完成借还书，同时，通过读取读者借阅证件可以查询读者借阅信息，方便、快捷、省时、省力，提高图书借还效率。实现了真正意义上的自动化和智能化，推动了图书馆服务的人性化，为图书馆的开架服务提供更好的有利条件。与人工借还书相比较，由于人工借还书时是利用条形码读取图书数据，只能一本一本针对性扫描读取，必须经过工作人员操作才能借阅，而 RFID 标签的运用不仅可以自动读取，而且可以同时读取多个标签，大大减少了人工操作的烦琐手续和流程。

4　通过联网可以进行 24 小时自助借、还操作。如：24 小时自助借还图书馆

我校图书馆去年不仅更新换代了先进的金盘图书馆集成管理系统，而且还搭载了 RFID 技术运用。并且在我校建立了三个小型 24 小时自助借还图书馆，为读者提供了 7 * 24 小时的借阅、还书服务，为读者提供了更广阔的借阅空间。24 小时自助借还图书馆简单地说，就是一个小型的可以移动的图书馆，可以供读者在现有书籍中选择自己喜欢阅读的书籍，并且支持自助借、还书，读者不用到图书馆就可完成借还流程。而这个小型图书馆是由我们馆员定期定量为读者精心选择更新的图书。可以做到无人化管理。既淡化了图书馆借阅工作职能，同时又为广大读者提供了很大方便，更重要的是可以将工作重心转移到更深层次的服务中。

5　RFID的前期工作和对图书馆的影响

首先，我们了解一下书中存储数据的小小标签，RFID标签分为被动式、半被动式（又称半主动式）、主动式三类。由于目前被动式便宜价格低廉，体积小巧，无须电源等优点，目前市场运用的RFID标签以被动式为主。被动式标签没有内部供电电源，其内部集成电路通过接收到的电磁波进行驱动，这些电磁波是有RFID读取器发出的。当标签接收到足够强度的讯号时，可以向读取器发出数据。主要有存有识别代码的大规模集成线路芯片和收发天线构成，目前主要以无源式为主，使用时的电能取自天线接收到的无线电波中的能量。

所以，这一系列的图书管理的规范、快捷、和读者借阅书籍的方便，并使得管理方式发生翻天覆地的变化，图书馆人员必须在前期做很多工作，图书馆人员必须要做的事情就是，给每一种每一本书贴上电子标签，通过标签存储关联该本书的信息，通过无线电讯号识别特定目标并读写相关数据，把数据从附着在书籍上的标签上送出去，从而达到自动识别的功能。在这里，我们使用的识别器是远望谷提供的标签转化系统，通过该软件我们可以很轻松地看到每本书的信息，是否注册，是否定位，信息是否一致。图书馆员要一一检查，确保数据精确，后期新书的增加，也要按规范注册、定位，以保证整个图书馆的持续规范管理、以保证每本书有自己唯一的“身份证”，并可以在终端设备上可以自动借还。

RFID系统的引进，给图书馆的应用带来了智能化、人性化和高效率的服务，使传统的图书馆馆藏资源的传统管理模式发生了革命性的改变，实现了读者自助借还，使工作人员从重复的机械劳动中解脱出来，有利于将图书馆员从烦琐的简单劳动中解放出来，在很大程度上影响了图书馆员的重复工作，有利于员工身心健康，同时自助借还书系统大大提高了图书馆的借阅效率，节省人力资源。从而专注于深层次的信息服务，实现图书馆管理工作重心由传统流通阅览工作向电子资源建设与服务工作真正有效的转移。从加利福尼亚州立工业大学对RFID的调查结果，图书馆引进RFID后，更多地倾向于重组图书馆的人力资源，更好地在更需要的岗位上工作，并作出周密的安排计划。促进工作人员进行更深层次的读者服务。

引进RFID技术，对我图书馆的影响极大，使图书馆呈立体式空间展现给读者。建立了层、架标识库，文献定位导航，文献精确典藏，实现自助借还，解决错架乱架，典藏防盗一体化等很多功能优势。

6　对RFID技术应用的反思和展望

随着RFID技术的迅猛发展，显然它还有一些烦琐和不足，需要我们在使用当中要不断地完善它改进它，使其更好地为我们图书馆使用，造福人类，造福社会。所以我们应该积极使用该技术，使我们的事业乘着RFID这一无与伦比的技术之车继续发展前进。比如，在工作中，RFID的使用，使得工作人员增加了另一个重复工作，就是每次读者借阅过的书都必须查询其是否有标签、是否注册、是否定位。然后在进行补贴磁条、注册、定位。而定位也是手工的，也相当的烦琐。并且如果定位错了，取下时还需打开电脑重新扫描磁条定位。就算是定位正确，如果读者看完再放回时放错了架位，图书依然找不到。再者，假如在若干年后书架的涨架，需要重新调整序列排架时，要先进行撤架再扫描到要放的层架，众所周知，图书馆的书籍数量很大，数目越大越容易出错。

所以，有这样一个想法，能不能在现有 RFID 技术的前提下，将来在普及智能读取信息的书架时，直接搭载 RFID 进行读取图书信息，自动定位在书架上，这样图书馆即使遇到涨架，甚至是图书馆的搬迁，重新排列大量书籍时，也非常方便，因为它可以自动读取该书架上的书目信息，也就是自动定位，不用人工一本本的扫描再定位了。就算偶尔有书放错架了，也依然可以找出来。这就涉及到我们即将谈到的智能书架，可以说，它是现行 RFID 技术的一个升级，它是一套高性能的在架图书馆管理系统，可以实现在架图书的实时管理，可以完成馆藏图书的清点、查询定位、错架统计等，每五分钟，智能书架就能对图书进行一遍精确定位。这样，就可以更好更快捷的管理图书了，而不必做一些重复的查询、定位，直接让电脑和芯片自动完成这些工作即可，一目了然，而工作人员可根据这些统计结果提示再进行书库书籍类别的精确调整，这将是图书馆管理的又一颠覆性的突破。

总之，要想引进 RFID 系统并完美展现，这要求每个图书馆对自身的情况进行综合分析再做出决策，从而在投资之前把各个方面考虑周全，才能保证决策成功，实现图书馆的可持续发展。图书管理工作研究的核心目的是为了使读者能拥有愉悦的借阅经历，RFID 技术的产生和应用在提升图书馆运营质量的同时，更重要的是满足读者的实际需求，为读者服务。

图书馆发展至今，所有的一切都是为了方便读者，方便人类获取知识。所以，在不久的未来，很可能到处都是自助借还图书馆，只要一张卡，无论何时何地，只需阅读，全民阅读，将是多么的幸福、美好。文化在无形中传递，在不知不觉中发散，在内心中沉淀，在灵魂中升华。技术，只是一个工具、一个平台，而阅读才是真正的目的，知识是领悟的，而不是生搬硬套的，让服务完美体现，让阅读无处不在，让知识创造智慧，让智慧拯救民族，让民族文化继续传递。

参考文献

[1] 蔡孟欣. RFID 在图书馆应用的可行性研究[J]. 大学图书馆学报，2006，(4)：91-95.

[2] 陈嘉懿. 智慧图书馆的构建之道：浅谈高校图书馆 RFID 技术应用新思路[J]. 大学图书馆学报，2013，(1)：54-58.

[3] 王莉. 图书馆 RFID 标签应用比较研究[J]. 图书馆理论与实践，2013，(3)：89-91.

[4] 高赟. 浅谈图书馆 RFID 技术在读者服务中的作用[J]. 新校园(学习)，2013，(4)：239-240.

[5] 王永城，吕永玲. RFID 技术对图书馆管理模式与服务方式变革的影响[J]. 考试(教研)，2013，(7)：252-252.

铁路类民国期刊创刊号数字化建设实践与探索

张　彦

（北京交通大学图书馆）

摘　要：本文通过对铁路类民国期刊创刊号的研究，对其数字化建设过程、内容及重点进行了分析，提出了数字化建设的各项工作标准及注意事项，为数字化建设提供了一定的实践经验。

关键词：数字化　民国期刊　创刊号

1　引言

民国期刊是指1912年至1949年10月前出版发行的杂志、期刊等。它的内容反映了我国近现代政治、经济、文化、科技、军事等诸领域的历史发展轨迹。创刊号是刊物的总第一期，是办刊人奉献给读者的见面礼，是每一个刊物的出生证明，因其最能鲜明反映其时代背景、办刊宗旨，而极具收藏价值。随着国学热的持续升温，中国梦的开展，对民国历史文化等研究的逐步深入，民国文献作为精神载体的历史价值和现实意义日益凸显出来。及时对民国期刊数字化是管理和利用这些文献资源，实现“藏”“用”并举的有效措施。

2　民国期刊创刊号的研究现状

我国民国期间总计出版各类刊物约2万种，北京交通大学图书馆共收藏159种，内容主要为交通铁路局报，铁路线、公报、铁路统计、交通通讯等。

图书馆界对创刊号的研究较少，以创刊号为检索词在CNKI进行检索，仅命中470条，其中3/4为新闻报道，其余1/4也多为报纸创刊号的研究，对铁路类的民国期刊创刊号的研究尚属空白。

已有的商业数据库共3个，所涉及的铁路期刊较少，其中大成老旧仅有铁路期刊33种，老旧期刊数据库2种，全国报刊索引40余种，而且这3个数据库所含的铁路期刊多有重复，创刊号缺失严重，与本馆民国期刊更较少重合。

各图书馆对民国期刊的研究也仅限于数字化加工，如北大图书馆、复旦大学图书馆对民国期刊进行了数字化，但仅是期刊目录数字化，并未进行全文数字化；国家图书馆对所藏的4351

种民国期刊进行了全文数字化，但因其内容有限，铁路期刊仅为 38 种，远不及我馆所藏。

上述这些机构的民国期刊刊种虽多，但是铁路类期刊甚少，且收录年份不全，很多创刊号尚未收录其中，且民国期刊中铁路期刊到底有多少，这些铁路期刊创刊于哪年，现藏于何处等问题尚不知晓。因此对铁路类民国期刊深入发掘，及时进行数字化，是十分迫切而有价值的，对民国期刊(创刊号)开展研究有重要意义。

1) 民国时期社会动荡，部分刊物版本存世稀少乃至散佚，特别是创刊号的价值可与珍稀古籍比肩而立。创刊号具有鲜明的时代特征，是记录当时历史背景的实物，其独特的办刊指导宗旨、时代背景及致读者、寄语读者、编者的话和发刊词、创刊词、题字的信息来源等，非常值得探讨，对后世有着真实历史资料和佐证史实的研究价值[1]。

2) 创刊号期刊的文物性、资料性和艺术性高于普通期刊，很多创刊号期刊有名人题名、贺词、手迹，创刊号的发刊词、贺词等，其收藏价值巨大。

3) 从创刊号的封面、装帧、印刷等方面来看，亦可了解到当时的印刷水平等方面的情况。因此及时对民国期刊创刊号进行数字化，将使民国期刊实体得以良好的保护[2]。

4) 及时对民国期刊创刊号进行数字化，还可以使期刊内容得到最大程度的利用，发挥藏以致用的作用。

3 民国期刊的数字化建设

北京交通大学图书馆共有铁路类民国期刊 159 种，其中有创刊号的为 71 种。通过查找网络工具书，获取铁路类民国期刊总计 143 种，其中全国期刊联合目录 47 种，全国报刊索引 30 中，大成老旧期刊库 60 种，去重后总计 67 种。

民国期刊数字化的总体方案是先确定铁路类期刊总目录，确定每种刊物的创刊号年卷期，数字化本馆特藏期刊，补充网络数据库的内容，对创刊号进行刊名索引，形成铁路类民国期刊全文库。

4 数字化的工作流程

4.1 总结界定创刊号的标准及经验，形成民国期刊创刊号目录。

民国期刊因其出版发行规范不一，创刊号的界定是一个难点。北京交通大学图书馆通过长期的实践和探索，总结了民国期刊创刊号的界定标准。

(1) 文字有明确标示创刊号的字样

(2) 根据封面、版权页判断创刊号

(3) 注明 “创刊号”、“总第一期”、“第一卷第一期”、“第一卷第一号”、“第一集”等等字样；对印有总第一期字样的，核实是否存在试刊发行情况。

(4) 根据后面期数来推算创刊号

没有明确创刊标识的依据后面的期数来推断某一期是否为第一期创刊号。

(5) 根据发刊词，编辑说明推断创刊号

对“编者的话”或文中内容仔细研读，以证明其是创刊号。

(6) 无任何明显标识和线索的，根据有关工具书判断创刊号通过有关工具书,如《全国中文期刊联合目录(1833-1949)》,《中国近代期刊篇目汇录》等提供的创刊年代月份期数等,加以辅助上述判断标准,推断是否为创刊号。

4.2 形成铁路类民国期刊创刊号总目录,统计出铁路类民国期刊的期刊数量

根据本馆馆藏与现有所有商业数据库的底层数据的对比,去重,形成铁路类民国期刊的总目录,辅以创刊号的界定标准,进而形成铁路类民国期刊创刊号总目录。统计出创刊号共有多少期,本馆藏有多少期,商业数据库中提供多少期,本馆需要数字化多少期。形成数字化期刊列表清单,为数字化做好前期准备工作。

4.3 制定文献数字化加工标准

民国期刊的数字化建设依照cadal项目,将创刊号经过数字化,去污、裁边、压缩、转换、识别、封装等操作后转换成可用于网上在线阅读的页面文件。同时考虑铁路期刊中图纸、表格、图片较多较大的内容特点,设立了符合北京交通大学图书馆需要的加工标准,包括扫描的主要技术参数,如分辨率、格式、倾斜度等。

命名标准:扫描图像必须与原页面一一对应,图像按顺序以tiff格式保存,封面以0000开头,保证扫描页码连续。

图像扫描标准:分辨率为600DPI,纯文字黑白页面色阶要求24位彩色,黑白二值,配图黑白页面要求8位灰度,彩色页面24位彩色,压缩格式全部为JPEG2000。因书本变黄,纸张变质颜色深浅不一的需反复调试扫描仪参数,保证扫面图像可读。

图像处理标准:图像的主体文字内容不能出现90°侧倒或180°颠倒。图像不能有黑边及遮挡主体内容的污点,页面内容应位于中间,不得明显偏左右或上下,页面整体倾斜不能超过3°。出现原文档缺页情况时需在缺页处插入写有“原书缺页”的图像文件。

转换格式标准:所有tiff转换为双层DJVU。背景图像中需覆盖一层版权保护水印。具体操作时应考虑水印大小、浓淡以及位置,防止浏览或阅读时受影响。水印应设置成在图像中随机像素点出现,以有效保障图像安全使用。

4.4 期刊的数字化与质量管理

设立专人对数字化后的页数,顺序,内容清晰度格式等参数进行质检,并审查内容是否与实物完全相符。

4.5 网络资源的补充

对其他数据库已有的创刊号电子版本,下载到本地进行处理后补充到我馆的民国期刊(创刊号)全文数据库中。

4.6 索引

对创刊号进行刊名索引,便于用户检索利用

4.7 资源存储、发布利用

转换后的图像利用digitool数据仓储平台发布,供用户检索利用。

4.8 形成补遗目录

根据馆藏整理出铁路类民国期刊创刊号补遗目录，以便特藏采访工作组采购。

5 数字化建设经验

通过一系列的数字化项目及应用，我们积累了一定的建设经验。

5.1 借助大平台，提高数字化资源的共享和资源利用率

北京交大图书馆拥有资源发现一站式检索平台 primo，该平台整合了本馆购买的数据库资源和本馆馆藏，用户进行检索时不必反复选择切换数据库，可实现一次检索多库输出的效果。及时地将数字化成果整合到一站式检索平台将极大地提高文献利用率和用户的检出率，为用户提供更多的资源和服务。

5.2 必须对建设成果加强推广

建设数字化建设的最终目的是利用，应多渠道的宣传推广民国资源。如利用学校的新闻主页、校园广播传播平台加大传播力度，以新媒体介入传统服务，如利用微博、微信加强宣传，将被动的服务变为主动。

5.3 对资源进行分级分类处理

民国期刊的数字化，仅仅是一个手段，对特藏的民国期刊进行系统研究，对破损、老旧、缺失期刊进行全面统计，对民国期刊进行深层次的文本内容的挖掘和整理是最终的目的。图书馆应做好充足的功课，对本馆的民国资源调研，确定本馆的古籍收藏特色和优势，并对其进行分级分类，选取其中史料学术价值大且具有影响力的特色文献，分期、分批地优先全文数字化[3]。使数字化建设工作有的放矢，进而摸清家底为特藏文献建设工作开展打好基础，为民国期刊的深层次研究提供基础。

6 结语

当前全国各族人民，都在为“实现中华民族伟大复兴的中国梦”而努力奋斗。理想的实现离不开精神，文献正是中国精神的有效载体。我们相信，民国期刊的数字化建设成果必将春风化雨，成为时代中国的正能量源泉！

参考文献

[1] 王玲丽. 民国期刊数字化工作实践与探讨[J]. 数字与缩微影像，2014，01：11-13.

[2] 方杰. 数字化让民国期刊生命延续[J]. 上海信息化，2013，07：30-32.

[3] 韩春磊. 民国期刊资源数字化的实践[J]. 图书馆杂志，2013，07：45-47.

试论新媒体时代大学生信息素养教育

高淑芳　赵世华

（北京林业大学高等教育研究中心　北京林业大学图书馆）

摘　要：新媒体时代，信息素养已经成为社会普遍承认的一项重要的基本素质。大学生是国家未来发展的有生力量，其信息素养是国民素养的重要体现。本文阐述了信息素养和信息素养教育的内涵，论述了新媒体时代大学生信息素养教育的现实意义，并通过探讨大学生信息素养教育的途径方法，以期引导大学生正确有效利用信息资源，培养大学生的信息能力、信息伦理道德、创新能力和高度的社会责任感，培养大学生健康成长成才，最终实现培育适应现代社会需要的创新型人才的目的。

关键词：新媒体时代　大学生　信息素养教育

新媒体引起了社会生产方式和人们生活方式的巨大变化，深刻地影响着信息的传播方式和使用方式。大学生是国家未来发展的有生力量，其信息素养是国民素养的重要体现。在新媒体时代，如何掌握信息科学技术，并有效利用、分辨鉴别信息，是大学生应当具备的基本素质。对大学生实施信息素养教育，是国家和高等学校培育适应现代社会需要的创新型人才的一项重要任务。

1　信息素养和大学生信息素养教育的内涵

信息素养是社会信息化要求人们应具备的计算机文化、超媒体文化和网络文化，其本质是人的信息意识情感、信息伦理道德、信息知识与信息能力。信息素养是构成人们终生学习的基础，是各门学科、所有学习环境和所有不同层次教育的基本因素之一。信息素养不仅仅是诸如信息的获取、检索、表达、交流等技能，还包括以独立学习的态度和方法，将已获得的信息用于问题解决、进行创新性思维的综合的信息能力。

大学生信息素养教育就是对大学生的信息意识情感、信息伦理道德、信息知识与信息能力素养进行培养和教育。新媒体时代到处蕴藏着各种各样的信息，要教育大学生具备信息意识，提高信息敏感程度，学会面对不懂的东西，利用现有信息资料，积极主动去寻找答案，培养创新能力；培养学生具有正确的信息伦理道德修养，学会甄别信息，自觉选择对学习生活有用的内容和信息，自觉抵制不健康的内容和信息，不利用计算机网络从事危害他人信息系统和网络安全、侵犯他人合法权益的活动；培养学生掌握信息科学技术知识，正确理解和运用信息技术；培养大学生掌握信息系统的基本操作，有效地利用各种信息工具去搜集、获取、传递、加工处理有价值的信息，培养对信息系统进行评价的能力[1]。

2 新媒体时代大学生信息素养教育的现实意义

2.1 新媒体时代发展的客观需要

随着互联网络和移动互联网的迅猛发展，新媒体在这股大潮中应运而生，它不但引起了生产方式的变化，也给人们的生活带来了深刻影响，尤其是深刻地影响着人们的信息使用与传播方式。而随着新媒体技术尤其是移动互联网和智能移动终端的发展，大学生深处巨量信息的包围之中，新媒体时代的大学生获取信息的途径和方式由此发生了改变，变得更加多元化，更加灵活多样。只要拥有电脑或智能移动终端设备，就可以点击鼠标或者轻触触摸屏，通过WIFI或者数据网络随时获取信息。在新媒体环境下，由于通过网络获取信息和解决问题具有即时、快速的特点，大学生们更多地借助网络搜索引擎等平台来解决学习中遇到的问题，甚至直接利用“慕课”课程进行自学。新媒体时代的发展，使得大学生的信息素质培养面临着挑战。因此，开展大学生信息素养教育，培育大学生的信息意识情感、信息伦理道德、信息知识与信息能力，对作为新型人才培养的高校而言，是一项紧迫任务和重要的系统工程，也是国家适应新媒体时代发展的一项战略工程。

2.2 大学生全面健康成长的内在需要

新媒体时代，信息素养已经成为社会普遍承认的一项重要的基本素质。信息素养的水平，将影响一个人的社会创造力和竞争力。信息素养，是新媒体时代的大学生获取信息的必备技能和生存手段，同思想道德素养、人文素养、心理素养等一样，已经作为大学生应具备的基本素质之一。面对新媒体时代多元复杂的信息环境，如海量的信息资源、网络的虚拟化匿名化等特点，要求大学生熟练地掌握正确使用信息的能力，包括信息实践、信息迁移能力，信息搜集、信息选择、信息分析和利用等能力。同时，要求大学生培养对信息的敏感性和洞察力，加强对信息的理性认知与判断。此外，要求不断增强正确的信息伦理道德观念、网络安全观念、自我保护意识以及高度的社会责任感。总之，培养和构建大学生的多重能力，即面对海量信息的选择能力、挖掘能力、理解能力、质疑能力、评价能力，对其负面影响的抵御能力，从而实现大学生的全面健康成长成才。

3 新媒体时代大学生信息素养教育的途径方法

3.1 课堂教育

信息素养的重要方面是掌握和应用信息技术的能力。高校在课堂教学中应开设信息技术等相关课程，教授学生掌握信息科学的基本理论、方法和技能。同时，将信息检索工具、信息资源位置以及课程内容有机结合，并重视将信息技术课程与其他课程的整合，重视对大学生实践能力的培养[2]。此外，要加强对大学生的信息意识教育。作为信息素养教育者，大学教师担负着重要角色。新媒体时代，要求高校教师具有现代化的教育思想、教学观念，掌握现代化的教学方法与手段，能熟练运用信息工具对信息资源进行有效的搜集、组织、管理和运用，指导学生认识信息资源的价值，培养大学生的信息意识，提高大学生对信息的敏感度，根据新时代要求，不断更新知识，调整知识结构，获取新的有用信息，积极利用信息解决学习和生活中遇到的问题，培养科研能力，增强创新欲望和创新勇气。

3.2　图书馆教育

作为高校文献信息中心的图书馆，近些年在自动化、网络化、信息化建设等方面有着长足的发展，在资源内容、资源范围和提供方式上发生着重大变化，尤其是网络和数字图书馆技术的出现，为学生获取知识和信息提供了更为广泛的途径和更加有效的手段。图书馆具有良好的信息环境，拥有丰富的文献信息资源，以及一批受过图书情报学、信息管理学、计算机、外语等专业教育的业务能力强、信息素质高的馆员队伍。因此，在开展信息素养教育方面，图书馆具有文献信息资源、信息环境（多媒体设备等）、信息技术、信息素质人才等优势。就图书馆教育而言，形式可更具多样化，内容可更有特色和吸引力。如可通过组织新生入馆教育，举办文献检索、专题讲座、培训班，开设图书馆与信息素养的相关教程，开展参观访问、志愿者服务活动等形式，增强大学生利用图书馆资源的自觉性和主动性，提高大学生利用图书情报资源的技能[3]。换言之，图书馆要了解和掌握大学生的阅读心理和读书热点，尽最大努力提供种类繁多、内容丰富及知识性、趣味性、科学性和可读性强的书刊资料；要用宽松活泼的形式吸引大学生到图书馆来，使其置身于知识的海洋中，从而激发其刻苦钻研、奋发向上的学习精神；要把信息检索技能传授给大学生，使其在博览群书中博采众长，增强分析能力、判断能力、比较能力和逻辑思维能力，激活其创新欲望，提高创新能力。

3.3　社会环境教育

信息素养是21世纪人才必须具备的基本生存能力，要引起社会各界包括高等院校的足够重视，把信息素养教育上升到应有的高度来认识。要从全社会范围考虑，从社会共同发展的角度，强化社会公众的信息意识，提高全体公民的信息素养，提高教育水平和人才素质。要提高全社会的信息化水平，在信息的选择范围、信息环境、硬件设施等方面为大学生营造良好的外部环境；提高利用信息知识的能力，健全社会公众网络，使得大学生能够产生良好的感性认识；提高各级领导的认识，把开展信息素养教育纳入到综合素质教育之中，纳入教学改革之中。就高等学校而言，应高度重视信息素养教育，围绕信息素养教育目标，制定切实可行的计划，有效地加以实施。如通过开展各种竞赛等实践活动，调动大学生参与信息实践的积极性和主动性；运用人人网、微博、微信等新媒体手段，融洽师生交流；加强网络校园文化建设，营造健康向上的文化氛围，提高大学生信息伦理道德意识。

3.4　大学生自我教育

新媒体时代环境下，大学生的自我教育首先表现在信息实践的主动性。大学生应主动获取信息知识，除课堂教学的计算机和网络为核心的信息技术之外，积极参加学校的网页设计大赛、校园微视频大赛、网络信息问答竞赛、网络信息维权服务竞赛等。其次，表现在培育对信息的甄别能力。大学生在享受互联网大量信息的同时，也经受着大量垃圾信息的干扰。如何获取信息、如何鉴别信息、如何利用信息，就需要具有批判性地处理信息的能力。因此，大学生要锻炼自己增强对信息的敏感度,从而能够准确判断信息的价值,把握信息的内核,合理分配自身有效的注意力资源,从大量信息中获取对自己的学习和研究有用的资源,找到自己感兴趣或所需要的信息,防止和解决信息迷航和信息过载现象[4]。再次,大学生的自我教育还体现为培养良好的自控和自律能力。浩瀚的信息资源往往良莠不齐,大学生要自觉抵御和消除垃圾信息或有害信息的干扰和侵蚀,提高抗干扰能力,不迷恋网络游戏或聊天,完善合乎时代的信息伦理素养。通过自我教育,强化自我学习信念,提高学习效率,把外在的影响内化为自身品质,把科学合理运用信息转变为学生自觉的行为。

参考文献

[1] 韩颖.信息意识及信息素质教育[J].继续教育研究,2006,(2):171 - 173.

[2] 娜日,吴晓伟,吕继红.大学生信息素养教育提升策略研究[J].情报杂志,2010,(8):178 - 181.

[3] 陈昕.浅谈信息时代高校图书馆在大学生素质教育中的作用[J].科技视界,2011,(36):51 - 52.

[4] 夏秋萍.网络环境下高校图书馆信息素质教育体系的构建.图书馆学研究[J],2006,(3):97 - 99.

试论信息时代图书馆员素质要求

展子玉

（国防大学图书馆）

摘　要：本文系统分析信息时代图书馆员在图书馆工作中存在的一些能力素质问题，提出了随着信息时代的到来，图书馆员应具备的业务素质、综合素质、心理素质以及职业道德等。

关键词：图书馆员　素质　信息时代

图书馆是知识的载体、是信息资源和用户读者之间的桥梁和纽带，而图书馆员作为图书馆的管理人员，对图书馆能否提供优质、高效的服务起着决定性作用，所以图书馆员的素质高低是影响图书馆发展的重要因素。随着信息时代的到来，图书馆员的工作已由过去简单的咨询借阅转变为对读者用户检索的指导，为用户提供各种专项服务、主动服务，以及为有不同信息需求的读者用户群体主动推送有针对性的、有价值的信息资源，图书馆的整个业务流程和方式都发生了巨大的变化，服务手段从简单型向现代化技术型转变，服务方式由被动借还的低层次向主动提供信息的高层次转换。

1　信息时代图书馆员的地位作用

随着现代信息技术的发展及其在图书馆的广泛应用，图书馆对图书馆员素质要求也在不断地提高。馆员在图书馆服务中具有相当重要作用，图书馆提供优质信息服务首要便是提高馆员素质。信息时代，纸张已不再是信息资源的唯一载体。图书馆信息资源的传递方式也超出传统图书馆单一的纸质文献信息传递方式，读者可以在任何地点以多种方式获得所需的信息资源。用户文献信息服务需求也要呈现出多样化的趋势，除了对传统的图书资料文献信息的需求外，对网络信息的需求也很大；不仅仅需要与读者学科专业有关的信息，也需要其他各种类型的信息，如娱乐、视频、声像资料、电脑软件等。信息时代，信息量大而且繁杂，资料的筛选搜集工作需要耗费大量的时间。面对分散、无序、迅速变换的海量信息，用户感到非常无奈，常有迷失之感，他们希望能及时得到经过加工整理的“有用”的信息。这就要求图书馆员为用户在文献信息资源的搜集、整合等方面进行引导。图书馆员是图书馆工作的管理者和组织者，是使文献和读者发生联系的中介和枢纽，是使文献、信息的价值由潜在变为现实的关键。网络信息服务的日益发展，对图书馆员提出了更新、更高的要求，因为高素质的服务依靠知识面广、专业性强、服务技能高的服务人才。在新时期,图书馆要与时俱进,关键是要建设一支具有一定数量而又相对稳定的图书馆工作人员队伍。

2 信息时代图书馆员素质现状

在信息化的今天,图书馆员的综合素质影响着信息资源的开发和利用,影响着图书馆的工作效率和服务质量的提升。但目前图书馆员的素质现状还存在着一些问题:

2.1 缺乏应有的职业道德

所谓职业道德是指从事某一具体职业的人,在其工作岗位上必须遵守的与其职业活动紧密联系的行为准则,其受个人素质与自我良心的制约。作为一名优秀的图书馆员,完成好一切业务工作的前提是必须具备高尚的职业道德情操,热爱图书馆事业,以馆为家,在自己的岗位上任劳任怨,甘为人梯。由于一些主客观因素的影响,中国绝大多数的图书馆一直以简单的藏书、借阅的形式出现,内部繁杂琐碎的工作得不到其他人肯定,很多人都认为图书馆是清闲自在的单位,同时图书馆的作用也一直没有被外界足够重视,再加上内部管理不善,部分图书馆员在工作中产生了消极懒散的情绪,平时只是机械地工作,缺乏工作热情和创新意识,一切随随便便,对待自己的工作毫无责任心可言。又由于图书馆员以女同志居多,更容易拘泥于一些细枝末节,钩心斗角之事时有发生,影响了日常业务工作,由此进一步弱化了图书馆工作。

2.2 职业行为不够规范

良好的职业行为是馆员自身职业道德的充分诠释。图书馆员自身的行为直接反映出图书馆的整体形象、馆员的素质及职业道德情况,好的形象更容易让读者产生崇敬的心理和学习的热情,更乐于在图书馆内查找资料、学习知识。而现今一些图书馆员存在把图书馆当作一个清净享受的地方,工作中常有上班时间做自己的私事,利用办公电脑看电影、听音乐、玩游戏,喝茶聊天等现象;着装外表方面不够端庄大方,不注意自身形象;对待读者不够耐心热情、不能使用礼貌的语言,甚至对待读者的咨询有不耐烦情绪、语气生硬等情况发生。这些问题都大大降低了读者对图书馆的评价,从而影响了读者利用图书馆学习的热情。

2.3 文化素养参差不齐

图书馆有着丰富的馆藏和广泛的信息资源,吸引了大量面对求知似渴的读者,图书馆员必须具备一定的文化素养才能分析、整理、检索信息资源,才能为读者提供较好的信息服务。但是由于许多图书馆员本身学历上参差不齐,很多馆员没有接受过正规学历教育,工作后又没有充裕的时间进行继续学习深造,导致在工作过程中经常出现“心有余而力不足”的情况,馆员之间的差距也越拉越大。很多馆员对计算机、英语及相关专业知识一知半解,给工作带来了很大的困扰,不能全面的满足读者的需求。

2.4 业务处理过于机械

图书馆工作人员应具备较强的综合素质和较高的文化素养,既要掌握更多的文化知识,也要具备一定的专业技能。一名合格的图书馆员需要过硬的业务能力,但事实上,部分馆员存在只要完成自己岗位工作就可以,对图书馆内其他岗位工作不关注,不关心图书馆整体的发展,不能联系全局，想法过于闭塞。日常业务工作过于机械化的处理，使得一些馆员思想麻木、不思进取，影响了个人以至于图书馆的发展。

3　提高图书馆员素质的措施

3.1　培养良好的业务素质

图书馆是传递信息的有效途径，图书馆中的数字化信息和优质的网络服务也在逐步地实现。人们越来越追求信息化知识理念，而图书馆各部门工作内容复杂，学科涉及面广，为了使读者能够在图书馆海量信息资源中找到所需的知识和资料，更好地服务读者，必须要求图书馆馆员具有非常良好的业务素养。

3.1.1　掌握所需专业理论知识

专业知识是馆员提高服务层次、为各类信息用户提供优质信息服务的必备条件。作为图书馆的工作人员，一定要掌握图书馆学、文献学、目录学、图书情报学基本知识，熟悉图书馆各项业务和馆藏资源情况，掌握各项检索工具的使用方法以及中图法等相关学科知识，在图书馆工作多元化的时代，更要加强对馆员专业知识的培训，打下坚实的理论基础。

图书馆应强化对馆员的继续教育，建立人才队伍建设的长效机制。继续教育是图书馆员补充能量、提高能力的有效途径。强化图书馆员继续教育，可以从以下几方面入手：一是支持和鼓励图书馆员通过多种形式和渠道参与终身学习，例如，可以参加各种在职教育，或图书馆也可以提供一些专业技术知识的岗位培训课程，以提高图书馆员的能力素质；二是制定和实施继续教育的基本法规，对图书馆员的继续教育做出质和量的规定；三是把图书馆建设成为真正的学习型组织，成为图书馆员接受培训和教育的载体。

3.1.2　掌握所处岗位业务技能

由于图书馆工作分支较多，各个岗位的具体工作也不尽相同，这就要求每个馆员都要熟练掌握所在岗位的工作流程，边工作、边学习、边总结，并且根据具体情况创造出省时省力的工作方法。高效的工作方法可以为读者和馆员本身节省大量时间和精力。

3.2　提升馆员的综合业务素质

如今，信息更新的速度越来越快，逐渐成为经济增长、社会进步的原动力。图书馆员必须不断学习各种技能，总结归纳为己用以提高自己，才能跟上时代的步伐，在做好本职工作的同时创新发展。

3.2.1　提高图书馆员的计算机操作能力

传统图书馆以纸质载体为基础，建立藏书并提供借阅，因此图书馆员主要提供流通、检索和参考服务。随着图书馆计算机管理系统以及数字图书馆的引进，学习掌握计算机知识和技能是对每个图书馆员的迫切要求。除了要具备现代信息知识外，更要能熟练地运用现代信息技术，如能用计算机处理各种信息，能在网上获取信息，能在网上解答读者各种咨询，并指导读者检索各种文献信息。此外，熟练掌握计算机可以使烦琐的工作变得简单，大大提高了工作效率。

3.2.2 提高图书馆员的外语能力

随着信息技术和因特网的迅速发展、国际间的交流与协作的日益频繁，熟练掌握1到2门外语已经成为新时期图书馆员必须具备的条件，尤其是英语，很多信息都是通过英语连接和传送的，没有较好的英语水平，就无法成为“信息的导航员”，语言障碍对信息开发利用的干扰作用是不可低估的。所以，至少要熟练掌握英语，才能适应信息时代的需要，才能更多的获取和利用文献信息知识，从而也提高了信息的使用。

3.2.3 提高图书馆员的信息处理能力

读者是否能在图书馆中快捷、高效地获得知识，与图书馆员的信息处理能力密切相关。信息处理能力包括对信息的感觉力、洞察力、分析力和概括力。图书馆员对各种信息要有敏锐的感觉，分析哪些信息具有利用价值，挖掘出其潜在的价值，将复杂的信息加以分析、处理，从中提出有用信息，并将这些信息归纳总结给读者。

3.3 建设图书馆员良好的心理素质

21世纪是知识经济社会，是发展迅猛、变化巨大、优胜劣汰的社会，面对当今快节奏、竞争激烈的社会环境，心理健康与否已成为能否正常工作的前提，图书馆员在加强业务学习与提高综合能力的同时，更要注意培养自己健全的人格、稳定的心态、坚强的意志，要增强个人心理调节能力，始终保持乐观向上的生活态度。图书馆工作往往工作量较大，枯燥繁杂，这就更需要图书馆员具有良好的心理素质，解决问题条理清晰。图书馆员的心理素质已经和业务素质同等重要。

3.4 培养图书馆员的职业道德

图书馆馆员的职业道德与修养程度，直接关系到图书馆为社会服务的质量和水平。加强职业道德教育，培养馆员的敬业精神和职业自豪感。图书馆要对图书馆员进行经常性的思想政治教育和职业道德教育，同时大力弘扬奉献精神，在图书馆内形成良好的工作氛围和井然有序的和谐工作环境，塑造读者满意的图书馆员形象。不论图书馆发展到何种形态，其本质都是提供服务以满足读者对文献、信息、知识的需求，服务永远是图书馆的主题。社会中的人与人之间通过服务维持着彼此的存在与发展，而作为文化信息机构的图书馆，服务社会、服务读者是它的根本宗旨，图书馆各项工作的出发点和归宿都立足于服务。

面临当今信息文化大背景的前提，我们不能好高骛远、更加不能妄自菲薄，我们应该脚踏实地结合我国的实际情况以及现实的需要，根据不同地区、不同类型图书馆的需要，根据自己图书馆所需要的图书馆员素质，进行图书馆员的培养，既要注重图书馆员的培养，也要注意对现有图书馆员素质方面的挖掘，对于图书馆员的素质要求我们既要立足现有的人才基础，同时也要注意对未来图书馆员素质培养做出详细有效的计划。

中国的图书馆事业已有100多年的历史了，在这一个多世纪中，我们图书馆人通过不断的努力和创造，取得了很大的成就。21世纪是信息社会，整个世界科学和文化发生了巨大的变化。图书馆员在新时代的变革下，也要不断学习和探索，才能适应新形势的工作和有着新需求的读者。既要不忘旧的工作流程和工作方法，还应具有新时期的素质，坚持不懈地把图书馆工作做好。

参考文献

[1] 贾建萍,复合型图书馆馆员素质与读者服务[J],高等职业教育(天津职业大学学报),2011.3期

[2] 陈昊,高职院校图书馆馆员素质的优化[J],长江工程职业技术学院学报,2011.3

[3] 吴海云,论图书馆员素质现状[J],科技情报开发与经济,2011.7

加强图书馆青年馆员职业素养培养的几点思考

王京英

（国防大学图书馆）

摘　要：青年馆员是图书馆人员的重要组成部分，是图书馆发展建设的未来，是图书馆新生代的主力军，培养和利用好青年馆员的作用，对图书馆发展具有重要的影响。本文重点分析了笔者所在图书馆青年馆员的现状及在职业素养方面存在的主要问题，并就青年馆员职业素养培养的内容及方法途径进行了探讨，旨在总结经验，加大青年馆员培养力度，充分发挥青年馆员在图书馆建设与发展中的重要作用。

关键词：图书馆　青年馆员　职业素养

在美国图书馆界流行着这样一种说法："图书馆服务所发挥的作用，5％来自图书馆的建筑物，20％来自信息资源，75％来自图书馆馆员的职业素质。"随着时代的不断进步，图书馆的服务模式、服务内容都在悄然发生着变化，当今社会是一个崇尚知识的社会，知识就是生产力，信息就是生产力，已经成为人们的共识。在现代图书馆人才构成中，青年馆员是图书馆新生代的主力军，是一支具有高学历、高知识的人才队伍，培养和利用好青年馆员的力量，对图书馆发展具有重要的作用。本文重点分析了笔者所在图书馆青年馆员的现状及在职业素养方面存在的主要问题，并就培养青年馆员职业素养的途径和方法进行了探讨，旨在总结经验，加大青年馆员培养力度，充分发挥青年馆员在图书馆建设与发展中的重要作用。

1　我馆青年馆员职业素养现状分析

1.1　青年馆员的优势

我馆现有在岗编制人员 34 名，青年馆员所占比例 70％，他们平均年龄大约在 34 岁左右，基础学历都在本科以上，硕士生的比例也在逐年上升。这些青年人的注入，直接给图书馆带来了新的生机，新的面貌，新的活力。从这些青年馆员自身特点来看，大多数总体素质较好。他们受时代的熏陶，很容易接受新鲜事物，具有计算机和外语水平能力，思想觉悟比较高，进入图书馆工作比较容易适应新的环境和任务。从某种程度上来说，青年馆员以其年龄、精力、职业等方面的优势正逐渐成长为图书馆发展的主力军。

1.2　青年馆员存在的主要问题

青年馆员正处在最具有活力的职业拼搏期，工作上除了需要尽快熟悉业务知识，胜任本职岗位之外，还要经受一系列的现实问题，由于他们缺乏自我调节的能力，所以在工作中会出现以下几个问题：

1.2.1　一定程度上有职业倦怠的情绪

青年馆员对工作通常有着较高的期望，希望自己能够充分发挥聪明才智，在新的工作环境中伸展才华，有所作为。但是，图书馆的工作性质决定了图书馆的工作存在着一定的重复性与单一性，这与青年馆员来馆之前的心理设想有着一定的差距。到馆工作后发现个人能力得不到有力的发挥，无法获取成就感，如果在这时心理状态不能及时调理好，必定会导致失去工作的热情，容易出现对职业的倦怠情绪，必定会影响工作的进展。

1.2.2　工作压力导致忠诚度下降

在众人的眼里，图书馆的工作是一份稳定清闲而无压力的工作，甚至有些人认为是"养老"的好差事。青年馆员刚入馆任职之初就没有把图书馆工作当成自己一生的职业，而只是想获得一份稳定的工作，有个别青年馆员因对职业倦怠与上进心受挫丧失了在图书馆大干一场的决心，谋求职业的转变，这种情绪直接影响图书馆培养的人才付诸东流，更是难以积聚新生力量，难以促进图书馆良性发展。

1.2.3　工作中缺乏大局观念

青年馆员入馆之初，都是刚刚走出象牙塔步入社会就来到现在的工作岗位，适时可能还不能完全适应由学生到馆员的转换。在工作中，以我为中心，思考问题、处理问题可能缺乏识大体、顾大局的全局观念。加之，青年馆员在不同的家庭环境中长大，多数作为独生子普遍具有个性突出，自我意识较强的特点。部分青年馆员表现在服务读者的过程中，包容之心缺乏，加之尚浅的工作经验和不成熟的工作技巧，容易与读者发生矛盾。

1.2.4　对工作岗位重要性缺乏足够认识

图书馆是学校教学辅助单位，大部分人认为图书馆的工作是极具简单的借借还还，没有什么技术含量，什么样的人员都能担任，比较边缘化，这就导致了图书馆的地位不高，馆员的地位与学校其它部门无法相比。青年馆员刚刚进入工作，拥有想做一番事业的满腔热忱，而工作地位的实际情况容易造成他们的内心失衡，而导致他们作风松散、工作不踏实的状况屡屡发生。

2　青年馆员职业素养培养的主要内容

2.1　加强青年馆员劳动纪律的培养

图书馆的各项工作都是细致、烦琐的，每一步都是环环相扣，紧密相连的。这就要求每个青年馆员工作都要细心，无论任何一个工作程序出现问题，就会影响整个图书馆的正常运行。因此，严格执行劳动纪律，并将青年馆员的工作表现与考核制度相结合，奖惩分明，为青年馆员创造一个公平、公正的工作环境，提高青年馆员的工作责任感和积极性。

2.2 加强青年馆员专业知识教育

我馆在职人员34名，青年馆员24名，但从事图书馆专业人员只有3名。从上述的情况表明，图书馆馆员就有再教育、再学习的必要。如今图书馆发展正走向更加复合、多元，人才知识构成需要更加宽泛，对没有学过图书情报专业的青年馆员进行专业知识的培养，有利于拓展对读者服务过程中服务层次的提升和深入，使他们能迅速了解和掌握图书馆采、编、发及信息检索等方面的知识，快速融入到图书馆的工作中来，在提供高层次、高质量的服务过程中，具备学科方面的优势，来弥补专业的不足。

2.3 拓展青年馆员学科专业领域

随着科技进步与发展，图书馆已由传统的图书馆向数字图书馆转变，无论是传统的还是数字的，都要求青年馆员除了具备图书情报专业知识之外，还要必须掌握计算机和网络信息技术，由于现在数字文献资源语言载体较多，要想为读者提供高技术文献信息服务，就要具备一定的专业知识来满足教学科研文献信息资源保障，那么就要求青年馆员对各类学科专业有一定程度的了解，能够把握这些学科和发展趋势，特别是相关前沿学科、交叉学科等新兴学科的知识。我馆鼓励青年馆员对这些相关学科知识的学习培养，密切与学校各大教研部联系沟通，帮助他们获取学校相关领域的各类学科专业知识信息，从而使图书馆的学科服务更具有针对性实效性。

2.4 加强与老馆员的沟通

图书馆的老同志虽然接受新知识的能力偏慢，但他们凭借着多年的工作经验和积累，总结了许多工作中的技巧和办法，非常值得缺少工作经验的青年馆员借鉴和学习。青年馆员也要主动地与老同志沟通，将工作上出现的和解决不了的问题虚心向老馆员请教，得到他们的指导帮助，形成互帮互学的良好氛围，以便尽快提升青年馆员的综合能力。

3 青年馆员职业素养培养的主要途径

3.1 强化管理，加强馆员职业道德培养

思想是行动的先导。要想成为一名合格的青年馆员，首先应从思想上培养他们树立良好的职业道德，让他们深入了解图书馆工作是一项非常有意义的工作，是学校教学科研的有利助手，让他们发自内心地热爱图书馆工作。这就要求领导要通过“以人为本”的管理方式，来加强对青年馆员职业道德素养的教育，培养青年馆员爱岗敬业、团结协作的职业精神，牢固树立“读者第一、服务至上”的服务理念在服务过程中，要时刻为读者着想，细心解答读者提出的任何问题，并积极应对在服务过程中所发生的纠葛。使他们在工作过程中，充分认识到图书馆工作的意义，能够快速进入到工作状态和工作环境中，从而更加有利于图书馆工作质量的提升。

3.2 注重学习培训，提高职业素养

近年来，我馆在对青年馆员业务培训方面，采取了多种渠道并行的培训方式。一是外出进修学习。本馆每年按馆总支的要求分上下半年安排二至三名青年馆员到京内外院校进行业务

培训，加强图书情报专业知识的学习。比如，在京内参加北京高教学会编目专业委员会学术年会的培训班；选派青年馆员参加文化部全国数字图书馆建设与服务联席会举办的“数字图书馆建设与服务中知识产权挑战”论坛；北京科技情报学会高等院校科技情报专业委员会举办的信息服务创新理论与实践高层论坛；中国科学院国家科学图书馆 China OA Week OA Repository Day 研讨会等。通过组织这些活动，使青年馆员开阔了视野，拓展了思路，发挥了创新精神与干劲，及时将学到的最新成果融入到图书馆实际工作中，不断提升青年馆员的服务水平和工作能力。二是馆内组织业务学习培训。图书馆是学校教员、学员以及广大读者查阅资料、丰富知识储备的地方，在推进学校教学科研、促进人才培养中占有重要地位。我馆利用各种机会召集青年馆员学习新技能、新服务，并对所掌握的新业务、新知识进行分析、总结，使他们在各方面得到锻炼。三是举办学术讲座、学术交流。近年来，我馆聘请了军地图书馆界资深学者和专家进行学术和专业知识的讲座，让青年馆员不出门就能充分了解国内外图书馆界最新、最前沿的信息，掌握图书馆学、情报学、图书馆工作发展的新趋势、新特点，不断提升青年馆员自身的工作能力和水平。四是我馆积极创造条件，让青年馆员参与到图书馆承办的各种大型会议和讲座中，给予他们更多地锻炼和学习机会。去年以来，我馆主办了图书馆“周六讲坛”和各种类型的活动，要求青年馆员全程参与到会议筹备、组织、宣传、录音整理等过程中，给他们提供更广阔的舞台，锻炼自身才能，在活动过程中进行学习。

3.3 把握时机，提供机会，施以重任

我馆在培养人才中很注重青年馆员的任用，帮助他们搭建事业平台，充分发挥青年馆员的才能，挖掘每位青年人的闪光点，给青年馆员施以重任，压重担，施展自己的才华，发挥各自的能量，实现自身价值。例如，我馆 2007 年和 2009 年分别对业务室进行过重新调整，两次调整中，分别提升了 3 位青年馆员担任业务室正、副主任，在现任 5 位正副主任人员比例中占 85%。这一举措给了青年人更多施展才华的机会。今年以来，我馆根据学校教学模式改革的新要求，更好地配合学校教学改革，积极跟进学校新的课程体系教学需求，馆总支决定由全体青年馆员分别独自承建了陆、海、空、天、电、网、核七大领域及其它相关数据库的建设。接受任务后，他们精神昂扬，加班加点，高质量、高效率地在较短的时间内把数据库搭建成型，特别是七大领域数据库现已初具规模并正式投入使用。该数据库的建设为学校教学提供了强有力的服务保障，此项工作得到了校首长和大部领导以及广大教职人员的高度好评。

3.4 在干中学，在学中干

对图书馆青年馆员培养教育的方式有很多种，除了前面提到的几种方式外，在干中学，在学中干也是我馆在培养青年馆员职业素养中的一大收获。今年以来，我馆利用七大领域及相关领域数据库建设这一平台，针对各自负责的数据库内容，由一名老同志带领青年馆员到京外各军队院校进行调研、考查，了解其它院校的教学情况，有针对性地收集与数据库建设相关的文献资料，来扩展自建数据库的内容，加大信息量。同时，我馆要求承担每个数据库的馆员定期到对口专业教研单位，请教资深专家教授，请他们帮助指导数据库建设，使馆员们在了解学校课程设置与相关专业知识方面有很大收获。通过这些活动使青年馆员即得到了锻炼，又增长了知识，也拓宽了视野。

参考文献

[1] 刘川川.浅析图书馆青年馆员教育[J].合作经济与科技,2012,(1):121-122.

[2] 于秀芬.高校图书馆青年馆员的培训[J].中华医学图书情报杂志，2013,(1):75-76.

[3] 张彤.图书馆青年馆员的职业生涯规划研究[J].江西图书馆学刊，2012,(1):110-112.

[4] 朱榕.青年馆员全面成长探索[J].河南图书馆学刊，2012,(8):94-95.

[6] 孙琴,张兵.浅谈高校图书馆青年馆员职业素养的培养[J].咸宁学院学报，2012,(9):140-141.

浅谈高校图书馆学生管理员管理与沟通

徐双培

（北京信息科技大学图书馆，北京，100192）

摘　要：随着高校图书馆发展趋向更多元化和综合化，图书馆也将推出更多创新性服务。吸收学生管理员参与图书馆工作，利用图书馆作为社会实践基地，开展第一个职业实践对于图书馆来说是必然趋势。不仅能锻炼提高学生实践动手能力、自我管理能力，又能缓解图书馆人力不足的压力。如何建立与学生管理员之间更好的沟通方式以及对高校图书馆学生管理员的管理模式的不断探索、团队规章制度的建立尤为重要。

关键词：学生管理员　管理　改革　创新

1　高校图书馆学生管理员管理研究的意义

高校图书馆学生管理员已经在国内各人高校逐渐发展，目前高校图书馆都充分利用这一潜在的人力资源，来协助图书馆员完成图书馆的相关工作。随着高校管理体制改革的不断深入，学生管理员的使用在高校图书馆得到普及。

以北京信息科技大学图书馆为例，我校图书馆是学生勤工助学的重要岗位之一，学生图书管理员是活跃在图书馆工作岗位上的一支新生力量，大多是由家庭经济比较贫困的学生组成.他们通过自己的劳动缓解了学习和生活上的经济压力，同时也缓解了图书馆人员不足的问题，对图书馆的建设也起到了良好的促进作用。

虽然目前越来越多的高校图书馆施行了外包政策，全部由外部公司的校外人员负责图书馆上书整架等工作，但是我认为让更多的同学主动了解图书馆还是十分必要的。通过学生管理员的工作，不仅更好地给读者提供良好的阅读环境、营造温馨和谐的学习氛围，同时学生管理员还能够在劳动过程中发现问题向图书馆提出建议，图书馆及时改进更加方便读者。这是双赢的有效途径。学生管理员利用图书馆作为社会实践基地，锻炼提高组织协调能力、实践动手能力、自我管理能力。图书馆通过这种形式可以培养出一批批爱校奉献的学生团队，并在图书馆的书香氛围中熏陶、成长和传承。这样学生管理员与教师馆员一起共建和谐、整洁、舒适的高校图书馆。

本文试图在介绍本馆在对学生助理馆员的管理经验基础上，总结其意义、可行性和存在的问题。

2 高校图书管理员现状及存在的问题[1]

由于学生管理员不是正式的图书馆工作人员，他们是以高校大学生为主体的一群特殊的工作人员。因此，对学生管理员的管理要区别于正式工作人员和临时工作人员。当前，在我校学生管理工作中主要涉及以下几个问题：

(1) 学生管理员人数多。图书馆每天需要在固定的时间里完成固定的工作量，有时甚至更多。这就需要在人员上必须配备充分到位才能保证每天的任务完成。同时也要考虑到学生管理员的学习时间和工作量问题。可能就需要多方面的力量来完成各项任务。北京信息科技大学图书馆的学生管理员团队由学生志愿者团队、勤工助学团队和带薪学生团队三个团队组成。这三个团队就有不同的组织及管理办法、不同的记录考勤办法、不同的鼓励措施等等，管理起来也相对复杂。

(2) 监督管理办法的不足引起个别学生管理员责任心差，工作正确率低。学生管理员都比较缺乏社会工作经验，加上没有一套完善的监督管理办法和条例。这就使在学生管理员工作中随意现象严重，漏岗、辞职、对图书馆的一些规定不遵守等现象时有发生，多数学生管理员的岗位对劳动质量要求较高，要求学生管理员在工作中有较强责任心，强调对工作认真负责的态度。而部分学生正是缺乏这种正确的态度，存在着滥竽充数的现象，这种心态严重影响了学生管理员的干劲，也易形成不良的工作氛围。

(3) 学生管理员流动性大。一般大一、大二的学生来图书馆做勤工助学，从大三开始随着选修课的增多和各种社会实践活动的增加，又都先后离开了学生管理员岗位，这就存在着不断吸收新人、不断培养新手的问题，无形之中又加大了负责学生管理员工作的工作负担和精力投入。

(4) 针对现实情况而言，目前图书馆岗位工资低，缺乏一定的激励措施。以前一直是由各个部门的用人处来负责招聘和管理工作。这样带来的弊病就是管理较混乱，没有一个贯彻执行的统一政策。这就使图书馆在学生管理员管理过程中处于一个被动的局面，无法真正地从根本上管理学生。因此，如何做好学生管理员岗位的管理工作，如何处理学生在从事学生管理岗位过程中产生的一系列问题，是图书馆学生管理员管理面临的重要问题。

3 对学生管理员的培训管理，问题解决的措施

3.1 建立合理的管理制度，使学生管理员在工作中有章可循，有据可依

(1) 志愿者成员本着为学校图书馆服务的精神，为全校师生提供一个更加整洁舒适的阅读环境为宗旨，在图书馆提供无偿服务。在团队中选出一位负责人，带领团队自我管理，合理安排团员的工作时间，并且积极配合另外两个团队的工作。每位团员在完成40小时义务劳动后可获得由北京信息科技大学图书馆颁发的“图书馆积极志愿者”奖状一张。并且经过考勤等多方面打分后，合格的同学可以申请“志愿者考研专座”。

(2) 勤工俭学学生管理员团队的工作是由图书馆老师负责管理安排，参照学校相关部门

颁发的《北京信息科技大学北京市国家助学金管理办法》的相关管理办法，每人完成在图书馆相应工时数后由图书馆老师核实盖章，方可获取相应的学校奖学金。

(3) 有偿带薪学生管理员团队的工作是学生在图书馆提供有偿劳动，劳酬按北京信息科技大学勤工助学相关政策的规定发放。考勤相对严格。

有偿带薪学生管理员团队是图书馆学生团队中的一支，是由学校相关部门与图书馆老师共同管理负责的团队，其职责在于配合图书馆馆员改善馆内读者环境，各项事宜均由团队的组长与图书馆老师共同商议处理。每天 3 个班次，一个班次分别安排 2-3 名队员值班。可根据书库情况调整时间。

a. 保证每周上 2 个班次以上，有事可自行与其他队员换班并通知班次负责人，尽量不请假，如有特殊情况可在团队内自行找人替班。绝对不允许旷岗。

b. 开学前后和考试周期间能保证投入一定的工作时间。

c. 至少工作一学期，鼓励更长期的工作。

d. 细心、耐心、责任心、吃苦心、互助心、宽容心，团队合作感强。

e. 严格遵守的团队规章制度。

f. 不区别贫困生与否，所有参加岗位的同学报酬相同；具体劳酬按学校勤工助学相关政策，进行统一发放，具体标准约为 8 元/小时。

e. 逐步成立并且完善管理团队，形成严谨的树杈干枝管理模式，施行队员打分制，每个月对所有队员进行打分并且设有严格的请假、旷班等奖惩制度。

3.2　图书馆学生管理员团队的管理要求

(1) 申请加入图书馆工作的学生，须提前考虑其学习空余时间是否固定；有偿带薪团队成员要保证每周上 2 个班次以上；至少工作一学期，鼓励更长期的工作。

(2) 参与团队日常工作的管理人员，主要是合理安排团队成员的工作，保质保量地完成任务，做好考勤记录。

(3) 团队成员之间、成员与馆员之间要多沟通交流，营造和谐的工作氛围。

(4) 团队管理人员要不定期收集成员对于目前工作的意见和想法，及时向图书馆馆员反映工作中出现的一些问题，并给出自己的意见和建议，以保证工作顺利进行。

(5) 退团管理办法：志愿者学生管理员退团由志愿者团队学生团长负责管理；勤工助学团队学生管理员退队需要提前两周向负责人提出申请。对于中途离岗的队员，该团队在接下来的一个学期里不予录用。

3.3　图书馆学生管理员团队的任务

图书馆学生管理员团队的日常工作：

(1) 协助图书馆书库老师，将同学还回的书，按照索书号尽快摆放到书架；

(2) 协助书库老师，完成书库倒架、顺架工作；

(3) 读者占座的提醒和监督，协助书库老师清理书桌；

(4) 图书馆学生管理员团队各项宣传工作的组织和策划工作；

(5) 协助老师完成中午时间的一层借书处的借书工作以及三层、四层书库的值班工作。

(6) 协助老师完成每周三个校区图书馆之间送书、接书等图书流通的工作。

3.4 充分考虑学生管理员个体的心理因素，建立良好的师生关系，取得学生的信任[2]

对于很多学生来讲，图书馆仅仅是一个看书借书的场所，并没有当成可以学习社会实践经验的地方，图书馆也许是他们人生中第一次参加团体性的正式工作。因此，工作人员要注重学生的心理调试，帮助他们调整好工作时的心态，并要保护学生的身体健康。首先，在日常工作中图书馆员的角色十分重要，对于学生管理员来讲他们既是老师，同时也是同事。在一起工作期间要讲究配合，也要对学生管理员加以生活上的关心和照顾。其次，保障劳动保护用品，爱惜学生健康。虽然按照学校的规定每个学生管理员在图书馆的兼职工作时间不能超过 40 小时，但我馆并没有因为学生工作时间短而忽略学生工作时的劳动保护。在具体工作中，为每个学生工作小组根据工作类型配备相应的劳保用品，并随时根据工作的转换配备必需的用品。第三，进一步支持学生队伍的壮大。让团队成为一个大家庭，在这个大家庭里人人都有相应的权利和义务。学生管理团队要配合图书馆的工作人员一同互相监督互相提醒。负责人负责检查工作错误率，一经发现就要扣分，这个监督考评的过程由学生管理团队完成；另一方面图书馆员也要定期检查学生工作情况，与学生管理团队的负责人定期沟通和商讨。在工作中互相学习和进步。逐步要使学生们理解图书管理工作的重要性，并且帮助他们认识到积极、负责的态度是一个人迈向成功的关键所在。无论将来走向社会还是在真正的工作岗位，认真负责无疑是做好工作的关键点，也正是具有这样的品质才能在工作当中突出闪光。

4 结束语

随着学生管理员团队的日益发展壮大，我馆也在逐步完善相应的管理政策，调整管理思想。不仅从图书馆工作以及一些专业知识出发，在培养学生管理员的过程当中，我馆也一直坚持让每位学生管理员都了解图书馆的各项服务，了解图书是怎样从采购到加工到上架的过程。这样学生管理员对图书馆也建立了较深厚的情感同时对图书馆的其他服务也有宣传作用。对于学生的口口相传，图书馆管理员起了至关重要的作用。经过一段时间的实践和调整，收到了较明显的效果。将来学生管理员走上工作岗位后，图书馆希望他们在图书馆的实践中学到的知识和锻炼出的能力，对职场打拼有所帮助。我馆也将不断探索、不断完善学生管理员团队的规章制度和管理方式，使其更加完善和完整。

参考文献

[1] 于瑛.论高校图书馆学生管理员的管理——以东北林业大学图书馆为例[J]. 科技情报开发与经济，2010 年第 20 卷，第 24 期：17-18.

[2] 高彧军. 对高校图书馆学生管理员管理的初探[J]. 广东技术师范学院学报(自然科学)，2011，(3)：93-95.

图书馆开展文献检索课进行信息素质教育的一点探索

杜怀斌

（北京信息科技大学图书馆）

摘　要： 在信息时代，信息素质是社会共鸣必须具备的一种素质，它关系到对信息社会的适应和积极反应，尤其是在当前的新形势下，社会公民对信息的获取和处理能力已经成为判别其适应社会的关键标志。而为了实现这一点，高校图书馆就显得责无旁贷。本文以此为视角，对新形势下高校图书馆信息素质教育功能进行了分析，首先阐述了图书馆信息素质的培养方向，然后分析了高校图书馆信息素质教育存在的问题，最后讨论了高校图书馆开展信息素质教育的创新路径。

关键词： 高校图书馆　文献检索　信息素质教育

1　信息素质教育对高等院校的意义

文献检索课，是高校图书馆开展信息素质教育的必要途径，也是高校图书馆开展教学工作的主要方向和任务。

1992 年 5 月，为了把《文献检索与利用》课开好，原国家教委又颁布了《文献检索课教学基本要求》，进一步制定出考查学生检索和利用文献的评估细节，文献检索课成为普通高等学校大学生必修课之一。

1999 年 6 月，国务院发布了《关于深化教育改革全面推进素质教育的决定》，明确指出“要让学生感受和理解知识产生和发展的过程，培养学生的科学精神和创新思维习惯，重视培养学生收集处理信息的能力，获取新知识的能力、分析和解决问题的能力”。这为我国信息素养教育的开展指明了方向，推动了全国各高校信息素养教育的普及和学术界对于信息素养的深入研究。2002 年教育部颁发修订后的《普通高等学校图书馆规程》明确规定：高等学校图书馆的主要任务之一是开展信息素质教育，培养读者的信息意识和获取、利用文献信息的能力。

因此，高校图书馆的在开展信息素质教育，培养学生的信息意识和获取、利用文献信息的能力素养方面，起着至关重要的作用。文献检索课，已提升为当代大学生的综合素质能力培养这一层面上来了。

北京信息科技大学图书馆按照规定相应地开展了文献检索与利用的课程。在这一过程中,文献检索课老师从教学过程中发现了高校图书馆开展文献检索课当中存在的一些问题,也总结了一些经验,并对文献检索课进行了一些探索性的创新尝试。

2 目前高校开展文献检索课存在的问题

原国家教委教高司 1992 第 44 号文件对文献检索课的性质定位是:“文献检索课是培养学生的情报意识,掌握用手工方式和计算机方式从文献中获取知识和情报的一门科学方法课。”旨在培养学生“懂得如何获得与利用文献情报”。

这种单纯的“获取方法”的教育虽然对提高学生的信息能力起重要的作用,但是由于缺乏对学生的学习理论素质的培养和信息意识、信息观念的教育,因而培养出来的学生信息意识不强,信息价值观念淡漠,学生的整体信息素质较差,与知识经济和信息时代对人才素质的要求相差甚远。

关于信息检索技术与方法的要求,文件规定使学生“学会常用检索工具与参考工具书的使用方法”,“初步掌握计算机检索的方法”。这一教学要求在十几年前无疑是恰当的,但与目前计算机检索技术被普遍应用、网络信息环境不断发展的现状相比,显然存在较大差距。

2.1 传统的“文献检索课”的教学内容不适应全面信息素质教育的要求

20 世纪 80 年代主要讲述纸质型文献的检索,包括文献的概念、类型,纸质文献的传递、获取,检索语言理论的简述,中外传统检索工具的原理和使用等。这一阶段文献检索课的内容主要从文献学、图书情报学理论着手,结合各类纸质检索工具使用方法的讲授,传授检索知识,信息素质教育尚处在隐性状态。90 年代起,在检索课中增加讲述国际联机检索知识、联机检索数据库知识和国际联机检索的使用,信息意识的培养在教学目标中开始有所体现。90 年代中末期,信息技术、计算机技术、数字化技术的急速发展,信息网络的出现,使检索教学内容受到了巨大的冲击。各学校的文献检索课从传统的单一纸质文献检索、手工检索工具的使用向多元现代信息检索转变,向光盘数据库、网络数据库、搜索引擎检索工具等的计算机检索转变;

从手工检索实习向以计算机信息检索为主的实习发展,教学内容的跨越式发展表现出课程本身发生了质的变化,意味着检索课已从一门方法技能课程开始转变为素质教育课程。

2.2 教学实践中重“传统(手工检索)”轻“现代(计算机检索)”

重“获取”轻“利用”。虽然国家教委规定,文献检索课的教学任务是使学生“懂得如何获得与利用文献情报”。但是,从长期的教学实践看来,对于信息利用方面的内容从未得到过重视或者在教学中根本没有涉及,以至形成了文献检索课重视信息检索能力培训而轻视信息利用能力培养的现状,在一定程度上造成我国大学生信息能力不完整,缺乏创新能力和研究能力的后果。

重“能力”轻“意识”。信息意识对信息能力起着制约的作用,只有具备了较强的信息意识,人的信息能力才能得到提高。但是,目前文献检索课教学只注重了信息能力(而且只停留在对信息获取能力层面)教育,不注重信息意识教育,或者片面地认为,只要信息能力提高了,信息意识也就随之增强了,这种错误想法 严重影响了信息意识的培养。

重“课堂讲授”轻“信息实践”。长期以来,文献检索课一直被看作是一门方法课、技能课,学生们普遍认为文献检索课就是教人们如何查找资料的课程，只要学会了如何检索资料就算是达到了学习目的。

但是由于教学内容多、课时少，实习内容单一，实习题设计不够精细，学生缺乏信息实践锻炼。大部分学生学完这门课程后对学习的感受力和注意力以及利用信息的主动性和自觉性均无明显提高，不能有目的、有意识、有策略地获取信息来帮助自己进行专业学习及初步的科学研究。这种结果与目前的文献检索课教学重信息知识和检索方法的传授，轻信息意识培养的教学模式是分不开的。这样，不但直接影响学生学习能力的提高，而且对学生的信息意识、信息观念的确立也

会带来不利影响。

2.3　文献检索课教学方式与专业学习脱节，不能激发学生自主学习的兴趣

文献检索课作为一门独立的课程，与学生的专业学习完全脱节，许多学生甚至不知道这门课到底有什么用处，将其视为“混学分”的选修课，可学可不学。加上一般高校各专业的文献检索课多采用同一本文献检索课通用教材，由授课教师根据不同的专业特点重点选讲不同的检索工具和参考工具书，不同专业，虽有不同的侧重点，但与专业课程结合不紧密，内容安排不灵活，不能激发学生的专业信息需求，授课内容难免显得枯燥、抽象、乏味、空洞，失去对学生的吸引力，学习效果自然无法保证，难以胜任培养学生信息素质的重任。

2.4　文献检索课教学考核方式多以“笔试”的形式出现

课程考试是检验教学效果和学习效果的一个重要环节。文献检索课教学主要是使学生通过系统学习掌握一定的检索技能，培养学生的信息意识。仅通过一次笔试来考核学习效果，有违文献检索课的教学初衷。“笔试”只能考核学生对检索方法、检索工具和检索策略的基本认识，很难检验出学生的检索技能和分析操作能力，与教学要求不相符。

2.5　缺少一支高素质专业化的教师队伍

教师是教学活动的组织者和实践者，教师水平的高低直接影响学生的学习兴趣和教学效果。开好一门课，建立一支高素质专业化的教师队伍非常重要，因为它是保证文献检索课教学质量乃至今后学科发展的关键所在。目前许多高校的文献检索课教学大多是由图书馆工作人员兼任的，熟练使用检索工具，迅速准确地检索文献对他们来说是得心应手的强项，但他们大多没有受过正规的教学方法的培训，在教材的运用方面存在着缺憾，计算机和外语知识也存在欠缺。

2.6　学生受社会大环境影响，对文献检索课重视不够

长期以来，学生对文献检索课不重视，一方面他们认为文献检索课就是教如何查资料的，是一件很容易的事情，根本用不着学；另一方面，由于受市场经济发展所带来的负面影响，在部分高校学生中产生了严重的急功近利思想。他们不屑于基本方法和能力的学习，而在浮浅的自我表现，甚至在对金钱利益的追求方面尤为热心，以至他们在选科时也是基于以上目的，只选一些他们自以为能够很快见效益的“有用”的课程，而一些高校设为选修的文献检索课却因不能直接见“效益”而中选率极低，以至无法开课。

正因为思想上的轻视才导致了行动上的怠慢，因此，文献检索课在高校中不受重视。

3　信息素质教育理念下高等院校文献检索课教学思路

要从根本上改变这一局面，使文献检索课从目前的困境中解脱出来，首先在于要转变观念、创新理念。

3.1　转变观念、创新理念

3.1.1　转变观念，提高认识，将“文献检索课”定为必修课

高校领导应该站在知识经济和素质教育的高度来强调文献检索课的重要性，并对其教学目的有一个正确的认识。文献检索课的开设就是为了适应信息时代发展和素质教育的需要，实践证明，它在完善学生的智能结构，提高学生自学能力和解决问题的能力，发挥其创造才能等方面，起到了其他课程不可替代的特殊作用。所以，不能简单地将文献检索课当成一般的基础课，而应把它看成是高校教育中不可缺少的重要组成部分。只有充分认识了文献检索课的重要性和必要性，才能在教学管理中建立强有力的组织保障体系. 形成完整的教学计划。

按 1981 年教育部颁布的《中华人民共和国高等学校图书馆工作条例》以及部级文件规定的“高校图书馆担负文献检索教学任务”的精神，由高校图书馆担负文献检索课教学，把文献检索课作为公共必修课。因为该课程针对在校的全体大学生而设置，有助于培养学生的信息观念、信息意识和捕捉信息的基本技能，帮助学生拓宽学习视野，提高学生自学能力、科研能力与科学创新能力，因此，必须高度重视。而以选修形式开设文献检索课必将影响该课程的地位，会在思想认识上误导学生。

3.1.2　教学理念要创新

信息技术的不断发展使得传统的文献检索课的教学思想已经不能符合时代的要求，提高学生的自学能力、研究能力和创新能力将是文献检索课的重要理念。主要表现在：

1. 要以技术支撑教学

现代信息技术尤其是计算机网络技术为文献检索课程教学的创新奠定了良好的技术基础。

应加大计算机检索和网络检索内容，简化和压缩手工检索的内容，增加网络信息检索基本原理、网络资源的分布、类型及服务方式以及网络信息资源的检索利用等实际操作技术的介绍。

2. 要以教学协调科研

文献检索课程的教学创新就是要将教学与科研有机地协调起来，使教学为科研建立更扎实的基础和更严格的学术氛围，推动科研的深化发展，使科研为教学开拓视野，增强研究意识和创新能力。

3. 以研究带动应用

在文献检索课的教学中，就是首先要提出问题，然后找到解决问题的方法，最后通过操作来实现。首先要有应用的意识，然后要有活学活用的能力，这才是教学中的重点与难点。

明确教学目标

教学目标不仅决定着学习过程的准备和安排，最终还起到评价标准的作用。

面向21世纪的高等教育正在向素质教育转变，信息素质教育作为素质教育的一个重要组成部分，越来越受到重视。

文献检索课作为我国高校信息素质教育的一门课程，其教学目标也要与时代发展的要求相适应，由单一检索技能传授向全面信息素质培养转变，增强学生的自学能力和创新能力，以适应知识经济社会对高素质人才的需要。全面的信息素质，大致包括信息意识和信息能力两个部分，两者相辅相成，缺一不可。文献检索课教学目标的制定可分两步走：第一步是基本目标，即该课程必须达到的；第二步是长远目标，是文献检索课教学在一定时期内要努力达到的。基本目标可以定为培养和提高学生的信息意识，熟练掌握信息检索技能；而长远目标则是培养

信息素质，为学生终身学习打好基础。

“下个世纪，受教育者不再是一个只会吸纳大量事实信息的人，而是一个知道如何检索、评价和应用所需信息的人”。

只有具备全面的信息素质，即具有强烈的信息意识，并辅以有效信息能力，才能在日常生活、学习和工作中，时刻关注并有目的地搜集和利用信息，做到信息为我所用。我们要通过文献检索课的教学，逐步培养学

生的主动性、自觉性、独立性和创造性，培养其全面信息素质，掌握在现代网络信息环境下生存和竞争的能力。

3.3 改革教学模式

3.3.1 改革传统模式，提倡协作式教学

以往课程设计偏重知识传授，强调知识的连贯性、系统性，学生记忆、掌握知识，而忽略学生信息能力的培养。学校要想培养出知识渊博，有远大抱负，能够以批判精神进行思考，能分析、研究和解决社会问题并承担起社会责任的人才，就必须改变过去填鸭式教学和学生被动学习的局面，培养学生成为主动积极的信息获取者，提高学生的信息素质。协作式教学是种新型的教育模式，其核心是让一群学习者“共同”去完成某项学习任务，它可以是解决问题，也可以是研究专题，还可以是设计方案。在协作学习的过程中，学习者之间保持融洽的关系，相互合作，共享信息资源，共同担负学习责任、完成学习任务。采取协作式教学，既扩大了学生的视野，又充实了课堂教学内容，他们可以根据自己的方式来组织、设计和安排自己的学习，主动地发现问题、探索问题、解决问题，充分体现了学生是学习的主体。同时将信息素质教育的内容整合到文献检索课程中，运用讲授、讲座、参观、实习等教学方式，激发学生的学习兴趣，提高他们增强信息素质的积极性和主动性。

3.3.2 基于问题学习的教学模式

问题学习教学模式以解决学生的信息需求为手段，培养学生的信息检索利用能力。包括：问题提出、信息检索、构建解决问题策略、解决问题以及过程反思与发展等步骤。各阶段的教学手段、提出的问题和任务可以不同，但达到的目标是一致的，即培养学生的动手能力和解决实际问题的能力。由于文献检索教学具有技能性、实用性的特点，因此将问题学习模式引入文献检索课教学，解决了长期困扰我国文献检索教育的教学方法单调、教学内容枯燥等问题，收到了良好的教学效果。

3.4 改革教学方法

良好的教学方法会取得事半功倍的效果。

3.4.1 启发式教育为主的教学方法

在大学开展文献检索课教育是一项普及性的教育，该课程实用性和实践性很强，教学方法应以启发式教育为主，教师旨在传播信息的利用方法，这就要求文献检索课教师不仅要有图书馆学、情报学的基本知识，而且还必须有一定的学科专业知识和外语、计算机知识。应鼓励教师积极参加图书馆的信息服务，努力钻研业务，提高教学水平。在教学中不断改进方法，使学生通过自己的观察、分析、判断、对比、选择、归纳、推理、联想、验证和理论探讨，由浅入深地得出结论。同时要坚持讲授与实习并重的原则，多留给学生思维空间，精讲多练，抓特点、讲难点，粗线条介绍检索工具，并结合实际和学生学习兴趣，既要讲文献信息检索的基本知识、检索语言、检索原理、检索策略等内容，还应多讲利用计算机和网络检索适时文献的方法。教师还要不断地创造具有激发性的教学情境，去引导学生的主体意识，促进其能动性的实现；同时要坚持自主活动，发挥学生的独立自主性、主动积极性，使学生真正成为学习的主人。

3.4.2 案例教学法

它是主要结合教学内容，从培养学生实践能力出发，通过组织学生在各种与教学内容相关的案例环境条件中进行模拟操作、分析和研讨，以最大限度地激发和调动学生的学习兴趣和思维能力，使学生从中理解和掌握知识，获得解决实际问题能力的一种教学方法。

文献检索课教师可以针对学生制订检索策略和获取原文有困难的实际

情况，选用具有典型性、针对性、新颖性和真实性的案例，跟学生一起讨论课题检索的技术背景和信息需求，确定检索途径和检索方法，分析检索结果。让学生了解制订检索策略和获取原文的全过程，同时通过分析检索结果，了解专业与其他学科交叉渗透状态和发展趋势，这样能激发和调动学生学习兴趣，训练和提高学生的思维、分析、判断和实践操作能力。既增强了学生的专业信息意识，也增强了文献检索课的教学效果。

3.4.3 理论教学与实践活动相结合的方法

结合本专业的科研活动和社会实践活动是学习文献检索课最好的方法。作为培养学生信息意识、信息获取能力、信息创新能力的课程，文献检索课具有极强的实用性，其教学内容不通过实践就不可能融会贯通地掌握，也不可能培养出良好的信息意识和能力。

因此，实习是文献检索课教学中非常重要的一个环节。实践表明，在网络环境下，文献检索课最吸引学生的是做具有实际应用价值的实习题，通过实习撰写检索报告，能取得良好的教学效果。检索报告的整个过程几乎涵盖了文献检索课的所有内容，从提出课题、分析课题，确定检索工具到检索相关信息，经过分析、整理，然后提交一份全面、系统的检索结果报告，使学生亲身体验文献检索与利用在科学研究中的价值和作用，符合文献检索课的教学实际和教学目的。文献检索课可以提供机会，让教师和广大学生合作，为教师的科研课题搜集整理文献资料。有了信息服务的实践，课程便不会乏味，学生也能亲身体会信息检索在实际运用中的价值和作用，利于信息意识的增强。

3.5 改革教学内容

3.5.1 扩充授课内容

由于科学技术的突飞猛进，新的检索内容、检索手段层出不穷，对此，要不断更新和补充教学内容，加强时代性的信息检索内容，将适用于信息时代的先进知识和信息意识教育充实到教学内容中，使学生了解现代电子出版物、光盘数据库、数字图书馆、信息网络等现代科学技术知识,并能熟练掌握运用它们的方法。在掌握现有的文献检索内容的基础上,注重信息意识的培养,使大学生的文献检索意识得到全面地增强。

因此,授课内容除包括传统意义上的文献检索课授课内容外,还应着重介绍网络检索的知识、数据库的检索方法以及通过网上资源获取信息的途径和方法。同时,在网络环境下,还要加强学生信息利用道德、心理、能力与观念方面的教育,这就使得文献检索课与社会实践有机而完美地结合。

3.5.2　侧重计算机网络信息检索

当前,计算机检索以其数据收集全面、丰富、更新及时、使用方便快捷、检索途径多、准确全面、省时省力等优势得到了广大文献信息用户的认可,成为文献信息检索的主流,代表了社会发展的趋势。重点讲解以计算机为主的网络技术知识、计算机传统联机检索、光盘信息检索和网络信息检索等。网络信息检索作为最新的信息检索技术,在计算机信息检索中占有重要地位,应成为计算机信息检索教学中的重点部分,要逐步建立起以网络信息资源为核心的教学新体系,将授课重点转移到典型的检索工具和数据库以及网络资源的获取上,注重检索思路、检索方法及检索技巧的训练,注重学习方法、科学方法及思维方法的传授。

3.5.3　提供大量的实习机会

文献检索课作为一门提高学生信息素质的课程,应该将理论、方法和实践融为一体,但在实际教学中,往往把重点放在了“检索”上,而忽略了“利用”,其结果就会使学生学了文献检索课后,也不知道怎样获得原始文献,对文献的消化、吸收也不得要领。我们的文献检索课不仅要注重检索能力培养,也应该注重利用能力的培养,而实践是提高学生利用能力一个最好的办法,实习应该成为文献检索课中的主要内容。由于很多高校没有专门的文献检索课实习室,而且实习用手工检索工具书数量有限,可供检索的数据库和电子资源较少,因此,我们可以首先采取“集中授课,分散实习”的形式,因势利导,利用一切可利用的资源,组织好实习,最重要的是根据不同的专业并结合学生的毕业设计和毕业论文设计出针对性强,实用性强的实习题,组成实习题库,让学生自由选择实习的题目和内容,以提高学生实习的兴趣和积极性。

这样才能使学生将所学的知识更好地在实际中运用,检索技巧才能有实质的提高。其次实习与讲解学时数之比应该提高到 1:2,甚至 1:1,这样课堂上讲授的理论,才能通过大量的实习更好地得到掌握,特别是数据库的应用,亲自动手检索相关的课题后,才能真止掌握检索的具体步骤、方法、技巧和细节。第三,应该充分利用网络,可以通过 Web 服务器发布教学信息,如实习题库、实习要求、检索示例分析等,也可以通过电子邮件提出问题和提交实习报告,从而增强与学生的交流互动,使学生从被动接受转为主动学习。

3.6　加强文献检索课师资队伍建设

3.6.1　搞好在岗教师的培训

要搞好在岗教师的培训,制定出详细可行的培训计划,采取送出去培训与自学相结合的方式,鼓励教师参与进行相关的信息研究、课题查新、代检代查等信息工作,熟悉不同的检索工具和检索方法,以提高自身的实践能力,使课堂教学更有针对性,更有说服力。可以通过脱产、半脱产,参加理论研讨会、经验交流会等各种形式,建立和实行学科馆员制度,一方面加强文献检索课教师的专业知识和新信息技术的培训,以更新其专业知识,提高信息意识;另一方面根据上课学生的专业,对文献检索课教师进行相应的专业知识的培训,至少也应该按学科门类进行普及教育,而对于承担文献检索课的非图书馆学专业的教师,则更应该进行图书馆专业知识、文献信息检索的各种理论、检索方法和技术等的培训教育。

3.6.2 注重教师知识的更新与应用能力的提高

这主要表现在以下三个方面:第一,树立继续学习、终身学习的学习思想,教师不能满足于依照一成不变的教材一般化地"完成"教学任务,而要通过继续学习、终身学习的途径不断更新自己的知识结构,使自己处于学科的前沿。理论界一般认为:一名合格的文献检索课教师应具有广博的图书馆学知识;较强的外语能力和计算机专业知识;一定的教育学知识和语言知识;本校重点学科的基本知识,此外,扎实的实践经验和检索技能也是不可缺少的。

另一方面教师也要"自力更生",平时多上网,积累上网检索的经验,掌握检索的技巧,并向有关专家学习,与同行交流经验。此外,网络信息技术各个方面更新很快,各种存储格式的数据库、新的检索方法和检索技巧都不断涌现,这都要求教师要不断学习和实践,更新自己的知识库,努力把最新最好的检索方法和技巧传授给学生;第二,教师要负担一定的具有创新性的研究课题,通过对创新型课题的深入研究和探索,加深自己的专业知识;第三,要把研究与教学有机地结合起来,在向学生传授基本知识的同时,有针对性地引导、帮助学生完成一些较小的研究课题。这样不仅提高了学生的信息素质,使学生具备一定的研究与创新能力,还可以提高自己的教学研究水平,更新自身的知识结构,提升自身的信息应用能力。

3.7 创新考核方式

考试方式的改革是教育改革的一个重要组成部分。改革考试方式,既要重视知识的考查,更要重视能力的考查。要采用灵活多样的考试方法,充分发挥考试鉴别学生能力素质、检验教学效果、评定成绩等级的功能,应规范文献检索课的考试方式。

随着计算机和网络技术的快速发展和普及,校园网的投入使用,基于 Web 技术的网络课程考试系统越来越多。

网络考试系统是一种运行于网络环境下无纸化的计算机网络应用考试系统,题型有标准化试题如单项选择题、多项选择题、判断题等,还有比较复杂的操作题。这种考试方式更加科学、高效、客观和灵活,注重学生知识和操作能力并重的考察,能有效测试学生的发现、分析和解决问题的能力。可以开发一种适合文献检索的网络考试系统软件,其中既考基础理论知识,更注重在给定环境下(如网络环境)考核学生如何利用信息检索的能力,制订恰当的检索策略,选择合适的网络检索工具进行检索,并懂得如何从复杂的检索结果中进行筛选,检索出自己所需的真实可靠的信息。

这样才能真正做到对学生信息意识和信息能力的综合分析测试,即全面信息素质的考核,达到培养学生自学能力、创新能力和科研能力的目标。

4 结论

高等院校图书馆文献检索课,作为信息素质教育的必要途径,应从适应社会发展需要,培养应用型、复合型人才的角度出发,用自身的特色资源、特色教学、科研优势,提请学校高度重视,发挥教学团队力量,紧紧围绕"以学生为中心"的新教学模式,改革创新,将文献检索课程建设体系化,营造一个和谐创意教学环境,提高学生的信息素质意识,培养获取信息的能力,不断提升信息素养。

对于文献检索与信息利用这门课程，更需要图书馆的文献信息检索与利用的老师在教学过程中进一步摸索出更好的教学方法，也不断地吸收、获取更先进的思想，与时俱进，不断探索，才能更好地通过这门课程提高学生的信息素质素养和能力。更好的被学生、学校、社会所接受和认可。

参考文献

［1］ 夏旭，梁丽明，李健康．文献检索课教学改革与思考［J］．图书馆理论与实践，2009，(12)：80-82.

［2］ 黄崇杏．网络环境下研究生文献检索课程教学改革的探讨．高教论坛，2012(5)

［3］ 郭军．构建信息素质教育下文献检索课教学新体系［J］．图书馆学刊，2005，27(5)：31-32.

［4］ 庄妍 基于大学生信息素质培养的文献检索课教学改革研究 东北师范大学学位论文，2007

浅议《文献检索课》与差异性阅读指导

李艳　聂倩莲

（北京信息科技大学图书馆）

摘　要：本文从《文献检索课》的发展历史及二本大学的学生差异性阅读特点入手进行分析，阐述了《文献检索课》教学在读者阅读指导中的作用，授之以鱼更要授之以渔，通过《文献检索课》学习，教会读者有关的检索技能、培养读者的信息素养，对读者进行差异性的阅读指导，让读者学会有选择地阅读，这将对读者大有裨益。

关键词：文献检索课　差异性阅读特点　阅读指导

1　《文献检索课》的四个发展阶段

《文献检索课》是一门融合了传授知识、培养技能、潜移默化信息意识、培养学生信息素质为一体的技能培训的科学方法课。我国自1981年10月由教育部颁发了《中华人民共和国高等学校图书馆工作条例》，其中第二条要求“开展查阅文献方法的教育和辅导工作”，第九条要求“辅导读者查阅文献资料，并进行有关方法的基本训练”[1]。第一次以部级文件的形式将“文献检索课”规定为高校图书馆的工作任务之一。在随后的30多年中，《文献检索课》经历了筹备与起步阶段(1981-1985)、巩固与发展阶段(1985-1991)、反思与变革阶段(1992-2001)、信息素质教育研究阶段(2002年至今)等四个阶段。2002年2月，教育部颁布的《普通高等学校图书馆规程(修订)》总则第三条明确规定了当前高等学校图书馆五项主要任务之一就是：“开展信息素质教育，培养读者的信息意识和获取、利用文献信息的能力”[2]上述权威性的文件为《文献检索课》的建设与发展奠定了基础，深化和拓展了图书馆的职能。提高了学生的信息素质和检索能力，也是开展信息素养教育的主要形式和主要渠道。

2　二本大学学生的差异性阅读特点

2.1　差异性阅读特点之学习差异

目前，在我国的高考招生时，按录取的批次把大学分成了一本、二本、三本和高职四类。一本大学，即经各省、直辖市、自治区教育厅批准可在该省招收本科第一批次考生的高校。目前我国的一本大学主要分为两类。一类是教育部直属高等学校、其他主要部属大学及全国重点大学、985 工程、211 工程、小 211 工程、省部共建院校、省属重点大学(部分 211 高校招二本)；另一类是主要以本省一本招生为主体,全国大部分省份或全国范围一本招生为次的大学。[3]一本大学是高考考生们追求的目标，但由于一本大学招生数量较少,录取分数线高,能考入一本大学的考生都是高考队伍中的佼佼者。他们学习基础好，自觉性高，能力强。而普通二本大学则不同,由于近年来,普通二本大学的逐年扩招,使得进入普通二本大学学习的学生间存在着较大的差异。这主要表现在三个方面:第一,由于招生数量大,自然考生间的分数差距就比较大,这就意味着学生的学习基础、学习能力上的差异较大;第二,由于普通二本大学在高考录取时,调配的可能性相对比一本大学录取时要高,这也就意味着某些学生被调配录取到了自己不满意的专业,使得他们的学习积极性受到了一定的影响,这就造成了学生在学习积极性上的差异;第三,普通二本大学的学生在学习自觉性与自我约束能力上存在着较大的差异。面对普通二本大学学生间的这种较大差异,要想用同一种教学方法、模式去要求课堂上的所有学生是不可能的。[4]

2.2　差异性阅读特点之年级差异

一年级的新生,刚刚经历了 12 年的苦读步入大学校门,他们如释重负,加上大学里不像中学管得那么紧,自由度比较大,自我支配的时间也比较多。他们好奇心强,学习热情、学习愿望强烈,但入学时间短,知识面相对来说比较窄,对如何利用图书馆的馆藏知识不甚了解,所以他们的阅读带有很大的盲目性和多变性。每年新生入校的第一学期,在图书馆书库的书架里无目的浏览的大多是大一新生。

经过了一学年的适应与探索之后,大学二年级的学生在专业要求上进一步明确,专业方向也逐步明朗,大部分学生找到了属于自己的学习方式,主动在课后阅读和自己专业相关的文献,拓展自己的专业知识,进入了专业学习的全盛时期;学生对于自身的专业素养、发展方向有了更进一步的了解。同时,他们对大学的新鲜感逐渐消失,距离就业又有相对较长的时间,这时候会有比较多的学生活动、社会活动和相对自由的空余时间,使得他们学习动力下降,容易造成学习的倦怠期,所以此时学生之间的专业水平差距会逐步拉开,同时,这一阶段的学生已经经历了大学考试,他们通过师兄师姐传递的经验以及自己探索到的应付考试的办法,考试对他们来说会变得相对轻松,很多学生会在这个阶段忽视自身学习和现状,他们为尽快完成学业会尽可能多的选修课程,可能会导致学生学的多而不精,使得专业基础知识掌握的不牢固。因此,在这个阶段既要进一步培养学生的学习兴趣,为他们提供课后获取知识的途径和方法,告诉他们如何充分利用学校图书馆丰富的资源,又要密切关注学生的学习倦怠状况,以便对相关学生进行提高学习动力的引导。

大学三年级的学生由大一、大二的“懵懵懂懂”到大三时的“躁动的清醒”,且发展方向呈“多元化”态势。这里的“躁动”是指由于对外界竞争环境的不适应而产生的急躁情绪和心理反应,表现为人生目标会出现短期的“摇摆”。随着美好的大学时光已走过“中点”并逐步地向“终点”推移,大三学生由于即将直面决定未来、事关人生前程和命运的大挑战、大选择,他们在这一特殊时期逐步分化成“考研军团”、“择业军团”和“出国军团”三大群体,同时这三大群体之间也经常发生转化。大三学生已经掌握了学习方法,并完全适应了大学生活节奏,分别有各自明确的努力方向。“考研军团”的学生主要是起早贪黑地努力学习与考研相关的科目,经常去听一些与考研相关的课程(有的还要辗转到外校),如英语、政治和专业课等。“择业军团”成员迫于就业的压力，则会加入“考证队伍”的行列，如考英语四六级证、计算机等级证书、翻译资格证书、汽车驾驶执照等能证明自己竞争实力的证书。“出国军团”则在考托福雅思等的同时，更多地关注如何申请国外大学、如何申请奖学金和如何办理签证问题。[5]

大学四年级的学生们已经进入毕业阶段的学习，撰写毕业论文是这一阶段他们的主要学习任务。从学习过程和效果来看，大四学生的学习是一种较高层次的研究性学习，这种研究性主要体现在毕业论文的创作上。所谓研究性学习，是指学生在教师的指导下，从自身生活、社会生活或有关课题中选择和确定专题以科学研究的方式主动地获取知识、应用知识和解决问题的过程[6]。大四学生在毕业论文（设计）选题时，无论是根据自身生活或社会生活选题还是参与任课指导老师的课题研究，从选题、设计、搜集整理资料、论文撰写对学生加强科研意识的熏陶，培养学生主动探究，提高研究性学习的能力具有非常重要的作用。大四学生在完成毕业论文的过程中，组成研究小组，进行合作性研究学习。形成研究团队，具有以研究带动基础学习的研究性学习特点。但是由于对图书馆馆藏的不了解、不熟悉检索工具、不具备检索技能、信息意识比较薄弱，在撰写毕业论文（设计）时，检索文献还依赖于百度、谷歌等搜索引擎，这些搜索引擎所检索出的文献一方面可靠性有所质疑，另一方面检索出的文献并不是100%属于开放式文献，很可能是收费的。因此学生的信息检索效率是比较低下的。

以上诸多体现出的差异性是我们必须正视的，承认他们之间的差异，尊重他们之间的差异，开展差异性教学，进行差异性阅读指导，满足不同学生读者的需要，真正做到将合适的文献资源在合适的时间带给合适的学生读者进行阅读。

3 利用《文献检索课》对不同年级读者进行差异性教学，辅导读者有选择性的阅读

3.1 大一新生《文献检索课》教学的内容

这一阶段主要让他们了解图书馆的教育职能和信息职能，培养他们的信息意识和信息素养，重点介绍图书馆的资源。从图书馆主页入手让大一新生了解图书馆服务、资源；掌握如何查找、借阅所需要的学习参考书（包括纸本书和电子书）、如何使用本馆目录检索系统；帮助他们迅速掌握开启知识宝库的钥匙——查目录；让他们知道在利用图书资源遇到问题时该怎么办，使大一新生能够初步体会和运用“基本检索模式”，来解决在学习过程中遇到的各种事实性、数据性问题。

3.2 大二学生《文献检索课》教学的内容

由于这个阶段的学生已近开始划分专业，针对他们所学专业，为他们介绍纸本期刊、电子期刊，了解本专业的核心专业期刊，通过电子期刊数据库的介绍，了解、认识自己学科的专业期刊及如何获取原始文献。同时可针对他们所学的专业，积极推荐一些相关学科的具有参考价值的书刊，帮助他们掌握前人已取得的成果，了解国内外一些与本专业有关的学术动态。逐步确立专业意识，深化专业知识的学习掌握。

3.3 大三学生《文献检索课》教学的内容

这一阶段的学生已经初步掌握了一定的专业基础知识，并开始进行某一领域专业知识的

学习。他们已经不满足于借几本参考书,而是希望能掌握更多的检索到最新专业文献资料的知识和方法。所以《文献检索课》教学要求学生多追踪自己专业的核心期刊,以便获取更多的新知识、新信息,对自己感兴趣的专业研究方向、研究动态能够了解和跟踪,阅读这些相关文献并对文章要做摘要性记录及参考文献的标准化著录(包括记下文章的摘要、作者、篇名及出处),了解一篇学术性文章文摘的撰写格式和参考文献的引证这两方面的内容(这是论文写作过程中头、尾必须具备的两项内容),逐步培养学生的学术素养。对于有目的的"考研军团"、"择业军团"和"出国军团"的学生,为他们介绍图书馆相应的数据库资源,如中科 VIPExam 考试学习资源数据库、VERS 考试资源系统、新东方多媒体学习库、职业全能培训库等,辅导他们利用这些资源实现自己的目标。

3.4　大四学生《文献检索课》教学的内容

这一阶段的学生已经进入毕业阶段的学习,撰写毕业论文是这一阶段他们的主要学习任务。如何对已经获取的大量的文献进行分析与综合、归纳与演绎、排列与组合并科学合理有效地将所得到的零散信息进行分析、提炼,寻找出与最初搜集目的相关的内容,剔除虚假成分,找出自己所要搜集的、有参考价值的信息,[7]这也是这一阶段《文献检索课》的重要教学内容。

4　结语

学生间所存在的差异性我们必须面对并应及时做出差异性阅读指导。而通过《文献检索课》的教学,让不同阶段的大学生得到不同程度的检索训练,教会不同阶段学生有关的检索技能、培养学生的信息素养,对学生进行差异性的阅读指导,让学生学会有选择地阅读,这将对学生读者大有裨益。这样既可以使大学生在图书阅读过程中有较强的针对性,也可以快速、有效地获取新知识、新信息。真正做到将合适的文献资源在合适的时间带给合适的学生读者进行阅读。

参考文献

[1]　国家体委科教司. 现行高等教育文件选编 1980-1992[M]. 北京:北京体育学院出版社,1993

[2]　中国图书馆学会编. 中国图书馆年鉴 2003[M]. 北京:科学技术文献出版社,2004

[3]　百度百科:http://baike.baidu.com/view/2246350.htm? fr=aladdin

[4]　张敏. 普通二本大学 C 程序设计课程教学的探索[J]. 科技资讯,2013(23):184,186

[5]　韩俊彦. 大三学生的特点、问题及对策[J]. 北京教育高教版,2003(3):20-30

[6]　刘秀君等. 研究性学习——提高大学生科学素质的有效途径[J]. 社会科学论坛,2005(10):113-115

[7]　邓淑芳,刘冬蔷. 文献检索课课程体系教学内容的设置[J]. 现代情报,2004(3):202-204

数字环境下的高校图书馆阅读推广实践与思考
——以北京信息科技大学图书馆为例

程纪莲

（北京信息科技大学图书馆，北京，100101）

摘　要： 数字化时代的到来使人们的阅读行为发生了重大改变，图书馆作为阅读推广的重要阵地，正面临着前所未有的挑战。面对大学生这一特定阅读群体，高校图书馆也担负着阅读推广的重要任务和职责。文章介绍了阅读及阅读推广的重要性，阐述了数字化时代高校图书馆阅读推广的现状，概括了数字环境下北京信息科技大学图书馆阅读推广的实践策略，指出了阅读推广以后的工作方向。

关键词： 高校图书馆　阅读推广　数字化阅读

1　阅读及阅读推广简介

在科技高度发达的今天，伴随着新媒体的涌现，人们获取知识和信息的方式更加丰富便捷，但无可否认的是，阅读仍是人类吸取知识、保存和传承文化的重要手段。全国人大常委、民进中央副主席、中国教育学会副会长朱永新反复强调阅读的社会作用："一个人的精神发育史就是他的阅读史；一个民族的精神境界取决于这个民族的阅读水平；一个没有阅读的学校永远不可能有真正的教育；一个书香充盈的城市才能成为美丽的精神家园；共读共写共同生活才能拥有共同语言、共同价值和共同愿景。"[1]对大学生而言，阅读是他们提升自我文化素养的有效途径。由此，阅读的重要性已经不言而喻。

阅读推广，即推广阅读，就是图书馆及社会相关方面为培养读者阅读习惯，激发读者阅读兴趣，提升读者阅读水平，进而促进全民阅读所从事的一切工作的总称。[2]联合国教科文组织在 1972 年向全世界发出了"走向阅读社会"的召唤，要求社会成员人人读书，让读书成为每个人日常生活不可或缺的一部分。1995 年，联合国教科文组织将 4 月 23 日定为"世界读书日"，致力于向全世界推广阅读，促进人类文明的发展和进步。我国政府历来重视文化建设，当然也包括对阅读的推广。1997 年 1 月，中共中央宣传部、文化部、新闻出版署等 9 个部委联合下发了《关于在全国组织实施"知识工程"的通知》，提出了实施"倡导全民读书，建设阅读社会"的"知识工程"。2000 年，全国知识工程领导小组将每年的 12 月定为"全民读书月"。从 2004 年起，中国图书馆学会连续两年承办了“全民读书月”活动，并于 2006 年成立了“科普与阅读指导委员会”，2009 年正式更名为“阅读推广委员会”。由此，阅读推广对图书馆界的意义以及图书馆在阅读推广中的作用日益显著。

2　高校图书馆阅读推广现状

作为为教学和科研服务的重要学术性机构，高校图书馆是高校的文献情报中心，以其专业性、权威性和丰富的文献信息资源，成为全校的文献集散地和学生的第二大课堂，是倡导全民阅读的主要力量。高校图书馆对阅读推广工作承担着义不容辞的责任。

但是，近年来国民阅读率呈现持续走低的态势。数字化时代的到来，让广大读者的阅读习惯和方式发生了很大转变，越来越多的人转向网络、手机等新媒体阅读形式，传统的纸本阅读在逐步下降。据第十次全国国民阅读调查统计，我国 18～70 周岁国民包括书报刊和数字出版物在内各种媒介的综合阅读率 2011 年为 77.6％、2012 年为 76.3％，其中数字化阅读方式的接触率 2011 年为 38.6％、2012 年为 40.3％，而数字化阅读中 18—29 周岁的人群占到 49.3％。[3]这一统计结果显示数字化阅读人数占阅读总人数的半数以上，数字化阅读成为当今我国国民尤其是年轻人（包括大学生）普遍的阅读趋势，而且很可能呈继续增长的态势。

作为重要阅读群体的大学生，其阅读状况更令人担忧。有调查数据显示，大学生获取信息的途径，62％来自新媒介，不少学生通过新媒介阅读来达到辅助学习的目的，使用电脑和网络查资料的比例高达 71.2％，用于完成作业的占 46.2％，66.5％的大学生认为新媒体技术对他们的学习造成很大或较大影响。[4]许多高校图书馆调查研究表明，大多数学生愿意采用手机等媒体设备进行阅读，很少到学校图书馆阅读纸本图书；而进入图书馆阅读的学生，借阅的主要是文学小说、休闲娱乐或考试（英语四级、公务员等）类图书，存在明显的功利性及浅阅读倾向。

长期以来，高校图书馆馆藏资源主要以纸本资源为主，纸质图书、报刊占馆藏资源的很大一部分。尽管近年来各高校图书馆都在不同程度地逐渐加强了数字化资源的采购建设，资源数量有了大幅度增长。但总体而言，在绝大多数高校图书馆馆藏资源结构中，数字化资源所占比重仍远小于传统纸本资源。数字化阅读环境下，读者有时不必亲自到图书馆书库查找借阅所需资源，而完全可以通过数字阅读设备如手机、上网本、平板电脑等随时随地读取自己所需的图书馆数字化馆藏资源。读者阅读方式的变化对高校图书馆的工作方式提出了新的要求。

在这样的背景下，图书馆阅读推广工作面临着很大的困难和挑战。对于高校图书馆而言，面对大学生这一特定群体，如何引导他们充分有效利用图书馆纸本馆藏资源和数字化馆藏资源，成为高校图书馆阅读推广服务亟须解决的重要课题。

3　北京信息科技大学图书馆的阅读推广实践

近年来，北京信息科技大学图书馆一直在为推广阅读、建设书香校园不断努力。为适应数字化发展新时代的变化，在校领导和馆领导的大力支持下，图书馆组织实施了一系列阅读推广的实践活动，积累了一定的活动经验。

3.1　创编馆刊，扩大宣传影响力

为了增进图书馆员与读者的交流，充分反映图书馆的发展状况，在全校范围内进一步加强

图书馆资源、服务的宣传力度，北京信息科技大学图书馆于 2009 年正式创办了《图书馆通讯》(以下简称《通讯》)。《通讯》由馆内成立的编辑委员会成员组织编写，内容精彩纷呈，包括图书馆活动举办通知、会议活动纪实、图书馆新资源及服务介绍、图书馆资源使用指南、新书推荐、馆员工作随笔等。如今，《通讯》的发展已经越来越成熟，吸引了许多师生投稿，讲述他们与图书馆、图书、阅读的故事。《通讯》在校内定期出刊，在图书馆主页刊登并将纸质文刊下发至各学院各部门，成为师生更好地了解图书馆、利用图书馆、交流阅读经验的重要平台。近年来，《通讯》更加注重与兄弟院校的联系，相互交流图书馆阅读推广经验，目前已经与清华大学图书馆、北京交通大学图书馆等建立了馆刊交换关系。

作为北京信息科技大学图书馆的馆刊，《通讯》本着“分享信息，沟通读者，创新服务”的办刊宗旨，全面报道馆内大事，宣传图书馆的资源，展现图书馆的服务，充分发挥了与读者沟通以及导读的作用，是北京信息科技大学图书馆宣传工作上的一大创新。

3.2 组建“星光志愿者”学生管理员团队

“星光志愿者”学生管理员团队于 2013 年组建，是在校团委领导下直接受图书馆指导的正式社团，是一个由学生组成的，自我管理、敬业奉献的义务劳动组织，目前团队成员有 70 名左右。这是北京信息科技大学图书馆首次以社团的形式对勤工助学的学生管理员进行督促和指导。

学生志愿者的加入为阅读推广注入了新的力量。管理员们在上岗前都要经过图书馆专业人员的培训，让他们对图书馆的文献资源馆藏布局、图书上架流程等有全面的了解，让他们在工作中体验与书近距离接触的快乐。该团队还举办了丰富多彩的活动，如读书交流会、辩论赛、读者调查问卷(包括师生的阅读习惯、阅读内容、文献资料获取途径、利用图书馆的情况、希望图书馆完善的服务等)等，这些活动有益于推广阅读、完善图书馆服务，让更多的师生充分利用图书馆，更加热爱读书、品书，享受读书的喜悦。

3.3 开展 BALIS 馆际互借与原文传递工作

BALIS 是“Beijing Academic Library & Information System”的简称，即北京地区高校图书馆文献资源保障体系，成立于 2007 年 11 月。BALIS 原文传递及馆际互借服务通过北京高校图书馆间的资源共享，来满足各校师生对文献资源的需求。它有五大中心：联合信息咨询中心，馆际互借中心，原文传递中心，资源协调中心和培训中心。其中，馆际互借和原文传递是北京信息科技大学图书馆与之合作的重点业务。

北京信息科技大学图书馆自 2007 年底成为 BALIS 大家族中的一员，是最早加入 BALIS 的成员馆之一。本着“用心服务，悦人悦己”的理念，北京信息科技大学图书馆不断调整工作思路，优化工作流程，最大限度地帮助读者免费获取文献，推动图书馆文献资源共建共享工作，不断提高图书馆整体文献资源的保障水平。目前，通过 BALIS 的馆际互借与原文传递服务，北京信息科技大学的师生不仅能够获取北京地区近 80 家高校图书馆的文献信息，还可以获取 CALIS(中国高等教育文献保障系统)、CASHL(中国高校人文社会科学文献中心)、NSTL(国家科技图书文献中心)、国家图书馆以及上海图书馆的文献资源。BALIS 已经成为北京信息科技大学图书馆与其他文献机构主要的共建、共知和共享的平台，拓宽并延伸了图书馆的信息服务工作，为学校的教学和科研提供了更有利的文献信息保障。

3.4　开展阅读推广系列活动，努力营造浓厚的阅读氛围

为了响应“世界读书日”的阅读推广号召，北京信息科技大学图书馆每年都会在 4 月 23 日启动世界读书日系列活动，围绕一个特定的主题，通过举办内容丰富、形式多样的活动，吸引众多读者参与到阅读活动中来，让更多的师生走进图书馆，亲近图书，亲近阅读。

2014 年 4 月 23 日，北京信息科技大学图书馆启动了以“知识改变命运，阅读点亮人生”为主题的世界读书日系列活动。启动仪式上，图书馆对 2013 年的图书“借阅之星”进行了表彰，鼓励他们继续坚持“爱读书，读好书，善读书”的阅读习惯。活动历时两个月，开展了包括“读书—共圆中国梦”主题书展、“期刊寻宝”趣味竞赛、“知识改变命运，阅读点亮人生”诵读比赛、“图书馆—知识的宝库”网上图书馆利用知识竞赛、馆际互借服务宣传活动、原文传递服务宣传活动、读者问卷调查活动及试用数字资源介绍在内的 8 项活动。

其中，书展是图书馆的一项重点工作。每一学期，图书馆都会邀请合作书商入驻校园，根据学校学科专业需求进行新书展览。书展采取读者荐购的形式，让读者自由挑选心仪的图书，真正做到“书刊选购读者做主，携手共建文献资源”，让读者体会到亲自挑选书籍的乐趣，激发读者们购书和读书的热情。合作书商还会定期提供书单，由馆内负责与院系沟通的老师转发下去，由师生勾选所需图书，图书馆采编部根据师生需求进行图书采购加工，这就使图书采购具有了一定的针对性。

馆际互借、原文传递、试用数字资源等服务培训工作也是图书馆工作的重头戏之一。为了提高学生充分利用图书馆文献资源的能力，图书馆会不定期邀请数据开发商开展针对各自资源的培训讲座，如工程索引数据库、Emerald 数据库、Springer Link 等。馆内专业技术人员也面向校内本科生开设了“图书馆文献资源检索与利用”公选课，这为推广使用图书馆文献资源提供了便利。

而且每年在新生开学之际，图书馆都会开展新生入馆教育活动，精心设计和印刷各类宣传资料，并通过举办培训讲座的方式，向新生介绍图书馆的基本情况、馆藏资源分布、图书馆服务项目、规章制度、图书借阅方法及注意事项等，为新生提供全面的导读服务。图书馆还经常组织读者交流会，以面对面沟通的方式了解读者的阅读需求、交流读书心得等。这些活动对丰富和活跃校园文化生活，营造浓厚的阅读氛围起到了直接的促进作用。

3.5　不断完善数字化馆藏资源建设

为了满足新形势下读者的数字化阅读需求，北京信息科技大学图书馆着重加强了数字化馆藏资源的建设，增加了数字化资源采购经费在图书馆采购经费预算中的比重（大概占总经费的 55%左右），大力推进数字图书馆的构建。到目前为止，图书馆已购置了数十种电子图书期刊和数据库资源，如超星电子图书、独秀知识库、美星外文电子图书、EBSCO 全文数据库、Science Direct 数据库等。这些数字资源涵盖了文学、经济、法律、计算机、工业等几乎所有学科领域，基本能够满足全校师生科研、教学、学习、娱乐等不同需求。

另外，根据北京信息科技大学的学科专业设置，图书馆还采购了一批符合学校专业特色的多媒体资源，如软件通—计算机技能自助式网络视频学习系统（包括办公自动化、多媒体设计、计算机程序语言、网页网站设计等）、中科 VIPExam 考试学习资源数据库、YALE 国际教育视频库、VERS 考试资源系统等，为学生的学习提供全方位的辅导。其中，为提高学生的英语水平而购置的新东方多媒体学习库，受到了广大师生的一致好评。为了适应 2013 年 12 月份开

始的四、六级题型改革，数字资源采购负责人组织了馆内英语专业毕业的老师以及外文学院的老师，对新东方多媒体学习库的课程设置进行了全面考评，对不符合四、六级新题型的课程进行了替换，真正做到从师生需求出发，与时俱进地完善图书馆的数字化馆藏资源建设。

3.6 继续加强图书馆数字化阅读平台建设

手机阅读已经成为大学生阅读的潮流。为了迎合读者使用移动终端设备进行阅读的需求，北京信息科技大学图书馆开通了移动图书馆服务。所谓移动图书馆，是指通过智能手机、Kindle、Ipad等移动终端设备(手持设备)访问图书馆资源、进行阅读和业务查询的一种服务方式。[5]学生可以通过各种手持移动设备登录图书馆的网页，随时查询、浏览、阅读和获取图书馆的资源和服务，包括：个人借阅信息查询、全文期刊在线阅读、新书推介、图书馆最新消息等。

目前，馆内的技术人员还设计了图书馆主页的二维码，并将二维码印刷在图书馆卡贴、《图书馆通讯》上，下发到各学院师生尤其是新生同学手上，方便他们通过手机微信等软件进行二维码扫描，更方便快捷地进入图书馆主页进行信息浏览。

4 高校图书馆阅读推广工作再思考

阅读推广是高校图书馆的基础服务工作，也是提高文献利用率的重要手段。这是一项长期的系统工程，不能搞突击，搞形式主义，应该建立长效阅读推广机制。阅读推广也是高校校园文化建设的重要组成部分，需要一定的人力、财力的支持，因而成立常设的阅读推广组织机构，统筹安排实施阅读推广活动是很有必要的。

此外，高校图书馆应该建立完善的阅读推广评价体系，对每次阅读推广活动的成败得失进行总结，得出有益的活动经验，形成评估报告，为日后开展活动提供理论和实践依据。

5 结语

阅读推广，是图书馆永恒的主题，高校图书馆任重道远。要让读者“爱读书，读好书，善读书”不是一件容易的事情，需要图书馆各方长期不懈的努力。

阅读推广其实是无处不在的。在数字化发展的环境下，高校图书馆应该本着“以书为本，读者参与”的原则，将数字阅读与传统阅读相结合，并结合各馆的实际情况，从读者的实际需求出发，积极探索更加有效的途径把这项工作深入开展起来。

参考文献

[1] 朱永新. 新教育之梦--朱永新博客[EB/OL]. [2012-01-06]. http://blog. sina. com. cn/s/blog_4aeb7d930102dxt2. html.

[2] 苏海燕. 大学图书馆阅读推广模式研究[J]. 山东图书馆学刊，2012(2).

[3] 中国全民阅读网. “第十次全国国民阅读调查”成果发布[EB/OL]. [2013-04-19]. http://www. cnreading. org/newsdt/ywdt/201304/t20130419_140027. html.

[4] 大学生阅读与图书馆建设—华夏阅读论坛苏州郑州会议综述[J]. 博览群书，2011(6)：126-130.

[5] 谢蓉. 数字时代图书馆阅读推广模式研究[J]. 图书馆论坛，2012 (32).

高校图书馆阅读推广的策略与思考

秦疏影

(北京农学院图书馆,北京,102206)

摘　要: 文章列举了阅读推广的形式,分析了高校阅读推广工作的现状。通过数据分析说明了目前关于阅读推广的研究力量公共图书馆比高校图书馆强很多,关于儿童的阅读推广研究比青年读者的阅读推广研究集中。指出了高校的主要读者是大学生群体,图书馆必须结合青年读者的特点开展活动。提出了高校图书馆要深入开展阅读推广工作,必须寻求部门支持、同时推广印本资源与数字资源、丰富活动主题、把阅读推广作为图书馆的常规服务等策略。在培养专业人才、把握读者需求、及时反馈总结方面进行了深入思考。

关键词: 高校图书馆　阅读推广　阅读活动

阅读是人类互相交流、分享经验、合作创新的重要方式,是学习知识、传承文明、提高人口素质的基本途径[1]。阅读,对于保障信息公平、提升人群素质、推动终身学习,起着至关重要的作用。正因为如此,阅读推广成为目前世界各国都共同关注的议题。阅读推广(reading promotion,又称阅读促进)是现代图书馆,尤其是公共图书馆的一项重要的活动内容,从开展形式上看,是指"以故事会、推荐书目、作家讲座、读书俱乐部、书展、书签等形式向社会成员宣传图书、促进阅读的活动"[2]。阅读推广可以激发读者阅读兴趣,提升读者阅读水平。

1　高校阅读推广工作的现状

2004 年,中国图书馆学会开始积极参与"世界读书日"的宣传,举办各种各样的阅读推广活动;2005 年中国图书馆学会把"社会阅读"作为新年峰会的会议议题之一,并成立了与"学术委员会"并列的"科普与阅读指导委员会";2006 年,中宣部等 11 个政府部门联合倡议发起全民阅读活动;2008 年,中国图书馆学会将"促进全民阅读"写进了《图书馆服务宣言》;2009 年,中国图书馆学会把"科普与阅读指导委员会"更名为"阅读推广委员会"[3],这一系列举措都凸显了阅读推广的重要性。

笔者在《阅读推广研究的学术影响力分析》一文中,通过 CNKI 数据库平台,检索式为"SU＝阅读推广",检索年代从 2000 年一直到 2013 年,进行跨库检索,共获得 910 篇学术论文。从论文层次记录中研究文献的年代分布、研究人员分布、研究机构分布、学科分布、文献被引频次等特征项数值通过Excel软件进行数据处理和分析得出的结论显示，从高校图书馆与公共图书馆的对比来看，公共图书馆在阅读推广研究方面比高校图书馆要深入。而公共图书馆关于阅读推广的研究中，与儿童阅读推广相关的研究又比较集中，关于青年群体的阅读推广研究显得较为薄弱。从中可以看出，高校图书馆的阅读推广研究和青年群体的阅读推广研究都有待进一步深入，而这一任务，恰好是高校图书馆所需要承担的。

为什么在阅读推广研究领域，会出现这样的现象？笔者认为，由于高校图书馆面对的群体不是全民，而是特定的学生、教师和科研人员，所以高校图书馆会在学科服务方面分配更多的物力财力和人力，而在阅读推广这一方面在资源分配上就会薄弱一些。但是，一个民族要振兴，必须要有高素质的群体，而阅读，正是造就这一高素质群体的有效方法。因此，高校图书馆有必要加强对青年学生群体的阅读推广研究。

2　高校阅读推广工作的特点

2.1　高校读者阅读的独特性

公共图书馆针对的读者群是全民，阅读推广活动往往针对少儿读者展开较多。但高校图书馆服务的对象不是全民，而是以大学生为主。而大学生这一群体是具备一定知识水平和学习能力的，而且思维活跃，能快速地接受各种各样的先进技术，通过各种渠道获得自己所需要的资讯。因此，这个年轻的读者群体在阅读中有自己的独特性。

现代大学生往往功课压力繁重，在课余，还要参加各种各样的社团活动，考取各种各样的证书。所以，大学生能用于阅读的时间非常有限。而且，即便是抽出时间来阅读，也往往是与大学生就业、考证等相关的实用性阅读。此外，现代大学生往往使用手机、电脑、IPAD等进行网上阅读。随着现代社会网络化、信息化的高度发展，网络上存在着大量的通过“转发”“转贴”而形成的碎片化文本，大学生往往通过这些碎片化文本进行“浅阅读”，很少进行整体性的“深阅读”。这在很大程度上降低了大学生阅读的内容质量和阅读效果。

2.2　高校图书馆阅读推广的独特性

高校图书馆的服务对象是直接面向全校老师、学生、科研工作者，在人力物力财力的分配上，会倾向于学科服务方面，而对于阅读推广，在资源分配上，就会稍显不足。但同时，高校图书馆也是与课堂并立的教育场所。相对于课堂，高校图书馆为广大读者提供了便利的学习平台，温馨的学习环境，丰富的学习资源，依据这诸多的优势，高校图书馆可以为学生教育提供直接支持，其重要性并不亚于课堂。而在这一点上，高校图书馆利用自身优势，广泛开展阅读推广活动，能促进学校的学习氛围，引导学生积极正确地阅读和学习。

高校图书馆的部分馆员具有图书馆学背景，有部分馆员具有专业知识背景。而阅读推广工作，不仅涉及到图书馆学，还涉及到心理学、教育学、文学、语言学等多种学科，那么，具有专业知识背景的馆员和图书馆学背景的馆员可以通力合作，促进阅读推广活动的开展。

在高校有很多学生社团组织，图书馆可以跟这些学生社团组织联合进行阅读推广活动。首先，学生社团在学生活动中很有影响力；其次，学生社团对于学生的阅读需求比馆员更清楚；第三，学生社团协助图书馆进行阅读推广活动，可以让阅读推广活动能更有效地贴近学生生活，对读者更有吸引力。因此，在高校阅读推广活动中，图书馆馆员可以充当协调员的角色，把学生社团与图书馆的力量协调起来，把读者与馆藏资源协调起来，把学生与老师协调起来。这样，才能促进校园内阅读推广活动的顺利开展。

3　高校图书馆阅读推广活动的策略与思考

3.1　高校图书馆阅读推广的策略

3.1.1　寻求其他部门的支持

虽然高校的阅读推广活动的主体是图书馆，但从图书馆的人力物力财力来说，仅靠一家之力很难把阅读推广活动发扬光大。因此，在阅读推广活动中，高校图书馆要学会借力，要寻求与学校其他部门的支持与合作，来扩大阅读推广的效果与影响力。

首先，高校各个院系有学校的主体学科，图书馆的文献采访策略与各院系学科紧密相连，作为教育部门的学科支持能保证图书馆在选择经典图书时的品质，同时，还能为阅读推广活动提供各方面的学科专家来源，因此，图书馆与各院系的合作是很重要的。其次，学校的行政机构也能为图书馆的阅读推广活动提供很大帮助，比如：学校团委、学生处、宣传部、教务处等行政部门，通过这些部门的大力宣传，可以促进阅读推广活动的深入开展，并提供有效的组织保障。第三，学校的学生社团，也应该引起图书馆的高度重视，学生既是图书馆服务的对象，又是学校的主体，学生社团成员是学校高度活跃的一支力量，他们充满热情，精力充沛，创造力强。图书馆在与多个学生社团协调的过程中，可以从中得到很多启发与灵感，有利于拓宽阅读推广活动的深度与广度，促进阅读推广活动蓬勃开展。比如：与心理协会的合作，可以促进学生在心理健康方面的阅读与思考；与文学协会的合作，可以提高学生的人文素质的修养；与读者协会的合作，可以促使学生在阅读的形势与内容方面进行更深入的思考，提升阅读品位。而这一切，都可以促进高校阅读推广活动更广泛地开展和进一步增强阅读推广活动在学生群体中的校园影响力。

3.1.2　印本资源阅读推广与数字资源阅读推广同时进行

文献资源包括印本资源和数字资源。目前，印本资源具有馆藏丰富、阅读成本低、阅读方便的优势；而数字资源具有容量大、体积小、易检索等优势。但由于数字资源的阅读需要借助于专门的阅读器，比如计算机、手机、IPAD 等，这样就加大了数字资源的阅读成本。所以，目前，各高校图书馆的阅读推广活动主要集中在印本资源的阅读推广上。

由于印本资源和数字资源的不同特性，导致读者对于印本资源和数字资源的阅读方法具有差异性。印本资源能给学生理性思考的机会，有利于学生心智的培养、性格的塑造、人生观的引导以及阅读理解能力的提高。因此，在“深阅读”方面，印本资源优于数字资源。但是，数字资源能给学生提供快速检索的功能，很快获取所需要的信息，而且，能有效利用零散的时间获取资讯。因此，在对印本资源进行“深阅读”的同时，对数字资源进行“浅阅读”也是必需的。所以，在将来的阅读推广活动中，需要把纸质资源和数字资源的阅读活动同时并驾齐驱，以拓宽阅读推广活动的读者群。

3.1.3　丰富阅读推广活动的主题

目前，各高校图书馆虽然都在开展阅读推广活动，但形式雷同。一般都是讲座、书展、征文等，很难引起读者的兴趣，活动效果不明显。有的甚至强拉读者参与活动，引起读者的反感。

因此,为了吸引广大读者参与到阅读推广的活动中来,就有必要在阅读推广的活动主题上广开思路,比如,在除了常规的形式之外,还可以举办读者感兴趣的影视活动、一校一书、诗歌朗诵、真人图书等多种新颖的,能吸引读者积极参与的阅读活动。

3.1.4 把阅读推广活动作为图书馆的常规活动

高校图书馆的阅读推广活动往往与"读书月"或"读者服务月"相联系,一般在"读书月"或"读者服务月"持续一段时间,活动月过去之后,阅读推广活动便销声匿迹了,这种嘉年华式的阅读推广活动使得高校图书馆的阅读推广活动缺乏连续性和整体规划性。而且,很多高校图书馆并没有把阅读推广活动作为图书馆的常规服务,因此,想依靠这种短期活动培养大学生良好的阅读习惯,创造校园阅读文化是不现实的。为了提升大学生的综合素质,创建充满书香文化的阅读校园,高校图书馆就有必要把阅读推广活动作为图书馆的常规活动,制定长期系统的阅读推广计划,将嘉年华式的短期阅读推广活动发展为长期的系统的图书馆基础服务。

3.2 高校图书馆阅读推广活动的思考

3.2.1 培养专业的阅读推广人才

目前,高校图书馆的阅读推广活动很难按照日常工作常规开展,固然与资源分配有关系,但同时也与阅读推广专业人才的缺乏有关。阅读推广这项活动不仅与图书馆学有关,还与心理学、教育学、文学、语言学等学科门类相关,所以阅读推广专业人才不仅要具有图书馆学的专业背景,同时,还需要学习心理学、教育学等相关学科的知识,因此,为了阅读推广活动的开展,图书馆应该在图书馆馆员队伍里选择培养专业的阅读推广人才,请专家为他们传授分享阅读和组织阅读推广活动的经验与方法,以便把这项工作顺利开展下来。如果条件成熟的话,还可以成立专门的阅读推广部门。同时,不仅仅限于图书馆馆员,我们还可以拓宽思路,在学生社团中,成立阅读小组,培养在阅读方面具有较高水准的阅读大使,对他们进行专业培训,然后由他们来带动广大学生的阅读热情,深入开展阅读推广活动。

3.2.2 厘清学生的阅读需求

在阅读推广活动中,如果仅凭馆员自己的主观想象来确定阅读主题和阅读形式,可能与学生的阅读需求相去甚远,不利于阅读推广活动的开展。因此,在开展阅读推广时,必须要通过多种途径来了解读者的阅读需求,掌握读者的阅读兴趣、阅读习惯和阅读形式。比如,可以通过问卷调查了解学生的主要需求;也可以开展读者座谈会,与读者进行双向深层次的交流;还可以通过与学生社团的合作来了解学生的主要兴趣点。只有对学生的阅读兴趣和阅读习惯有了了解,才能在阅读推广活动中有针对性地开展能吸引学生积极参与的活动主题。

3.2.3 及时对阅读推广活动进行反馈总结

活动评价是阅读推广活动的关键环节,是提升活动效果的有效手段[4]。很多图书馆在活动月之际,动员全馆所有馆员一起上,进行急行军似的阅读推广活动。活动月之后,便置之不理了。实际上,对所开展的活动进行及时总结和反馈是很重要的,有利于阅读推广活动的进一步深化。比如:可以在阅读活动过程中与读者及时交流,调查读者对于活动的满意程度,对阅读推广活动进行及时改进;活动结束后,可以对活动的总体情况从读者和馆员角度分别进行总结,提出对以后此类活动的积极建议。

4 结语

阅读推广是图书馆事业发展的强大动力，阅读推广活动的兴衰决定了图书馆事业的兴衰。高校图书馆作为大学生这一年轻读者群体阅读的主要阵地，应该把阅读推广作为图书馆的常规服务，提高阅读推广活动的服务能力和服务水平，给这一充满朝气的年轻群体提供温馨的阅读环境，丰富的阅读资料，浓厚的阅读氛围，良好的阅读服务，优质的阅读引导……使高校图书馆在阅读推广活动中发挥巨大的作用，为高校书香校园的建设添砖加瓦。

参考文献

[1] 吴高，韦楠华. 我国高校图书馆阅读推广所存在的问题与对策研究[J]. 图书情报工作，2013，(2)：47-51

[2] 于良芝. 图书馆学导论[M] 北京：科学出版社，2003：94

[3] 王波. 图书馆阅读推广亟待研究的若干问题[J]. 图书与情报，2011，(5)：32-35，45

[4] 刘勇，郭爱枝. 高校图书馆开展阅读推广活动的实践与经验——以浙江农林大学图书馆为例[J]. 图书工作与研究，2013，(10)：110-112

[3] 曹艺，王曰芬，丁洁. 面向学术影响力评价的科技文献引用与下载的相关性研究[J]. 图书情报工作，2012，56(8)：56-64

[4] 宋哲，王敬尧. 中国农村研究学术影响力的空间分布考察[J]. 西南民族大学学报(人文社会科学版)，2012，(3)：222-228

军校图书馆开展数字阅读服务探讨

智 慧

（国防大学图书馆）

摘 要：数字阅读的出现和发展逐渐改变着人们的阅读习惯和阅读方式，同时也对图书馆的各个层面产生广泛而深远的影响，数字阅读成为人们获取知识的主要途径，图书馆作为提供阅读的主要场所，紧跟时代潮流，进行服务转型、创新势在必行，提高数字阅读的服务质量，加大馆藏数字资源的建设，从而推进数字阅读的发展，满足用户的各种需求。本文介绍了数字阅读的概况，阐述了数字阅读对军校图书馆的挑战，指出图书馆应从数字阅读引导、进行有针对性的数字阅读服务、良好的数字阅读互动三个方面开展数字阅读服务。

关键词：数字阅读 挑战 服务

1 引言

随着计算机网络的普及和数字化内容日益丰富，当今读者的阅读方式和阅读习惯正在发生深刻的变化，数字阅读已成为一种新的阅读潮流蓬勃向前。2012 年召开的两会，国家数字图书馆首次进驻人民大会堂为两会代表服务，表明数字阅读已成为全民阅读的重要组成部分。数字阅读，就是指以数字化形式获取或传递认知的过程，不论载体、不论场合、不论形式，可以是任何数字化终端（如网络浏览器、电子阅读器、电子纸或音视频设备），可以是任何格式（各种文本、图像、多媒体），可以通过任何技术手段（脱机的、联网的），可以是交互的、跨越时空的社会性阅读，也可以是私密的个人阅读。[1]数字阅读是传统阅读的扩展和延伸，它正以内容丰富、检索快捷、时效性强等独特优势悄然改变着人们的阅读习惯，因此为读者提供的服务方式也必将跟着读者群的需求作出相应的调整，进行针对性服务。面对数字阅读的兴起，各军校图书馆也都加快了数字资源的建设步伐，大部分图书馆纷纷引进各种电子图书、电子期刊、专业数据库等数字资源，充分满足读者的多元化阅读需求。

2 数字阅读对军校图书馆的挑战

2.1 数字阅读对服务的新导向

在网络和数字化快速发展的时代，读者获取信息的方式越来越多，图书馆不再是读者的首选，再加上图书馆资源更新滞后、品种单一，纸质图书携带不方便等原因，造成读者大量流失，因此军校图书馆应加强数字图书馆的建设，通过高素质的人才和多元化的服务优势，努力开拓服务的广度、深度和影响力，以满足读者新、快、精、准的阅读需求。如在数字图书馆网站上做好信息导航工作；开办与读者之间的交流互动平台；定期开展信息素养培训；加大数字资源的采购力度；将纸质文献及时数字化；收集、组织本校资源，开发出特色的专题数据库；有效整合各类资源，提供统一的检索平台，读者可以毫无障碍的在平台上查找资料、借阅图书、下载数据等，最大限度地满足读者的个性化服务要求。

2.2 数字阅读对技术的新挑战

为了丰富馆藏资源，图书馆会购买各种电子资源来弥补纸质文献的不足，如电子期刊、论文、图书、视频等，但各家公司的电子资源格式、平台都不相同，这样读者检索起来既费时又费力，因此数字阅读的实现还需要对技术进一步改进和提升，以此将不同厂商的数字资源有效地整合在一起，构建功能强大的一站式服务平台，让读者通过先进的检索导航系统就可轻松找到自己需要的资料，就像很多人遇到问题就找百度一样，真正实现以“用户为中心”和以“需求为中心”的服务目标，从而进一步推广和改善图书馆的数字阅读服务。

2.3 数字阅读对馆员的新要求

图书馆员是图书馆直接的建设者和管理者，图书馆员素质的高低直接影响着图书馆各类资源、功能的发挥，因此数字阅读时代的到来要求图书馆员要跟上时代的步伐，及时更新观念，拥有创新精神，增强信息意识和信息能力，除具备图书情报专业知识外，还要熟悉多媒体制作、网络知识、计算机运用、信息资源整序和一定的外语水平，如对信息的敏锐反应能力、系统导航能力、整理加工文献信息的能力等，努力成为“一专多能”的复合型高素质人才，使自己不但成为专业信息的服务者，又要成为专业的信息引导着，从而改善读者的阅读体验和阅读乐趣。

3 军校图书馆数字阅读服务的开展

3.1 开展丰富的数字阅读引导

随着读者需求的改变，各军校图书馆也都把重心转到数字图书馆的建设上来，在不断丰富自己的馆藏数字资源外，也要更加关注数字阅读实践，给予读者相应的阅读指导，使读者节约时间，有效避免盲目浏览，更便捷地获取所需知识信息。比如可以把图书馆及各种资源的介绍做成课件，以图文并茂的形式展现出来，并长期放到网上，让新老读者随时了解图书馆的各种信息；为新学员开展资源检索课并邀请他们到图书馆参观，借此机会让新学员深入了解图书馆的资源、服务等；定期推送借阅排行榜，把大家关注的热点展示出来，以供读者参考；精心制作新书介绍，让读者第一时间掌握图书的最新动态；大部分军校图书馆都购买了同方期刊、超星图书等电子资源，资源更新情况及时发布到网上，以方便读者及时查找资料。

3.2 开展针对性的数字阅读服务

3.2.1 外借电子书阅读器

电子书阅读器的快速发展为军校图书馆拓展数字阅读服务提供了新契机，电子书阅读器具有体积小、容量大、携带方便等特点，让读者感受到一种全新的服务方式，被称为“口袋里的图书馆”，在开展了电子书阅读器外借服务的国内外图书馆读者都给出了良好的评价，读者认为阅读方便，符合服务新潮流并能有效提高文献利用率。读者可持有效证件到图书馆进行外借阅读器，并规定借阅期限，也可提前预约。由于军事材料受保密限制，图书馆可以预装一些外购电子图书、期刊、论文、报纸及本馆购买的公开发表的图书等资料，让读者充分利用碎片时间进行学习研究，最大限度的满足用户的阅读需求和阅读兴趣，不断拓展服务领域，提升服务水平。

3.2.2 建设特色数据库

作为文献信息中心，图书馆应积极配合学校的教学科研，根据本校的学科设立专题数据库，内容包括图书、期刊、视频、图片以及在互联网上甄选的最新动态，进行二次加工，使信息有序化、系统化、精确化，并不断补充新数据，以确保数据库的新颖性和权威性，为教研人员及学员提供一站式服务，保证读者迅速、快捷地找到所需的信息资源，帮助他们系统了解本学科前沿的发展水平，把握科研方向，并逐步形成具有本馆特色的信息产品。如本馆图书馆为配合学校的教学改革，建立了陆、海、空、天、电、网、核等二十个专题数据库，每个数据库邀请一位本学科的知名教授作为指导老师，馆员与教授经常进行交流互动，以达到根据学科的需求有针对性的填充资料，使专题数据库更具使用性；馆员会实时关注国际、国内的最新动态，并及时更新数据库，让读者以最快的速度掌握最新信息；此外图书馆应随时关注社会热点，根据时事的变化及时推出相应的新闻数据库，并对网络信息资源进行收集、整理、筛选，做到资料准确、连续、全面，为读者研究国内外情况提供参考，充分发挥图书馆的职能，体现图书馆工作的创新，拓展为教学科研服务的范围。

3.2.3 推出触摸体验系统

2008年国家图书馆向读者推出触摸体验系统，让读者感受到又一种数字阅读的新形势，该系统可以提供读者指南、馆藏资源、电子报纸、期刊等图书馆的各类信息，可放置教学楼、办公区、图书馆大厅、活动中心等显要位置，电子报纸每天更新，读者可以按照分类浏览、地区浏览、热门报纸等方式进行查阅，页面可放大、缩小等操作，不需要鼠标和键盘，只需手指轻触液晶显示屏的按钮，就可轻松浏览和阅读，让读者感受到图书馆的服务无处不在，随时了解图书馆的信息资源。

3.3 开展良好的数字阅读互动

3.3.1 建立书评数据库

书评在各大网站悄然兴起，它已成为引领数字阅读的时尚新宠，让读者在茫茫书海中挑选自己喜欢的图书。军校图书馆应根据读者的阅读特点及学校设置的专业等信息建立书评数据库，让读者发表阅读感想，交流阅读体会，建立“读者推荐榜”，从而引发读者的兴趣和阅读愿望，并编制书评检索目录，方便读者查阅，吸引读者之间，读者与馆员之间相互沟通，深入探讨作品的思想内涵，以此产生了图书属性的延伸，以达到知识共享、激情互动的效果。图书馆可以邀请知名教授把自己读过的好书写成书评推荐给大家，有利于读者择优而读，引导他们读更有思想、有深度的好书，从而带动军校图书馆数字阅读文化的发展。

3.3.2 开办图书馆论坛

图书馆可以在网站上开办一个论坛，主动创造数字阅读、学术研究的环境，利用这个平台读者可以咨询问题，图书推荐，针对热点问题展开讨论，其目的是打造因某种兴趣或主题而聚在一起，逐渐形成有一定规模的读者群，馆员在参与其中或解答问题时进一步加强了与读者的互动，通过互动产生各种评论和推荐，从中了解阅读者的阅读动机、阅读兴趣，营造优质阅读文化氛围，让图书馆的功能和服务得到最大程度的发挥。

数字阅读的优势日益凸显，并逐步成为阅读方式的新形势，军校图书馆应当保持敏锐的洞察力和与时俱进的精神，改变服务思维，调整服务模式，跟踪读者需求，提升服务能力，对原有模式进行突破和创新，以迎接数字阅读时代的机遇与挑战。

参考文献

［1］ 刘炜.数字阅读——开启全民阅读新时代[J].图书馆与阅读，2009，(12)：35-37.
［2］ 杨志刚，李 慧. 开展数字阅读 提升图书馆内容服务[J].图书馆论坛，2011，31(1)：123-125.
［3］ 周晓杰. 数字阅读与高校图书馆服务创新[J].图书馆学刊，2011，(8)：83-86.
［4］ 王慧姝.网络书评在高校图书馆数字阅读推广中的应用[J].图书馆情报论坛，2012，(2)：29-31.
［5］ 王家莲.数字阅读下高校图书馆微书评应用研究[J].图书情报论坛，2012，(1)：30-32.

高校图书馆期刊利用情况分析及策略研究
——以北京航空航天大学图书馆为例

官　璐

（北京航空航天大学图书馆，北京，100191）

摘　要：信息技术发展日新月异，各种类型的数据信息资源不断涌现，冲击着读者的传统阅读习惯，导致纸质期刊的利用率大大降低。在这种情况下，图书馆对馆藏纸质期刊的存在价值产生质疑。本文通过对北京航空航天大学图书馆现刊阅览数据的分析，探讨高校图书馆纸质期刊的馆藏资源优化，得出期刊资源的特色化、资源共享、期刊订购质量及提高人员素质是提高纸质学术类期刊利用率的有效途径。

关键词：高校图书馆　纸质期刊　利用率

纸质期刊是图书馆重要的文献信息资源，具有时效性强、参考价值高、出版连续性等特点，是高校教学科研、学科建设的重要保障。但随着信息技术的发展，数据库资源、电子期刊的大量涌现，纸质期刊在馆藏资源中发挥的作用不再显著，面临着经费减少、期刊种类缩减的现象。在这种形势下，如何优化馆藏资源、提高其利用率成为高校图书馆需要解决的问题。本文以北京航空航天大学图书馆为例，通过对本馆中外文现刊利用情况的统计数据，分析读者的阅读倾向，为现刊的订购工作提供合理依据。

1　期刊利用率数据分析

统计对象为本馆纸质期刊1160种，分别为中文科技类期刊490种、中文社科类期刊313种、中文综合休闲类期刊252种、外文期刊105种。

主要方法通过对汇文系统中阅后期刊数据统计分析，结合期刊阅览室日常管理工作总结，包括现刊架位整理，观察架位整齐程度、需要整架的频次以及期刊新旧程度对本馆纸质期刊利用率进行总结与分析。

统计过程为2013年度的阅后期刊数据，期刊工作人员每天收集读者放置在书车及阅览桌上的阅后期刊，除个别期刊读者随手翻阅或者阅毕自行归架无法统计外，阅后期刊全部进行条码扫描录入系统。

表 1　各类期刊阅读频次表

刊物种类	订购情况(种/册)	不含阅览记录的期刊(种/所占比例)	阅览次数	每种期刊平均阅览次数	每册平均阅览次数
科技类	490/5880	227/ 46.3%	1059	2.16	0.18
社科类	313/3756	108/ 34.5%	1057	3.38	0.28
综合类	252/3024	4/ 1.6%	6125	24.31	2.03
外文类	105/1260	7/ 6.7%	339	3.23	0.27

从阅览记录可以看出以下几种情况：

(1) 科技类与社科类期刊利用率较低，46.3%的科技类期刊和 34.5%的社科类期刊从未被阅览过；科技类期刊刊均阅览次数为 2.16 次，社科类期刊为 3.38 次，册均阅览次数均小于 0.3 次。

(2) 综合类期刊综合类期刊利用率较高，未被阅览的期刊非常少，刊均阅览次数为 24 次。

(3) 外文期刊未被阅览的期刊种类少，但阅览总量不高，刊均阅览次数为 3.23 次。

表 2　中文科技刊阅览次数超过 10 次的期刊目录

序号	刊名	阅读次数
1	TP 微型计算机	73
2	TP 电脑爱好者	54
3	U　汽车测试报告	54
4	TP 计算机应用文摘	50
5	U　汽车之友	50
6	U　轿车情报	48
7	TJ 兵工科技	44
8	TJ 海陆空天惯性世界	38
9	U　汽车博览．车评	33
10	U　汽车知识	27
11	V　国际航空	27
12	N　科技新时代．Chinese edition	24
13	TP 电脑时空	19
14	N　Newton-科学世界	16
15	TP 互联网周刊	15
16	V　中国航天	13
17	TN 无线电	11
18	TP 模式识别与人工智能	10
19	TP 电脑知识与技术	10
20	Z　航空学报	10

由表 2 可知：

(1) 科技类期刊共计 490 种，其中 470 种阅读量低于 10 次。

(2) 科技类期刊中,TP类(计算机类)、U类(交通运输类)、V类(航空航天类)期刊有较高的阅读率。

表3　中文社科刊阅读频次表

	中图号	期刊订购种数	阅读总次数	每种阅览频次
K	历史、地理	6	74	12
H	语言、文字	27	215	8
J	艺术	15	93	6
E	军事	2	11	6
F	经济	76	337	4
D	政治、法律	61	147	2
A	马列主义、毛泽东思想、邓小平理论	7	16	2
I	文学	14	28	2
C	社会科学总论	35	69	2
G	文化、科学、教育、体育	20	36	2
B	哲学、宗教	12	16	1
Z	综合性图书(社科类)	38	15	0
总计	275	1057	4	

从表3可以得出:

(1) 社科类期刊共计313种,阅览次数超过20次的期刊共计11种,其余302种期刊阅读量低于20次。

(2) 社科类期刊中,K类(历史、地理类)利用率最高,刊均阅览次数为12次;其次是H类(语言文字类),刊均阅览次数为8次;其次为J类(艺术类)和E类(军事类),刊均阅览次数均为6次。

表4　综合刊阅读频次表(前20位)

序号	刊名	阅览次数
1	南方人物周刊	122
2	看天下	114
3	看电影	110
4	青年文摘	108
5	环球人物	103
6	三联生活周刊	102
7	读者	100
8	百花	96
9	环球银幕	96
10	南风窗	92
11	青年文摘. 彩版	92
12	航空知识	92

续 表

序号	刊名	阅览次数
13	思维与智慧. 上半月下半月	86
14	新周刊	84
15	世界博览	82
16	灌篮	82
17	大众软件	81
18	环球	79
19	大众电影	73
20	中国新闻周刊	72

综合类期刊大部分属于社会性、娱乐性较强的休闲类刊物，总体来说阅读频次都较高，多数期刊的阅读次数差别并不是很大，受读者的欢迎程度高。

表5　外文刊阅读频次表(阅读次数为5次以上的期刊)

序号	刊名	阅读次数
1	Time.	53
2	Nature.	19
3	Science.	17
4	National geographic	15
5	Fortune. Domestic ed.	15
6	Aerospace International	9
7	Aerospace /	9
8	Aerospace America.	8
9	Aviation Week & Space Technology	7
10	Business week.	7
11	AeroSafety world	6
12	Boeing Frontiers.	6
13	Aerospace China / English ed.	6
14	Scientific American.	6
15	Avionics magazine	5
16	Aviation safety world.	5
17	Unmanned systems	5

由表5可以看出：

(1) 外文期刊共计105种，刊均阅览次数为3.23次，除去排名前5位阅览频次较高的外文期刊外，刊均阅览次数小于2次。

(2) 相对全部105种外文期刊，航空航天类外文刊有总体频次靠前的阅读率。

2 分析总结

2.1 纸质期刊馆藏资源影响其利用

期刊载体的多元化发展，使得图书馆逐步加大了电子期刊、数据库资源等电子介质的收藏力度，以适应不断发展的现代网络信息化的需求。大量的学术类期刊读者可以通过网络直接获取电子资源，并且由于馆舍条件的限制，过刊的保存空间也面临着严峻的考验[1]。因此近些年本馆在期刊馆藏种类上侧重于无保存价值的综合类现刊，而某些专业性强、本校重点学科方面的学术性期刊却无收藏。另一方面，过分强调纸质期刊的连续性及完整性，缺乏期刊利用情况方面的考虑，对于无任何利用价值的期刊习惯性的收藏，导致部分期刊摆在架位无人问津，降低了期刊的利用率。

2.2 外文原版期刊价格的上涨造成外文刊种类、数量减少

外文原版期刊反映国外各学科、各专业最前沿的研究动态、科研成果和发展方向，是高校研究人员了解该学术领域现况的重要情报来源。近几年，外文期刊价格正以惊人的速度逐年上涨，平均年涨幅在5%-10%左右，虽然高校图书馆采取加大对外文原版期刊的经费投入，但能力有限，只能根据实际情况减少外文刊的种类、数量，导致许多专业核心刊物也不再订购[2]。高昂的成本是外文期刊种类减少的直接原因，与之对应的读者对外文刊的需求并没减少。本校读者需求较多的航空航天类外文刊的收集也不全，满足不了读者的需求，造成本馆外文刊利用率不高。

3 优化纸质期刊馆藏，提高期刊利用率的策略

3.1 支持本校重点学科的特色化建设，保证特色资源的系统性、新颖性和权威性

信息大爆炸时代，期刊种类越来越多，但由于经费有限，单个图书馆难以做到馆藏资料多而全。期刊的收藏应在全面了解本校重点学科及科研情况基础上，及时跟踪国内外相关学科的最新研究动态，集中有限资源高质量地全面收集某个学科领域的文献信息资料，同时兼顾基础学科、边缘学科的文献资源建设，为本校重点学科建设提供资源保障[3]。如本馆可收集所有航空航天学科相关的文献资料，无论电子资源还是纸质资源，使其在国内该领域的收藏最具代表性、权威性，吸引该领域的研究者。

3.2 与各个院系资料室合作，实现资源共享

院系资料室作为高校文献信息中心的重要组成部分，与图书馆同时承担着为学校教学科研提供信息服务的任务，两者在服务功能上可以形成优势互补[4]。花小钱办大事，避免重复购置，有效利用资源，共同构建学校的文献资源保障体系。

3.3　联系院系学科专家推荐自己研究方向需要的文献资源,逐步完善现刊的征订管理

高校图书馆服务的宗旨是满足全校师生教学、科研的需要。图书馆应强化服务意识,开展多方位的服务,以学科馆员为纽带,深入到学校各院系,征求学科专业人员的需求意向,集思广益,最后做出决策。这种流程从服务科研和教学的实际出发,保证了采购的文献资源都是以满足读者需求为终极目标的。

3.4　强化期刊工作人员服务意识,培养创新型人才

图书馆纸质期刊工作偏重于单一、重复、被动的服务方式,因此,图书馆应加强管理和培训,为大家创造一个良好、人性化的工作环境,采取有效的激励机制,在实践中开展各类专业培训、专题讲座、参观学习等活动,提高工作人员的专业素质及工作能力。同时工作人员应主动学习图书情报及相关专业的知识技能,变被动服务为主动服务,为不同层次的读者开展具有专业化、针对性的服务,提高服务水平[5]。

4　小结

信息数字化带动数字图书馆的发展,纸质期刊收藏的价值性受到极大的挑战。但无论信息技术如何发展,为读者提供优质的学术资源和满意的咨询服务是我们的宗旨。高校图书馆应立足于本校学科建设,从服务科研和教学的实际出发,形成自己的馆藏特色,不断创新,对纸质期刊进行广度、深度地发掘收集,达到开发利用馆藏纸质期刊的目的,充分发挥纸质期刊的利用价值,为高校的教学科研工作提供最有效的信息服务。

参考文献

[1]　吕健.浅谈高校期刊的科学化管理[J].人民论坛.2010,(35):234 235.

[2]　郑福根.高校图书馆外文原版期刊采访策略研究[J].大学图书情报学刊.2009,27(4):63-65.

[3]　赵志清、邹立君.高校图书馆学科服务现状及对策[J].知识管理论坛.2013,(8):9-15

[4]　李强.高校图书馆与院系资料室整合机制探讨[J].现代情报.2012,32(3):170-172

[5]　蒲苏英.现代高校图书馆期刊馆员应具备的素养[J].攀枝花学院学报.2007,24(4):85-86

高校图书馆期刊文献资源开发和利用的思考

李红云　付军　余彤心

（北京林业大学图书馆，100083）

摘　要：高校图书馆期刊文献资源是重要的馆藏文献资源之一，为教学和科研提供了重要的渠道和展示平台，因此高校图书馆期刊文献资源的开发和利用是高校图书馆工作中一个值得探讨的话题。本文着眼于高校图书馆期刊文献资源开发利用，分析了期刊文献的管理现状，及制约期刊文献资源开发和利用的因素，就高校图书馆期刊文献资源的开发和利用提出了创新性的对策及建议。

关键词：高校图书馆　期刊　开发　利用

现如今，高校图书情报工作者都在思考，图书馆如何更好地履行其教育职能和情报职能，更好地为教学和科研服务。期刊文献资源是图书馆馆藏文献资源中具有特殊地位和重要参考价值的文献资源。随着图书馆智能化、网络化建设的深入和学校教学科研对信息需求层次的变化，传统的期刊服务工作已不能适应读者的需求。如何开发和利用期刊文献资源，深化和拓展图书馆服务，是当前高校图书馆面临的重要课题。

1　管理现状

目前，我国高校图书馆，对其期刊的管理大多实行的是与图书分馆的管理模式，期刊的采集、验收、登到、分编、典藏和流通自成一体，而期刊部的全体工作人员是不分层次地承担着期刊管理各个环节的工作。

以我馆为例，我馆期刊部有中外文（包括西文、日文、俄文）过刊近二十四万册，外文现刊一百四十余种，中文现刊一千五百多种，报纸一百二十余种；2 个阅览室，阅览座位三百余个；阅览时间 8:00 至 22:00，现有 9 个工作人员，负责对期刊的管理和流通服务。从简单的接收拆包到机械地逐本加工、登到，从一本本的现刊上架再到一本本过刊的整架。不论是资历与学识颇深的研究馆员，还是刚进馆的实习生都干着同样烦琐的手工操作。日复一日，年复一年，哪儿还有精力顾及二、三次文献的开发，更不要提主动地为用户进行深层次服务。在这种管理模式下，尽管有为教学和科研服做好情报服务的愿望与热情，也只是把工作局限于期刊的收藏管理。

我馆期刊的管理现状，是高校图书馆期刊文献管理的一个缩影，也是图书馆同仁们的困惑之一。我们总是在说要变被动服务为主动服务，却实在是“主动”不起来，提高期刊利用率真是纸上谈兵。

在电子学术期刊资源方面，各个高校图书馆都根据自身的特点和经费情况，进行有选择性的购买各个类型、一定数量的期刊数字资源数据库。如中国知网、维普、万方、人大复印资料等数据库，有些高校还引进一些外文期刊的数据库和专题性数据库。

2　制约因素

2.1　观念的滞后

多年以来，高校图书馆由于受“重书轻刊”，“重藏轻用”传统思想的影响，缺乏主动开发文献资源的意识，认为期刊工作只是“看摊守业”，不重视开发利用，致使期刊工作方法单一，工作人员只是被动的传递信息。

高校图书馆人才聚集，不乏高素质开发型人才，但是思想观念的滞后，领导的不重视，工作上就没了动力，致使期刊工作只满足于浅层次上的服务 ，对期刊文献资源的深层次开发与利用重视不够。

2.2　期刊变化带来的影响

近几年，为适应迅速发展的经济信息、科技文化信息以及人们日益增长的文化生活的需要，期刊出版数量激增，且呈现出多变的特点 ，有些期刊调整办刊方向，重新对读者和市场进行定位 ，由此而引起的期刊改名、内容、形态、发行渠道等都发生了不同程度的变化，而期刊的断代、继承的不明确，造成目录混乱、排架分散、查找困难等等，这些都给期刊文献的管理、开发和利用带来了影响。

2.3　期刊管理机制的不完善

期刊作为重要信息源和信息传递的主要媒介之一，以其信息量大、内容新、出版周期短而倍受青睐，它起的作用是一般图书所不能替代的。

期刊的采集和订购直接影响到读者对期刊的利用。我馆是从学校的专业设置和科研需求而进行采购的，但采集和订购时又未能广泛征求各专业和学科有关专家的意见，订购后期刊品种又往往多年不变，有些代表新兴学科的期刊未能及时采集，影响着馆藏期刊的质量。

图书馆与各院系资料室之间，院系各研究室之间是各自为政。在院系以老师为主，老师需要什么就订什么。事实上各院系资料室所订购的期刊，图书馆大都有订购。如果能够协调合作，互通有无，将会极大地丰富馆藏结构。各自为政的管理状况必然导致经费和文献资源的浪费。

3　对策和建议

上述分析表明，高校图书馆在期刊文献服务中存在的问题，既有期刊文献资源本身的弱点，也有期刊文献基础建设和管理薄弱的客观原因。我们认为，要解决这些问题，可采取以下对策：

3.1 更新观念[1]加强期刊文献资源的深层次开发与利用

期刊文献资源作为高校图书馆馆藏文献资源的重要组成部分，具有前瞻性、新颖性和实效性等特点，它能迅速反映国内外科技动态及最新科研成果，是高校师生和科研人员了解本研究领域内前沿知识与最新科研成果的主要窗口和获取新知识的主要渠道。因此，高校图书馆的期刊文献资源对高校教学和科研有着直接而又不可替代的作用。

但同时，我们也看到网络时代，传统的期刊工作受到了严重的冲击，读者对期刊文献的需求不是只停在满足于部分资源的提供。高校图书馆的期刊工作必须打破传统的经营模式，更新思想观念，高度重视期刊文献资源的深层次开发与利用，变“重阅读轻开发”为“阅读与开发并重”，改变现行的管理模式，加大对期刊文献的开发力度，充分提高期刊文献资源的利用率。而目前高校图书馆的期刊文献资源开发和利用还处于一个起步探索阶段，无法适应更高层次的需要。所以，我们要加大力度把对期刊文献资源的深层次开发提到工作日程上来。

3.2 健全和完善期刊检索体系

高校图书馆期刊检索体系是为广大师生解难释疑，指导阅读，提供研究资料和成果的得力助手，也是充分揭示馆藏期刊，不断提高期刊文献利用率的有效措施。现如今网络环境下更不可忽视期刊检索体系的建设，完善的目录体系是开发期刊资源的重要途径。

由于受传统观念的影响，许多高校图书馆不重视期刊的分类编目工作，有的即使做了，也是各持己见，没有一个统一的标准，这样会严重影响馆藏期刊文献的有效开发和利用。因此，高校图书馆必须健全和完善期刊检索体系，才能实现对馆藏期刊多角度的揭示，多途径的检索，多方面的提高期刊利用率的目标。

在此基础上各高校图书馆如能将各个采购的数据库和自建的数据库等期刊文献数据库资源进行整合，通过技术手段，为读者提供一个可以统一检索的平台，用一个检索入口就可以检索到包含有检索界面和每个详细的查询书目信息。给出一个无缝链接，实现了多个期刊文献资源数据库的连接。

实现跨库期刊信息资源的整合，将给读者提供了一种全新的检索理念，避免了重复检索的烦琐工作，可以有效降低期刊文献资源的漏检率。

3.3 更新服务方式

现在大部分高校图书馆期刊工作是以文献管理工作为中心，以收藏和保存期刊为重点，一般情况是局限于本馆的订购与收藏，侧重于为读者提供原始文献或低层次的检索方式，而且服务方式被动、封闭坐等读者上门。这种服务方式越来越成呈现出局限性和滞后性[2]，已经不能满足读者需求，特别是高校科研的需求。更新服务方式迫在眉睫，而对期刊文献资源的深层次开发与利用，是更新服务方式的物质保障。

我们要以信息服务的准则“快、精、准、广”为工作原则，拓展服务方式，如充分利用网络优势提供快速高效的服务。目前高校图书馆基本上建立了自己的局域网系统，整个网络已配置了高性能的网络服务器和文件服务器及大量读者客户机，并配置了大容量的磁盘阵列设备，今后的期刊工作将围绕计算机、通讯网络、数据库多媒体文献展开。工作的重心应以组建各类期刊数据库为主，对期刊信息资源进行甄辨、选择；同时与学校学科建设相结合，对期刊文献资源进行再重组和深层次开发。拓宽期刊服务领域，最大限度地挖掘电子期刊资源的使用价值。

3.4　立足本校学科建设

高校图书馆期刊文献的馆藏状况，是决定其能否为教学科研提供高效、优质服务的基本条件，它直接影响并制约期刊资源的开发与利用。现如今对期刊馆藏的评价，已不再是以拥有多少印刷型期刊和电子出版物为标准，而是看其在网络上拥有期刊文献资源的能力，以及对网络信息资源的组、整序、筛选和深加工的能力。

我校是国家“211”工程学校，图书馆目前所订购的期刊种类，基本上涵盖了我校所有学科专业种类，但有所侧重，如对各重点学科的核心期刊、重要期刊和特色期刊为收藏重点。基本上满足了教学和科研的需求，但学校也在不断地适应市场需求，调整本科专业，加强学科建设。图书馆要做好对学校的课程设置、专业定位、实践教学、实验室发展、教师科研创新等方面的跟踪服务。高校图书馆要从本校的学科特色出发，以馆藏定位和馆藏结构为目标，以重点学科为中心，以教学需求为依据，在注重馆藏核心期刊的积累的同时，建立特色化的期刊文献资源库，为网上交流、文献协调共享提供物质支撑。如果能构建与世界信息系统联网的“文献资源保障体系”，那将是真正意义上的文献资源共享，也是期刊文献资源的深层次开发的目的所在。

3.5　参与学科化服务建设

所谓学科化服务，就是按照科学研究如学科、专业、项目而不是以文献工作流程来组织科技信息的工作。目前许多高校图书馆都开展了学科服务，但尚未形成一个成熟的服务体系。图书馆要抓住时机，融入学校的教学和科研工作中，为教学和科研提供深层次信息服务[3]。

从对馆藏期刊文献资源开发和利用的角度出发，对二次文献开发和利用要具有针对性，例如可以主动参与到学科科研课题中去，跟踪课题的需要，定期把某一领域的资料收取下来，做成索引，方便读者查询，使专业人员可以不断获得该领域的前沿研究动态和最新进展资料，直到课题结束为止。这样可以最大化的提高期刊的利用率。

3.6　建立期刊主题文摘库

期刊主题文摘是指：通过对大量原始文献进行辨识筛选、分析研究，揭示某一特定知识信息群的内在联系及其社会价值，并按专题汇集有关知识信息形成文摘式的资料。期刊主题文摘以提示具体文献的主题为目的，不受学科体系限制，向读者彻底提示每一门学科以及每一门学科中某一主题的全部资料。它能最大限度地满足各类读者的不同需要。对教学、科研、决策、经营、管理和撰写专题资料等将显示其特有的功能。

建立期刊主题文摘库的好处在于：期刊主题文摘是一种高度浓缩的再生科研文献，它不仅提供了分散在大量期刊文献中的隐含的知识信息，而且经过去粗取精去伪存真的加工，形成了诸如专题述评、总结报告、动态综述、信息预测等信息资源。我们认为开发期刊主题文摘能推动图书馆期刊工作的展开，加大期刊的服务领域，对图书馆而言是发挥了最高层次的情报职能。

4 结束语

探讨期刊文献资源的深层次开发和利用，是为了更好地为读者提供服务，提升服务质量和满意度。在我馆（也包括其他高校图书馆）某些馆藏的期刊文献资源常年闲置，几乎无人利用，利用过刊文献资源的读者呈下降趋势，印刷型期刊文献资源的总体被利用水平偏低。有很多读者无法准确查阅到自己所需的期刊文献资源，反映出期刊文献资源的开发和利用水平还有待于提高。

我们在研究期刊文献资源开发和利用时，会发现期刊文献资源对社会和经济的作用相当明显，据统计，当今世界有70%的科技论文是发表在科技期刊上的[4]，期刊文献资源对整个社会的影响是全方位的，具有深远的意义。据此，我们对高校图书馆期刊文献资源的开发和利用提出几点建议，其目的是促进高校图书馆期刊工作的开展，提高期刊文献的利用率。

高校图书馆的期刊工作要以文献资源的深层次开发和利用为重点 ，一切工作从用户出发，发挥工作人员的智力资源，使期刊文献从静态发展为动态。向读者展示整个文献资源世界，实现期刊文献资源共享。只有这样，高校图书馆的期刊文献利用率才能得以提高。高校图书馆的研究人员要广开思路，在不断的实践中发现期刊文献资源的新特点，积极探索开发和利用期刊文献资源的新途径和新方式，提高期刊文献资源的管理和服务功能，达到为读者服务的目的。

参考文献

[1] 陈晓虹，徐宝山．探析大学图书馆期刊资源的开发利[J]．农业网络信息，2011，(9)：84-86
[2] 张艳．高校图书馆学科服务读者需求调查分析 [J]．农业图书情报学刊，2014，(1)：146-149
[3] 方飞燕．高校图书馆学科服务研究 [J]．农业图书情报学刊，2014，(6)：145-147
[4] 方宝花．期刊信息资源综合开发研究[J]．情报科学，2002(8)：891 — 893

围绕学科建设需求开发与利用图书馆过刊资源

曹 玲

（国防大学图书馆）

摘 要：在军队学校的教学模式转变中，作为保障教学的图书馆，发挥着不可或缺的支撑作用。如何在学科建设保障上不断探索和改革创新，是图书馆的服务建设成为提升服务水准的关键环节。本文围绕学科建设改革的不断深入，阐述了过刊文献资源的特性和作用，提出了开发与利用过刊文献资料的意义与六种途径。

关键词：图书馆 过刊资源 学科建设

随着学校教学模式转型、教学改革不断深入，学科建设成为高等学校教学改革的核心。随着"211工程"等一系列教改措施的持续推进，学科建设更是各高校竞争的核心竞争力。只有将学科建设融入教学科研、机关决策咨询和部队教育训练，主动创新服务方式，才能真正发挥图书馆的信息资源服务保障的职责。过刊，是指出版时间为往年的期刊，按一定标准装订成书本式的合订本，根据《期刊著录规则》进行编目，并典藏入库供读者阅览的过期刊物。它是图书馆文献资源的重要组成部分，蕴藏着比现刊更大的情报信息量，独具深度和广度优势，深入而有效地开发利用过刊资源，是期刊工作中不可忽视的一个重要环节。长期以来，许多图书馆为保证其文献的完整性，大都对过刊采取封闭型管理方式，忽视了它的文献价值，从而造成了过刊资源的大量闲置，丰富的信息资源得不到充分的开发、利用，直接影响了读者服务工作的正常开展。据有关统计资料表明，在高校图书馆过刊阅览室，过刊的利用率仅为42.2%，过刊丰富的信息与低开发之间存在着极大的矛盾，充分发挥其应有价值已成为当前亟待解决的问题。本文就过刊的开发及利用问题做出了一些深入的思考，并提出了具有针对性的解决方案。

1 学科建设中信息需求的特点

学科建设，是衡量高校学术水平的依据，也是高校生存和发展的根本保证。学科建设的发展，必须以信息资源作支撑，图书馆作为教学科研的服务机构，围绕学科建设，搞好服务保障，是图书馆情报职能的体现和基本职责，过刊作为图书馆重要馆藏文献之一，理应为学科建设承担文献信息资源的保障和优质服务。

我校教学分为任职教育与学历教育两种模式。任职教育的培养对象大多是军队高级干部,他们有着丰富的实践经验,有些理论造诣也很深。我们的教学方法是研究式、启发式和自主创新式学习。这些高级军官职业教育,重在岗位能力培养。通过增强学员的理论知识,提高学员的领导能力,提升学员的指挥水平。学历教育的培养目标是各军事学科的硕士、博士研究生。他们大部分来自基层岗位,都是部队的文化精英。经过定向深造后,成为部队基础建设的中坚力量。我们一方面是培养军队指挥人才,用于指导部队建设。另一方面为总部机关当好参谋,成为首长的智囊。二是教学内容涉及面宽。我们的课程设置范围广、综合性强,有属于逻辑型的理论研究课程;用于指导部队建设的操作型课程;军事交往的艺术型课程;联合作战指挥的综合型课程。要求学员在军事理论、军事技术、军事艺术、军事管理,以及信息科学与技术等方面均有涉猎。三是信息需求新颖性强。我校的教学科研要密切关注国际形势、世界各国军事战略和军队建设的发展变化,关注热点、焦点、难点问题,研究军事斗争对策和军事斗争准备的设计问题,必须注重最新情报信息的收集、跟踪和提供。图书馆要跟踪学科发展的趋势和前沿,向教学科研和领导决策提供最新颖、鲜活的情报信息。

2 针对读者群体整合过刊资源

首先从认识层面上,定位过刊的重要位置。图书馆馆藏期刊包括现刊资源和过刊资源,过刊具有历史的延续性,可以从脉络上进行把握和理解,对于学术研究的全面性和理解时下的理论及政策的准确性具有积极的辅助作用。过刊的有效整合,可以为学术提供一个聚合的平台,可以平行的对比研究,纵向的连贯比较,这是现刊很难达到的效果。

其次,从服务层面上,提高过刊的利用价值。过刊具有自身的需求群体,这是提高过刊服务质量的根本动力。过刊的开发、利用、整理和分类,以及信息的发布是挖掘过刊利用价值的途径所在。在读者与图书馆之间应该建立基于目标的互动平台,重点的期刊和重点的研究项目给予重点的信息提供和保障,使过刊的服务具备准确的需求牵引。

我在参与本校研究生学位论文引文的抽样调查中发现,研究生在撰写论文时,馆藏图书的参考为首选,其次是期刊文献,军事学的核心期刊参考最多。在日常的读者服务工作中,学员在论文开题的过程中,急需查找自己研究方向的资料,尤其要掌握全军在这个方向的前沿动态和发展趋势,为毕业论文的撰写提供参考。其中参考全军院校研究生论文是一个可行性途径。因为研究生论文是研究生对所学专业知识、科研能力的综合性体现,掌握了全军在某个学术方向的动态,避免研究生对某些领域重复研究。这时过刊资源的独特优势发挥不可或缺的作用。其一是由于期刊本身所具有的连续性、完整性所决定的。过刊资源的连续性和完整性,对某一学科方向的研究起到不断补充和完善,便于全面把握某一研究方向完整的学科性和系统性。其二图书馆库存大量的过报、过刊的各种索引、文摘、题目、目录及检索的书目刊物,是参考咨询、理论论证前期工作的重要资料和信息源泉,尤其是学术期刊,是大量学术论文和专业论文的集合,是学员撰写论文,课题研究必不可少的参考资料。

3 开发与利用过刊资源的途径

3.1 更新服务观念,强化信息意识

首先要提高馆员信息素养,是进一步做好过刊资源开发利用工作的根本。随着信息资源

对教学科研的重要性，读者需要便利、高效的服务，这对图书馆工作人员的信息素质提出更高的要求。高水平的服务是由馆员的高素质为依托。在传统文献与数字资源并存的复合图书馆，馆员的信息素养直接影响学科服务质量。期刊工作人员要适应市场经济发展的需要，首当其冲的是强化信息意识，提高管理人员的综合素质和信息开发能力，转变“重藏轻用”、“重书轻刊”的服务观念，明确藏刊的目的是服务于读者，为教学科研服务。反之，大量的过刊藏而不用，用而不足，馆藏数量再多都价值不高。

其次，要提高馆员专业技能。我校是培养联合作战指挥人才与参谋人才的阵地。随着学校教学转型的深入与推进，所需信息要具有军事学科专业性强、与军事学科相关专业的交叉性强等特点。如何帮助教员、学员方便、快捷地找到所需要的文献信息，需要图书馆员既熟悉馆藏文献信息资源，又具有较强的信息检索、信息组织能力。而且还要具备某个学科专业学历和信息管理专业知识，既能指导读者使用馆藏文献信息资源，使图书馆的文献信息资源得到充分的开发与利用，又能深入了解各系教学科研对专业文献信息的需求，有针对性地对学科专业文献信息进行收集整理、分析研究，编写学科专题二次文献，主动为各学科教学员提供选题定题、情报收集、课题追踪及科技查新等深层次的对口信息服务工作。

3.2　改变管理模式，创新服务理念

第一，过刊的查找要便捷。一般期刊文献的使用规律通常有一个生产、利用、半衰、衰亡的过程，期刊文献利用的高峰期大都在其出版后的 5 年之内，图书馆可以在过刊利用的高峰期让读者充分利用过刊资源，把纸质期刊与电子期刊充分结合使用。例如把过刊目录直接链接在电子期刊相邻的位置。因为在数字化图书馆日益完善的今天，读者更依赖于上网查找资料，但电子期刊给读者带来方便快捷的同时，也有其自身的局限性，它会受到制作过程中随机错误的影响而导致缺页漏刊等现象。而纸质期刊版面清晰内容完整，任何人都可以直接阅读，使纸质期刊、电子文献和网上虚拟资源三者有机结合，实现过刊资源的最大价值。

第二，过刊收藏要树立“新颖”、“权威”意识。过刊的收藏管理要紧跟学校教学改革，订购和自采的期刊要随本校教学门类的变化而变化。我校学科分五大门类，即哲学、法学、经济学、军事学和教育学，我们要依据这些学科门类增订其核心期刊。由于我校是培养高级军事人才的最高学府，也是为军委总部决策提供咨询的智库，核心期刊具有本专业领域的权威性，可以杜绝虚假信息和垃圾信息给教学科研人员检索信息带来的麻烦。军队的人才培养、理论创新甚至军委总决策都需要有权威性信息资源作为支撑。

3.3　加强信息整合，服务不同群体

我校的教师队伍一直是图书馆读者服务群体的重要组成部分。军校教师有别于地方院校教师，他们不仅承担大量教学工作，而且还要从事一定数量的军队科研任务。图书馆责无旁贷地要为教师从事教学与科研工作提供充足的教学、科研信息或知识，及时追踪所授专业或学科的发展动向和先进的理论，提供满足教师高等教育教学任务与科学研究所需知识服务。例如中国人民大学出版的《复印报刊资料》，人民出版社主办的《新华文摘》等等这些权威性的文摘期刊，这些二次文献在过刊中累积量大，经过精选，信息价值高，工作人员必须要熟悉它们，深入了解各系教学科研对专业文献信息的需求，有系统、针对性地对学科专业文献期刊进行收集整理、分析研究，编写学科专题二次文献，结合图书馆馆藏资源，创造性地动态地、选择、分析、利用各种知识，建立各学科数据库。再通过选择、评估，找到有价值的网站，将收集到的相关网

页分类、标引，进行有效链接，并按照统一格式加工整理，形成便于浏览与检索的学科导航库。不断添加、更新数据，形成一个学科导航系统。

我校学员队伍主要分为硕士、博士研究生和高级领导班两类学员。硕士、博士研究生不再以学习理论知识作为主要学习目的，而是以探究某学科或专业的发展、创造某一科研课题的社会价值作为其学习目的。针对研究生读者，要在服务的深度与广度上下功夫，提供有助于开拓其科研能力与水平的研究型推送服务。建立硕士与博士开题资源库，把他们的科学研究、学术论文撰写等方面信息与知识资源的深度挖掘、整合，为其它硕士与博士提供专业知识或学科知识增值与创新支持服务。

对于"三高"学员，即高级指挥人才、高级参谋人才、高级理论研究人才，他们课题研究的内容层次高。关注世界各国的政治、经济、军事、科技、文化等方面的信息资源，需要我们要在三方面进行信息资料的搜集，一是发达国家宏观层面的信息资源。例如美、苏、英、法、德、意等国家，特别是美苏等超级大国的武器装备、体制编制、军事理论等宏观军事层面的信息。二是我周边国家和地区的宏观层面的信息，例如俄、印、日、美、越、台等。三是我未来作战对手或潜在对手的政治、经济、军事、科技、文化等宏观层面的信息，把这些相关信息进行文献深加工，为他们的研究提供原动力。

3.4 编制信息文摘，方便快捷借阅

期刊信息的分布十分复杂，某一领域的学术论题和技术信息，常出见于多种报刊之中，形成了信息分布的离散性，这给读者查找专题资料带来不便，利用丰富的过刊资料编制信息文摘，将科学理论信息、技术成果信息、产品信息以及市场信息经过内容的筛选和浓缩，使较多的信息汇编在一起，编制成具有针对性的定向交流文摘，分发给读者和定向的流通点，是提高过刊资源利用率的方法之一。

3.5 及时清点出旧，优化馆藏结构

由于期刊在长期使用和频繁流通中会出现许多问题，如磨损、掉页、丢失以致利用率下降等。每隔一段时间应该对期刊进行一次全面的清点，一方面，在清点中分析产生问题的原因，改进工作，完善管理办法；另一方面，定期清点期刊，可以保证架上期刊排列准确无误，达到服务与利用的高效率；最后，通过清点，还可以发现已经失效的和丧失保存价值的期刊，将其及时下架、剔除，缓解库存饱和度，根据课题需要增加新刊，进而提高藏刊质量。

3.6 关注热点资源，加强宣传报道

第一，要有选择地将有重要价值的过刊文献资料加工成二、三次文献，对世界范围内重大热点和难点方面的相关资料并有针对性、连续性的搜集，及时关注本校学科领域的前沿性问题，把期刊、图书和网站上的新观点、新理念整理加工后提供给教学科研群体，提高教学科研保障水平。

第二，定期向读者加以宣传和指导，做好过刊资源的宣传推荐工作，让读者更好地了解馆藏动态，以便读者更好地选择利用；其次过刊人员要注意收集读者所需信息，进行口头推荐.真正做到"为人找刊，为刊找人"。例如，在图书馆页面设计一个过刊宣传栏，对新增刊及其特色进行导读宣传，结合教学科研需要，有针对性地进行刊物推荐与专题索引。

综上所述，过刊工作在图书馆工作中有着重要的地位和作用，不可忽视。过刊资源的开发

与利用有着广阔的前景，在信息时代，它必将焕发出新的生命力，更好地服务于读者和社会。

参考文献

[1] 刘钫.提高图书馆过刊信息资源利用率的策略[J].江西图书馆学刊，2010(1)：73-75

[2] 李景芝.改革和完善高校图书馆过刊管理的思考[J].科技情报开发与经济，2010(7)：15-16

网络环境下高校图书馆期刊资源建设和管理探讨
——以北京信息科技大学图书馆为例

聂倩莲　李艳

（北京信息科技大学图书馆，北京，100192）

摘　要： 本文分析了网络环境下北京信息科技大学图书馆期刊资源存在的问题，并提出了相应的解决办法：提高纸质期刊的自动化和网络化管理水平；加大纸质期刊资源的宣传和推介工作；加强与教学、科研部门以及读者的交流；加强本馆期刊部、特色资源建设部和信息服务部各部门之间的信息及业务交流，整合纸质期刊资源和电子期刊资源。

关键词： 纸质期刊　电子期刊　资源建设　期刊管理

由于计算机技术、数字存储技术和互联网技术的发展，信息资源正在由纸质向数字化的方向快速发展。高校图书馆期刊出现了电子期刊和纸质期刊同时存在的现状，如何运用新技术提高纸质期刊的管理水平和利用率；如何加大纸质期刊资源的宣传和推介工作；如何促使纸质期刊和电子期刊优势互补；以及如何加强与教学和科研部门的联系，做好期刊资源建设问题，都值得我们深入研究。

1　我馆期刊资源建设、管理方面的现状与问题

我馆期刊资源管理工作分属不同部门。期刊部主要负责纸质期刊资源的建设工作、纸质期刊的系统管理和信息化工作、纸质期刊和报纸的日常的登到、上架、催缺、下架、送装和读者服务工作。参考咨询部和特色资源建设部主要负责电子期刊和数据库工作。纵观我馆期刊资源的管理和建设现状，确实存在着一些问题。

1.1　纸质期刊管理方面的现状和问题

1.1.1　期刊管理的规范化、自动化、网络化程度不高

期刊分类的准确化程度、期刊编目的规范化程度以及期刊管理的自动化网络化程度直接影响期刊资源的检索和利用。做好期刊的分类、编目、登到、架位管理以及自动化网络化工作是做好期刊管理工作的基础。为了规范纸质期刊的分类、编目工作，国家图书馆中国图书馆分类法编辑委员会编写出版了《中国图书馆分类法期刊分类表》和《中文连续性资源编目手册》，

对于期刊的分类和编目规则作了详细的规定和说明。我馆期刊部分散在三个校区，每年订阅中文期刊约1715种，外文期刊约119种。期刊分类是各校区期刊管理人员参照《中国图书馆分类法》分头进行，排架是参照“中图分类号＋期刊刊名首字母＋序号”的大原则分校区操作，分类和排架还不够规范合理。期刊的编目工作和回溯建库工作还没有全面开展，期刊集成化管理系统里的现刊数据库和过刊数据库都不能供读者网络检索利用，读者无法像检索电子期刊一样通过关键词、作者、期刊名以及刊内的内容检索纸质期刊。期刊管理的自动化、数字化和网络化方面比较落后，我馆使用了Melis09版期刊管理集成化系统，此系统也只开通中的期刊订购和登到模块，系统的其他功能——编目模块、过刊装订、回溯建库、阅览统计等没有开通使用。

1.1.2　期刊服务和宣传工作不到位

我馆期刊部的阅览服务没有能够与时俱进，不断完善，对于现有的期刊资源也缺乏足够的宣传介绍。首先，期刊部阅览的规则落后于时代，需要修订。我馆期刊部阅览规则最明显的规则——“本室期刊一概不能外借”，是十多年前制定的，当时期刊部的纸质期刊没有进行自动化管理，不具备对外借阅的条件；目前期刊部人员和技术力量在加强，硬件设备和软件环境不断改善，在发展和建设过程中我们应该考虑修改此项管理规定，逐步开展期刊流通业务，拓宽服务项目，提高期刊的利用率。其次，我馆纸质期刊资源检索和服务方式落后、效率低下。由于期刊数据无法通过网络方式进行检索，除了在期刊架上开架陈列期刊外，我们也打印出纸质版的期刊刊名目录放在读者服务区供读者手工查阅，也将电子版的期刊和报纸目录链接在图书馆网页上供读者检索，读者如果不能顺利检索到目标期刊才会去前台咨询管理人员。另外，对于期刊部的特色资源宣传和介绍工作没有做好，不能充分利用网络和新媒体。虽然读者通过本校图书馆网页能够打开我馆期刊部网页，可是网页内容自2010年以来一直没有更新，期刊部的一些资源如《调研报告》扫描版、赠刊资源、随刊光盘等特色资源都没有进行宣传。

1.2　期刊资源建设经费逐年减少的问题

近年来，由于期刊的价格不断上涨，图书馆纸质期刊和电子期刊订购经费不足，不得不减少期刊种类，尤其是外文期刊的品种，因而造成期刊的保障率和查全率逐年下降。据有关资料报道：目前发达国家高校图书馆购置期刊的经费一般都占全部书刊费的60%以上，我国高校图书馆购置期刊的费用约占全馆购置书刊经费的50%左右，[1]我馆期刊购置经费占全馆书刊费总经费的45%左右，外文期刊购置费用占期刊总购置费的75%。学校拨付给图书馆的期刊经费涨幅不大，而期刊价格却逐年上涨，据不完全统计，我馆2014年订购的中文期刊40%左右价钱上涨；所有外文期刊都涨价，价钱平均涨幅6%，有个别期刊2014年定价比2013年定价上涨了51%。

1.3　电子期刊的现状和存在问题

我馆电子期刊的采访、管理和宣传属于特色资源建设部和信息咨询部的业务。我们馆购买了25个中文期刊数据库，有“中国知网之中国期刊全文数据库”、“维普之中文科技期刊全文数据库”、“万方之中国学术期刊数据库”、“龙源电子期刊”等。我馆购买了15个外文期刊数据库，有EBSCO全文数据库、Science Direct、Springer、Emerald、IEL等。我馆读者利用购买的数据可快速检索到原始文献。[4]但是电子期刊导航目前也存在一些缺点：期刊资源重复率比较高，并存在时滞；数据库检索方法及浏览器存在差异；读者对设备存在依赖及阅读习惯性等问题。

2 我馆与外部信息交流不畅的问题

纸质期刊采访工作是期刊工作最重要的组成部分，图书馆期刊资源建设应该结合本校的学科建设、专业设置、未来发展因素，结合馆藏现刊、读者建议、期刊利用率分析的基础上进行，要确保重点学科、兼顾一般学科，使期刊资源的种类和结构符合实用性、经济性、适用性的原则。[1]然而，我馆资源建设人员对学校的学科建设、专业设置、学校师生的教学科研及学校的未来发展知之甚少，甚至很难有全面系统、准确及时的了解，因而图书馆为教学、科研和学校未来发展提供的文献信息服务往往是表面化和低层次的，缺乏针对性和有效性。[2]究其原因，是我校图书馆与学校各相关部门之间没有设立由主管校长领导，负责学校各部门和图书馆之间业务和信息交流常设机构——图书工作委员会。

我们学校学生的专业设置和培养计划由教务处和学生所在学院负责制定；教师的科研课题由科技处、高教研究处、人事处等部门负责管理；学生的思想工作和社团活动由校团委、学工部和学生所在学院负责指导。我们学校没有设置专门负责组织协调图书馆与学校教务、科技处、校团委、学工部和各学院关系的图书工作委员会，图书馆与这些职能部门都是平行机构，缺乏正式的协调和交流的组织机制，交流和协调效率不高。图书馆工作人员花费了不少时间和精力与读者交流，往往达不到预期的效果。例如，我馆人员花费不少人力和物力编写《图书馆通讯》，向读者介绍图书馆的资源和动态，派人送到教师和学生所在学院，却往往不能发送到学生班级和个人，常常在学院就被作为废旧报纸丢弃处理，因为没有指定的机构或者责任人负责发放。

如果能在图书馆和学校其他部门之间设立机构——图书工作委员会，由图书馆馆长提议、学校主管领导牵头，组织学校教务处、科技处、校团委、学工部、各学院教学院长及学生工作负责人参加，图书馆各部门主任一定会积极响应出谋划策，委员会也要吸纳一定数量的教师代表和学生代表。如果图书馆委员会能定期召开，图书馆与学校各部门的交流就会组织化、常规化，那么图书馆与学校各相关部门的沟通效率就会大大提高，图书馆各部门负责人就能很方便地了解学校教学、科研和教师的情况。另外，图书馆的文献资源、信息服务和各种创新活动，如每年一度的“世界读书日”活动，就会得到广泛宣传。总之，设立图书工作委员会并定期召开图书工作会议，能极大地促进包括期刊资源管理和建设等各项图书馆业务的发展。

3 期刊资源管理和发展建议

3.1 纸质期刊资源的建设和管理

我馆纸质期刊资源建设和管理工作现状落后于其他高校图书馆，不能满足读者的需求，笔者通过网络在30个高校图书馆网页上检索图书馆期刊资源，只有两个高校图书馆期刊数据读者无法检索。我馆期刊资源管理、建设和发展面临着很大的压力，笔者认为理清思路，从以下几个方面工作入手，能及时缩短与发达图书馆的差距。

3.1.1 试点性地开展期刊阅览统计和借还流通业务

我馆期刊部的门禁处只有防盗仪器，没有读者刷卡端口，无法准确统计每天到馆人数，进出馆人次。为了进一步研究读者阅览规律，做好期刊阅览工作，应尽快研究和使用期刊管理系统中的阅览模块，在门禁处连接刷卡端口，做好阅览统计、阅览日志工作。

要尽快拓展业务，试点性进行期刊的借阅工作。我馆纸质现刊和装订后的过刊，仅供读者到馆阅览，没有开通借还流通业务，限制了期刊的利用。事实上，针对教师、研究生或者毕业设计学期的大四学生，可以在长假前夕开通借阅业务，方便教师和学生借阅期刊进行学术研究，也方便对读者借阅情况进行统计和分析，为以后建设更加合理的期刊资源结构、更好地进行读者阅览行为分析、更加有效地提高期刊资源利用率奠定基础。

3.1.2 尽快推进期刊编目工作和回溯建库工作，完善期刊检索系统

我馆计划在适当的时机更换图书馆网络化管理系统，为了建立结构合理的期刊馆藏资源、并对馆藏资源进行有序高效管理，还是要尽快梳理思路，熟悉系统的功能，做好期刊编目分类、回溯建库和过刊管理工作。应派专人深入了解学习期刊的编目和分类的知识，对现有期刊系统的数据进行梳理和规范；应调研考察订购适合本馆馆藏结构的期刊管理模块，并安排专人熟悉新的期刊系统的各种功能；应组织协调足够的人力和物力做好期刊的回溯建库工作。

3.1.3 利用网络和新媒体，做好期刊资源宣传和推介工作

我馆期刊部资源除了期刊外，还有报纸 150 种、2006—2012 年中文合订本过刊和外文合订本过刊及特色资源。特色资源包括：中国科学技术发展战略研究院内部发行的《调研报告》2010-2013 年扫描版、随刊赠盘 500 余张，一些大学学报出版社免费赠送的期刊 100 余种。期刊部技术人员可以在图书馆网页上链接一些宣传视频短片和 PPT 文档，介绍期刊部的纸质期刊、特色资源以及与期刊相关的知识，提高期刊资源的利用率。

3.2 加强图书馆各部室之间交流，整合纸质期刊和电子期刊

随着网络化的发展以及电子期刊网络数据库平台的逐步推广，电子期刊在新的技术平台上得到迅速发展，这就向传统的纸质印刷型期刊提出了巨大的挑战，但是原有的纸质期刊也有其自身的优势，目前情况下，电子期刊暂时无法替代纸质期刊。因此在网络环境下要做好期刊工作，就要认识到电子期刊与纸质期刊的优缺点，从资源建设以及管理等多个方面整合纸质期刊资源的电子资源。

纸质期刊的优点是可以提供最新、最全、最准的信息纸质期刊，阅读不受外界条件的限制，载体寿命比较长，只要有光源，具备阅读能力就能阅读，还能满足读者舒适惬意的阅读心理；但是纸质期刊体积过大，存储需要大量空间，其检索功能相对而言比较弱，容易损坏丢失。[5]

电子期刊和数据库等数字化资源具有很多优点，它们具有强大的检索功能，兼具了平面与互联网两者的特点，而且文艺类、语言类的期刊融入了图像、文字、声音、视频、游戏等元素，并以相互动态结合来呈现给读者，此外还有超链接、及时互动等网络元素，所以读者点击利用率比较高。但是它们也有一些缺点，比如不可能实时更新，往往要滞后，而且容易受外界的干扰和破坏，[6]一旦网络出了问题，电子期刊将无法使用，例如 2006 年因为台湾地震引起的世界性断网事件；另外对某一数据库一旦不续费，所有期刊数据将不存在，期刊的连续性就会出现问题。

要做好期刊资源的建设和管理工作，使电子型和印刷型相结合，形成互相依存、共同发展的态势，就要期刊部、信息咨询部和特色资源建设部的联系和交流，要做到信息和资源的共享，部门之间要分工合作、互相支持、统筹规划，达成共识，形成共同发展的图书馆期刊资源发展

观。三个部门要借助图书工作委员会的平台，加强与教学、科研部门和读者的信息交流，结合高校专业设置、科学研究和各个方面读者的需求制定出兼容互补、协调发展的期刊资源建设战略。本人认为：纸质的中文期刊要尽量满足读者学术性研究、知识性扩展、生活娱乐的需求，要保证学术性的核心期刊有连续性，期刊的种类尽量不做频繁的大幅度的删减增加；纸质的外文期刊要根据读者的科研需求进行选择，在充分考虑本校专业设置和学科的情况下，保证重点学科的建设和科研需求，并且兼顾一般学科，在有电子版的情况下可适当减少利用率稍低的期刊和有复本的期刊；电子版的中外文期刊和数据库涵盖的领域很广泛，可以在纸质期刊具有局限性的某些方面予以补充，在经费允许的情况下，以学校的教学科研方向为主导加强电子资源的建设，也尽量满足读者知识性扩展、趣味性学习、实用性应试以及休闲娱乐等要求。[7]

3.3 加强与学校其他部门的交流，主动征求读者意见

加强与教学科研部门的交流，主动征求学校教师和学生的意见。建议设立图书工作委员会，图书馆可借助这个平台加强与学校其他部门的联系，尤其是要重视与教务处、科研处和各个学院学科负责人以及学生工作负责人的联系，及时了解学校专业设置的发展情况，加强与校团委、学生处及各学院学生工作办公室的联系，积极宣传介绍图书馆的期刊资源并及时收集学生所需期刊信息，建设适合本校学科建设、专业设置、未来发展的期刊资源体系，确保实用性、经济性和适用性。

通过召开各个方面的读者座谈会收集读者意见、通过在学院设立联系人等渠道多方面征求教职工、学生对图书馆期刊种类和馆藏的意见，在每年期刊征订之前通过校园网、图书馆网页发通知，提醒读者关注期刊目录。

4 结束语

近年来，网络化以及信息资源电子化快速发展使信息资源的载体也在逐步实现了多样化，期刊资源建设和管理作为图书馆业务的重要组成部分也越来越受到信息化和推进和冲击。时代要求高校图书馆既要加强传统的纸质期刊的管理和服务工作，又要充分利用新技术和新媒体的力量，向全校师生提供更高质量的电子期刊和数据库等网络信息资源和服务。

我馆纸质期刊资源管理比较落后，存在着诸如自动化、网络化程度不高、服务和宣传工作落后等内部问题。再加上今年来图书馆资源建设经费不足、我校图书馆与学校部门之间信息交流不畅等外部问题，使得我馆纸质期刊资源建设和管理面临更大的压力和挑战。要做好纸质期刊资源的建设和管理工作，只有认真研究、扎实推进，逐步开展过刊以及部分现刊的流通服务、推进期刊的编目工作、回溯建库工作和期刊资源的宣传推介工作；并借助图书馆与学校教学科研部门的交流渠道，加强与读者的联系，做好纸质期刊资源的建设工作；还要加强与信息咨询部和特色资源建设部的联系和交流，形成兼容互补、协调发展的期刊资源建设思路。只有这样，图书馆的期刊资源建设管理工作才能做得更好，才能满足读者日益增长的期刊文献信息需求。

参考文献

[1] 陈学清. 基于文献资源可持续发展的高校图书馆外文期刊优化配置[J]. 图书馆工作与研究，2013

(10):122
[2]　鲍远芳.我国高校图书馆期刊管理与服务的现状分析[J]农业图书情报学刊,2012(8):194
[3]　张秀梅.信息时代高校图书馆期刊工作思考[J].前沿,2012(2):20.
[4]　马滴滴.纸质期刊不可取代[J].图书馆杂志,2009(6):108
[5]　徐文华.论网络环境下高校图书馆期刊管理[J].教书育人.高教论坛,2012(2):70
[6]　王琛等.浅析新时期高校图书馆期刊管理发展方向[J].内蒙古科技与经济,2012(11):156
[7]　徐文华.网络环境下高校图书馆期刊如何配置优化馆藏以提高利用率[J].科教文汇,2012(4):188

图书馆知识管理创新与林业创新人才培养

赵世华

（北京林业大学图书馆）

摘　要： 林业创新人才培养是林业发展的重要动力，没有林业创新人才培养就没有林业创新技术和林业科技的发展。林业创新人才培养离不开图书馆知识管理创新。图书馆知识管理创新涉及意识观念、体制、管理、人员素质、技术及服务等诸多因素。图书馆知识管理创新促进林业创新人才培养。林业创新人才培养与图书馆知识管理创新有着密切的关系。

关键词： 林业创新人才　林业创新人才培养　图书馆知识管理　图书馆知识管理创新　图书馆地位　图书馆作用

创新指提供新发现、新发明、新观念、新思维和新学识等。创新是探索未知领域、创造新成果。创新人才指那些借助合理知识结构、专业知识、创新能力、创新思维所产生的创造性成果的人。一般，创新人才具有优秀思想品德、心理素质、职业道德、专业素养，他们是具有创新意识和创新能力的人才。林业创新人才指具有林业专业理论、独特观点。且富有想象力、好奇心和寻根探底精神；敢于出头、冒尖的林业科技人才。林业创新人才是发展林业，提高林业科技水平的关键。林业创新人才是林业事业发展的核心和灵魂，要想跟上世界林业科技发展潮流，就须高度重视林业创新人才培养。因为林业创新人才培养是林业科技创新的根本。高等林业教育为国家培养了大批具有创新思维和创新能力的高素质人才，林业创新人才培养是我国林业事业发展的焦点。

1　图书馆知识管理创新

图书馆知识管理创新狭义指对知识本身管理，它指自动化、智能化、现代化代替图书馆传统的知识获取、加工、存储、传播和应用的管理。其广义指与知识有关的各种资源管理创新。图书馆知识管理创新涉及知识组织、知识实施的全方位和全过程管理。它的出发点是把知识视为最重要的资源，并将知识进行优化，以最大限度地掌握和利用知识作为图书馆的竞争力。关键是文献、读者、馆员、技术、设备五大要素。前提是营造一个不断创新与知识共享的“人文”环境和氛围。知识管理创新的条件是良好的技术和组织基础。技术基础是指计算机、网络、数据库硬件及相关软件。组织基础指图书馆设置有利于知识和信息的流通、共享、创新和应用。

图书馆知识管理观念的创新，是图书馆一切管理创新活动的前提。图书馆管理者的创新观念更重要。图书馆的现代化要求其管理者必须树立创新意识，不因循守旧，敢于冲破旧的传统，根据图书馆自身发展的客观规律和知识经济时代社会各界对图书馆的社会需求，制定正确的发展策略和管理模式，改革不合理的管理体制，用现代化的管理手段对图书馆实行科学、高效的管理。

1.1　图书馆知识管理创新思路

图书馆知识管理创新思路涉及意识观念、体制、管理、人员素质、技术及服务等诸多因素。其中管理创新是图书馆发展的关键。只有图书馆管理创新，才能实现人员素质提高，提供图书馆优质服务，使图书馆的先进技术、网络技术为林业创新人才培养服务。

1.2　图书馆知识管理创新与林业创新人才培养的关系

我们认为，林业创新人才是以一定的林业科技论文、林业科技专著、林业科技成果、林业科技专利等形式体现。其中林业科技论文、专著、成果、专利是度量林业科技实力的重要因素，是衡量林业科技水平和科研创造性劳动的重要标志。林业科技论文与林学发展存在必然的联系。图书馆收集这些载体，并利用电子技术建立数据库，为图书馆知识管理创新提供了基础和条件。因此，林业创新人才培养与图书馆知识管理创新存在一定的必然联系。

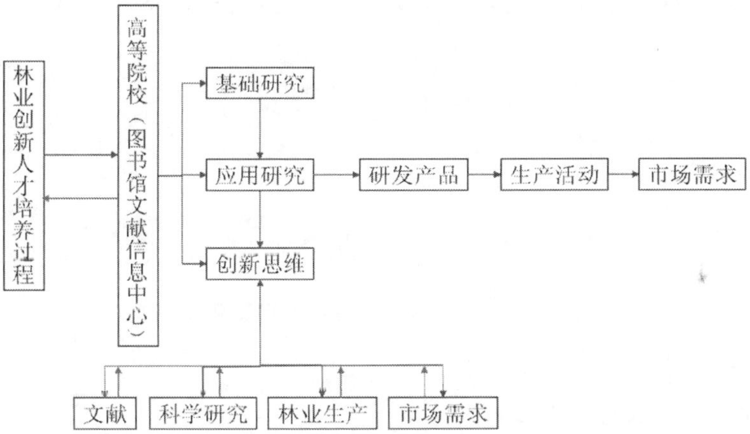

图 1　图书馆与林业创新人才培养的过程

由图 1 可见，图书馆与林业创新人才培养过程关系密切，他们是作用与反作用的关系。林业创新人才培养通过高等院校的培养掌握：1. 基础研究；2. 应用研究；3. 创新思维；其中创新思维来自文献；科研活动；生产活动；社会需求。又作用这四者。它们也是一个作用与反作用的关系。高等院校对林业创新人才培养，产生应用研究，完成研发产品；进入生产活动，最后满足市场需求。

图书馆知识管理创新与林业创新人才的培养的关系，表现在林业科技知识转化为科技生产力，需要图书馆的知识管理创新给予必要的信息支持和技术支撑。其目的是为实现图书馆显性知识和隐性知识共存寻找新途径。显性知识易于通过计算机进行存贮和整理。隐性知识由于其只可意会不可言传而难以把握，它存贮在图书馆的知识之中。隐性知识由于它内容模糊，无法传播，使用中难以觉察，复杂而又自成体系而受到人们的重视。它的核心就是要创造一种隐性知识与显性知识互动的机制和平台，通过隐性知识的表述转化成不断积累和共享的知识库，通过林业创新人才共享知识库的知识来不断学习和成长，最终使林业创新人才通过图书馆的环境、提供的设备、条件，在图书馆知识管理创新的成果中获取更多信息，得到更好的发展和培养。

2 林业创新人才培养

社会进步，林业发展。归根结底是科技的竞争，林业人才的竞争。只有发展教育，培养人才，科技兴林，中国林业才能真正发展。建国以年来，特别是改革开放以来，我国林业科技事业取得了长足的进步，林业创新能力有了较大提高，一批重大林业科技成果在国内外产生重大影响，为经济建设和林业发展解决了大量重大科技问题。在肯定成绩的同时，我们清醒地看到，我国林业创新能力和林业发展需求与国际先进水平差距较大。与发达国家相比，我国林业落后的一个重要因素就是林业创新能力不强，技术创新能力跟不上林业发展的需要。因此林业创新人才培养是知识经济时代，提高林业创新能力，包括知识创新和技术创新能力的关键。中国改革开放以来的林业科技发展实践证明：林业科技创新是林业发展的先导，推动林业创新人才培养有利于通过林业实践推动林业科技创新。

具有创新意识和创新能力的高素质林业人才决定着林业的发展和林业科技的进步。因此，传统单一、被动、功能化的林业人才培养模式必须根本转变。林业创新人才培养的模式见图 2。

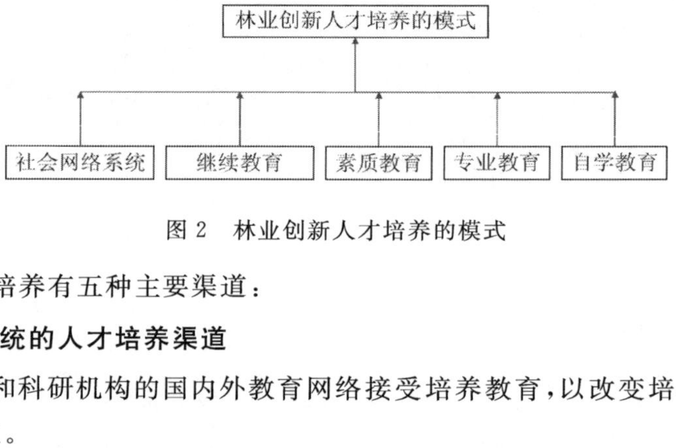

图 2 林业创新人才培养的模式

林业创新人才培养有五种主要渠道：

1. 社会网络系统的人才培养渠道

人才通过高校和科研机构的国内外教育网络接受培养教育，以改变培养形式单一的教育培养模式，获取学位。

2. 继续教育

一般通过一次性学校教育把人生分成学习和工作两个阶段。这种观念和做法随着社会的进步和时代的发展，已不适应知识经济的发展需求要求。随之终身继续教育被人们广泛接受。

3. 素质教育

它促进人才身心发展为目的，以提高人才的思想道德、科学技术、劳动技能等为宗旨的基础教育。高校应试教育，将学生按分数高低论人才，已不适应社会的发展，并存在诸多弊端。随着社会提供教育机会的增多和社会对人才素质提出的新要求，素质教育受到广泛关注。如今，人们重视自身全面而自主的教育，更加重视方法和能力的传授和培养。

4. 专业教育

在工业经济时代，社会化的大生产需要大量的专业人才。高等教育长期以来，以培养“专才”而设计。在时代变革和现代科技高度综合化的今天，“一专多能”的复合型人才更受欢迎。社会需要有专深的专业知识的专业人才，同时需要有广博知识的通才。

5. 自学教育

在知识经济时代，学习和接受教育将从个体行为转变为社会行为，从求职谋生的被动功利手段变为自觉意识需要和生活需求的社会消费热点。

2.1　林业创新人才培养的重要性

“科技是生产力”战略的提出和“林业新科技革命”的向前推进，高等林业院校向国家和林业事业，输送高素质的林业创新人才是林业人才培养的当务之急。

对于林业高等教育来说，培养跨世纪的林业人才，既要符合社会发展的一般要求，又要符合林业发展的特殊要求。培养全面发展的林业人才是当今世界林业高等教育改革发展的大趋势。2010 年联合国教科文组织与会者提出，人才需要广阔胸怀、渊博知识，更要有较高的道德水准，并要具备德、智、体、美的综合素质。最成功的劳动者将是全面发展的人。这对世界各国教育和人才培养提出了更高的要求。培养林业人才，是当前林业高等教育改革的目标，也反映林业高校教育发展的必然。以往，受原苏联教育模式的影响，我国林业教育专业设置过细，课程设置单一。更由于林业院校大学生中有相当一部分人来自农村和偏远地区，受经济发展和基础教育水平的限制，他们的综合知识少，艺术素养和审美情趣低。大多数学生对中国的传统文化知之甚少，知识面窄，影响了他们文化素质的提高。因此，林业高等教育在培养全面发展的林业创新人才方面，应加强林业大学生文化素质教育的培养，在充分考虑到林业大学生自身的特点基础上，重视文化教育培养，发挥文化教育在提高大学生素质中的特殊作用。

2.2　林业创新人才培养的特殊性

林业作为国民经济中的基础产业，在人类社会发展中得到广泛重视，培养林业创新人才是未来林业发展的需要。由于林业建设自身发展的特殊性，一是林业生产周期长。二是林业工作条件艰苦。中国大部分林区交通不便，生活条件差。林业建设自身的特殊性，使林业人才在成长中面临严峻挑战。新中国成立以来，林业高校培养的人才有 50％以上者不再从事林业工作，林业人才严重流失，造成了林业教育人才流失。在校生中，有相当一部分人专业思想不稳定，专业学习没有兴趣，难以成为林业建设中的未来人才，更谈不上林业创新人才。林业行业的特殊性，决定了林业创新人才培养的特殊性。这个特殊性表现在：注意教育林业人才树立正确的人生观、价值观；培养艰苦奋斗、吃苦耐劳的创业精神和实干敬业的奉献精神。以“天将降大任于斯人矣，必先苦其心志，劳其筋骨”激励林业人才进取。

林业作为一种特殊产业，担负着优化生态环境、促进经济发展的双重使命。随着世界环境与能源问题的日趋严重，林业发展已得到社会的普遍关注。在林业的产业化、社会化发展过程中，林业高等教育在林业创新人才培养方面必须明确，林业人才必须掌握较高的林业科技知识；具有较高科学知识和文化素养，特别培养林业创新人才人际关系等综合素质。培养跨世纪林业创新人才，应强调专业知识和先进的科学技术教育。同时，注重文化的教育，用中国优秀的文化为培养跨世纪林业创新人才作贡献。林业创新人才必须具有林业专业知识，更要懂得林业与社会的关系。

3 图书馆知识管理创新在林业创新人才培养中的地位与作用

林业创新人才主要靠林业高等教育培养。林业创新人才培养是一个投入与产出的过程。投入指林业高等教育对林业创新人才的种种培养。林业创新人才的产出指林业人才通过教育、科研、生产等各个环节和社会实践活动所创造出来的各种教学成果、科研成果和生产成果。这些成果统称林业科技成果。林业科技成果的出现使林业创新人才脱颖而出，他们是推动林业事业发展和林业科技振兴的人力资源，是林业科技生产力。林业科技成果的主要表现形式是图书、论文、论著、林业科技成果、林业科技产品等。其中图书、论文、论著、林业科技成果都会以文献载体形式存在于图书馆，林业创新人才培养离不开图书馆，图书馆知识管理创新促进林业创新人才培养，是林业创新人才培养少不了的重要园地。

3.1 图书馆知识管理创新为林业创新人才培养提供多样化服务和开放服务，塑造图书馆的良好形象

为适应时代需要，以一般知识需求为目的的林业创新人才培养人数剧增，同时具有特殊林业知识需求的专业林业创新人才比例也急激剧上升，而且两者都有第一时间的服务要求。需求在服务的时间和产品方面的变化使图书馆知识创新服务不应是简单的信息服务部门，而是针对不同林业创新人才培养的需求、利用各种手段、适时提供经过整理、分析、综合的信息和知识。图书馆在新世纪将成为信息中心、知识中心、网络枢纽。图书馆人员也不再是守门员、借阅服务员，而是全天候提供适时信息知识服务的信息专家、知识专家和网络导航员。林业创新人才培养为图书馆知识管理创新服务发展提出了图书馆人才管理和改革的更高要求。

在林业创新人才个性化、多样化的发展下，图书馆知识管理创新服务不能统一化、一般化。林业创新人才培养需要提供完整、多样、广泛、集成、全方位、一体化的专题特色信息和知识。转变图书馆传统服务方式，把工作重心转到为不同服务对象，提供专题研究信息和参考咨询等多样化的服务。

图书馆知识管理创新把图书馆文献信息资源建设进行有效整序。将专业特色信息组织起来，实现信息资源共建共享。在树立开放服务的前提下，积极开展馆际合作与交流，学习和吸收先进管理经验和方法，拓宽图书馆的发展空间。图书馆服务质量的高低关系图书馆的形象。图书馆的良好形象就是图书馆的提供开放优质服务。改善服务质量，提供高质量信息资源和网络资源。充分发挥图书馆文献信息资源丰富的优势，整合知识含量高的特色数据库，定期进行信息的沟通与交流，提高图书馆的地位，以图书馆高质量的服务和良好形象为林业创新人才培养服务。

3.2 图书馆知识管理创新为林业创新人才培养提供信息资源的坚实基础

图书馆知识管理创新中人的素质至关重要。毛泽东同志一贯强调“人的因素第一”。人的能力差别和组织能力高低千差万别。他们分布图书馆的各个岗位发挥作用，对林业创新人才培养的作用十分明显。图书馆在优化人员组合，组建自己的知识团队，形成馆长、中层干部和专业技术人员组合的最佳人才结构的基础上，建立图书馆创新机制。创新机制的建立为图书

馆实现创新管理提供了保证。总之，图书馆知识管理创新重视优化人的结构，对人才作用的充分发挥和林业创新人才培养得到优质的服务关系密切。因此，对于图书馆知识管理创新而言，按照图书馆人员的能力等级，分步实施管理实践，管理的目的性和针对性更强，对林业创新人才培养更有利。只有“以人为本”的知识管理，通过图书馆知识管理创新，才能使图书馆服务工作和人员素质得到良性循环，图书馆面貌才能发生根本变化。

3.3 图书馆知识管理创新为林业创新人才培养提供信息技术、网络技术

随着信息技术的发展与普及，林业创新人才已成为计算机网络服务的利用者。它们通过联网实现资源共享。图书馆知识管理创新的信息咨询，在智能数据库的指引下，将大量有关信息加以集中系统组织，进行内涵知识的二次开发或知识重组，提炼出利于形成林业人才创新思路的所谓知识基因，并及时提供使用效果反馈，同时图书馆知识管理创新营造了一个优质高效的组织环境和高雅宽松的网络环境，以利于创新和计算机网络发挥效益。林业创新人才培养需求在服务的环境和技术使图书馆应适应数字化、网络化发展趋势，一方面要加快局域网馆藏书目数据库建设和广域网中国图书馆信息网络建设，另一方面要加强网络环境下信息资源建设和提高在线信息组织和服务水平，尤其要加强在网络中处于核心技术和地位、具有导航智能作用的指引库的研究开发。图书馆建筑设施也应趋于智能化，根据读者到图书馆的情况，自动调节光线热量和灵活调整空间。图书馆知识管理创新应遵循“读者第一”、“服务至上”精神，使林业创新人才有效的利用信息技术和网络技术。通过图书馆知识管理创新为林业创新人才提供优质服务。

3.4 图书馆知识管理创新成为林业创新人才培养的“第二学校”、“第二课堂”

图书馆历来被誉为读者的终身学校、文化中心。图书馆是保存人类文化知识、传播知识信息、进行文化教育、开发智力资源的重要阵地。图书馆在林业创新人才培养和发展中起着重要作用。图书馆的文献、资源、设备、服务为林业创新人才培养提供了学习氛围和学习条件，是林业创新人才掌握知识和形成创新技巧的源泉；是林业创新人才拥有知识的捷径；林业创新人才的思维能力培养，图书馆所提供的知识起了和重要的作用。图书馆对林业创新人才培养提供的个体创新兴趣和求知欲也是至关重要的。图书馆也是培养林业人才创新情感的园地。列宁曾说“没有人的情感，就从来没有也不可能有人对真理的追求。”图书馆是激发林业创新人才创新意识的基地，是创新意识和创新能力培养的前提。

图书馆知识管理创新要使图书馆为林业创新人才培养营造良好的学习氛围，创造赏心悦目的学习环境，这样使读者来到图书馆甚至比在家里更安静、舒心、愉悦。图书馆不仅要为林业创新人才培养提供学习场所，还成为林业创新人才“第二学校”、“第二课堂”，获取创新知识和信息。

4 图书馆知识管理创新与林业创新人才培养的发展趋势

随着网络化在高校图书馆的普及与发展，图书馆的服务职能正在发生深刻变化，以馆藏为中心、以保存为目的的图书馆管理模式逐渐被以用户为中心，以服务为目的服务模式所取代。面对网络时代信息资源多元化和读者需求多样化的现实，以“藏”为主的管理思想已不适应图书馆的发展。

4.1 图书馆管理创新,有利于林业创新人才培养

图书馆管理创新确立“以人为本”管理理念,它体现了高校图书馆管理的本质,倡导以人为本的原则,突出“人性化理念”人的主体性,克服人性弱点。图书馆的一切管理行为应从“以人为本”出发,充分调动人的积极性,实现以人为中心的图书馆知识管理,能促使图书馆知识管理的体制改革和创新。

1. 图书馆管理的执行者即领导创新。领导既是图书馆管理的主体,又是管理的承受者,它具有双重性。领导的本质决定了领导主体必须不断创新。领导主体创新,才能给整个图书馆事业带来新的生机和活力,新的前途和希望,激发和创造图书馆新的创造力和竞争力。图书馆领导创新处在图书馆管理活动中的主导地位,它决定图书馆知识管理创新的成败。总之,领导对图书馆重视程度和积极态度,将对图书馆管理创新起重要作用。它直接影响图书馆管理创新的水平和质量,也关系图书馆文献资源的建设和经费使用的效益。

2. 图书馆管理创新要一切为馆员着想,理解、爱护、尊重馆员,支持他们的创造性劳动,把他们作为图书馆的主人翁。图书馆管理创新最基本的要素,它即是图书馆管理创新的客体,又是开展图书馆工作和提供用户服务创新管理的主体。图书馆员在图书馆管理创新中始终处于中心地位,起主导作用。图书馆的一切工作通过馆员的有效管理,实现图书馆各部门、各环节工作协调和运转。

只有图书馆有效的进行知识管理创新,林业创新人才培养才能获得良好的学习环境,得到图书馆阅览、流通等各个方面的优质服务。

4.2 图书馆目标创新,是林业创新人才培养发展的需要

高校图书馆要使自己有发展,必须在“特色”上做文章。林业高校图书馆的发展目标是将图书馆办成国际一流的研究型大学图书馆,以满足林业创新人才培养发展的需要。这个研究型体现在:

1. 建立“林业信息资源研究中心”。开展林业专业学科与图书情报结合的林业科技情报研究,为林业创新人才培养提供高质量服务。

2. 举办各种类型的“林业图书情报专业培训班”。使林业系统的图书馆专业人员的素质得到提高,同时有利于林业高校图书馆的专业人才通过培训方式得到培养和锻炼,

3. 争取申办“林业情报教育硕士研究生点”。制定研究生培养方向和研究计划。为林业创新人才培养高层次的图书情报研究和教育人才,提高图书馆专业人员素质和水平,为林业创新人才培养提供优质服务的人力资源。

4. 建立学科馆员,广泛与学校各院系建立联系。并开展对国内外的合作与交流,提高北京林业大学图书馆在高校图书馆界的知名度。

4.3 图书馆人员素质创新,是林业创新人才培养的服务支撑

图书馆人员素质创新,它是改革图书馆管理体制,加强图书馆自身建设的关键。图书馆管理体制的改革,为的就是要调动人的主观能动性。把人的因素调动起来,图书馆工作才有人干。工作干好了,图书馆服务质量才有保证。只有图书馆人员素质创新,林业创新人才培养才能得到图书馆人力资源服务的有力支撑。

1. 图书馆人员素质创新,首先要做好人力资源管理的规划工作。这个包括专业人员引

进、培训、晋升、调整等方面的中长期计划和实施。按现有图书馆人力资源对专业素质、人员的数量、学历层次、年龄分布、知识结构等进行业务工作合理分配。并根据图书馆发展,对各类人才的需求进行预测,以培养一批适应现代化发展需要的信息向导式的专家队伍。运用科学手段进行人员的甄选、调整和使用。建立一套科学的测评体系测定图书馆员能力的指标。在了解馆员的素质结构、能力特征、职业适应性等情况的基础上,合理安排图书馆业务工作,为图书馆工作视人授权提供可靠依据。从而实现图书馆员素质目标、个人目标和组织目标高度一致的互动关系。林业高校图书馆拥有各类人才,它们是多样性、互补性的。图书馆人员的成果虽然不是直接的生产产品,但是它们是知识和信息的管理者。图书馆人员的工作无法直接量化,容易形成干多干少一个样、干好干坏一个样,一般图书馆工作主要依赖馆员的自觉性。因此,图书馆人力资源创新不仅是如何用人,更是如何培养人,提高人的素质。

2. 加强人力资源培训与开发。高校图书馆要满足教学和科研的需要,必须培养和造就一批具备文献信息知识、掌握图书情报专业知识、外语知识、科学背景知识,和计算机技术、网络技术的复合型人才,通过这批业务骨干掌握图书馆高新技术,开展深层次信息服务,提供高质量有用信息。目前,林业高校已初步建立了这样一支高素质的人才队伍,从主观上满足了提高文献信息服务的要求。根据林业高校图书馆对人才的需求,重视现有人才的教育和培训,开发馆员潜在能力,鼓励馆员不断学习,提供继续教育机会,让没有学历者补学历;有学历者提高学历,促使馆员素质全面提高,实现馆员专家化,使他们成为具有创新能力的知识型馆员。

3. 改革现有职称评审要求,是图书馆人员素质创新的有效措施。图书馆人员素质创新要落实到实处,首先图书馆要创造良好的学术氛围。要让图书馆人力资源"人尽其才,物尽其用"。使图书馆人才在图书馆有用武之地。图书馆工作靠全馆人员共同努力。也就是说图书馆工作靠大家,别人重视不重视图书馆,要靠图书馆大家的工作去说明问题。总之,今后图书馆职称评审要创新。改变职称人人争,人人升,工作没人争的局面。

4. 图书馆文献检索课改革,有助于林业创新人才培养,是图书馆人员素质创新的有效途径。文献信息检索是信息时代林业创新人才必须掌握的知识与技能。图书馆开设文献检索课,履行图书馆情报教育智能。其情报教育职能主要表现在,利用网络技术对信息资源的检索与利用。因此,林业高校图书馆的文献检索课一定要改革,重点开展网上情报教育,并利用现代化技术,编写图书馆使用指南开展图书馆用户情报教育,供林业创新人才学习与参考。

4.4 图书馆资源创新,是林业创新人才培养的信息源泉

优化信息资源是图书馆知识管理创新的基础和根本保证。网上信息资源丰富,范围广泛。国外网络信息及 SCI、EI 等科技信息,以及中文科技期刊篇名数据库(CB-ISTIC)、中国专利文献数据库(CN-PAT)、中国科学技术成果数据库(CSTAD)、中国学术会议论文数据库、中国科技文献数据库、中国科学引文索引(CSCS)等国内信息,都需要图书馆人员对它们进行优化和整理。目前我国"211 工程"的 CALIS 规划,就是"重点学科导航库"的信息资源整合建设,它是针对因特网的信息资源进行组织加工,使其成为虚拟馆藏,其中参加的各高校以自己本校的特色来建设重点学科导航库。

国内专业和文献信息类型组织信息优化。它对因特网的信息技术进行加工,使其有序化、专业化,成为虚拟馆藏。在这一方面国外一些情报机构和高校图书馆很有成效。林业高校图书馆应加快对网络信息进行筛选,选其精华,建立信息资源的网络导航,为林业创新人才培养服务。目前,按北京林业大学学校的发展定位,是把学校生态专业、环境专业、生物专业、

材料科学专业作为学校发展的重点学科。那么,北京林业大学图书馆就应根据学校发展定位的要求,广开学校重点学科信息搜集渠道,提高重点学科信息搜集的数量和质量,建立信息资源体系。将各种文献交流介质,实现电子化、数字化和网络化,为林业创新人才培养提供信息资源的坚实文献保障。

4.5 图书馆技术创新,是林业创新人才培养的条件和设备

现代信息技术发展给图书馆带来的机遇了挑战。现代信息技术包括计算机技术、通信技术、网络技术、多媒体技术和数据存贮技术等。图书馆作为信息业的重要组成部分,必须适应网络化环境。正如我国著名学者费孝通先生所说的:“以网络为中心的计算机技术、通信技术、信息数字化技术和计算机国际语言化技术的突破,正在把传统的、分离割裂的图书馆推向全球一体化和网络化的境地。”林业高校图书馆信息技术创新,首先购建图书馆自动化、网络化信息管理平台。改善和优化网络环境和自动化环境,建立林业特色专题库与 Internet 国际交流平台连接的系统,实现联机检索与服务,以满足林业创新人才培养的需要。然后,改善和优化网络环境和自动化环境,以满足林业创新人才培养的教学和科研需要。树立图书馆技术必须为图书馆业务服务的观念。把为图书馆各项业务工作服务作为图书馆技术服务人员的已任和首位任务。对图书馆工作中出现的设备和系统问题及故障,及时维修和排除,以保证图书馆业务工作正常运行。对图书馆工作用机和读者用机,建立日常与定期相结合的检查、维护和维修制度。图书馆只有不断进行技术创新,才能为林业创新人才培养提供很好的技术条件和设备。

4.6 图书馆服务创新,促进林业创新人才培养

现代化信息技术,有效地提高图书馆信息服务的质量。

1. 全面实现借、阅、藏三位一体的信息服务。林业高校图书馆信息服务在网络环境下,应全面实现借、阅、藏三位一体的信息服务。

2. 捕捉专业尖端林业科技信息开展特色服务。捕捉专业尖端林业科技信息提供如课题查新、参考咨询、定题服务、课题跟踪、情报检索等情报服务。开展信息资源科学分类做好图书馆的“信息导航员”和“情报中介人”。

3. 开发利用与本校教学和科研相关的各种电子信息资源,建立专业数据库。自建数据库将具有本校特色信息,特别是机读型的检索工具和专题数据库,是资源数字化、电子化丰富信息资源的有效措施。要做好林业高校的书目数据库建设服务工作。并争取早日加入“我国高校图书馆的书目数据库”建设与运行,成为书目数据库建设的成员之一。并加强学位论文的开发利用服务。

4. 提供多元化服务。拓展传统检索查询、专题和定题服务等常规的服务项目。开展了电子邮件、网上培训、FTP 接收文档、文献和数据图像等新的服务领域。通过 Internet 互联网,进行信息服务,接受用户的信息咨询。开展 GOPHER、WWW 检索电子期刊和电子报纸服务。

参考文献

[1] 陈晓阳.21世纪林业专业本科人才的培养[J].北京:中国林业教育,1999,(4):22-24.

[2] 李宏芳.谈高素质创造性人才的培养[J].北京:中国林业教育,1999,(6):29-30.

[3]　刘惠丽,王王月.21世纪图书馆的特征和面临的主要问题[J].大学图书情报学刊,2001,(1):6-8

[4]　何庆来.管理创新:21世纪图书馆发展的战略选择[J].图书馆工作,2000.2:52-54.

[5]　谭静,巫雅荣.知识经济时代与图书馆管理创新[J].图书馆学研究,2000,(1):58-60.

[6]　www.stcsig.org/id/Dmatters/apr00.pdf

[7]　Good K. Web Development and Design, LIS,2002,538

[8]　Beile P M, Adams M M. Other Duties as Assigned: Emerging Trends in the Academic library Job Market. College & Research Libraries,2000.61(July):336-47

[9]　Simmons- Welburn J. Changing Roles of Library Professionals. Washington, D. C.: ARL 2000, SREC Kit 256.

新媒体环境下的图书馆营销

张春红　王波　朱本军

（北京大学图书馆）

摘　要：新媒体环境下图书馆需要适应用户新的、多样化的需求持续、创新地开展图书馆营销，以提升图书馆服务、扩大图书馆影响和重塑图书馆形象。本文以北京大学图书馆的营销案例为主、并辅以清华大学图书馆、武汉大学图书馆等其他高校图书馆的营销案例，阐述了新媒体环境下图书馆营销的内容与形式、模式与特色、价值和效益等。北京大学图书馆的营销内容主要包括阅读推荐、信息素养和文化素养、形象营销等，其特色是团队化营销、立体化协同、深嵌入服务和品牌化效应，文章对北大图书馆的营销案例进行了详细的介绍和深入的剖析。

关键词：图书馆营销　阅读推荐　新生培训　文化素养　形象营销　北京大学图书馆

新技术的深刻影响和新媒体时代移动互联网/社交媒体网络等的强势发展，使得图书馆的外部环境发生重大变化，同时用户的信息获取渠道和学习习惯等也发生了重大变化：碎片化阅读、“断点续传式”学习、随时随地“刷屏”……用户改变对于图书馆影响的一个表面化趋势是读者的到馆率和借阅率呈现逐年下降的趋势，这种趋势提醒和促使图书馆加强营销；与此相应地，用户对于图书馆的需求越来越多样化和个性化，往往涉及资源、服务、环境和管理等诸多方面，这不仅要求图书馆加强人力和资源整合、协作协同地进行服务，也要进一步改进图书馆营销的渠道和模式，适应新的需求重塑图书馆的形象，在新媒体环境下更好地留住读者和服务读者。

图书馆营销简单地说就是了解读者、吸引读者、进而满足读者的整个过程，图书馆需要利用营销和推广技巧宣传其馆藏与服务，运用营销理念改进管理和提高服务水平。[1]其实并不是所有的图书馆都面临着利用率下降的微机，恰恰相反，有些图书馆由于良好的阅读环境和地标优势，常常出现读者排队入馆、抢占自习和阅览座位的情况；各个大学的图书馆都被学生要求24小时无间断地开放；公共图书馆也不断地被要求延长开放时间……但这也并不能说明图书馆不需要营销，很多读者调查显示，不少读者对于国内的、尤其是对于大学的图书馆望而却步，他们从来不来图书馆不是因为他们不需要，而是他们“不敢去”，图书馆像一座巨大的衙门，有些读者对于图书馆里面有“深似海”的印象、对于馆员有畏惧的感受，这当然是由于建筑风格、文化等种种原因造成的，是读者不了解所造成的，但也一定是图书馆营销缺失所导致的。对于中国的图书馆，营销不仅要宣传推广图书馆的资源与服务、更要借助营销的过程改进图书馆的服务形象、增强图书馆的亲和力。新媒体环境下图书馆营销更须直面挑战、重塑模型：一方面要嵌入用户的社交环境，玩转微信、微博、微电影……一方面还要融入用户的学习圈子，推荐他们感兴趣的资源和服务，与用户互动，鼓励用户参与图书馆活动。

1　新媒体环境下图书馆营销的内容与形式

前面已经提到，新媒体时代以移动互联网和社交媒体网络的强势发展为重要标志，因此新媒体环境下图书馆营销的渠道与形式是紧紧切合这种技术发展态势的，例如：移动阅读推荐、线上展览、互动式讲座、宣传或纪念性的微电影、图书馆官方微博和微信公共平台等。当然新的营销形式并不是孤立存在和推进的，而常常是与传统的图书馆宣传推广活动共同进行的，下面将结合国内部分大学图书馆和公共图书馆的营销案例对新媒体环境下图书馆营销的内容与形式做一些介绍。

1.1　阅读推荐

阅读推荐是图书馆的重要职能之一，随着“全民阅读”和“世界读书日”等活动的推进，阅读推荐服务日益成为各个图书馆的主要服务项目之一，其服务和推广活动形式也非常丰富和多样。

以北京大学图书馆为例，其阅读推荐服务包括：新书导读、学子推荐、教授推荐、馆员分享、借阅榜、阅读书目展、北大读书讲座、未名读者之星评奖等。其中“新书导读”是图书馆主页上的一个栏目，馆员对近期上架的图书进行整理、评论后通过导读平台发布，用户可以通过书名、作者、索书号等途径在线查询上架新书；“学子推荐”是北京大学图书馆毕业季期间搜集的毕业学子的推荐书目；“教授推荐”是北京大学图书馆根据北京大学党委宣传部组织的一项活动而搜集的推荐书目，该活动邀请部分知名教授学者，请他们谈对自己最有影响的几本书，图书馆将这些书目汇总起来，标明馆藏地点，推荐给北大读者；“馆员分享”是由中国图书馆学会阅读推广委员会阅读与心理健康分委员会 2011 年推荐给大学生的一批书目，被多家图书馆广泛采用；“借阅榜”是根据北京大学图书馆自动化系统的用户借阅数据统计出来的借阅频次最高的图书的排行榜，每季度更新一次，每年还有汇总的排行榜。上述栏目均可在北京大学图书馆主页查阅。“阅读书目展”是北京大学图书馆每年春季学期配合世界读书日系列活动而推出的展览活动，一般由营销团队议定主题，并根据主题精选推荐书目，再配合书目设计新颖独特的展览形式，例如 2014 年北京大学图书馆推出了“‘书读花间人博雅’——2013 年好书榜精选书目暨阅读摄影展”，不仅有好书，还配有模仿西洋名画而拍摄的精美读书摄影图，获得赞誉声一片；“北大读书讲座”是北京大学图书馆阅读推荐服务的品牌活动之一，每学期邀请 3-5 位知名作家或学者面对北大学子举办读书讲座，主讲如何读书、读好书、重视经典阅读等方面的内容；“未名读者之星评奖”是北京大学图书馆阅读推荐服务的另一品牌活动，自 2011 年度开始根据读者的年度图书借阅数据评选出借阅量最高的 5 位研究生读者和 5 位本科生读者，授予其“未名读者之星”之名，对他们进行嘉奖、宣传，图书馆并给予他们各种借阅优惠，以此鼓励读书、支持阅读。

2014 年 5 月在广州举办的全国高校图书馆服务创新案例大赛的决赛会场上，很多大学图书馆还展示了其阅读推荐服务的创新做法:北京交通大学图书馆经营十年打造“书香杯”读者征文和书评活动品牌;同济大学图书馆以讲堂、展堂、课堂、知行堂、雅集堂等五“堂”致力于大学生的中华文化传承;天津财经大学打造“思扬读书会”品牌开展读书笔记交流、读书心得交换等活动;上海财经大学图书馆推出以“悦读·在路上”为主旨的沪港合作阅读项目,搜集旅行故事征文,颁奖、分享并结集出版,受到大学生的普遍欢迎;深圳职业技术学院图书馆基于“立体视觉冲击、好奇心激发和破坏欲诱发”等思维理念推出图书造型活动,让学生团队用大批书籍堆出新颖的造型,引发读者的关注和阅读欲望;西安交通大学图书馆通过“书卷似故人悦读致青春”的宣传视频、“情系图书馆”微电影、手持图书的模特走秀等节目和活动倡导阅读、展示理工师生读书风采。

各具特色的图书馆阅读推荐服务还有很多,适应环境的发展和用户的变化,图书馆也必将不断推陈出新,开展更多创新的、受读者欢迎的阅读推荐活动,营销图书馆的好书资源同时也营销图书馆的服务与形象。

1.2 信息素养和文化素养

针对新入校大学生的新生教育与培训、图书馆资源利用的日常讲座与专题咨询活动、文献(重点是电子文献、数字信息资源)检索课、信息素养评测、图书馆文化氛围营造、图书馆展览等信息素养或文化素养服务,都是图书馆营销的重要组成部分,这里重点介绍新生培训与文化展览。

新生培训的目标是个体意识培养,在国外新生培训不仅包括信息素养提升,还包括人格塑造、大学生角色转变以及未来人生规划等等,要让大学生在学术适应和社会交往上都获得充分的指导。[2]国内大学的新生培训目前还主要是以信息素质教育为主,心理健康和人格塑造等方面的教育则一般交给学校相关机构或院系,比如北京大学就由学校统筹安排新生的心理健康辅导,帮助新生适应大学生活、提升应对压力的能力。当然图书馆也会在这方面做一些工作,主要的形式是新生阅读书目推荐。以北京大学图书馆为例,其线下的新生培训形式包括入馆参观、集中讲授、印制和发放图书馆指南、推荐新生书单并制作展板等;线上的迎新活动包括图书馆主页的新生空间、微博迎新活动、社交媒体网站上的新生阅读作品和青春题材电影推荐等等。清华大学图书馆 2014 年开设了迎新微站、用微信平台向新生提供服务;之前他们还开通了图书馆虚拟导览、包括“虚拟漫游”、“照片墙”、“知识地图”、“知识闯关”等模块,旨在帮助包括新生在内的读者了解图书馆布局和设施、用好图书馆资源和服务。北京师范大学图书馆开辟新生专栏,针对新生开展在线的过关练习,以便新生快速了解图书馆和掌握图书馆的使用方法;还开展“我的图书馆”迎新摄影展等活动,拉近读者与图书馆的距离。中山大学图书馆的新生空间中开辟“藏宝阁”,以读者喜欢的形式让读者了解图书馆;同时也开放了虚拟图书馆导航。暨南大学图书感设计和实施了新生入馆教育平台,新生可以在任何时间、地点观看平台上的视频培训资料,通过在线学习进行在线答题,过关后可即时获得图书馆借阅权限,以考试的方式实现新生教育。

展览是图书馆文化形象营造的最重要的形式之一,图书馆的展览服务有两种主要的形式,一种是图书馆主动策划的关于图书馆资源、服务或历史等方面的专题展览,另一种是提供场地,引进外部资源例如出版机构、艺术团体等前来图书馆开办书展或文化展览,为读者营造良好的文化氛围。以北京大学图书馆为例,每年自主举办十余场展览,其中阅读书目展是常规展览,每学期 2-3 次,每次展览的推荐书目由宣推小组共同商议选定,主题和展览策划、展板设计等也都由宣推小组成员协作完成，最轰动的一次展览就是前面提到的“书读花间人博雅——2013 年好书榜精选书目暨阅读摄影展”，北京青年报、新华社、大学生杂志社、中国影像门户等多家平面媒体和网络媒体都报道了这个展览；此外，北京大学图书馆珍稀的特藏和古籍资源众多，配合重要纪念日和重大纪念活动常常会举办专题展览，例如“纪念辛亥革命一百周年”清末报刊展、“大仓文库”善本展等。

1.3　形象营销

图书馆形象塑造和影响力的提升扩展是图书馆营销的重要内容，形象营销既针对在校生，更要针对校友和社会公众，目前图书馆形象营销的渠道还比较有限，主要是宣传片和微电影；形式也比较简单，主要是迎“新”（新生）送“旧”（毕业生）的温情活动以及学期中开展的服务月、服务周等特定活动。

北京大学图书馆的毕业季活动非常富有温馨气息和人文情怀，2012 和 2013 年毕业季分别推出了毕业墙和毕业摄影展，毕业墙上密密麻麻贴满了小纸条，都是毕业生在北大四年的感言，就如毕业墙上的那句“遇见你，北大，是我青春里最美的故事”，处处洋溢温情；2013 年毕业季还推出了“一句话采访”和 BBS 毕业生征文活动；2014 毕业季推出了“书・时光”毕业纪念卡活动——读者提交申请后，可以收到图书馆为其订制的四年借阅记录概述，印制在精美的纪念卡上作为永久的留念。

微电影是一种新的媒体制作和传播方式，以微播出平台、微投资规模、微制作周期、微时放映等“四微”特征为标志。微电影的内容精辟简短，以故事为主体，通过故事内容和情节来侧面宣传想要表达宣传的主体。微电影的题材大多来源于生活，内容贴近生活，更容易被观众所接受，近年来被社会各界用于各种行业的营销，图书馆也适逢其会。北京大学图书馆的微电影《天堂图书馆》被定位为纪念型微电影，主要是因为该片是于 2012 年北京大学图书馆纪念建馆 110 周年而拍摄，但该电影更重要的功能是形象营销、是图书馆创新服务的宣传。清华大学图书馆《爱上图书馆》系列微电影 2014 年已发布第 5 集，该系列曾于 2012 年荣获第 10 届国际图书馆协会联合会（IFLA）国际营销奖第一名。前面提到的西安交通大学图书馆等很多高校图书馆都发布了自己的微电影，微电影已经成为图书馆营销的主要渠道之一。

2　新媒体环境下图书馆营销的模式与特色

新媒体环境下的图书馆营销必须紧密结合用户的信息接收渠道、适应用户的生活方式和学习习惯，同时要擅长运用新的技术和服务手段；从图书馆管理层面而言，图书馆营销还必须充分整合经费、物资、人力和渠道资源等，高度协作和协同。

2.1　团队化营销

为了快速适应环境以及读者需求的变化，图书馆还需要组建营销团队。

北京大学图书馆 2011 年底成立了跨部门协同的“微”营销团队（宣推小组），由信息咨询部、多媒体资源部、流通阅览部、特藏部、古籍部、办公室、资源建设部和系统部等部门派出组员兼职组成。每学期一次开启头脑风暴，想点子、搞策划，拉大学生入伙，在微博、微信、人人网上发声。北京师范大学图书馆成立了由办公室牵头的宣传推广工作团队，目标在于整合全馆资源集中开展宣推服务；南方医科大学图书馆跨部门选择青年馆员成立了青年小组，工作重点是阅读推广和宣推活动开展。

团队化机制灵活高效、富于创新，能充分发挥团队成员的业务和技能优势；既节省了图书馆的人力成本，又能为读者提供整合的宣推服务。

2.2 立体化协同

图书馆营销应大胆地与学生开展全方位、立体化的协作，营销活动也应采取线上线下呼应、多元协同的方式开展。

以北京大学图书馆为例，其营销活动与多方充分合作，包括：

- 与用户协同：北大耕读社、国学社、摄影协会、演讲协会、电影协会、“我们”文学社等学生团体和个人全面参与图书馆各项营销活动，学生社团承担了部分策划、摄影、主持、活动宣传等多种角色，充分发挥作用；
- 馆内跨部门协同：在统一的营销团队下成立不同的工作小组，实施规范化管理，建立健全相关工作规范，强调内容管理、任务分工协调、激发共同智慧、形成长效和激励机制；
- 校内协同：与校内各新闻/消息发布单位——如北京大学新闻网、北大官方微博、北大BBS等交互协调、联动关注；
- 校外协同：与兄弟单位/新闻媒体/资源提供商等广泛合作——与首都图书馆联盟合办北京换书大集(图书漂流)、与“知识视界”共同策划搜索达人大赛、与腾讯书院/作家文摘等各类媒体合办北大读书讲座。

图书馆自身的资源和能力有限，要想不断创新，必须引入长效的创新机制，最有效的方式就是引入外部资源，包括用户和商业资源，当然在合作的过程中要充分把握尺度和分寸，务必要以图书馆的服务宗旨为先，避免商业化色彩影响图书馆的公共文化服务形象。

2.3 深嵌入服务

图书馆还营销需要嵌入用户环境，融入用户空间。要以读者为绝对核心，采用读者最喜欢、最常用的信息接收渠道进行营销——短信、论坛、微博、微信、人人网……要适应用户需求，推荐用户最感兴趣的内容与活动。

多家高校图书馆已经通过社交网络平台提供读者服务，其中北京大学图书馆和清华大学图书馆是为数不多的同时开通了官方微博、微信公众平台和人人网公共主页的图书馆，厦门大学图书馆、中国人民大学图书馆等同时开通了微博和微信，北京师范大学图书馆、北京科技大学图书馆、首都医科大学图书馆、北京第二外国语大学图书馆、武汉大学图书馆、重庆大学图书馆等开通了微信服务。

北京大学图书馆引入全 SoLoMo[3] 营销模式，且主用“微”营销手段，借助微博、微信、微电影等这些“微”利器，持续宣推图书馆的资源与服务、同时也持续营销北京大学图书馆厚积、博识、创新、温暖的形象。2012 年底推出的纪念微电影《天堂图书馆》，由北大学生编剧、导演、摄制并在优酷、56 网同步上线，首月点击量即突破 20 万次。这部微电影从学生的视角讲述和再现图书馆的故事，交织了北京大学图书馆厚重的历史和独特的人文精神——无论剧情、拍摄手法、推广渠道都切合用户主体即大学生的审美和习惯，被认为是近年来图书馆最成功的营销案例之一。2014 年 5 月 11 日，微电影《天堂图书馆》荣获“我的中国梦 · 最美中国”第二届全国大学生摄影及微电影创作大赛“最美奖”，这也说明北京大学图书馆的营销获得了作为最终用户的大学生群体以及更广泛人群的认可。2013 年冬至日，北京大学图书馆和北京大学新闻传播学院的同学共同做了一次成功的微信营销，同学们在图书馆的人人网主页上发了一篇“软文”，以一位男大学生的口吻讲述了一场冬至时分、北大食堂饺子馆里最浪漫的邂逅，男孩向吃完饺子“也许去图书馆看看吧”的女孩介绍了图书馆的微信服务平台——多少关注者此时才恍然大悟！冬至第二天，北京大学图书馆的微信关注暴增，很快就实现了首次破万。统计显示，图书馆每一次成功的宣推活动都会瞬时吸收引大批新关注，说明图书馆营销必须充分融合用户需求以及调动用户参与。

2.4　品牌化效应

图书馆营销需要培养图书馆品牌，以打造品牌活动来强化图书馆还营销的效果。北京大学图书馆的营销口号之一是“把品牌化进行到底”，自 2012 年起已逐渐形成良好品牌效应的营销活动包括：“两季一日”即“迎新季”、“毕业季”、“世界读书日”系列活动；“北大读书讲座”、“未名读者之星”评奖、搜索达人大赛、换书大集等；还有一些并非定期持续举办但均产生广泛影响的特别策划活动，例如“你心中的北大图书馆”设计大赛、“图书馆密室逃生”、“网虫大闯关”等。以读书日系列活动为例，每年一个响亮的口号——2012 年“读书读出好心情”、2013 年“人间四月读书天”、2014 年“书读花间人博雅”，全部活动整体包装策划、重拳推出，不赢品牌不罢休。这种重视品牌化效应的做法在读者中留下深刻印象，所有相关营销活动的用户关注度和参与度均日益增强。

3　新媒体环境下图书馆营销的价值与效益

在新媒体环境下做好图书馆营销，有利于拓展新服务、吸聚新老用户，扩大图书馆影响力和重塑图书馆形象。

以北京大学图书馆为例，最初为配合每年的世界读书日而进行的各项策划，包括读书讲座、阅读书目展览和未名读者之星评奖等，后来逐步成为北京大学图书馆的主流服务项目之一，以“阅读推荐”服务的名义和阅览、检索、课题咨询等服务项目在图书馆主页并列。这一新的服务受到了用户的广泛欢迎，不仅为图书馆吸聚了大量用户，还带动了相关工作的开展，例如促进图书借阅、用户借阅数据分析利用等。中国人民大学图书馆通过微博、微信、微课堂、微电影、微记录和微刊等形式推出“微服务”，让读者在图书馆体验到更加细微、时尚、精致和快乐的服务，这一服务也和馆际互借、文献借阅、科技查新等其他主流服务一样成为人图的服务项目之一。

新媒体环境下用户关注快、信息传播广，成功的图书馆营销是的图书馆的资源和服务得以深入地宣传，有益于提升图书馆的影响力。新媒体环境也使得当前高校图书馆之间的互动和交流更加顺畅和便捷，好的图书馆营销活动可以很快被借鉴，可以共同促进图书馆的发展。不仅在图书馆内部，图书馆现在还更多地与用户、与媒体和其他外部资源更广泛地合作，产生了很好的营销效益，同时也让图书馆有机会接触更多领域及在更多领域获得关注。

仍以北京大学图书馆为例，“北大读书讲座”中有几场的主讲嘉宾炙手可热——周国平“阅读与精神生活”、姚任祥“传家-中国人的生活智慧”、周国平/周氏兄弟“当代艺术和感觉主义-艺术与哲学的跨界对话”、陈平原“读书是一件好玩的事”……这些名家名流和他们的讲座受到多家外部媒体的关注，纷纷用各种方式和北京大学图书馆争取合作、并各显神通报道这些活动，使得北京大学图书馆后续的读书讲座活动越来越多嘉宾愿意参与、而新的活动又吸引更多的用户参与和内外关注，形成非常好的良性循环状态；另外一项“未名读者之星”评奖活动中，在 2012. 2013 年两度荣获“星”称号的一位同学曾经参加北京电视台“一站到底”校园争霸赛节目，一人 PK 掉了四位其他大学的选手，他在电视台访谈时就“秀”出了自己的“星”身份，赢得很多惊叹。“星”读者的读书理念和感言不仅影响了很多北大学子，其效应也体现在大学之外、公众之中。

参考文献

[1] 张国杰. 新技术环境下高校图书馆营销与推广研究. 河北科技图苑，2013(4)，p44-47

[2] 毛君. 从中美大学新生教育看中国大学新生教育改革. 学周刊，2013(19)，p6

[3] 百度百科. SoLoMo. http://baike. baidu. com/

[4] 北京大学图书馆主页. http://www. lib. pku. edu. cn/

[5] 北京大学图书馆微博. http://weibo. com/pkulib

[6] 清华大学图书馆主页. http://lib. tsinghua. edu. cn/dra/

[7] 北京师范大学图书馆主页. http://lib. bnu. edu. cn/index. jsp

[8] 暨南大学图书馆主页. http://libgp. jnu. edu. cn/

[9] 上海交通大学图书馆. 首届全国高校图书馆服务创新案例大赛暨研讨会网站. http://conference. lib. sjtu. edu. cn/rscp/index. html

北京理工院校大学生阅读倾向的调查研究与对策实践[①]

郑兰　邱丹　李红梅　丁娜　贺彬侠

（北京交通大学图书馆）

摘　要：本文通过调查分析的方法，对北京六所理工院校大学生的阅读习惯、自主阅读、阅读深度网络阅读等阅读倾向做了认真的调研。笔者结合调查中发现的问题，提出了完善图书馆资源建设、开展网络书评等措施等措施并在图书馆的阅读推广工作中加以实践。

关键词：阅读　调查　大学生

联合国教科文组织早在1972年向全世界发出"走向阅读社会"的召唤，要求社会成员人人读书，让图书成为生活的必需品，成为每个人日常生活中不能缺少的一部分。近年来在数字化阅读方式和西方文化的冲击下，高校大学生阅读方式有了很大的改变，纸本文献资源的阅读量明显减少。高校图书馆是学校的文献信息服务中心，大学生读者是高等院校图书馆服务的重点对象，分析大学生的课外阅读倾向和需求特点，是图书馆开展读者服务与教育导读工作的首要任务。因此，本着以科学发展观为指导来推进阅读成才行动为目的，本文通过对北京交通大学、北京邮电大学等六所理工类大学的在校大学生开展问卷调查，以期对数字环境下理工院校大学生的阅读特点、阅读倾向及阅读发展新趋势等进行研究，以能使图书馆更好地了解大学生阅读的新需求、新特点，为有针对性制定导读措施、为指导学生阅读提供参考依据。

1　调查思路与方法

采用分层抽样的方式，在问卷调查基础上辅以统计分析，对北京六所理工院校大学生的阅读状况进行了初步调查。共发放调查问卷2700份，回收有效问卷2093份，回收率77.5%。从问卷样本采集调查范围看，调查学生涉及到北京六所理工院校：

---

① 本文是北京高校图工委课题"北京理工院校大学生阅读倾向调查"成果，负责人：郑兰。

表 1　问卷调查样本统计表

学 校	调查样本	百分比
北京工业大学	257	12.3%
北京航空航天大学	252	12%
北京邮电大学	294	14%
北京交通大学	1012	48.4%
北京林业大学	168	8%
北京农业大学	110	5.3%
	2093	100%

从调查样本涉及的年级看：博硕士 644 人(31%)、本科生 1449 人(69%)，其中：一年级 282 人(13%)、二年级 509 人(24%)，三年级 403 人(19%)，四年级 255 人(13%)。从调查样本涉及的性别看：男生 1187 人，占 57%，女生 906 人，占 43%。因此，此次调查样本从数量 、范围、性别、年级等，均比较全面和均衡，统计数据有一定的代表性和较强参考性。

2　调查统计分析

此次调查问卷，分别涉及阅读习惯、对图书馆书刊利用、自主阅读和阅读深度、网络阅读等方面。通过调查，有以下几个结论：

2.1　阅读的载体方面

传统阅读和数字阅读方式并重：55%的学生选择“传统纸质书刊”，34%选择“网络阅读”，12%选择“电子阅读”。但从年级看，本科生侧重以传统纸质书刊为主(占 58%)，而博硕学生数字阅读为主(占 51%)。

2.2　自主阅读方面

自主阅读：是指自己根据自己的爱好积极地选择要阅读的数目。它是一种独立的、进行批评性思考、做出决定并能实施独立行为的能力[1]。通过分析数据得知：

2.2.1　从图书馆借书阅读情况

52%的学生表示有些未读。导致未读的主要原因是：不是自己想阅读的书或时间不够。这说明学生读书很盲目而无序，到图书馆借书也很没有目的性，这种没有读书计划，不知道读什么书的茫然状态本科生一、二年级最为严重。

2.2.2　选择图书的主要因素

口耳相传。即学生缺乏了解和选择图书的指导和有关途径，未掌握正确选择图书的方法。因此，学生不仅不知道如何读书，而且也不知道如何选择图书，缺乏相应的指导。“内容可读性强”(占 37%)、“同学、朋友推荐”(占 19%)，“在同类书中比较知名”占 14%，“作者比较知名”占 13% 等。

2.3　阅读深度方面

阅读深度，是指学生的阅读方法是深度阅读还是浅阅读。所谓“深度阅读”(deep in reading)，是相对"浅阅读"而言的，是以提升学识修养和理论思维、工作能力为目的的深层次阅读形式。而"浅阅读"是指一种浅层次的、以简单轻松甚至娱乐性为目的的阅读形式。[2]

2.3.1 阅读目的

17%的学生为了"增长专业知识"、12%的学生为"科研、写论文"、7%的学生为求职就业；且22%的学生为"丰富知识"、21%的学生为了"心情愉悦、排解压力"、"休闲娱乐"，11%的学生为"各种考试的需要"，10%的学生为了"扩大视野"。即64%的学生的阅读方式是浅阅读，36%的学生是深度阅读。

2.3.2 阅读笔记情况

有22%的学生能"摘抄好句子"，16%的学生"写读后感、随笔"，但有29%的学生"只读不动笔"，321%的学生"圈圈点点"。

可以看出，"摘抄好句子"、"写读后感、随笔"的学生比例(38%)与有深度阅读的学生比例(36%)较相吻合。

2.4 网络阅读情况

阅读对于人的理解能力、逻辑性和综合能力等方面都有很大提高，这不是别的获取信息的方式可以替代的。然而，阅读不一定必须是印刷载体。新一代人的阅读形式会更多地转变为网上阅读，(所谓网络阅读是指一种由文本变化带来的阅读方式，专指网络文化语境中的阅读活动，即借助计算机、手机、手持阅读器等终端阅读设备和互联网平台来获取包括文本在内的多媒体合成信息和知识，完成一种超文本阅读行为，也叫"网上阅读")。这种新方式是纸质媒体阅读的有效补充。同样是阅读，网络阅读具有极强的互动性，能实时回复、实时评论、实时订阅。

通过调研，学生们网上阅读的主要内容是：杂文评论和青春文学(占42%)、历史、军事、人物传记和玄幻/武侠小说(占31%)，即以浅阅读为主要阅读方式。

2.5 图书馆图书阅读情况

2.5.1 主要阅读来源

"图书馆借阅"占40%，"自己购买"占27%；"网络下载"占21%，"向好友或师长借阅"占11%，还有1%是其他方式。因此，利用图书馆目前还是北京六所理工院校学生阅读的主要方式。

2.5.2 主要阅读的类型

文学名著(占18%)、教材教辅类图书(占17%)，历史、人物传记、军事类(占13%)，科普类(占12%)，通俗读物(占11%)，各种考试类书籍(占10%)，心理及大学生修养类(占8%)，财经类(占5%)，求职类(占3%)和其他(占1%) 。

从年级看，本科生最想阅读的图书主要为以下三种类型：文学名著(占25%)、教材教辅类图书(占16%)、历史、人物传记、军事类(占14%)；

博硕学生最想阅读的图书主要为以下三种类型：教材教辅类图书(占22%)和文学名著(占15%)和科普类(占13%)、历史、人物传记、军事类(占13%)。

文学名著是学生最想阅读的图书，历史、人物传记、军事类也是学生喜欢阅读的类型。从北京交通大学图书馆2009-2010年借阅结果看：中文图书借阅流通量最大的是I(文学)类，占全年借书量的24%，而K(历史地理类)占7%，即两个类别的图书外借量占全馆全年借书量的31%，与调查结果较吻合。

此外，在调查中发现，有68%的同学反映在图书馆有借不到书的情况。其中“科普类”和文学名著图书远不能满足学生的阅读需求。因此，理工高校图书馆在满足科研文献需求的前提下，也应关注对社科文献的建设力度。

3 存在问题及对策实践

通过以上分析，北京六所理工院校学生在阅读方面主要存在问题有：缺少读书计划和良好的读书习惯，无法很好地完成阅读；缺乏选择图书的方法，严重缺乏阅读指导，阅读盲目性强；64%的阅读是浅阅读，36%的学生能做读书笔记(“摘抄好句子”、“写读后感、随笔”)，这侧面反映出北京六所理工院校学生的学习风气不够浓厚；88%的学生曾上网阅读，且主要采用“网络阅读”的学生占到34%，而我们对学生的网络阅读未开展充分的指导，尤其对图书馆自有网络资源之外的共同网络阅读的指导更是匮乏；图书馆的图书还很不能满足学生阅读需求，尤其科普类、文学名著类以及励志成才类等严重不足。因此，本文建议如下：

3.1 完善图书馆资源建设，发挥传统阅读的最大功效

既然学生阅读的40%是通过图书馆借阅实现，那么，大学生借阅很大程度上就取决于学校图书馆资源的建设。为此，根据调查结果，北京六所理工院校图书馆应有针对性的完善馆藏，重点增加科普类、文学名著和求职类、励志成才类图书，同时根据学生的阅读喜好，增加历史、人物传记、军事类和科普类、文学名著类以及励志成才类图书。

同时，北京六所理工院校学生传统纸本阅读的途径中：校外图书馆占5%、而自行购买占29%、同学间借阅占16% ，表明大多数学生不了解能通过馆际互借服务到校外图书馆借阅书刊的方式。因此，校图书馆在完善自身资源建设的同时，更应加大馆际互借服务的宣传、服务力度，通过校外图书馆的丰富资源满足北京六所理工院校学生的阅读需求，以提高图书馆满足读者阅读需求的地位。

3.2 开设阅读学相关课程，开展阅读能力培养

通过调查知道，北京六所理工院校学生绝大部分没有读书计划，近半数的学生无法完成教师的参考书阅读要求，从图书馆借的书近一半不看(或看不完)。即不知道如何读书，严重缺乏阅读的有关指导。阅读作为一种伴随深入思考的文化活动，阅读习惯不是顺其自然就可形成的，而必须作为一门科学来培育。

由于众所周知的高中文理分科教学的原因，对于那些缺乏足够的阅读训练的高等理工院校学生来说，阅读能力的培养具有非常现实的意义。阅读作为一种基本的智力技能，正确理解和阅读科学技术专著、学术和技术论文等，同样是理工类专业学生取得学业成功的先决条件。因此，既然阅读是大学生获取知识、锻炼能力、内强素质的主要的、必需的途径和手段，那么建议将阅读学列为素质教育类课程，面向学生开展阅读学的教育。曾祥芹在其《阅读学原理》指出：阅读学的目的是“探索阅读规律，培养阅读能力，提高阅读效率，开发科教能源，增强民族素质，促进文明建设。”目前我国已有10余所高等院校开设阅读学课程，如：武汉大学、中山大学等开设阅读学课程是立足于图书馆学或传播学，山东聊城大学则是立足于提高未来语文教师

的阅读教学能力，只有河南师大、重庆师院、南充师院、德州学院等是立足于提高大学生阅读素质而开设了这门课程。[3]但目前似乎还没有理工科院校本着提高学生素质而开设阅读学课程。

3.3　开展网络书评，加强图书推荐

书目导读是图书馆的传统的读者服务基本工作之一。常用的形式是新书通报和推荐书目等。但这些方式都不是来自学生自身的推荐。

通过调查得知，北京六所理工院校学生选择图书的主要方式是“同学、朋友推荐”，靠口碑、靠口耳相传方式了解并选择图书。因此，本文认为可以依照学生的阅读习惯特点，在图书馆开展网络书评，使读者的靠口耳相传方式变化成网络发帖，使大家的阅读心得和推荐能发挥很大的作用。在调查中，北京六所理工院校学生阅读后有12%的学生能“网上发帖讨论”，53%的学生能“与同学讨论”，9%的学生选择“其他方式” 交流，也有26%的学生“不交流”。同时，对图书馆开展网上发帖评书，有69%(1377名)学生愿意参加，且各年级的学生意愿基本一致，没有差异。因此，借鉴网络阅读的实时评论、投票的优势，利用图书馆图书管理系统平台，让学生把阅读心得发到网上，开展网上书评活动，减少读者阅读选择的盲目性是比较可行的办法。

2013年4月23日，在第18个“世界读书日”，我馆用图书漂流活动启动了第十一届“书香杯”书评评选活动。在“书香杯”读书征文活动迈向第二个十年之路上，我们将“书香杯”征文内容，从读书征文改为书评评选。书评通过图书馆集成管理系统提交、展示：学子们的思想印记将与书一起得以流传，并成为学弟、学妹们读书选择的参考。同时，通过在图书馆集成管理系统中不断地增加、更新和经年的累积，我们希望使书评能发挥减少阅读选择盲目性的实效、书评导读作用能长效地发挥下去……同时，书评评选活动时间为全年，建立了让学子们能无时间限制、无地点限制随时能参加书评活动的长效机制。第十一届书香杯共收到书评稿件995余篇(其中英文书评稿件10余篇)，是历届征文投稿量最大的一次。我们根据书评的情况，将奖项设置由以前的1.2.3等奖改设为7个特色奖项：国学经典书评奖、跨文化书评奖、争鸣书评奖、真知灼见书评奖、优美书评奖、心灵物语书评奖和实用性书评奖。(以及鼓励奖)，同时，根据书评投稿和图书推荐情况，增设了书评达人奖和图书荐购奖。在5月23日广州由教育部图书馆工作委员会举办的“首届全国高校图书馆服务创新案例大赛”上，我馆“北京交通大学‘书香杯’读书系列活动”服务案例，在全国105所高校图书馆提交的156个案例申报中脱颖而出，荣获二等奖。本次全国高校图书馆服务创新案例大赛，共设立一等奖6名、二等奖9名、三等奖17名和优秀奖20名。上海交通大学(2个案例)、北京大学(2个案例)、南方医科大学、中国科技大学分获一等奖。本次大赛既是展示各个高校图书馆服务风采的群英盛会，也是相互交流学习的智慧盛宴。

目前，手机阅读、手持阅读器阅读、网络阅读等各种方式的数字阅读迅速发展，并受到社会各界特别是青年的青睐。因此我们要正确清醒地认识到：数字阅读不是对传统阅读方式的否定，而是对传统阅读方式的有益补充。我们要紧跟各种数字阅读的新趋势，研究新情况，迎接新挑战，在坚持不懈扩大纸质图书阅读的同时，促进数字阅读健康发展。因此，高校图书馆应积极开展阅读研究，特别是网络阅读的研究，并与有关单位协作，开展网络阅读的导读工作、对学生开展网络阅读的导读工作。

参考文献

[1] http://baike.baidu.com/view/5314258.htm

[2] http://baike.baidu.com/view/2998517.html? tp=0_11

[3] 孟繁兵.我国阅读学理论研究的课程化进程及其制约因素[J].山东师范大学学报(人文社会科学版),2005,(4):158-160.

大数据时代的图书馆梦

张　宁

（北京大学图书馆）

摘　要： 进入大数据时代，图书馆面对多层次、个性化的用户需求，利用大数据技术优势，捕捉和分析用户利用图书馆的习惯、特征，挖掘其隐性需求，预测未来发展趋势。在服务创新的过程中，全方位地提升了个人的综合素质，在平凡的工作岗位上，实现了个人的图书馆梦，为共筑中国梦贡献自己的力量。

关键词： 大数据　创新　服务　图书馆梦　中国梦

1　大数据与图书馆

随着电子商务、社交网络的大规模应用，大数据已经成为继云计算之后的又一热点领域。大数据的理念与实践从商业领域迅速扩展到社会信息服务的各个方面，正在越来越多地改变着人们的生活、工作和学习方式。图书馆在大数据环境下，面临新的机遇和更大的挑战。[1]

在大数据时代，图书馆的竞争力不再是仅仅体现在馆藏资源、物理空间、服务水平上，而是对大数据的拥有量以及对庞杂的各类数据的挖掘、处理与分析的能力。随着人们对大数据价值的认识和肯定，以及大数据技术的日趋成熟，图书馆的发展策略将在很大程度上依赖于对大数据的预测，通过对与用户相关的大数据的分析，对图书馆未来的发展方向、服务模式进行预测，以寻求适合自身可持续发展的运营模式来应对各种冲击和挑战。

2　利用大数据创新图书馆服务，提升图书馆的核心竞争力

2.1　图书馆服务创新的必要性

用户服务是图书馆价值体现的核心，新技术的出现和新环境的变化，使得用户对服务提出了更多更高的要求。创新服务是深化高校教学科研改革的必然要求，是高校图书馆不断发展和进步的根本保证，也是适应时代进步、实现可持续发展的唯一出路。服务创新贯穿于高校图书馆工作的各个方面、各个环节，内容丰富，形式多样。加强核心技术的开发以及与电子商务

的结合，制定互联网时代的服务机制，同时考虑数字科研、教育理念以及政务的结合。

2.2 个性化服务需要大数据提供技术支持

技术的变革以及用户需求的变化，始终都在推动着图书馆服务的变化。大数据能够为图书馆拓展用户服务提供强有力的技术支撑，帮助图书馆建立和完善新的知识服务模式。大数据趋势下的数字图书馆基本能够满足不同客户群的需求，是图书馆服务的发展的主流方向。从大数据中发现的规律越多，找出的潜在价值就越大，图书馆的服务水平等也将提升得越快。

个性化的图书馆是建立在用户的习惯、偏好以及行为等基础上，以用户的需求为主要导向。用户的个性化需求是图书馆改进和发展的参考依据，是对服务需求的一种引导。传统的服务模式已经不能适应新的信息环境的剧变，图书馆要想在大数据时代有所作为，必须转变观念，积极致力于大数据理念与技术的引进与应用。大数据时代，图书馆在服务方式、服务途径和服务规模上都要发生相应的改变，提供以用户的需求为导向的个性化服务。[2]高校图书馆具有专业性强、读者群相对固定、服务对象的知识文化层次较高等特点，要根据不同的学科和专业，提供面向不同用户需求的多层次、多视角、多类型的服务。[3]及时掌握教学科研的最新前沿动态，深入了解师生的教学科研状况，全面把握师生对各类信息的需求，并进行分析研究，探索其特点和规律，开展以教学科研为中心的全方位、深层次的知识服务，为师生的工作和学习提供文献信息基础保障，为师生进行知识创新、技术创新、文化创新构建平台，实现学科建设的全面发展。

2.3 大数据对用户行为的分析可对服务趋势进行预测

大数据时代图书馆提升服务水平所需要的数据量不仅包括目前的各类型文献资源，更重要的是那些还没有进行建设和完整收集的有关用户行为的非结构化数据，将这些散落在系统中的数据进行深度整合与分析，加强用户研究与交互数据的利用，揭示出用户需求的整体趋势，提高服务的针对性和前瞻性，提升个性化服务的水平。图书馆的一些传统业务需要转向数据的分析和挖掘，图书馆的真正业务将变成对于海量数据的处理与分析。通过大数据分析手段挖掘、分析用户行为的潜在信息，寻找他们的隐性需求，掌握用户使用图书馆的习惯和偏好，改进、拓宽图书馆的服务内容，提高服务水平，并对图书馆的服务趋势需求进行预测，使图书馆的资源、服务与读者需求的合理匹配，实现服务效益的最大化，在前进中不断调整服务的方向和内容。

2.4 高校图书馆提升竞争力还需加强校园外的合作

在调整图书馆基本服务策略的同时，应扩大服务范围。为了更好地适应信息环境的变化，图书馆应打破传统的服务模式，走出校园，开拓市场，开展区域联盟合作，为经济社会建设提供知识保障和智力支持，与企业或政府机构建立合作，使自身丰富的文献信息资源与企业高端的信息技术和高素质的信息人才结合起来，创造出一流的信息产品，提供给社会。及时把高校的科学研究成果推荐给企业，使之转化为现实生产力，为经济建设和社会发展服务。

2.5 个人素质和能力的提高是实现创新服务的必要前提

创新服务对图书馆员的综合素质、职业道德和业务能力提出了更高的要求。馆员的思想道德素养是高校图书馆实现服务创新的重要保证。高校图书馆承担着培养人才，履行教育和信息服务双重职能，具有很强的教育性和社会性，馆员要深刻认识高校图书馆事业的价值，牢固树立为教学科研服务的思想，以强烈的使命感和责任感主动做好服务工作。高校图书馆读者的主体是教师和学生，要坚持以满足师生的需要为出发点，树立主动服务的理念，把一切方便用户作为图书馆工作的出发点和落脚点。高校图书馆要坚持服务育人，在服务过程中对学生进行思想教育、专业教育，培养学生的综合能力。我们必须更新服务观念，转变服务思维，增强服务意识，调整服务方式，提高服务技能。

图书馆应尽可能地为馆员创造更多的学习、提高的机会，充分调动馆员终身学习的积极性，不断提高学习能力，及时了解行业最新发展动态，跟踪新技术的进展情况，从而为高校图书馆服务创新提供智力支持和知识保证。为了更好地挖掘大数据的价值，需要不断学习，提高对大数据的分析和处理能力，确立与大数据分析和处理相关的知识服务高标准，高度关注和重视大数据的隐私问题，更好将大数据处理工具运用到实际工作当中，以应对大数据给图书馆带来的挑战，提高服务的智能化水平，优化服务流程，提高工作效率。

3　创新服务助圆图书馆梦

3.1　国家梦与个人梦

中华民族是一个命运共同体，只有民族、国家全面地科学发展，个人才能实现梦想。同样，只有每个人都充满激情和梦想，将个人的智慧和力量汇集起来，在为民族复兴、国家富强的奋斗中实现人生价值，激发正能量，我们的“中国梦”才能够早日实现。要把中国梦同个人梦结合起来，把个人的小梦融合于国家的大梦之中。每个人都有理想和追求，都有属于自己的梦想，其最终目标就是要实现人的全面发展。我们图书馆人的梦想就是在为用户服务的平凡工作中不断实现并升华，在为用户满意的服务过程中实现自我价值的“梦”。

3.2　图书馆梦源于平凡的日常工作

对于高校图书馆来说，满足师生的教学、科研需求是我们的主要任务和长远目标。以创建高水平的图书馆为目标，实现我们的图书馆梦。敬业是事业成功的内在动力，图书馆人要具备积极向上的职业精神和良好的职业行为规范，以高度的责任感全身心地投入到工作中去。做好日常的基础性工作是提升整体服务水平的根本保障。我们要始终保持高度的工作热情，脚踏实地，积极主动地做好本职工作。以人为本、真诚地对待每一位用户，最大限度地满足他们的需求。图书馆人的中国梦，要坚持求真务实，一切从实际出发，勤勉工作，一步一个脚印地往前走。

3.3　服务创新奠定实现图书馆梦的基石

中国梦是以开拓创新为支撑的梦想。要把中国梦变为现实，贵在实干，不断寻求新的突破。一方面，图书馆人要提升自己的思想境界，爱岗敬业，无私奉献，以良好的服务质量赢得用户的认可和尊重。另一方面，实现图书馆人的中国梦不能墨守成规，要靠创新的思想去推动。我们不能满足于现状，要与时俱进。以开拓创新的精神接受新事物、新思想，寻找新方法、探索新路径、积累新经验、采取新举措。充分发挥自己的聪明才智，学习并掌握新技术，并将其运用到具体的服务工作当中，不断开拓创新服务手段，从而使自己具有先进、智慧的服务能力。努力把图书馆打造成美丽的精神家园，营造更加和谐的文化氛围。只有我们每一个人都最大限度地把自己的聪明才智和创造力发挥出来，追求个人梦想的实现，大力弘扬求真务实、埋头苦干、顽强拼搏的精神和作风，才能实现全体图书馆人中国梦。

参考文献

[1] 陆静. 我国图书馆界大数据研究评述与展望. [J]. 图书馆杂志，2014(1)：20-25

[2] 姜山，王刚. 大数据对图书馆的启示. [J]. 图书馆工作与研究，2013(4)：52-54，79

[3] 胡海鹰. 大数据趋势下数字图书馆的服务创新策略. [J]. 图书馆工作与研究，2014(4)：27-29

人文视域下智慧图书馆要素分析

刘彩娥

(北京工业大学图书馆)

摘 要: 对智慧图书馆研究进行了综述,发现有关智慧图书馆研究侧重于技术层面。认为智慧图书馆研究与建设应该从技术与人文两个维度进行。文章从管理、服务、馆员、环境四个要素分析了智慧图书馆的人文内涵,并探讨了图书馆文化在智慧环境下的发展。基于此,从人文层面对智慧图书馆建设进行了思考:认为用户研究与阅读提升将是智慧图书馆管理与服务的重要内容。

关键词: 智慧图书馆 图书馆要素 人文内涵 管理与服务

"智慧"是当下较为流行的概念,所谓"智慧"是指"基于互联网、移动网络与物联网技术,做到物物相联,人人相联,人物相联"[1],使人类处于普遍互联的智能化的环境中。

2008 年 IBM 提出"智慧地球"(Smart Planet)的概念,随后,"智慧"的概念被应用于包括图书馆在内的很多领域[1]。图情界重新定义并开始关注"智慧图书馆"的概念,对它的内涵做进一步的阐释,并对"智慧图书馆"的前景进行大胆的设想与美妙的描述,认为未来的图书馆是智慧图书馆,是基于互联网、移动网络、RFID 技术、物联网技术、云计算以及相关智能设备,实现文献、读者、馆员、图书馆之间的全面互联与感知的新一代或下一代图书馆,是移动互联的,无处、无时不在的图书馆。[2]

纵观目前对"智慧图书馆"的研究,人们对"智慧图书馆"的认识基本上停留在技术层面,少数文章涉及到管理与服务,但缺乏全面深入的研究。事实上,技术的发展必然引起图书馆人文层面的变革,正如数字图书馆全方位改变传统图书馆的业务内容、组织管理方式一样,智慧图书馆这种新的形态也必然引起图书馆管理与服务等深层次的变革。智慧图书馆应该包括技术与人文两个维度,技术以及技术带来的便利并不是智慧的全部,人文因素也应该是智慧图书馆的重要内容。因此,在人文视域下研究智慧图书馆,对未来图书馆事业的发展,有积极的意义。

1 人文视域下智慧图书馆的要素分析

无论是传统的图书馆,还是数字图书馆,抑或将来的智慧图书馆,都包括管理、服务、馆员、环境(或空间)四大要素。智慧语境下图书馆的要素应该有新的内涵。

1.1 智慧管理

智慧管理是以先进技术为基础，借助于互联网、移动网络、物联网、FRID 技术、云计算等，使图书馆的管理智能化，便捷化，使用户享受自由无障碍的信息获取，这一点，大量有关智慧图书馆的文献已经做过详尽的阐述。然而，图书馆的灵魂永远是人，而不是技术。

图书馆的管理历来包括文献信息管理与读者管理两个层面。信息技术的发展全方位改变图书馆，图书馆的业务内容、组织结构、管理模式也随之发生很大的变化。未来的图书馆很大程度上被作为用户参与体验中心，而不仅是文献信息获取中心或信息集散地，提高用户参与体验将是图书馆服务发展的趋势。图书馆的管理重心将由资源管理转变为用户管理，而用户管理则必然突破身份认证与借阅管理，而是组织用户关系，把用户的智慧、技能、知识引入到图书馆的管理中来，使用户之间的协同发展。做到这一点，图书馆一方面要发掘用户的知识、组织用户的行为，又要对用户的个人信息、知识产权加以保护。这些都将是智慧图书馆必须面对的问题。

与以往相比，智慧图书馆的文献信息管理也将呈现出较为明显的特点。智慧图书馆是伴随着泛在信息环境与大数据时代而诞生的，这样的信息环境里，移动网络高度发达，信息数量空前激增，信息形式与内容愈加丰富，图书馆将面临空前复杂的信息环境，需要新的管理技术与管理机制才能使文献信息得以有序组织并发挥应有的效应。不仅如此，有研究者认为：除了用户管理，智慧图书馆还须将图书馆、网络、文献信息资源、馆员、用户统一在智能的网格中，成为联为一体的互动要素。[3]

智慧图书馆管理首先需要信息技术做支撑，一方面，移动网络、物联网、RFID 技术、云计算等使图书馆的管理空前便捷，另一方面，面对大数据时代所产生的大体量、多样化的信息，以及用户丰富的知识、技能等，图书馆的信息管理与用户管理较以往呈现空前的复杂性与开放性。

1.2 智慧服务

服务永远是图书馆的核心，以人为本、数字惠民，人性化的服务，以及对人的精神与心灵的关怀是图书馆的本质追求。较之以往的图书馆，智慧图书馆的服务有新的内涵。

智慧服务首先体现在促进用户的智慧生成。

智慧图书馆的服务不局限于为书找人，为人找书，而是关注用户智慧的形成，以用户的智慧生成过程为中心，培育用户知识发现，并运用知识进行创新与创造的过程。智慧图书馆里，用户是主体，用户的智慧是图书馆的财富，用户与用户之间，用户与图书馆之间是互相促进的，图书馆有必要整合读者的知识资源，并促进读者智慧的发展。

1.3 智慧馆员

智慧馆员不是当下学科馆员，不是仅仅提供所谓深度服务，嵌入式服务等。事实上，当下各院校的学科馆员并不能提供尽如人意的深度服务。智慧馆员应该是知识、智慧、用户的组织者与发现者。

智慧环境下，图书馆的业务与组织结构将发生很大的变化，馆员、用户、文献信息三者之间的关系也需要重新定位。用户不仅是服务对象，也是资源，是图书馆的一部分；图书馆不仅仅是文献信息中心，或者知识的殿堂，也是用户参与中心；馆员是信息、知识、用户的组织者，而不是信息服务员或信息导航员。未来的图书馆用户是复杂的,不仅存在大量的网络用户或虚拟用户,用户使用或参与图书馆的方式也有所改变;未来的图书馆文献信息也是复杂的,不仅仅是数字馆藏,而是整合了多种形式的资源环境;馆员与用户的合作与联系也是多维度的。

智慧馆员首先应该是读者分析师,深入研究读者,读者的偏好,趋向,心理等,然后是用户或知识与智慧的发现者。馆员的任务是发掘用户的智慧,是用户智慧、思想、技能的组织者,使用户的智慧能够发挥最大限度的效用,并使用户的智慧与创造灵感能够得到激发与点燃。

1.4　智慧环境(或智慧空间)

环境是图书馆的载体与形象,承载图书馆的信息、文献、服务与人文内涵。图书馆的环境是多元的,除了物理环境以及由此承载的文化环境以外,智慧图书馆环境应该得到比较宽泛的拓展。赵晓芳在《智慧图书馆的服务途径实现与构建》一文中提到"图书馆'第三空间'的理念",认为:随着全媒体时代的到来,图书馆从传统的以书为中心转变到未来的以人为中心,以实现阅读、休闲功能的"第三空间"。[4]王世伟则表示:未来的图书馆是多样融合的图书馆,在图书馆中,可以有多样的阅读方式(书本阅读、电子阅读、网络阅读、真人阅读、互动阅读、艺术阅读)。与多样的文化空间(阅读空间、研究空间、多媒体视听空间、艺术修养空间、休闲交际空间、娱乐空间、网络空间、社交新媒体空间等)[5]。这些空间有虚拟的,有现实的,智慧图书馆的空间(或环境)将是智慧图书馆建设的重要内容,有待进一步深入研究。

1.5　智慧图书馆文化

人文视域下讨论图书馆,不能避开图书馆文化。图书馆文化是图书馆建设过程中历久弥新的话题,未来的智慧图书馆首先是以高度发达的网络技术与信息技术为依托的便捷使用、广泛互联的图书馆,这样的环境需要更高层次的图书馆文化与之相适应。

图书馆文化是不断发展的概念,从传统图书馆的知识与文明积淀的厚重感,到数字图书馆的速度、效率,都体现了不同时代图书馆文化的不同内涵。无论是传统图书馆还是数字图书馆,图书馆文化都是以图书馆为主体的,以图书馆的历史、资源、环境、服务、制度等为主要元素与载体。未来的智慧图书馆将必然融合进用户的因素,即:用户将被纳入图书馆文化的视野,用户的参与体验与用户的智慧、知识、创造等与图书馆本身同样成为文化的承载。

2　结论

综上所述,较之传统图书馆与数字图书馆,智慧图书馆的各种要素有丰富而独特的内涵。信息技术的发展催生了智慧图书馆,但技术不是智慧图书馆的全部,除了信息技术带给图书馆广泛互联与无时无处不在以外,图书馆的业务内容、组织管理方式等都将发生显著的变革。智慧图书馆的建设要充分考虑人文层面的因素,才能使智慧图书馆血肉丰满,具备应有的智慧。

2.1　用户研究

人永远是图书馆事业的灵魂,如上文所述,用户(或读者)将在未来的图书馆中扮演重要的角色,用户研究将是未来图书馆建设的核心内容。用户不仅是图书馆的服务对象,也是资源,是促进图书馆发展的重要因素,是图书馆重要的组成部分。因此,深入研究用户的阅读心理、阅读行为等,研究用户信息,发现并组织用户的知识,将其纳入图书馆资源建设体系与文化建设体系当中，将是未来图书馆的发展趋势与重要任务。

2.2 阅读提升

网络的广泛互联除了带给人们获取信息的空前便捷以外，也带来了浅阅读的盛行，尽管现代人的阅读方式应该是多元的，但浅阅读的盛行毕竟对人类社会科技与文化的进步较少具有正相作用，而且因其种种弊端不断被社会与学界诟病。因此，在未来只会图书馆建设中，图书馆有义务以自己的服务削弱浅阅读，使图书馆里的阅读成为创造性阅读、启发性阅读、享受性阅读。这样的阅读才是真正的"智慧"阅读。

提升阅读不仅要靠深度标引与数据挖掘技术，还需要图书馆科学的组织与管理，建立与高度发达的信息技术与网络环境，以及这种环境下的用户阅读行为习惯相适应的机制。这一点还需要从理论与实践两个方面进行深入的研究。

参考文献

[1] 张永民.解读智慧地球与智慧城市[J].中国信息界，2010(10):23-29

[2] 王世伟.未来图书馆的新模式——智慧图书馆[J],图书馆建设,2011(12):1-5

[3] 张新娜.大数据时代智慧图书馆建设路径分析[J]. 图书馆研究,2014(01):9-13

[4] 赵晓芳.智慧图书馆的服务途径实现与构建[J]. 图书与情报,2012(06):46-48

[5] 王世伟.再论智慧图书馆[J]. 图书馆杂志,2012(11):2-7

普通高校图书馆立足于本馆实际
迎接大数据的挑战

陶靖中 王晶 杨阳

（北京信息科技大学图书馆）

摘 要：本文简述了大数据的定义、特点，探讨了在大数据时代，普通高校图书馆面临的挑战和机会；最后，提出了普通高校图书馆在大数据时代应该立足于本馆的实际情况，转变观念、理解大数据理念、在图书馆的规划中融入大数据的观念，在硬件、软件方面、人才培养方面做好充分准备。从小处做起逐步推进大数据的研究应用。

关键词：大数据 图书馆 个性化服务 数据分析

“大数据”(big data)泛指巨量的数据集，因其可从中挖掘出有价值的信息而受到重视。是信息领域继“Web2.0”、“数据挖掘”、“云计算”之后最流行的词汇。《华尔街日报》将大数据时代、智能化生产和无线网络革命称为引领未来繁荣的三大技术变革。因而，大数据作为一种资源如何加以高效利用并开发出其中的价值，已成为政府公共管理部门和企业界、投资者普遍关注的问题，也受到图书馆界的关注。普通高校图书馆更应该基于自己的实际情况，迎接大数据，研究大数据，利用大数据。

1 认识大数据

大数据的定义，在百度词条中的解释是：大数据(big data)，或称巨量资料，指的是所涉及的资料量规模巨大到无法透过目前主流软件工具，在合理时间内达到撷取、管理、处理、并整理成为帮助企业经营决策更积极目的的资讯。

大数据的形成，应该说大数据来自数据量的自然增长和累积，是存储器功能增大、CPU处理能力增强、互联网带宽发展和网络接入设施数量等诸多因素综合作用的必然结果，也是海量存储、数据仓库与数据挖掘、数字图书馆、云计算、物联网和众多社会性网络技术高速发展作用下的必然结果。

大数据的特点，在时下最有名的也是最形象、明确的是“4V”：第一，Volume(大量)，数据体量巨大，从TB级别，跃升到PB级别，例如，淘宝网站每天有超过数千万笔交易，存储量

40PB(1PB 等于 1000TB);一个城市若安装几十万个交通和安防摄像头,每月产生的数据量将达几十 PB 等等。第二,Variety(多样),数据类型繁多。网络日志、视频、图片、地理位置信息等等。第三, Value(价值),价值密度低,商业价值高。以视频为例,连续不间断监控过程中,可能有用的数据仅仅有一两秒。第四, Velocity(高速),处理速度快,1 秒定律。最后这一点也是和传统的数据挖掘技术有着本质的不同。而从各种各样类型的数据中,快速获得有价值信息的能力,就是大数据技术。了解这一点至关重要,也正是这一点促使该技术具备走向众多机构的潜力。

大数据的运用,是十分广泛的,前景更是非常光明的。大数据分析对我们了解、领会世情和国情,把握规律,实现科学发展,做出科学决策等都具有重要意义,我们必须重新认识数据的重要价值。可以毫不夸张地说,在今后的生活中,大数据会像电脑、手机一样陪伴在我们的工作和生活中。例如,目前在新闻联播中,就时常听到大数据分析对某些领域的预测。总之,大数据存在于、运用于各行各业,一个大数据时代正在到来。

2 普通高校图书馆的大数据

图书馆历来是现代社会中信息服务体系必要的组成部分,也是信息技术应用的重镇,这一波大数据浪潮必定会在未来几年给图书馆带来革命性、持续性和创造性的变化,会对我们所熟知的知识服务能力和知识服务机制产生重大的甚至于是颠覆性的影响,也对现有的技术和方法及管理人员的素质提出更高的要求,而这一切可能会超出我们正常期待的范围。普通高校图书馆无论是硬件、软件及馆员的整体素质方面,与重点高校图书馆或是核心的公共图书馆都有一定的差距,在遇到新技术时,往往有等和靠的思想,这一切在客观和主观上都将影响到对大数据的认知及运用。因此,普通高校图书馆必须尽早了解大数据技术及其给本行业带来的冲击,主动迎接大数据的到来,以防止新技术来临之际及发展之时处于被动地位。

普通高校图书馆的大数据主要由以下几个部分构成:

其一是图书馆数字化资源,包括经过多年数字化的建设形成的数据库(比如,书目数据库、特色资源数据库、硕士研究生论文数据库等等)、电子书、电子期刊以及相当一部分纸质的图书转换的数字资源、大量的随书光盘和各种音频、视频等光盘资源,这些基本为结构化信息。这些信息资源,不仅仅数量庞大,而且增长的速度也非常快,这是图书馆大数据的主要组成部分。

其二是各种网络上的海量的非结构化的数据资源,这是真正意义上的大数据,如果善于搜集、挖掘和利用这一部分信息资源,就会成为图书馆的大数据。

其三是读者阅览历史所形成的读者信息(包括不同专业的老师、学生所留下的大量的借阅信息等等。)、服务信息等非结构化数据。

3 从大处着眼从小处着手以应对大数据的挑战

普通高校图书馆面对来势凶猛的大数据浪潮,应该有清醒的认识,立足于本馆的实际情况,从大处着眼,规划出大数据技术应用的长远目标,从小处着手,接触大数据,做一些力所能及的分析利用工作,逐步实现对大数据的掌控和充分挖掘利用。

3.1 思想上认识

大数据技术虽然是一个新兴研究领域,发展时间较短,但是图书馆人在理论研究和实践方面已经进行了率先探索。从不同角度探讨大数据对图书馆及图书馆未来发展的影响:认为大数据将对图书馆的数据存储、数据挖掘、数据分析等带来巨大影响,图书馆业务也将因此面临巨大的考验;大数据时代的来临给图书馆带来了根本性的变革;大数据在图书馆中的应用将会产生许多诸如技术、人才、安全等新问题;图书馆的服务创新、质量提升需要大数据的支持,大数据将成为图书馆的核心资产等等。可以看出,大数据已成为我国图书馆界的一大研究热点,已形成了一定的研究热度与规模。面对着大数据对业界的冲击,普通高校图书馆也不能坐等旁观,而是要从思想上更新观念,充分认识到大数据对图书馆业的颠覆性的作用,迎头赶上,参与其中。有意识地组织讲座,或是交流等活动,从领导到馆员都要认识大数据,重视大数据的影响,进而研究大数据。

3.2 在图书馆的规划中融入大数据的观念,在硬件、软件方面、人才培养方面做好充分准备

普通高校图书馆在制定馆内发展规划,或是年度计划时,应该充分考虑到大数据在图书馆在未来发展中的作用,以及围绕大数据,图书馆在各方面做的准备工作。首先改善一些基础设施,比如,由于复杂海量的、多样化的数据以及迅速增长的数据量都是对图书馆现有的数据存储能力的挑战。或许通过购置大容量存储器,或是考虑由高端服务器转向大规模计算机群等方式,同时设计最合理的分层、分级存储架构也将成为信息资源管理及知识服务体系的关键。总之,在大数据时代,对支持非结构化数据的存储和分析的基础设备都是有很高的要求的。其次,深度挖掘数据信息、复杂数据分析处理也将成为大数据时代图书馆的主旋律,这就迫切要求高校图书馆为教学科研有针对性地提供大数据分析、处理等专业化知识服务。而在大数据获取、存储、组织、分析和决策的过程中,与之相对应的体系的架构、计算的模型、数据的模型、智能辅助决策的模型、性能优化的模型及知识服务的模型等方面,都将需要逐步研究建立。还要有适合本图书馆的服务系统,为图书馆用户服务提供一个自动化的决策平台。最后是引进、培养高素质人才,这是实施大数据计划的保障。普通高校图书馆普遍存在着人员家属化、老龄化等问题,因此引进、培养高学历技术人才,是管理工作的重中之重,有了高素质高水平的学术骨干带头、挑大梁,就能挖掘利用好大数据。

3.3 结合本馆实际情况,逐步推进大数据技术的研究应用

普通高校图书馆既要看到大数据时代图书馆工作的变革,行动起来,也要根据自己的现状,不能盲目冒进。在研究论证的基础上,确定本馆在大数据背景下创新服务模式的进程。首先,可以结合学科馆员制度,对大数据的搜集、挖掘及分析,给相关读者提供个性化服务,进一步完善学科馆员制度。同时,针对学校重点学科、专业的各种数据源的资料信息如论文、专利、研究报告、科情动态以及网络中相关学科领域的专家学者的博客、论坛等进行分析和挖掘,构建该学科领域的知识库。第三,是根据读者的书刊借阅、网络浏览记录等相关信息,对读者需求、爱好进行数据分析,进而提出改进读者服务的策略;同时可以有效统计、评估读者对各种资源的使用情况,并且通过读者平日借阅、访问历史的收集,可以预测出读者关注的热点,这样既能为读者提供个性化服务,也为有效评估图书馆已有文献的质量以及读者对未购买文献的需

求提供了参考，为文献资源建设提供依据。

参考文献

[1] 杨海燕. 大数据时代的图书馆服务浅析[J]. 图书与报，2012(4)：120-122.

[2] 韩翠峰. 大数据带给图书馆的影响与挑战[J]. 图书与情报，2012(5)：37-40.

[3] 王天泥. 大数据视角下图书馆的发展对策[J]. 图书馆学刊，2013(3)：42-44